Stefan Selke (Hrsg.)

Kritik der Tafeln in Deutschland

Stefan Selke (Hrsg.)

Kritik der Tafeln in Deutschland

Standortbestimmungen
zu einem ambivalenten
sozialen Phänomen

VS VERLAG

Bibliografische Information der Deutschen Nationalbibliothek
Die Deutsche Nationalbibliothek verzeichnet diese Publikation in der
Deutschen Nationalbibliografie; detaillierte bibliografische Daten sind im Internet über
<http://dnb.d-nb.de> abrufbar.

1. Auflage 2010

Alle Rechte vorbehalten
© VS Verlag für Sozialwissenschaften | Springer Fachmedien Wiesbaden GmbH 2010

Lektorat: Frank Engelhardt

VS Verlag für Sozialwissenschaften ist eine Marke von Springer Fachmedien.
Springer Fachmedien ist Teil der Fachverlagsgruppe Springer Science+Business Media.
www.vs-verlag.de

Umschlaggestaltung: KünkelLopka Medienentwicklung, Heidelberg
Gedruckt auf säurefreiem und chlorfrei gebleichtem Papier
Printed in Germany

ISBN 978-3-531-17354-2

Inhalt

6

IV. Ausblick: Tafeln als Signatur der Gegenwartsgesellschaft

Einleitung und Übersicht

Kritik der Tafeln in Deutschland – Ein systematischer Blick auf ein umstrittenes gesellschaftliches Phänomen

Stefan Selke

Zusammenfassung

Auf der Basis sowohl praktischer Erfahrungen mit Tafeln als auch theoretischer Überlegungen zu Tafeln wird in diesem einleitenden Beitrag der Versuch einer Systematik der Kritik an Tafeln unternommen. Diese baut gleichzeitig zahlreiche Brücken zu den nachfolgenden Beiträgen auf. Die vorgebrachte Systemkritik geht vom Kritikbegriff Michel Foucaults aus und nimmt sowohl institutionelle Bewertungssysteme als auch Praxisformen in den Blick. Um weiterführende Bezüge herzustellen, sowie Gemeinsamkeiten und Unterschiede herauszuarbeiten, werden die weiteren Beiträge dieses Sammelbandes ausführlich vorgestellt. Als Ergebnis kann festgehalten werden, dass sich inzwischen ein weitgehend konsistentes Bild der Kritik am Phänomen Tafeln herausgebildet hat. Allerdings lässt diese Kritik in ihrer Interpretation und den darauf aufbauenden Handlungsanweisungen an die unterschiedlichen Akteure im Feld der Tafeln noch immer Spielräume für Divergenzen und Interessenskonflikte offen.

1 Das Soziale als Störfall gesellschaftlicher Gemütlichkeit

Die Kritik am System der Tafeln lautet in Kurzform: Das Soziale wird in der auf Hypereffizienz ausgerichteten postindustriellen Gesellschaft zunehmend als Störfall angesehen. Diesen Störfall beseitigen zunehmend Freiwillige – ohne dabei jedoch die Ursache der Störung mit zu beseitigen. Die Hilfe, die bei Tafeln geleistet wird, ist also nicht nachhaltig (vgl. Ott/Döring 2007).

Das Soziale tritt gegenwärtig eher unter defizitären Gesichtspunkten ins öffentliche Bewusstsein: Als Zumutungserscheinung für alte und neue Eliten (hässlich!), Standortnachteil (teuer!) oder Inhalt politischer Rhetorik, die einerseits um das Ende der Gemütlichkeit und den Wegfall liebgewonnener Selbstverständlichkeiten weiß, gleichzeitig aber nur bereit ist, in homöopathischen Dosen sozialpolitisch zu handeln.

In den 1980er Jahren lancierte Lancia, die Automarke der wohlhabenden Individualisten, folgenden Werbespruch: „Distanz zur Masse". Heute ist dieser Spruch aktueller denn je: Die Schere zwischen Arm und Reich öffnet sich, es entsteht eine Polarisierung zwischen Mächtigen und Ohnmächtigen. Skandalös ist dabei, dass gerade diejenigen, die Grund zur Klage haben, kaum Gehör finden. Die anderen wissen nicht mehr, wann sie eigentlich satt sind – und liefern mit ihrem konsumorientierten Lebensstil die Grundlage für die Tafeln.[1] Diese sind erfolgreich und problematisch zugleich – darin besteht die grundlegende Ambivalenz der Tafelbewegung[2], eine Ambivalenz, auf fast alle Beiträge dieses Bandes differenziert eingehen.

1.1 *Würde der Armut? Willkommen in der Wirklichkeit!*

Im November 2009 schlägt Ulrich Greiner (2009) in der ZEIT vor, Ungleichheit endlich als gesellschaftliche Tatsache zu akzeptieren und preist die neue „Würde der Armut" als kollektive Grundlage dafür, zukünftig Almosen ohne schlechtes Gewissen empfangen zu können. Er bezieht er sich dabei auf das „Sloterdijk-Argument": Dieser behauptete, dass gerade durch anonymisierte, d. h. verstaatlichte Solidarität mitmenschliche Hilfeimpulse verloren gingen. Bürokratischer Geldtransfer, „kalte Hilfe" also, nehme den Menschen Stolz und Würde. Die freiwillige und barmherzige Gabe des Wohlhabenden gebe den Empfangenden jedoch deren Würde zurück.

Hier kommen die Tafeln ins Spiel: Wie würdevoll tatsächlich Armut *außerhalb* rechtsstaatlicher Garantien auf Existenzsicherung ist, kann man gegenwärtig an der Praxis der Lebensmitteltafeln in Deutschland studieren. Bei Tafeln werden Menschen in einer Nischenökonomie und einem auf Freiwilligkeit basierenden Spendensystem versorgt. Dem Rechtsanspruch des Staatsbürgers auf Existenzsicherung steht immer öfter, immer öffentlicher und immer selbstverständlicher ein letztlich auf Willkür[3] basierendes Barmherzigkeitssystem gegenüber.

Was also bedeutet die fast flächendeckende Existenz von Tafeln in Deutschland?[4] Die Tafeln sind zugleich Zeugnis und Erzeugnis der Zunahme von Armut in Deutschland. Schnell aber stellt sich folgende Frage: Sind sie die Lösung des Armutsproblems? Oder sind sie gar ein Teil des Armutsproblems? Hierbei sollten

---

[1] Vgl. dazu auch das Phänomen der Abspaltung der globalen Eliten (Baumann 2008).

[2] Die unauflösbare Ambivalenz ist auch an den zahlreichen „Zwischen"-Formulierungen zu erkennen, mit denen Tagungen oder Positionspapiere überschrieben werden, z. B. „Tafelarbeit *zwischen* Mitmenschlichkeit und politischer Funktionalisierung" (Veranstaltung des Evangelischen Dekanats Rüsselsheim), „*Zwischen* Sozialstaat und Barmherzigkeit" (Positionspapier der Diözesan-Caritasverbände in Nordrhein-Westfalen) oder „*Zwischen* Armutszeugnis und Notwendigkeit" (Rhoden 2008).

[3] Zum Aspekt der „Willkür" vgl. auch den Beitrag von Sabine Pfeiffer in diesem Band.

[4] Sieht man von weiterhin existierenden regionalen Disparitäten ab, dann haben sich Tafeln tatsächlich inzwischen auch im ländlichen Raum und in der Fläche verbreitet. Zahlen zur Verbreitung vgl. Bundesverband Deutsche Tafeln e. V. (2007).

grundsätzlich zwei Perspektiven unterschieden werden: *Notwendig* wurden Tafeln in Deutschland durch die sich stetig negativ fortschreibende Armutsentwicklung ohne nachhaltige Armutsbekämpfung. Dies begründet die Entstehung der Tafel-idee und die Etablierung der Tafeln im Sektor der existenzunterstützenden Angebote. *Möglich* wurden Tafeln aber erst durch das Aufgreifen einer zeitgeist-konformen Haltung, die das breite ehrenamtliche Engagement und die Motivation der vielen Helfer in genau diesen existenzunterstützenden Bereichen in den Mittelpunkt rückt.[5]

Dieses Engagement findet allerdings in einem ideologisch strukturierten Raum statt, ist also nicht einfach selbstverständlich. Hierbei soll an die Entstehungsbedingungen institutioneller Formen von Armut erinnert werden: Armut ist in einer soziologisch-analytischen Einstellung nicht Entbehrung, sondern Unterstützung nach sozialen Normen (Simmel 1992; 551; Paugam 2008: 14). Dies ist gleichbedeutend mit Abhängigkeiten und Erwartungen von Seiten derer, die Unterstützung gewähren. Das Bindeglied zwischen Armen und Gesellschaft ist das *System der Fürsorge* und der *Markt der Hilfsbereitschaft*. Genau in diesem Sinne wird Armut auch heute noch gesellschaftlich ‚konstruiert'. Beides, die Systembildung in der Fürsorge sowie die Marktförmigkeit der Hilfsbereitschaft, lässt sich gegenwärtig idealtypisch an den Tafeln in Deutschland beobachten. Es macht an dieser Stelle Sinn, explizit von „System" zu sprechen. Denn eine „Kritik der Tafeln in Deutschland", arbeitet sich nicht am lokalen und situativen Einzelfall ab, sondern hat die flächendeckende Verbreitung der Tafeln, die Institutionalisierung einer Bewegung, die Stabilisierung von Erwartungen sowie die Herausbildung eines handlungsleitenden, kollektiven Bewusstseins zur Grundlage.

1.2 Festen Boden unter den Füßen?

Armut ist kein Zustand, sondern ein Prozess. Bezogen auf die Tafeln lautet daher die zentrale Frage, wie die Tafeln sich *zukünftig* zur strukturellen Armuts*bekämpfung* positionieren werden und wie deren konkrete Praxis der Armuts*prävention* aussehen wird. Christine Hohmann-Dennhardt (Richterin im 1. Senat des Bundesverfassungsgerichts) stellte unlängst in einem Vortrag an der Hochschule Furtwangen University[6] klar, wie pragmatische Prüfkriterien für eine Gesellschaft aussehen könnten, die anders als Sloterdijk, Greiner & Co. noch an die Verwirklichung von Gerechtigkeit glaubt:

---

[5] Zum Aspekt der „Freiwilligkeit" vgl. auch den abschließenden Beitrag von Stefan Selke in diesem Band.
[6] Vortrag im Kontext der „Open University" am Campus Schwenningen (9. Dezember 2009). Vgl. dazu auch den Beitrag von Christine Hohmann-Dennhardt in diesem Band.

„Dass Vieles im Leben nicht gerecht verteilt ist, ist solange hinnehmbar, wie man selbst einen hinreichend *festen Boden unter den Füßen* verspürt und sich in der Lage sieht, eigenen Bedürfnissen nachzukommen und aus seinem Leben etwas machen zu können. Nicht das Greifen nach unerreichbaren Sternen ist das Begehren der meisten Menschen, sondern der Wunsch [...] *nicht anderen ausgeliefert* zu sein und nicht in ein Loch zu fallen, wenn man von Schicksalsschlägen getroffen wird. (Hervorhebung, d. Hrsg.)

Die Anwendung dieser Kriterien auf Tafeln führt zu der Frage, wie sehr diese zu einer sozio-kulturellen Integration beitragen und wie ethisch und nachhaltig deren Praxis ist. Exakt an diesen Grundfragen und den damit verbundenen Kräftefeldern arbeitet sich eine Kritik der Tafeln ab. Sie stellt Fragen wie diese: Verspüren die Menschen, die zu Tafeln gehen, noch den „Boden unter den Füßen"? Und wo und wie sind die Nutzer von Tafeln den Helfern und Gebenden „ausgeliefert"? Was bedeutet es, wenn sich flächendeckend „Netzwerke der guten Tat" etablieren? Und was ist eigentlich die Gegenseite zur „Ehre der guten Tat" der „Helden des Alltags" (SWR 2009)?

Tafeln sind dabei nicht eindimensional oder holzschnittartig einzuordnen, sondern berühren gleichzeitig Aspekte auf der Mikro-, Meso- und Makroebene. Trotz aller – theoretisch zur Verfügung stehenden – Methodik ist daher die Einordnung nicht ganz einfach. Denn wo von Tafeln gesprochen wird, da prallen persönliche und/oder institutionelle Interessenskonflikte aufeinander, die die Kommunikation erschweren, wenn nicht gar unmöglich machen. So ist es bislang im Diskurs über und in den Gesprächen mit den Tafeln nicht gelungen, eine differenzunempfindliche Inklusionsformel zu finden, die es ermöglicht, über Interessensunterschiede hinaus die eigentlichen Adressaten der Tafeln im Blick zu behalten.

1.3 Erwünschte und alternative Sichtweisen auf Tafeln

Bekanntlich leben wir im „Zeitalter der Kommentare" (Foucault 2007: 17). Beim Thema Tafeln aber geht es um mehr als nur um intellektuelle Zerstreuung. Es geht um die Lebenspraxis und Teilhabe vieler Menschen und die angemessene, d. h. auch langfristige Effekte berücksichtigende, Einordnung eines gesellschaftlichen Phänomens. Dabei ist zu berücksichtigen, dass es unmöglich ist, dabei zu einem objektiven Urteil zu gelangen. Die meisten Aussagen über Tafeln thematisieren hingegen das, was sein soll, sind also *normativ*. Wahrnehmung individueller und gesellschaftlicher Tatsachen ist letztlich ein Kultur- und Konsumprodukt und Folge unzähliger Wahrnehmungsangebote und Deutungsangebote. Allein die Anerkennung der semantischen Promiskuität von Deutungen und Bedeutungen hilft, bei der Einordnung der Tafeln und ihrem gesellschaftlichen Stellenwert – dies ist das

Leitmotiv dieses Bandes. Lernen kann man das am besten von Künstlern, z. B. Olafur Eliasson: „Je besser man das erkennt, desto mehr *kritisches* Potenzial entwickelt man gegenüber seiner Umgebung".[7] Genau diese Form der Kritik möchte der vorliegende Band seinen Leserinnen und Lesern entlocken.

Das scheinbar Objektive entpuppt sich dann bei näherem Hinsehen meist als gesellschaftliches Konstrukt. Der vermeintlich „objektive" Mensch, ist eigentlich nur der passive Konsument vorgegebener Ansichten und Wahrheiten. Und diese Ansichten – auch die vermeintlichen Wahrheiten über Tafeln – gilt es in Frage zu stellen. Der „objektive" Mensch, nimmt hin, was als unveränderlich gilt, obwohl es das längst nicht ist. Konkret: Die Entwicklung der Tafeln ist weder selbstverständlich noch selbstoptimierend. Sie kann (gemeinsam) in Frage gestellt werden. In diesem Sinne gibt es keine neutrale Wahrnehmung oder Sichtweise. Jede Sicht auf die gemeinsame Welt, in der wir leben, ist schon immer politisch. Es gibt keine „objektiven Tatsachen", sondern nur unterschiedliche Sichtweisen, um die mehr oder weniger konfliktär gerungen wird.

Beim Phänomen der Tafeln geht es um vielfach aus institutionellem oder politischem Interesse *erwünschte* Sichtweisen. Um dieser informationellen Hegemonie etwas entgegen zu setzen, bietet dieser Band *alternative* Sichtweisen auf ein scheinbar vertrautes Phänomen an. Diese alternativen Sichtweisen resultieren (in meinem Fall) aus der empirischen Beschäftigung mit dem Phänomen der Tafeln auf der Basis eigener Anschauung. Ich folge dabei nicht zufällig einem Motto, das Luise Jörissen[8] so formulierte: „Wenn wir helfen wollen, müssen wir verstehen. Um das zu können, müssen wir uns ein möglichst klares Bild von der Wirklichkeit machen, in der wir selbst und die Menschen leben, die wir verstehen wollen." Wer aber diese Reise in die eigene gesellschaftliche Wirklichkeit antritt, kommt oft mit anderen Sichtweisen zurück, Sichtweisen, die nicht immer konform mit der herrschenden Sicht auf die Dinge sind. Und genau darin besteht die Aufgabe einer empirisch fundierten und zugleich kritischen Soziologie: Ziel ist es, eine Position, in Menschennähe einzunehmen, jedoch von klarsichtiger Distanz zu den oberflächlichen Erscheinungen.

Die Tafeln sind hierbei der Startpunkt für die Erkundung der eigenen Gesellschaft. Zu den mit den Tafeln verbundenen Fragestellungen würde man auch von vielen anderen Punkten aus gelangen. Schon Simmel (1995: 120) zeigte, „[...] dass sich von jedem Punkt an der Oberfläche des Daseins [...], ein Senkblei in die Tiefe der Seelen schicken lässt, dass alle banalen Äußerlichkeiten schließlich durch Richtungslinien mit den letzten Entscheidungen über den Sinn und Stil des

---

[7] In: Zeit Magazin, 17, 22.04.2010, 42.
[8] Gründerin und Leiterin katholischer Sozialschulen im In- und Ausland, Leiterin des Landesverbandes des Katholischen Fürsorgevereins für Mädchen, Frauen und Kinder, heute: Sozialdienst Katholischer Frauen. Quelle: Broschüre Sozialdienst Katholischer Frauen. 60 Jahre Landesstelle Bayern.

Lebens verbunden sind". Es geht also darum, den Dingen auf den Grund zu gehen. Bei den Tafeln ist das nicht immer einfach. Je selbstbezüglicher eine Institution wird, desto mehr nimmt ihre Kritikfähigkeit ab. Statt den Dingen auf den Grund zu gehen, geht man sich dann auf die Nerven.

Gerade deshalb ist immer wieder notwendig, alternative Sichtweisen aufzuzeigen, auch, wenn man dabei als „Störenfried der Gesellschaft" (Bourdieu) oder „Plagegeist" (Adorno) angesehen wird. Eine meinungsplurale Gesellschaft muss das aushalten. Das scheinbar Selbstverständliche zu hinterfragen und zu demaskieren ist für die einen Auftrag, für die anderen Anstoß. Die detaillierte Beschreibung der Wirklichkeit wird von vielen Zeitgenossen schon als Anklage verstanden, auch wenn sich darin lediglich der Appell verbirgt, die Folgen des eigenen Handelns immer wieder neu zu überdenken.

2   Von der Evolution zur Evaluation des Tafelsystems – Die Rahmenbedingungen kritischer Sichtweisen

Im allgemeinen Sprachgebrauch hat sich die Rede von „den Tafeln" eingeschlichen. Deren Geschichte oder *Evolution* wurde schon mehrfach erzählt (von Norman 2003, Werth 1998, 2004). Leider muss man heute niemandem mehr erläutern, was eine Tafel ist. Wer aber „Tafel" sagt, meint auch tafelähnliche Einrichtungen wie „Warenkörbe", „Brotkörbe" oder „CARIsatt" sowie andere, „freie" (aus Sicht der Betreiber) oder „wilde" (aus Sicht des Bundesverbandes „Deutsche Tafel e. V.") Ausgabestellen von Lebensmitteln. Er meint aber letztlich auch Suppenküchen, Fairkaufhäuser, Kleiderkammern und andere sog. „existenzunterstützende Angebote".[9]

Wie kam es dazu, dass sich zu diesen Phänomenen eine kritische Haltung herausgebildet hat? Um dies zu verdeutlichen, aber auch, um zu zeigen, dass die Tafeln und ähnliche Angebote ein spannendes Feld der begleitenden *Evaluation* darstellen, werden im Folgenden kurz der Forschungsstand skizziert sowie die Akteure im Feld der Tafeln vorgestellt.

2.1   Skizze des Forschungsstandes zu Tafeln

Wenngleich die Tafeln angesichts ihrer rasanten Entwicklung in den Medien zehn Jahre nach ihrer Gründung vom STERN als eine der „größten sozialen Bewegungen der 1990er Jahre" (o. A. 2003: 97) gefeiert wurden, zeigte die Wis-

---

[9] Vgl. dazu die Beiträge von Winfried Reininger und Ulrich Thien in diesem Band.

senschaft zunächst kaum Interesse an diesem Phänomen. Vor der Jahrtausendwende erschienen lediglich zwei Aufsätze zum Thema. Schäfer (1999) zeigte den
Beitrag der Unternehmensberatung McKinsey zum Erfolg der Deutschen Tafeln
auf. Werth (1998), die Initiatorin der ersten Tafel in Deutschland (Berlin 1993),
erläuterte die Gründung und Entwicklung der Organisation aus ihrer subjektiven
Perspektive heraus.

Das simple Prinzip der Tafelarbeit, das soziales und ökologisches Handeln
sinnvoll miteinander zu verbinden scheint, sowie die zum Jahrtausendwechsel
aufflammende Debatte zum „bürgerschaftlichen Engagement" (Heinze/Olk 2001)
führte in den Medien zu einer einseitig positiven Berichterstattung. Auch die
von Konstantin von Normann (2003) veröffentlichte erste wissenschaftliche For-
schungsarbeit zum Thema Tafeln in Deutschland analysiert lediglich deren Erfolgs-
faktoren ohne die Existenz der Tafeln an sich kritisch zu hinterfragen, obwohl dies
zahlreiche Akteure der Tafelbewegung selbst schon längst taten.[10]

Nachdem sich die deutsche Tafelforschung zunächst auf die Untersuchung
der Arbeitsweise, des „Innenlebens" von Tafeln (Igl et al. 2008) sowie des von der
Organisation erbrachten „Outputs" konzentrierte, führte der enorme Anstieg der
Nachfrage nach den Lebensmitteln der Tafeln infolge der Zusammenlegung der
Arbeitslosen- und Sozialhilfe (Stichwort: Hartz-IV) im Jahr 2005 dazu, dass auch
die gesellschaftliche Funktion und Bedeutung ihrer Arbeit zunehmend kritisch
hinterfragt wurden. Steigende Armut und sinkende sozialstaatliche Leistungen
ließen den Verdacht aufkommen, dass die allgegenwärtigen Schlangen vor den
Ausgabestellen Ausdruck sozialpolitischer Versäumnisse sind und das Engagement
der Tafelhelfer die sozialen Einschnitte lediglich abfedert, ohne die steigende Armut nachhaltig zu bekämpfen.

Es kam zu einem Paradigmenwechsel in der Wahrnehmung der Tafeln. Die
vielfältigen Paradoxien wurden das erste Mal in der Sozialreportage „Fast ganz
unten. Wie man in Deutschland mit Hilfe der Lebensmitteltafeln satt wird" (Selke 2008) thematisiert, die gesellschaftliche Bedeutung der Tafeln wurde kritisch
hinterfragt. Die ethnografische Studie zeigt, dass viele der Vertreter der Tafeln für
Entwicklungen, die sie selbst mit verursachen, ‚blind' sind. Die organisatorischen
Herausforderungen ihrer Hilfspraxis verhindern, dass sie sich ihrer gesellschaftliche Position und kollektiven Problemproduktion bewusst werden. Der ebenfalls
von Selke editierte Sammelband „Tafeln in Deutschland – Aspekte einer sozialen
Bewegung zwischen Nahrungsmittelumverteilung und Armutsintervention" (2009)
vereinte dann konsequent erstmals Beiträge aus dem organisationsstrukturellen,
ernährungswissenschaftlichen, politikwissenschaftlichen, soziologischen sowie
historischen Kontext und spiegelte somit die zunehmende thematische Ausdif-

---

[10] Vgl. dazu den Beitrag von Clemens Zahn und Josef Schäfers in diesem Band.

ferenzierung des Tafelthemas wieder. Die Beiträge ermöglichen erstmals eine
unabhängige und interdisziplinäre Sichtweise auf Tafeln und legten den Grundstein
für eine praxisbegleitende (transdisziplinäre) Tafelforschung.

In jüngster Zeit wurden Tafeln – begleitet auch von einem deutlichen Umbruch
in der Art der Medienberichterstattung – eher unter politisch-gesellschaftlichen
Aspekten analysiert und diskutiert. Seit es vermehrt kritische Veröffentlichungen zu Tafeln gibt, hat sich der Diskurs über Tafeln und vor allem über deren
sozialpolitische Funktion erkennbar ausdifferenziert. Kritische Thesen erschienen
an mehreren Publikationsorten und wurden stetig ausdifferenziert (z. B. Selke
2009c, d, e, 2010a, b). Sie sorgten sowohl in Tafelkreisen als auch in der medialen
Rezeption für eine längst notwendige und gleichermaßen virulente Diskussion
über Chancen und Risiken von Tafeln.

Im Kontext dieses Diskurses gibt es mittlerweile eine erstaunliche Meinungs-
vielfalt zu Tafeln. Das Spektrum reicht von der Kritik an der „Enttafelung" durch
die technokratische Überformung der Gabe (Selke 2009c: 33 ff.) bis hin zur Warnung vor der „Vertafelung der Gesellschaft" (Hartmann 2009). Eine explizit kritische Tonart haben auch Publikationen, die die Rolle der Tafeln für den Abbau
des Sozialstaates (Becker 2009; Rohrmann 2009) und die damit verbundene Renaissance des Almosenwesens anklagen (Segbers 2008a, b).

Neuere Veröffentlichungen reflektieren auf einer Metaebene den „Boom der
Tafel-Deutungen" (Lorenz 2009) oder ordnen Tafeln theoretisch in die Diskurse um
Konsumismus und Überflussgesellschaft ein (Lorenz 2010). Diese Veröffentlichungen verdeutlichen, dass das Phänomen Tafeln mitten im wissenschaftlichen Diskurs angekommen ist. Weitere Spannungsfelder und Impulse für Fachdiskussionen
gingen von Veröffentlichungen in den Fachzeitschriften der Wohlfahrtsverbände
aus, in der die grundlegenden Thesen zur Ambivalenz der Tafeln weiterdiskutiert
wurden (z. B. Günter 2010, Malysseck/Störch 2010, Selke 2010b).

Zunehmend schalten sich auch die Verbände mit ihren Fachabteilungen für
Soziale Fragen und Existenzsicherung in die Diskussion ein und erstellen Positions-
oder Eckpunktepapiere (z. B. Diakonisches Werk der evangelischen Kirche in
Deutschland e. V. 2007, Caritasverband für die Diözese Trier e. V. 2007, Deutscher
Caritasverband 2008, Caritas NRW 2008, Diakonie Hamburg 2010, Diakonisches
Werk der Evangelischen Kirche in Deutschland e. V. 2010, AWO Niederrhein 2010
u. v. m.).[11] So ist es auch kein Zufall, dass einige der Protagonisten aus den Ver-
bänden als Autorinnen und Autoren zu diesem Band beitragen.

---

[11] Eine detaillierte vergleichende Auswertung dieser Positionen steht noch aus und ist weiteren For-
schungsprojekten und Publikationen vorbehalten.

2.2 Akteure und Diskurse im Feld der „Tafeln"

Der rasante Ausbau des Tafelsystems kann nur verstanden werden, wenn die Einbettung in die kommunitaristisch geprägte Debatte zum Thema „Bürgergesellschaft" berücksichtigt wird (vgl. Molling 2009a: 157 ff.). Die zentrale Forderung hierbei ist die Rückbesinnung auf die Gemeinschaft als Gegenentwurf zum radikalen Individualismus des Liberalismus (vgl. Honneth 1994; 17 ff.; Etzioni 1997, 1998, Kocka 2002). Das bürgerliche Engagement wird in diesem Kontext als Zeichen des (wieder erwachten) Gemeinsinns und eines neuen „Wir-Gefühls" (Schröder 2005: 18) verstanden. Da die meist unbürokratische, ehrenamtliche Hilfe im Rahmen der lokalen Gemeinschaften als vielversprechende Lösung für die sozialen Desintegrationsprozesse erscheint, steht die Stärkung bürgergesellschaftlicher Netzwerke weit oben auf der Agenda von Bund, Ländern und Kommunen (vgl. exemplarisch von der Leyen 2007). Die Tafeln existieren also in einer *normativ* besetzten Sphäre zwischen staatlichen und privaten Raum des sog. „Dritten Sektors" und sind eingebunden in die „Infrastruktur der Bürgergesellschaft" (Zimmer/Priller 2004: 26).[12] Wie verhalten sich vor diesem Hintergrund die einzelnen Akteure und welche Diskurse sind damit verbunden?

a) Aus einer Innenperspektive heraus geht es darum, dass „Tafelhelfer" Menschen in existentiellen Notlagen – „Tafelnutzer" (sog. „Kunden" oder „Gäste") – unterstützen, indem Sie ein Angebot zu bestimmten Bedingungen unterbreiten. Dazu gehört z. B. die Feststellung der Bedürftigkeit einer Person, das Ausstellen eines „Abholerausweises" um Doppel- oder Mehrfachabholungen zu vermeiden und die Festlegung auf bestimmte Ausgabetage und/oder Öffnungszeiten einer Tafel bzw. eines Tafelladens (vgl. Selke 2008: 129 ff.). Auf dieser *Mikro*ebene ist nach der Ausgestaltung des sozialen Interaktionsraumes und der darin enthaltenen Kommunikationsformen zu fragen.

b) Das Hilfsangebot besteht im Wesentlichen aus Lebensmittelspenden, kann inzwischen aber auch viele andere Formen annehmen. Für die Spender hat die Kooperation mit Tafeln klare Vorteile: Vermeidung von Abfallentsorgungskosten und ein oft beträchtlicher Imagegewinn durch Corporate Social Responsibility-Maßnahmen[13] (vgl. Rohrmann 2009: 150 ff.). Die Spender kooperieren zwar immer

---

[12] Wobei der Leitbegriff des „bürgerschaftlichen Engagements" vage, seine Angrenzung zum „Ehrenamt", „freiwilligem Engagement" oder zur „Selbsthilfe" weitgehend ungeklärt bleibt (Heinze/Olk 2001: 15).

[13] Z. B. die Pfandflaschenaktion der Supermarktkette Lidl, die 10%-Spende (von Umsätzen einer Woche) der Supermarktkette REWE in der KW 44 des Jahres 2009 oder die Aktion „Power-Tüten", bei der REWE sechs Monate lang Frühstückstüten für die Schüler einer Grundschule sponsert (vgl. Kehrwieder am Sonntag, 18. April 2010). Ähnlich gelagert ist die Spende des Hausgeräteherstellers

mit den Tafeln vor Ort, die Verträge werden aber zumindest mit den Großspendern überregional geschlossen (vgl. Feedback 2008, 2009). Auf der institutionellen Ebene sind die Tafeln in Landesverbänden und einem Bundesverband zusammengeschlossen, der die Interessen der Tafeln gegenüber der Politik und vor allem gegenüber den großen Wohlfahrtsverbänden vertritt. Sie treten damit in mehr oder weniger direkte Konkurrenz zueinander, denn der Begriff „Tafel" ist eine vom Bundesverband „Deutsche Tafel e. V." geschützte Marke.[14] Auf dieser *Meso*ebene müssen institutionelle Konflikte und Konkurrenzsituationen thematisiert werden.

c) Diese Entwicklung muss zudem vor dem Hintergrund der gegenwärtigen „Ökonomisierung" und der daraus resultierenden verstärkten Einführung von Qualitätsmanagementsystemen in die Soziale Arbeit (vgl. exemplarisch Galiläer 2005; kritisch Grunwald/Otto 2008) betrachtet werden. Angesichts der Forderungen nach Einsparung öffentlicher Mittel sieht sich die Soziale Arbeit zunehmend damit konfrontiert, ihre Tätigkeiten zu legitimieren bzw. die Effektivität und Effizienz ihrer Angebote zu belegen. So kommt es zu einer Modifizierung sozialpolitischer Maßnahmen und veränderten Finanzierungsmodi sozialer Dienstleistungen. Dies zeigt sich insbesondere in der Aufhebung des Selbstkostendeckungsprinzips sowie der Hervorhebung der Gleichrangigkeit von freien und privat-gewerblichen Hilfeanbietern. Dies führt zu einer verschärften Konkurrenz- bzw. Wettbewerbssituation zwischen den einzelnen sozialen Diensten. Es stellt sich daher die Frage, wie sich die Tafeln langfristig in den neuen Strukturen des sozialen Marktes und dem damit verbundenen ‚Wohlfahrtsmix' positionieren werden. Auf dieser Ebene geht es darum, nach der Sinnhaftigkeit von Vernetzung und Professionalisierungsbestrebungen von Tafeln mit Sozialen Diensten zu fragen.

d) Unbeachtet der institutionellen Konflikte nehmen Vertreter der Politik (vgl. die ehemalige Schirmherrin des Bundesverbandes ist die Familienministerin Dr. Ursula von der Leyen) die Tafeln als willkommene „Entlastung" wahr.[15] Deshalb wird die Rolle der Tafeln stellenweise auch kritisch im Kontext des Abbaus des Sozialstaates (Rohrmann 2009), der „Refeudalisierung der Gesellschaft" (Selke 2009d: 287 ff.) sowie einer Renaissance des Almosenwesens (Segbers 2008a, b) gesehen. Auf dieser *Makro*ebene wird das Verhältnis der privaten Wohltätigkeit zur öffentlichen Wohlfahrt zu thematisieren sein.

Braun, der 410 Mundpflegeprodukte wie elektrische Zahnbürsten und Mundduschen an eine Tafel in Bayern spendete. Sicher gibt es unzählige weitere, lokale Beispiele.

[14] Vgl. dazu auch Kleinhubert (2009) sowie den Beitrag von Winfried Reininger in diesem Band.

[15] Vgl. dazu auch die Diskursanalyse von Molling (2009a), die zeigt, wie sich der Topos „Entlastung" in und durch die Medien verbreitete.

e) Im medialen Diskurs wurde lange Zeit vor allem das ehrenamtliche Engagement der Helfer prominent herausgestellt, zuletzt etwa flächendeckend in der „ARD-Themenwoche zum Ehrenamt" im Sommer 2009. Tafeln sind dennoch für die meisten Bürgerinnen noch eine unbekannte Welt, auch wenn sie inzwischen Teil der durch Massenmedien inszenierten Wirklichkeit wurden, in der das „Leiden der Anderen" (Selke 2009d: 273 ff.) die Kulisse für Fernsehserien und Spielfilmhandlungen abgibt. Über die Zukunft der Tafeln sagen derartige Medien(zerr)bilder jedoch nichts aus. Auf dieser Ebene sind die kollektiv vorrätigen Wissensformen über Tafeln zu rekonstruieren.

2.3 Zur Legitimation von Kritik an Tafeln

Es ist wenig verwunderlich, dass kritische Wissenschaft, die Verhältnisse „von außen" beschreibt, bei Vertretern der Tafelbewegung nicht sehr gefragt ist. Tafeln, das wurde rasch deutlich, sind ein ambivalentes gesellschaftliches Phänomen „zwischen Armutszeugnis und Notwendigkeit" (Rhoden 2008). Wegen der nicht auflösbaren Ambivalenz wurde Kritik an Tafeln zugleich immer notwendiger und nachgefragter.[16] Verständlicherweise taucht damit auch die Frage nach der Legitimation dieser Kritik auf.

Letztlich speisen sich die Idee zur Gründung der Tafeln und die Idee zur Beforschung der Tafeln aus ähnlichen Impulsen: Einer Wut über das „Elend der Welt" (Bourdieu et al. 1998) – nun auch in Deutschland – sowie der eher diffusen Angst davor, dass „die Menschheit, anstatt in einen wahren menschlichen Zustand einzutreten, in eine neue Art von Barbarei versinkt", wie es schon die prominenten Vertreter der Kritischen Theorie Horkheimer und Adorno (2008: 1) postulierten. Tafeln gründeten sich, weil engagierte Menschen die Zunahme an sozialer Ungleichheit nicht länger akzeptierten. Die forschende Begleitung und kritische Betrachtung der Tafeln begann zu erkennen, dass sich hinter der Fassade eines gut funktionierenden Unterstützungssystems das strukturelle Armutsproblem einer reichen Gesellschaft verstecken lässt.

Folgt man Lasn (2008), der die „Fassade" der Konsumindustrie anprangert, dann ist Wut das einzig ehrliche Gefühl. Kritik im Sinne der von Lasn begründeten kritischen Bewegung ist vor allem ein *Mittel des Widerstands gegen Gleichgültigkeit*. Lasn nennt diese Form der Kritik „Culture Jamming" – die Zerstörung der liebgewonnen Ansichten und den Versuch der Umcodierung von „Marken" der Konsumgüterindustrie, wodurch es zur sozialen Entmarkung des Konsum-

---

[16] Dies bezeugen auch zahlreiche Veranstaltungen, Fachtagungen und Podiumsdiskussionen, die sich – direkt oder indirekt – dem Thema widmen. Vgl. dazu auch http://www.tafelforum.de/index.php?id=6

gedankens im öffentlichen Raum kommt. Das Ziel besteht in einer Kritik an den Inszenierungen und Meinungsbildern oder noch grundsätzlicher in einer Kritik an der Manipulierbarkeit der Öffentlichkeit durch den Zeitgeist, der sich als handlungsleitender Code in das Verhalten der Menschen eingeschrieben hat.

Den kritischen Begleitern der Tafelbewegung muss das irgendwie vertraut klingen. Auch Tafeln sind kulturelle Phänomene, die sich auf scheinbar selbstverständliche Codes berufen, hinter einer „Marke" verstecken und sich über (mediale) Inszenierungen legitimieren. Kritische Begleitforschung zu Tafeln kann daher als eine spezifische Form des „Culture Jammings" verstanden werden, die sich an Tafeln im Spannungsverhältnis zwischen Lob und Ablehnung abarbeitet. Es gilt daher zu fragen, wie es (im Sinne eines „Culture Jammings" der Tafeln) zu einer Entmarkierung des sozialen und des politischen Raumes kommen kann, in dessen Folge es zumindest die Chance einer angemessenen Bewertung von Tafeln und deren zukünftiger Entwicklung gibt.

2.4   Zielsetzungen der Kritik an Tafeln

Wie aber kann und soll man Tafeln kritisch begegnen? „Kritik" bedeutet gemäß der Übersetzung aus dem griechischen Wortstamm: „scheiden", „trennen", „urteilen", „anklagen" oder „streiten" (Röttgers 1982: 651). Kritik an Tafeln muss also zunächst unterschiedliche Perspektiven auf Tafeln *unterscheiden* und fragen, welche Konfliktpotenziale durch relevante Akteure repräsentiert werden. Sodann muss Kritik an Tafeln dafür sorgen, dass sich diese Akteure von liebgewonnenen Sichtweisen, Normalitätsfiktionen und Selbstverständlichkeitsunterstellungen *trennen*, die für sie selbst handlungsleitend geworden sind. Diese Form der Kritik intendiert, die verschiedenen Akteure zu einem „geregelten Streit" über Alternativen zu motivieren. Die beste Form von Wissenschaft ist nach Baecker (2007: 101) gerade nicht die Feststellung überprüfbaren Wissens, sondern eine gemeinsam (!) vorgenommene „kontrollierte Form der Ungewissheitssteigerung". Erst dann können Missstände aufgezeigt und die Frage nach den sich stetig ändernden Existenzbedingungen von Tafeln beantwortet werden.

Dieser Ansatz lässt sich gut mit dem Kritikbegriff von Foucault (1982) vereinbaren, dem es im Kern um die *Kritik institutionalisierter Bewertungssysteme* geht. Die Aufgabe dieser Kritik besteht darin, das System der Bewertungen (z. B. Wissensformen, Diskurse, Praktiken) über einen Gegenstandsbereich selbst herauszuarbeiten und zielt damit darauf ab, die Grundlagen der gesellschaftlichen Ordnung zu rekonstruieren und daraus (epistemologische) Gewissheit abzuleiten. Für Tafeln bedeutet dies, dass eine soziologisch motivierte Kritik nichts anderes darstellt, als verkleidetes Interesse an den sich widersprechenden gesellschaftlichen

Interessenlagen und die Frage nach der Vernünftigkeit bzw. Unvernünftigkeit des Ganzen (vgl. Prokop 2007: 52 ff.).

Ziel dieser Kritik ist nicht Unterwerfung, sondern Aufklärung und die Eröffnung eines breiten Diskurses. Soll diese Kritik wirksam sein, darf sie nicht in Polemik, Herabwürdigung (von Personen) oder in Totalverweigerung (der Tafeln) abgleiten. Destruktive oder gar abolitionistische Kritik, die auf ein „Verbot" der Tafeln abzielt, ist fehl am Platz.

Es geht vielmehr darum, eine gesellschaftliche Praxis zu verstehen, indem die richtigen Fragen an diese Praxis gestellt werden. Kritik ist also nicht auf Urteile zu reduzieren, sondern besteht im Bemühen, den Dingen auf den Grund zu gehen. Seit Adorno (1998) wissen wir, dass *urteilende* Verfahren die Kritik von der sozialen Welt trennen. Kritik muss aber vielmehr *Teil* der sozialen Praxis sein. Urteile arbeiten sich am bereits Feststehenden ab, während Kritik davon ausgeht, dass noch nichts endgültig fixiert ist und die Zukunft gemeinsam gestaltet werden kann. Diese Form der Kritik nimmt die kontingente Zukunft in den Blick und stellt die Bedingungen der Konstruktion des scheinbar Feststehenden immer wieder in Frage. So ist es zu begrüßen, dass viele der Autorinnen und Autoren dieses Bandes genau aus dieser Praxis kommen und ihren theoretischen Überlegungen umfangreiche praktische Erfahrungen zur Seite stellen.

3 Praxis des Almosens als gesellschaftlicher Skandal – Dimensionen der Kritik am Tafelsystem

„Wir heilen die Welt, bis sie tot ist" – so ein Slogan von Künstlern.[17] Übertragbar auf Tafeln ist er durchaus: Hinter der wohlanständigen Fassade von Armutsversorgung bei Tafeln kann sich das strukturelle Armutsproblem der Gesellschaft verstecken. Hierdurch etabliert sich eine Scheinnormalität des Anormalen. Im Folgenden werden sieben Dimensionen der Kritik am Tafelsystem skizziert.

3.1 Kritik der Wissensformen: Legitimationsfassaden

Tafeln sind Ausdruck eines institutionalisierten Rationalitätsmythos geworden. Das System der Tafeln weist dabei eine erstaunliche Homologie zu einem anderen bekannten Phänomen auf, das unter dem Schlagwort „Web 2.0" bekannt wurde. Auch hier geht es primär um Mythen, Symbole und Erwartungen, weniger um Fakten (Maaß/Pietsch 2007). Während das Web 2.0 im Wesentlichen eine soziale

---

[17] Vgl. Sonnendeck. Aus Liebe zur Krise, Heft 64, November 2008, 6.

Konstruktion und weniger eine technische Innovation darstellt, kann der Erfolg
der Tafeln primär als Ergebnis sozialer Erwünschtheit und Ausdruck einer zeitgemäßen Chiffre des Sozialen klassifiziert werden.

Folgt man dem neoinstitutionalistischen Ansatz (vgl. DiMaggio/Powell 1991),
dann kann die Tafelbewegung als Realität gewordenes Set institutioneller Regeln
über Hilfebedarfe und Hilfsangebote verstanden werden. Hierbei geht es sowohl
um pragmatische als auch um symbolische Aspekte. Pragmatische Aspekte werden
vor allem innerhalb der Tafelbewegung selbst diskutiert: Logistik, Lagerhaltung
und Leitbilder. Symbolische Aspekte beziehen sich hingegen auf die gesellschaftlich vorrätigen Wahrnehmungs- und Interpretationsmuster der Praxis der Tafeln.
Aus der soziologischen Perspektive sind gerade diese symbolischen Kontexte
von Interesse. Diese Muster sind – im Sinne des Kritikbegriffs von Foucault –
Gegenstand externer Kritik. Die Kritik richtet sich auf die Rationalitätsmythen,
die zwischenzeitlich auf der Ebene der Praxis unhinterfragt zur Legitimations-
grundlage des eigenen Handelns genutzt werden und sich in das eigene Verhalten
eingeschrieben haben.

Von Rationalitätsmythen kann man nach Maaß/Pietsch (2007: 9 f.) dann sprechen, wenn es einen regelhaften Zusammenhang zwischen sozial konstruierten
Zielen und darauf ausgerichteten *Mitteln* gibt. Im Fall der Tafeln besteht das Ziel
im Postulat der Verbindung einer ökologischen und einer sozialen Idee, d. h. der
Umverteilung überflüssiger Lebensmittel an Bedürftige. Als Mittel wurde das
meist auf ehrenamtliches Engagement basierende Freiwilligensystem der Tafeln
etabliert, das seine Legitimität primär aus dem Wegwerftabu für Lebensmittel
und der zeitgeistkonformen Idee privat organisierter Wohlfahrt bezieht. Über die
dauerhaft kommunizierte Referenz auf diese Rationalitätsmythen sichert sich
die Tafelbewegung nicht nur ihre (sozialpolitisch problematische) Existenz und
Legitimität, sondern garantiert auch einen bislang stetigen Ressourcenzufluss
an Spenden. Die öffentliche Diskussion über Tafeln ist latent von den sozialen
Erwartungen auf der Basis dieser Rationalitätsmythen geprägt. Durch den hypno-
tisch redundanten Bezug auf ein weithin akzeptiertes Normensystem können die
Tafel-Engagierten die Einlösung einer „moralischen Verpflichtung" für sich rekla-
mieren. Diese „Legitimationsfassade" gilt es zu kritisieren, weil das tatsächliche
Geschehen in der Welt der Tafeln sich bereits in vielen Punkten von bisherigen
Leitprämissen abgekoppelt hat (Selke 2010), eine *Entkopplung von Formal- und
Aktivitätsstrukturen*, die typisch für eine zur Institution erstarrte Bewegung ist.

Ein Beispiel: Auf *formaler* Ebene dienen die Tafeln nur der *komplementären*
Versorgung von Menschen in Not. Folgt man die Tafelgrundsätzen des Bundesverbandes „Deutsche Tafel e. V." dann geben Tafeln nur solche Lebensmittel weiter,
die andernorts überflüssig geworden sind. Die *Aktivitätsstruktur* steht aber dieser *Formalstruktur* oftmals diametral entgegen: Viele Tafeln kaufen inzwischen
Lebensmittel aus Spenden zu, auch wenn diese empirische Tatsache immer wie-

der tabuisiert wird. Hinzu kommen Aktion wie „Eins plus", bei denen Kunden im Supermarkt aufgefordert werden, „Hartwaren" wie Kaffee zu kaufen und zu spenden. Diese (und andere) Formen der Zusatzbeschaffung repräsentieren eher die Idee einer drittklassigen Vollversorgung und legitimieren sich eben gerade *nicht* aus dem kulturell verankerten Wegwerftabu. Für das Auseinanderdriften von Formal- und Aktivitätsstrukturen gäbe es noch zahlreiche weitere Beispiele.[18]

Insgesamt sind sich die Tafel-Engagierten ihrer Sache meist so sicher, dass Kritik an Tafeln unerwünscht ist, da sich die Selbstkonzepte der freiwilligen Helfer dadurch einer (als unnötig empfundenen) Belastungsprobe ausgesetzt sehen (Selke 2009b). Dies geht soweit, dass in der Tafelwelt meist unhinterfragte Postulate über Ziel-Mittel-Zusammenhänge zirkulieren, die weder einer ideologischen noch einer empirischen Prüfung unterliegen bzw. Stand halten würden. Mehr noch: Aufgrund des generalisierbaren Charakters dieser Rationalitätsmythen werden alle Formen von Relativierungen, insbesondere das Sprechen über Alternativen, weitgehend ausgeschlossen. Die Evaluation des Tafelsystems beschränkt sich auf weitgehend quantitative Kontexte (z. B. die Auflistung von Logistikleistungen, Mitarbeiterzahlen etc.) und immunisiert sich gegen Interpretationsspielräume aufgrund fundierter empirischer Fakten. Fakten hören aber nicht auf zu existieren, nur weil man sie übersieht (Aldous Huxley).

Der sozial konstruierte Rationalitätsmythos wurde treffend von der ehemaligen Schirmherrin des Bundesverbandes „Deutsche Tafel e. V." zusammengefasst: „Tafeln sind ein Erfolgsmodell". Dieser Rationalitätsmythos ermöglicht diskursive Anschlussfähigkeit sowohl für die Mitarbeiter, aber auch für viele Medienvertreter[19] und die Öffentlichkeit. Insgesamt lässt sich hier von einer *uninformierten Überbewertung* der Tafeln sprechen – ein Zustand, der schon allein deshalb kritisiert werden muss, um seinerseits Legitimation für empirisch fundierte Forschung zu erzielen. Diese muss dann darauf abzielen, den tatsächlichen Gebrauchswert der Tafeln aus der Perspektive der Tafelnutzer zu erheben und nicht einfach nur sozial erwünschte Gebrauchswerte zu postulieren.

---

[18] Wenn wie beispielsweise bei der Lohrer Tafel über ein lokales Anzeigenblatt um eine Weihnachtsbratenspende gebeten wird, dann entspricht das nicht den Tafelgrundsätzen. Wenn die Karlstadter Tafel „Bratenpakete" aus Spenden kauft oder die Gemünder Tafel „zusätzlich zum sonstigen Angebot" Weihnachtsessen finanziert, dann sind dies Beispiele für die Kluft zwischen Formal- und Aktivitätsstrukturen (vgl. Mainpost, Ausgabe Main-Spessart, vom 17. Dezember 2009: „Tafeln füllen die Festtagstische. Zu Weihnachten gibt es für Bedürftige im Main-Spessart-Kreis Bratengeschenke.").
[19] Die Medien erweisen sich in diesem Kontext wahrlich als „hygienischer Fabrikraum" (Horkheimer/Adorno 2008: 5) in dem sich im Modus des „gestriegelten Amüsements" die Furcht vor der sozialen Wirklichkeit in oberflächlich recherchierten Bildepidemien verflüchtigt. Die Medien als mittelbare Tafel-Engagierte haben mit ihrer Sprache der Anpreisung der Tafeln letztlich die Zirkulation der Rationalitätsmythen über Tafeln zu verantworten.

3.2 Kritik der Systemformen: Irreversibilität

Dieser (eher abstrakten) Kritik steht eine deutlich zu beobachtende, quasi „eingebaute" Irreversibilität des Tafelsystems gegenüber. Darunter ist die inzwischen zu konstatierende Unmöglichkeit zu verstehen, sich selbst überflüssig zu machen oder ernsthaft nach alternativen Lösungen zu suchen.

Die „Evolution" der Tafeln verlief vom spontanen und individuellen Hilfeimpuls nach US-amerikanischen Vorbild[20] hin zur Verstetigung. Wie Luise Molling (2009b) plausibel zeigt, durchliefen die meisten Tafeln drei Phasen: eine Gründungsphase, eine Etablierungsphase und die Phase der Systembildung. Wie jede andere Bewegung hat sich auch die Tafelbewegung inzwischen institutionalisiert und professionalisiert: Die Tafeln haben sich von der gönnerhaften Geste hin zu einem (in sich geschlossenen) System der Armutsversorgung gewandelt. Dieses System wird zusehends selbstverständlicher und aufgrund des dargestellten Rationalitätsmythos' immer etablierter.

Die Systembildung führt dazu, dass sich Tafeln immer weniger durch Alternativen ersetzen lassen bzw. dass immer seltener überhaupt über Alternativen nachgedacht wird. Es geht hingegen immer häufiger um *Eigeninteressen* der Tafelbetreiber und Tafelträger, um knappe Ressourcen (Aufmerksamkeit, Spenden etc.) sowie um Monopole im „Geschäft mit menschlichen Nöten" (Opaschowski 2008: 544). Vom Hilfeimpuls wandeln sich – um den Begriff nochmals aufzugreifen – die Aktivitätsstrukturen in vorteilsschaffende Lobbyarbeit der an Tafeln angeschlossenen Institutionen.

Tafeln sind seit Mitte der 1990er Jahre Teil einer Bewegung. Die oft gebrauchte Bezeichnung „soziale" Bewegung ist jedoch problematisch. Wäre die Tafelbewegung tatsächlich eine soziale Bewegung, dann müsste sie ein klar definiertes Ziel erkennen lassen und auch Bedingungen zue Erreichbarkeit dieses Zieles definieren. Die Tafelbewegung bedient stattdessen früher oder später Märkte, die sie selbst erschaffen hat. Sie bedient in diesem Sinne die Märkte der Barmherzigkeit sowie der bürgerlichen Hilfsbereitschaft. Es handelt sich mit Sicherheit um eine *bürgerliche*, mit großer Wahrscheinlichkeit aber nicht um eine *soziale* Bewegung.[21]

Diese Bewegung schafft durch ihre Expansion irreversible Strukturen. In der Vergangenheit wurde ich scharf für meine „These der eigenen Überflüssigkeit" kritisiert (Selke 2008, 2009). Mittlerweile ist diese Aussage bei fast jeder Tafeleröffnung und jedem Tafeljubiläum zu hören. Aber: Die Rede von der „Überflüssigkeit der Tafeln" ist zu einem bloßen akustischen Geschehen verkommen, dem keine wirkliche Handlungsabsicht zur Seite steht. Vielmehr ist das Wachstum der

---

[20] Vgl. hierzu den Beitrag von Britta Grell in diesem Band.
[21] Vgl. hierzu den Beitrag von Thomas Gurr in diesem Band.

Tafeln ist vor Ort auch immer mit einer *räumlichen Expansion* verbunden, bei der sich das System der Tafeln konkret etabliert und verstetigt.

Beispiele hierfür sind etwa die Aushandlung langjähriger Mietverträge oder gar Neubauten für Lagerhallen oder Aufenthaltsräume. Durch diese expansiven Maßnahmen steigen auch die Kosten für die Tafelbetreiber. Die Folge ist paradox: Die Tafeln brauchen ihre „Kunden", um die Mietkosten zahlen zu können – eine andere Interpretation des fast omnipräsent benutzten Kundenbegriffs. Die Bedürftigkeit der Menschen wird damit zur „Kundenbindung", weil die Mieten ja vor allem aus dem symbolischen Euro gezahlt werden, den die Nutzer entrichten. Besonders problematisch sind diejenigen Beispiele, die zeigen, dass erste Kommunen beginnen, die Tafeln im kleinen Maßstab mitzufinanzieren, indem etwa KFZ-Steuern für die Kühl- und Lieferfahrzeuge übernommen werden. Diese Beispiele zeigen, dass es eine Kluft gibt, zwischen den immer wieder hervorgebrachten rhetorischen Absichtsbekunden (Formalstrukturen), sich als Tafel oder Tafelbewegung selbst „überflüssig" machen zu wollen und dem eigenen Handeln in der Praxis (Aktivitätsstrukturen).

3.3 Kritik der Hilfeformen: Pannendienst der Gesellschaft

Die Inanspruchnahme von Tafeln ist eine legitime, rationale und komplementäre Versorgungsstrategie für Menschen in relativer Armut. Aber: Wer auf der Seite der Anbieter stetig und zuverlässig Erwartungen einlöst, darf sich nicht wundern, wenn auch die Ansprüche der Nutzer steigen. Genau dies ist schon jetzt bei vielen Tafeln zu beobachten – und wird von vielen Tafelhelfern selbst (als belastend) kritisiert.[22]

Tafeln befinden sich im Schnittpunkt oftmals inkompatibler Erwartungen, die sich zu einer „Erwartungsspirale" addieren: Lebensmittelspender erwarten Kosteneinsparungen und Imagegewinne durch Corporate Social Responsibility-Maßnahmen. Die „Kunden" der Tafeln erwarten, dass sie mit dem Notwendigsten versorgt werden. Die Öffentlichkeit und die politisch Verantwortlichen erwarten, dass Tafeln zum Ort einer „verlässlichen" Armenversorgung werden. Und die Tafeln selbst erwarten, dass man all dieses von Ihnen erwartet (Erwartungs-Erwartungen). Die Verstetigung dieser interdependenten Erwartungen ist das Gegenteil der Idee von Hilfe zur Selbsthilfe oder zum „Empowerment" der Tafelnutzer. In diesem (und nur in diesem) Sinne *verstetigen* Tafeln Armut. Die bei Tafeln geleistete Hilfe kann so nicht sozial nachhaltig sein (vgl. Meyerhoff 2007). Nachhaltig

---

[22] Ein Beispiel: Bei einer Tafel (in Bayern) beschwert sich eine Nutzerin mit den Worten: „Das soll alles sein? Das reicht ja nie für eine Woche!". Hieran zeigt sich, wie sich die (verständlichen) Erwartungen der Nutzerin verstetigt haben.

wäre sie nur dann, wenn sie Menschen dazu befähigte, sich eigenständig und dauerhaft aus Armutslagen zu befreien.

Die Hilfe bei Tafeln beschränkt sich jedoch primär in „versorgender Hilfe". Die Paradoxie besteht darin, dass es dem „System Tafel" gelungen ist, sich als eine Art Selbstverständlichkeit zu positionieren, zu der es scheinbar keine Alternativen gibt.[23] Tafeln sind das, was der ADAC auf der Straße ist: Der liebgewonnene, unhinterfragte Pannendienst der Gesellschaft, auf den man sich ‚blind' verlässt. Je erfolgreicher die Versorgung der Armut – das versorgende Helfen – funktioniert, desto mehr sinkt der Handlungsdruck, sich mit nachhaltiger Armutsbekämpfung zu beschäftigen.

Was Tafeln anbieten, ist erfolgreiche Armutsversorgung. Was Tafeln nicht können – und vielleicht auch gar nicht wollen/sollen – ist „aktivierende Hilfe" einerseits und Armutsbekämpfung andererseits. Genau hier setzen jedoch neue Konzepte an, die versuchen, Tafelarbeit und Soziale Arbeit zu verknüpfen.[24]

3.4   Kritik der Praxisformen: Disziplinierung des Elends

Bei meiner einjährigen ethnografischen Studie, vielen Besuchen bei Tafeln in ganz Deutschland sowie zahlreichen Gesprächen mit Nutzerinnen und Nutzern von Tafeln und ähnlichen Einrichtungen wagte ich – ganz im Sinne des Soziologen Erving Goffman – einen Blick auf die „Hinterbühne" der Tafelbewegung. Was ich sah, veränderte meine anfangs euphorische Einschätzung und machte mich zum Kritiker.

Um bei Tafeln praktisch zu helfen, werden vielfältige Formen der „Disziplinierung des Elends" (Selke 2008: 215) für die betroffenen Menschen billigend in Kauf genommen. Und das trotz aller offensichtlichen Bemühungen der meisten Helfer, den eigenen „Kunden" auf Augenhöhe zu begegnen. Aber genau hierin liegt ein folgenschweres Missverständnis über Tafeln: Keine noch so intensive individuelle Anstrengung eines engagierten Tafelhelfers kann die strukturelle Abhängigkeit des Tafelnutzers beseitigen. Die „Kunden" bleiben, quer zu allen Bemühungen und Konzepten, eigentlich „Unkunden" (Selke 2009: 283), die fremdbestimmt versorgt werden, anstatt eine selbstbestimmte Bürger- und Konsumentenrolle einnehmen zu können.

---

[23] Grober (2010) schlägt einen recht radikalen Umgang mit mangelhafter Nachhaltigkeit vor, zeigt aber auch, an welche Bedingungen dieser Umgang geknüpft ist: „Kaltblütig Strukturen, die nicht nachhaltig sind, kollabieren zu lassen, dafür den Einsatz erhöhen, um bestehende nachhaltige Strukturen zu stärken und neue in die Welt zu setzen. Wäre das nicht die bessere Strategie […]? Sie erfordert freilich, dass man zwischen nachhaltig und nicht nachhaltig präzise zu unterscheiden vermag."
[24] Vgl. hierzu die Beiträge von Rainer Krockauer, Matthias Bruckdorfer und Silke Köser, Manfred Thuns sowie Clemens Zahn und Josef Schäfers in diesem Band.

Diese „Disziplinierungsthese" basiert auf der Tatsache, dass bei Tafeln existenzunterstützende Hilfe eben *nicht* ohne Ansehen der Person oder Situation geleistet wird. Vielmehr wird die Hilfe von zahlreichen Bedingungen und vom „richtigen" Verhalten der Nachfragenden abhängig gemacht, explizit durch Feststellung der Bedürftigkeit, implizit durch tafelinterne Verhaltensnormen wie z. B. Mitbringen bestimmter Tüten, Anstellen in einer bestimmten Art und Weise etc. In manchen Fällen führt dies zu Konstellationen und Situationen, die mit dem Grundrecht auf Menschenwürde nicht mehr vereinbar sind. Dazu drei Beispiele:

- Bei der Tafel in Saarlouis müssen die Menschen in Viererreihen antreten. Sie stehen in einem Hof und werden von den Helfern dirigiert. Jeder „Kunde" erhält eine Losnummer – ein bei Tafeln übliches Verfahren. Als ein Mann sich über eine hohe Nummer beschwert (die eine lange Wartezeit bedeutet), antwortet ihm die Leiterin der Tafel: „Ja haben Sie denn nicht mal ein paar Stunden Zeit? Wenn Sie nicht warten können, dann sind Sie auch nicht hungrig genug".[25]
- Bei einer Tafel mussten sich die „Kunden" vor der Warenausgabe in einer Reihe aufstellen und einer anwesenden ehrenamtlichen Helferin ein Geburtstagsständchen singen – natürlich „freiwillig".
- Ein arbeitsloser Kunde der Tafel in Münster, der sich immer wieder kritisch über Hartz-IV sowie die Qualität des ausgegebenen Gemüses beschwerte, erhielt schließlich „Hausverbot". [26]
- Bei einer weiteren Tafel musste eine Frau, die vor dem Tafelbesuch in einem normalen Discounter einkaufen war, ihre Einkäufe vor versammelter Mannschaft ausräumen und anhand des Kassenzettels Stück für Stück nachweisen, dass die Einkäufe „legal" waren. Ihr wurde für die Zukunft verboten, der „Übersicht halber" vor dem Tafelbesuch „normal" einkaufen zu gehen.

Kritisch sind diese Beispiele deshalb, weil sie zeigen, wie erzieherische und disziplinierende Maßnahmen an die eigenen Klienten herangetragen werden. Diese Maßnahmen münden in die Notwendigkeit zur Aufgabe der Privatsphäre durch ‚Veröffentlichung' der eigenen Armut und verstetigen Ausgrenzungs- und Abwertungserfahrungen der Betroffenen (vgl. Kaletta 2009).

---

[25] Gezeigt wurde diese Szene – scheinbar ohne jegliches Problembewusstsein – in einem Fernsehbeitrag der ARD.
[26] Vgl. Katja Niemeyers Artikel „Zu kritisch – Hausverbot. Arbeitsloser kriegt nichts bei der Tafel." In: Hallo, 23. August 2009.

3.5 Kritik der Vergesellschaftungsformen: Etablierte Scheinwelten

Oftmals wird argumentiert, dass Menschen, die zu einer Tafel gehen dort „Gleich-gesinnte" treffen können. Dieser Sichtweise soll hier die „Desintegrationsthese" entgegen gestellt werden.

Letztlich etablieren Tafeln beschirmherrschaftete Schein- oder Parallelwelten, in denen sich nach dem Wunsch (neo-)liberaler Politiker leistungsunwillige oder -unfähige Menschen selbst verorten dürfen oder sogar sollen. Sie werden dort auf den Modus der Passivität reduziert. Dies stellt dann das genaue Gegenteil von „ak-tiver Teilhabe am sozialen und kulturellen Leben" dar. Die Menschen, die Tafeln nutzen, sind eben gerade *keine* soziale Gemeinschaft. Sie gleichen eher einem sozialen Aggregat. Wie Menschen an einer Bushaltestelle befinden sie sich (mehr oder weniger zufällig) zur gleichen Zeit am gleichen Ort. Wie diese haben sie zwar ein situatives, aber eben kein gemeinsames Ziel. Eine echte Vergemeinschaftung kann so nicht stattfinden.

Dies lässt sich auch daran erkennen, dass alle Teilnehmer einer qualitativen Befragung[27] unter Tafelnutzern trotz oder wegen (?) der Tafelnutzung verneinten, sich noch als Teil der Gesellschaft zu fühlen. Sie klassifizierten sich viel-mehr als „dritt- oder viertklassige Menschen", als „abgespeiste Bittsteller" oder als „Almosenempfänger" (Zitate aus den Gesprächen). Natürlich kann man sich auch hier gegen die Selbstbeschreibungsformen immunisieren und diese als Ein-zelfälle banalisieren. Wenn aber der konkrete Ort der Tafel (aus der Sicht vieler Tafelhelfer) ein so angenehmer Ort ist, dann stellt sich die Frage, warum trotz des positiven Images der Tafeln in der Öffentlichkeit auf Nachfrage *alle* befragten Tafelkunden angeben, *niemandem* in ihrem persönlichen Umfeld zu erzählen, dass sie zu einer Tafel gehen.

Von diesen Scheinwelten geht eine Gefahr aus. Um dies zu verdeutlichen, lohnt ein Seitenblick auf das immersive und eskapistische Medium Kino, so wie es die Kritische Theorie sieht: Vergnügen, so schreiben Horkheimer und Adorno (2008: 153), ist nicht „Flucht vor der schlechten Realität, sondern vor dem letzten Gedanken an Widerstand". Somit legitimiert sich Kritik an den engagierten Ta-felmenschen dadurch, dass diese paradoxerweise gerade durch ihr Engagement den notwendigen Widerstand verhindern, der zu einer Abschaffung derjenigen gesellschaftlichen Verhältnisse führen könnte, die Tafeln erst notwendig mach(t)en.

---

[27] Vgl. dazu auch den Beitrag von Ulrich Thien in diesem Band.

3.6 Kritik der Privatisierungsformen: Instrumentalisierung der Helfer

Es stellt sich die Frage, wie sich die Tafeln langfristig in den neuen Strukturen des sozialen Marktes und im bundesdeutschen ‚Wohlfahrtsmix' positionieren. Tafeln sind Ausdruck der Privatisierung elementarer Daseinsfürsorge. Das „System Tafel" zeigt beispielhaft, wie es zur Übernahme von (Teil-)Verantwortlichkeiten für Leistungen der elementaren Existenzsicherung durch Privatpersonen kommen kann. Die Privatisierung des Sozialen zeigt sich auch darin, wie die ehrenamtlichen Helfer von Seiten der politisch Verantwortlichen motiviert werden. Die Helfer werden somit Teil eines Systems, das freiwillig Gemeinwohl produziert und nach primär ökonomischen Prinzipien operiert.

Als Bürger ist es sinnvoll, sich sozial zu engagieren. Im Fall der Tafeln aber tragen die Ehrenamtlichen letztlich Mitverantwortung am Umbau bzw. Abbau des Sozialstaates, der das neue Almosenwesen als konstituierenden Faktor der Versorgung von Menschen in Notlagen einbaut und auf andere Maßnahmen verzichtet. Die Tafelhelfer lassen sich für die Etablierung eines neuen Systems instrumentalisieren. In diesem System wird staatliche Wohltätigkeit zunehmend durch private Hilfsbereitschaft ersetzt.[28] Barmherzigkeit löst Bürgerrechte ab. Willkür tritt an die Stelle von Garantien. Zwischen diesen beiden Seiten gibt es elementare Unterschiede: Barmherziges Hilfe ist vom Handeln des Bittstellers abhängig. Rechte sind personen- und situationsunabhängig. Dies ist deshalb kritisch, weil dem Sozialstaatsgedanken die Überzeugung *und* Garantie zugrunde liegt, dass jedem Bürger die existenzsichernde Teilhabe an materiellen und geistigen Gütern ermöglicht wird und eine angemessene Mindestsicherung zur Führung eines selbstbestimmten Lebens in Würde und Selbstachtung gewährleistet wird.[29] Beides kann von den Tafeln *nicht* garantiert werden.

3.7 Kritik der asymmetrischen Solidaritätsformen: Helfen als Selbstzweck

Man kann sogar noch einen Schritt weitergehen. Erinnern wir uns an die Frage, wem die Tafeln wirklich helfen. Vordergründig sind es die Menschen in Not. Tatsächlich aber helfen die Helfer sich oftmals hauptsächlich selbst (vgl. auch Opaschoswki 2008: 538 ff.). Helfen wird im System der Tafeln immer häufiger selbstreferentiell.

---

[28] In der Entwicklungshilfe hat man diesen Zusammenhang längst erkannt, so etwa in einer Anzeige der Gesellschaft für Technische Zusammenarbeit GTZ mit dem Titel: „Almosen, nein danke!" (Rheinischer Merkur, 11, 2010, 5.)

[29] Vgl. dazu auch den Beitrag von Christine Hohmann-Dennhardt in diesem Band.

Die häufig zu hörende Aussage, dass Tafeln Armut sichtbar machen, stimmt
so nicht. Tafeln machen vor allem einmal sich selbst sichtbar: Hilfe bei Tafeln ist
vor allem *demonstratives* Helfen, Aktionismus im Hier und Jetzt – ohne langfristige Zielvorgabe oder operationalisierbare Meilensteine. „Tue Gutes und rede
darüber" – das könnte problemlos auch zum Motto der Tafelbewegung erhoben
werden. Tafeln feiern sich (mit Hilfe der Medien) selbst. Hilfe verkommt in diesem
System zum Selbstzweck bzw. wird selbstbezüglich. Immer besteht die Gefahr,
dass dabei die eigentlichen Adressaten aus dem Blick verloren werden.

Bei all dem kann nicht von Solidarität gesprochen werden. Tafeln sind keine Orte, an denen Solidarität blüht. Es sind eher Orte, an denen Menschen um
das „letzte Quäntchen Glück" (Rosenhövel 2009) konkurrieren. Es darf nicht
sein, dass die Tatsache der Existenz von Tafeln als „Begegnungsstätte zwischen
gesellschaftlichen Schichten" gefeiert wird – Tafeln sind kein gesamtgesellschaft-
liches Sensibilisierungsprogramm für wohlstandsmüde Bürger. In diesem Sinne – und vor dem Hintergrund einer allgemein erkennbaren Theatralität unserer
Gesellschaft können Tafeln keine wirkliche Solidarität anbieten, sondern nur
Solidarität *inszenieren*.

Solidarität setzt (in meinem Verständnis) ein möglichst spiegelbildliches Zu-
sammengehörigkeitsgefühl der solidarischen Gruppen voraus. Dieses ist bei Tafeln
nicht vorhanden. Solidarität ist eine Haltung der gegenseitigen Verbundenheit
und Unterstützung zwischen gleichgestellten oder gleichgesinnten Personen oder
Gruppen. Die Hilfe, die bei Tafeln geleistet wird, kann deshalb in diesem Sinne
nicht solidarisch sein. Bei Tafeln stehen sich (meist) Personen mit unterschiedlicher
sozialer Stellung und unterschiedlicher Gesinnung gegenüber. Die Begegnung der
Menschen bei Tafeln ist (meist) nicht symmetrisch. Die Hilfe bei Tafeln ist eine
Art „Solidarität mit Pay-Back-Funktion" für die Helfenden.

Tafeln sind daher lediglich lokale Reparaturnetzwerke für ökonomische und
soziale Desintegrationsprozesse, geben aber keine Impulse für gesellschaftliche
Veränderungen. Die ehemals „soziale" oder besser: bürgerliche Bewegung ist in
einer marktförmigen ökonomischen Bewegung erstarrt. Die Art der Hilfe bei Tafeln besteht primär in „versorgender" Hilfe und nicht in „befähigender" Hilfe. Was
Tafeln anbieten können, ist zwar erfolgreiche Armutsbewältigung. Was nach wie
vor fehlt, ist ein essentieller Beitrag zur Armutsbekämpfung und -prävention. Auch
hier lohnt eine Anleihe bei der Kritischen Theorie, denn zwischen ästhetischem
und ökonomischem Konsum besteht ein fataler Zusammenhang: Horkheimer und
Adorno (2008: 147; Hervorhebung d. Hrsg.) behaupten, dass sich *Kultur*industrie
und *Hilfe*industrie so zueinander verhalten, dass in dem ersten System alle Möglichkeiten der Befriedigung (latenter) Bedürfnisse ausgeschöpft werden, während
im zweiten System (manifeste) Bedürfnisse höchstens symbolisch befriedigt werden: „Der Gedanke des ‚Ausschöpfens' gegebener technischer Möglichkeiten,
der *Vollausnutzung von Kapazitäten* für ästhetischen Massenkonsum gehört dem

ökonomischen System an, das die Ausnutzung der Kapazitäten verweigert, wo es um die *Abschaffung des Hungers* geht." Für das Vergnügen wird also alles getan, für die Voraussetzung des Vergnügens, eine menschenwürdige Existenzsicherung, noch lange nicht genug. Und *diese* Voraussetzung kann nicht allein mit bürgerschaftlichem Engagement geschaffen werden. Dies ist der Kern der System- und Ideologiekritik an Tafeln.

Tafeln sind ein Symptom eines „New Public Managements" *ohne* Garantien. Hierbei verschieben sich gerade durch das Engagement der Tafelhelfer die Grenzen zwischen sozialstaatlicher Absicherung und privatem Almosenwesen. Der oft strapazierte Mythos einer *Win-Win-Situation* zwischen Spendenden und Empfangenden der Spenden basiert letztlich auf einer eindimensionalen Bilanzierung ohne Berücksichtigung versteckter (emotionaler, psychischer, sozialer) Kosten. Diese Bilanzierungsform hat der Historiker Tony Judt[30] klar herausgearbeitet und kommt zu einem anderen Ergebnis als z. B. Ulrich Greiner:

> „Es ist billiger, in mildtätiger Ansicht Gaben an die Armen zu verteilen, als diesen per Gesetz eine Fülle sozialer Dienstleistungen zu garantieren. Aber milde Gaben entgegenzunehmen bedeutet eine *Demütigung*. Wenn man dagegen formal berechtigt ist, Leistungen [...] in Anspruch zu nehmen, dann wird man nicht beschämt sein, diese Hilfe zu akzeptieren. Solche Rechte und Ansprüche allerdings sind teuer. Wie wäre es aber, wenn wir auch Demütigungen als *Kosten* und *Belastungen* für eine Gesellschaft begreifen würden? Wir könnten dann zu dem Ergebnis gelangen, dass die Gewährung universeller sozialer Dienstleistungen [...] in Wirklichkeit ein *kosteneffektives* Mittel zur Verwirklichung unserer gemeinsamen Ziele ist." (Judt 2010: 9, Hervorbebung d. Hrsg.)

Die Tafel-Engagierten machen sich (langfristig) durch die Unterstellung einer alternativlosen Selbstverständlichkeit mitverantwortlich an der Neuordnung des Sozialstaates und dessen *Min-Max-Methode*: Mit ein bisschen Lob und Rhetorik und dem freiwilligen Engagement sparen zu können, hat System.

4 Tafeln als „angenehmere Abhängigkeit"? Kritik zwischen Einzelfall und Regel

Mit den Tafeln sind vor allem langfristige Gefahren verbunden, die an dieser Stelle noch einmal explizit benannt werden. Diese Form der Kritik würdigt die Tatsache,

---

[30] Judt, Tony (2010): Ein Sinn für Anstand. In: DIE ZEIT, 7. Januar 2010, 9.

dass es sich bei den mit Tafeln verbundenen Entwicklungen um *prozessuale* Aspekte des sozialen Wandels handelt.

a) Die Nutzung der Hilfsangebote bei Tafeln ist – anders als die grundrechtlich garantierte Existenzfürsorge an Bedingungen geknüpft. Als Folge wandeln sich *langfristig* die Rollen vom „mündigen Bürger erster Klasse" hin zu einem „Bürger zweiter Klasse". Prozesse der Stigmatisierung verstärken sich. Statt gleichberechtigte Teilhabe am sozialen und kulturellen Leben zu ermöglichen kommt es zu einer Abspaltung in „Parallelwelten" oder „Territorien des Inhumanen".[31]

b) Durch die fortwährende Bestätigung von Erwartungen und den Ausbau von Märkten treten Effekte der Gewöhnung ein. Eine meiner Gesprächspartnerinnen, „Kundin" einer Tafel brachte diesen Sachverhalt stellvertretend auf den Punkt, als sie davon sprach, dass „Tafeln im Vergleich zu Behörden nur die angenehmere Abhängigkeit" sind. Als Folge davon geht langfristig die Handlungsautonomie der Tafelnutzer verloren und die Perspektivlosigkeit („Armut der Seele") verstärkt sich.

c) Vor allem aber besteht *langfristig* die Gefahr, dass es zu einer tafeladäquaten Sichtweise auf Armut kommt. Armut würde dann nur noch durch die „Brille der Tafeln" wahrgenommen. Als Folge erhalten Tafeln einen unhinterfragten Pannendienst-Charakter und es kommt zu einer Umverlagerung der Verantwortlichkeit für menschwürdige Existenzsicherung weg vom Staat hinein in Freiwilligen-Agenturen.

Alle diese Argumente müssen weit weg vom Alltagsdruck der Tafelarbeit bedacht und gewichtet werden. Tafeln müssen sich selbst hinterfragen, wenn sie ein legitimer Teil der Gesellschaft werden und bleiben wollen. Dabei gibt es mehr Fragen als Antworten: Die Suche nach sozial- und interessenspolitischen Alternativen ist – gerade auch im Sinne der betroffenen Menschen und Adressaten der Hilfe – notwendig. Das Feld, reicht hierbei von individueller Verzweiflung der betroffenen Menschen bis hin zu institutioneller Ratlosigkeit im Feld des Sozialen.

Eine Tatsache ist besonders anzuerkennen: Am gesellschaftlichen Ort, den ich an anderer Stelle „Fast ganz unten" genannt habe (Selke 2008) herrscht eine besondere Fragilität und ein besonders sensibles Gerechtigkeitsempfinden. Wer zu einer Tafel geht bzw. gehen muss, ist in besonderer Art und Weise verletzbar und hofft – zu Recht – darauf, dort nicht noch mehr verletzt zu werden. Leider ist das ein Irrtum, wie Fallbeispiele aus der Praxis auf der Basis von Gesprächen mit Tafelnutzern zeigen:

---

[31] Vgl. dazu auch die Ausführung zu Tafeln als heterotope Orte im abschließenden Beitrag von Stefan Selke in diesem Band.

- Je nach Sympathie oder Antipathie oder nach Zugehörigkeit zu informellen Gruppen oder Kulturen werden Preise bei Tafeln willkürlich berechnet. So kann es passieren, dass eine Person das Doppelte für die gleiche Warenmenge bezahlt oder „Lieblinge das Doppelte bekommen".
- „Kunden" müssen erst mit anpacken um z. B. Lieferwagen auszupacken, dann rücken sie in der Warteschlange um ein paar Positionen nach vorne.
- Lebensmittel sind teilweise schon abgelaufen – frische Lebensmittel werden zugekauft, wenn Medienvertreter angemeldet sind.
- Ehrenamtliche Helfer/innen bedienen sich vor den Augen der „Kunden" selbst und nehmen sich die „Filetstücke" mit nach Hause.

Wo viel Licht ist, ist auch viel Schatten: Diese Beispiele für Neid und Verteilungskämpfe am unteren Rand der Gesellschaft haben ein Problem: Sie können (fast) beliebig als „Einzelfälle" abgetan werden.[32] Sie sind aber – aus empirischer Sicht – *weder* Einzelfälle *noch* die Regel. Sie sind Teil der Praxis und daher auch Teil der Kritik an Tafeln. Seit 2007 führe ich immer wieder Gespräche mit Tafelnutzern – in West- und Ostdeutland. Die Ergebnisse lassen sich so zusammenfassen: 1. Die Erfahrungen der Nutzer sind längst nicht so gut, wie das immer wieder von Seiten der Tafeln selbst behauptet wird. 2. Das Vertrauen in die Tafeln seitens der Nutzer ist längst nicht immer begründet. Nur dies sollen die o. g. Beispiele verdeutlichen.

Die teils verzerrten Erwartungen der Nutzer sind in der Praxis nicht immer einlösbar. Auch bei Tafeln zeigt sich (wie bei allen anderen Institutionen auch), dass eine *Normalverteilung* zentraler Qualitätsmerkmale vorliegt: Wenige Tafeln agieren in allen Belangen vorbildlich, wenige sind „schwarze Schafe". Und dazwischen liegt der Normalfall, die Regel. Es macht daher für eine konstruktive Diskussion keinen Sinn, das Vorhandensein dieser Normalverteilung zu leugnen und sich immer nur des eigenen ‚Rationalitätsmythos' (s. o.) zu versichern. Wenn Tafeln ein „normaler" Bestandteil der Gesellschaft sind, dann ist anzuerkennen, dass sie aus „normalen" Bestandteilen bestehen. Und das ist eben die gesamte Spannbreite menschlicher Interaktionsformen, vom Vorbild, über den Standard, bis zur Verfehlung.

6   Fazit: Praktische Kritik und verdaute Theorie

Kritik an Tafeln hat, wie dargelegt, den gesellschaftlichen Wert der Tafeln in einem diskursiven Prozess zu prüfen. Abschließen möchte ich daher mit der Aufforderung, gemeinsam über die unmittelbaren und mittelbaren Folgen der Tafel-

---

[32] Wie z. B. zahlreiche Reaktionen bei Podiumsdiskussionen mit Tafelvertretern zeigen.

bewegung nachzudenken. Dafür muss die Komplexität und die Ambivalenz des Gegenstandsbereichs „Tafeln" grundsätzlich anerkannt werden. Hierbei zeigt sich deutlich der Unterschied von begleitender, wissenschaftlicher Forschung zu Tafeln und interessengeleiteter Public Relations: Während Wissenschaft versucht, die Komplexität anzuerkennen und dann zu reduzieren, versucht PR zu behaupten, dass es keine Komplexität gibt.

Dieser Appell richtet sich gleichermaßen an die Tafel-Engagierten wie auch an die Vertreter der Disziplinen, die Tafeln gerade als Forschungsfeld entdecken. Tafeln werden noch lange Gegenstand eines chaotischen Kampfes von Meinungen, Werthaltungen und Zeitgeistströmungen sein. Wichtig dabei ist, sich nicht nur in *Querschnitts*betrachtungen zu verlieren, sondern *Längsschnitt*analysen zu wagen. Denn nur im Zeitverlauf wird sich das Ausmaß der Tafelbewegung als Kulturgut ermessen lassen. Interdisziplinäre Begleitforschung kann dazu eine fundierte empirische und theoretische Basis liefern. Forscher können sich also gemeinsam an einem Projekt beteiligen, dass sich im Sinne des Philosophen Schlegel als „produzierende Kritik" beschreiben ließe (vgl. Röttgers 1982: 666). Diese Kritik enthält einen Doppelaspekt: Einerseits gibt sie einen Anstoß zur Perfektionierung des Ursprungsphänomens (Tafeln), indem der Tafelbewegung das eigene Ideal immer wieder (wie in einem Spiegel) vorgehalten wird.[33] Gleichzeitig muss sich aber auch die Kritik selbst im Dienste dieser Aufgabe perfektionieren.[34] Daraus kann dann eine „praktische Kritik" erwachsen, die den Zeitgeist demaskiert und diejenigen erreicht, um die es eigentlich geht, Menschen in Armuts- und Risikolagen. Diese Kritik erreicht erst dann eine signifikante Veränderung der gesellschaftlichen Zustände, wenn sie als Sinnbild einer „verdauten Theorie" (Ruge zit. nach Röttgers 1982: 671) eine breite Öffentlichkeit und vor allem die direkt betroffenen Menschen erreicht und deren (politische) Bewertungssysteme verändert.

Und diese beginnen, wie eingangs gezeigt, mit der Wahrnehmung selbst. Es kommt nicht darauf an, die soziale Realität widerspruchsfrei zu beschreiben, sondern die Widersprüche aus der sozialen Realität derart zu entfernen, dass die Notwendigkeit illusionierender Beschreibungsstrategien entfällt. Die Fähigkeit, Kritik auszuhalten oder gar zu fördern, ist konstitutiv für jede Demokratie. Eine Demokratie, die ein Armutsproblem hat, über das nicht kritisch gesprochen und diskutiert werden darf, hat – früher oder später – ein Demokratieproblem. Es darf daher nicht zu einer politischen Depotenzialisierung von Kritik durch eine vorschnelle Huldigung des Zeitgeistes kommen.

---

[33] Es würde also schon ausreichen, wenn Forscher und Tafelhelfer gemeinsam überprüften, ob die Prämissen der Tafelbewegung überhaupt noch praktische Relevanz haben.
[34] Dazu bedarf es u. a. weiterer Forschungsprojekte, die unabhängig von Interessen der Tafelverbände und -träger gefördert werden.

Fragen wir zum Schluss: Wo liegt sie nun, die Zukunft der Tafeln? Sie liegt nicht in der immer besseren Verteilung von Warenströmen. Die Zukunft der Tafeln liegt dort, wo sich ein Konsens über Werte und Ziele für eine zukünftige Gesellschaft herausbildet und wo Politik wieder näher an die soziale Wirklichkeit rückt. Es sollte ein Konsens darüber sein, ob Tafeln den Sozialstaat substituieren oder ihn komplementär ergänzen. Ein Konsens darüber, *wo genau* die Grenze zwischen beidem liegt. Um diesen Konsens zu finden, sollte jedoch nicht mit vorschnellen Selbstverständlichkeitsunterstellungen und Normalitätsfiktionen hantiert werden. Man darf und muss zu Tafeln unterschiedlicher Meinung sein (dürfen)!

Ein sinnstiftender Diskurs muss vor allem zwei Eigenschaften haben: Ergebnisoffenheit und die Fähigkeit, alle relevanten Akteure zu integrieren. Was noch fehlt sind gemeinsame Leitbilder, Forderungen und Handlungsstrategien, die über die je eigenen Interessen der sozialen Akteure hinausgehen. Dabei darf der Hang zur Utopie nicht verloren gehen. Wenn man eine wirklich neue Realität beschreiben oder gar verstehen möchte, so kann man nicht die gegenwärtige Realität als Maßstab der Beurteilung nutzen. Wenn man das mögliche Neue nach den Kriterien des bekannten Alten beurteilt, wird aus der Möglichkeit nie eine Tatsache.

7 Einordnung der Beiträge dieses Bandes

Der Zeitpunkt für diese Publikation scheint richtig gewählt. Allmählich kristallisiert sich ein Gesamtbild der Kritik an Tafeln heraus. Gegenwärtig konvergieren zwei Prozesse: Einerseits die fortschreitende *Strukturentwicklung* der Tafeln – hierfür sind die Jahrestagungen des Bundesverbandes „Deutsche Tafeln e. V." und die dort verhandelten Themen repräsentativ. Andererseits die sich allmählich institutionalisierende *Reflexion über die Ambivalenzen* der Tafeln. Hierfür geben die in diesem Band vereinten Beiträge hoffentlich weitreichende Impulse.

Im ersten Teil des Bandes geht es noch um verschiedene Kontexte der Tafeln. Denn nur unter Berücksichtigung der Rahmenbedingungen wie Sozialstaat, Armutsentwicklung und Kultur ist das ambivalente Phänomen der Tafeln angemessen einzuordnen und zu verstehen...
Christine Hohmann-Dennhardt, Richterin am Bundesverfassungsgericht, skizziert eingangs die Umrisse des Sozialstaates und fragt (durch die Sloterdijk-Debatte noch nicht desillusioniert) nach den Entstehungs- und Umsetzungsbedingungen von Gerechtigkeit. Bei den Tafeln stellt sich exakt die Frage, ob diese in einem ad-hoc-Pragmatismus verharren oder den steinigen Weg der Verwirklichung einer gerechteren Welt ein Stück mit gehen oder gestalten. Die Autorin erinnert u. a. an das Gebot der Sozialstaatlichkeit, das komplementär zur Rechtsstaatlichkeit einen Grundpfeiler unseres kulturellen Selbstverständnisses bildet. Verbunden damit ist

der Appell, diese Errungenschaften nicht vorschnell einem Zeitgeist zu opfern, der in globaler Konkurrenzfähigkeit eine wichtigere Handlungsmaxime erkennt, als im verfassungsrechtlichen Auftrag, sozialgestaltend tätig zu werden.

Christoph Butterwegge zeigt umfassend auf, wie eng die Tafelbewegung mit der Sozialstaatsbewegung verknüpft ist. Er macht deutlich, wie soziale Gerechtigkeit zunehmend als gesellschaftliche Last empfunden wird. Ausgangspunkt der Überlegungen ist die scheinbare Krisenhaftigkeit des Sozialstaates, die sich jedoch bei näherem Hinsehen eher als Krise des bestehenden Wirtschafts- und Gesellschaftssystems entpuppt. Die mit dem als „Hartz IV" bezeichneten Gesetzespaket einhergehenden Änderungen sind nach *Butterwegge* radikal, er spricht von einer „grundlegenden Transformation". Durch diese Transformation – so der Autor weiter – gewinnt der Wohlfahrtsstaat eine andere Qualität, während das Soziale seinen Eigenwert verliert und dem Ökonomischen unter- bzw. nachgeordnet wird. Zentral hierbei ist, dass der übrigbleibende „Minimalstaat" die letztlich verbleibenden Sozialleistungen auslagert. Genau in dieses Schema passen die Tafeln: Im „postmodernen" Sozialstaat wird lediglich eine Minimalabsicherung gewährleistet. Ansonsten werden die Armen in die „Obhut karitativer Organisationen und privater Wohltäter/innen" übergeben. Der Autor rechnet mit einem strengeren Armutsregime und betrachtet die Tafeln als festen Bestandteil dieses Regimes. Deshalb spricht er auch davon, dass die Tafeln als „billiger Ersatz" für den Sozialstaat herhalten müssen und in ihrer Praxis zudem noch als Legitimation für den Umbau des Sozialstaates und des passiven Verhaltens von Politikern dienen müssen.

Sabine Pfeiffer diskutiert in ihrem Beitrag das Phänomen Hunger bzw. Ernährungsarmut in der Überflussgesellschaft. Damit liefert sie eine willkommene Hintergrundfolie für die Einordnung der Lebensmitteltafeln. Am Beispiel der Ernährungsgewohnheiten kann die im Grundgesetz verankerte Forderung nach sozialer und kultureller Teilhabe empirisch überprüft werden. Die Autorin spricht dabei von „alimentärer Teilhabe" und zeigt an der Kulturtechnik des „Essengehens" auf, wie eng Ernährung mit gesellschaftlichem „Angekommensein und Dabeisein" zusammenhängen. Tafeln sind in diesem Kontext – so *Pfeiffer* weiter – eine „sehr spezifische Form des Außer-Haus-Essens". Damit zeichnen sich aber Möglichkeiten und Grenzen der Tafeln deutlich ab: Während Tafeln dazu in der Lage sind, Nahrungssicherheit herzustellen, schaffen sie es nicht, für alimentäre Teilhabe zu sorgen. Die Tafeln sind letztlich ein Ausdruck der Delegierung von Nahrungssicherung an Ehrenamt und Privatwirtschaft, so die Autorin weiter. Durch die Privatisierung „ist die Nahrungssicherung von Menschen in armen Lebenslagen hochgradig dem Zufall und in einigen Fällen sogar der Willkür überlassen. [...] Welche Lebensmittel wann, wo, wie und in welcher Menge verfügbar sind, wo überhaupt Tafeln entstehen und zugänglich sind – all das obliegt den jeweils örtlichen Konstellationen von bürgerlichem Engagement und unternehmerischer Handlungsfreiheit. Eine Nahrungssicherung also, derer man nicht sicher sein kann", so das Fazit der Autorin.

Rudolf Martens fragt nach dem unübersehbaren Erfolg der Tafeln und stützt seine gesamtwirtschaftliche Betrachtung auf eine detaillierte Untersuchung von Verzeitlichungstendenzen der Armut. Er räumt dabei mit dem Mythos auf, dass Armut überwiegend kurzfristiger Natur sei. Vielmehr zeigt seine Analyse, dass der Anteil der Personen mit dauerhaften oder mehrfachen Armutserfahrungen zugenommen hat. Vor dem Hintergrund der Verstetigung und Verzeitlichung von Armut werden Einrichtungen wie die Tafeln plötzlich sehr viel plausibler, denn sie ermöglichen ein rationales ökonomisches Verhalten. Wie der Autor zeigt, können so zuerst die laufenden Ausgaben aus dem vorhandenem Regelsatz bedient werden; alle anderen Ausgaben werden aufgeschoben. In der dann mittel- bis langfristig auftretenden Bedarfslücke zeigt sich die wirtschaftliche Bedeutung der Tafeln: Sie helfen mit, aufgeschobene Bedarfe zu decken, für die der Grundsicherungsbeitrag nicht ausreicht. Dies erklärt im Übrigen auch, warum andere existenzunterstützende Angebote längst nicht so wirksam sind, wie Tafeln: Möbelshops, Kleiderkammern & Co, können nicht die gleiche Leistungskontinuität aufweisen, diese aber ist Voraussetzung für eine planbare Einsparung. Damit kommt der Autor zum Fazit, dass Tafeln faktisch „wie ein Zusatznetz für Haushalte im langjährigen Bezug von Grundsicherungsleistungen" wirken. Dies allerdings ist dann aber kritisch zu betrachten, denn „dieses privat organisierte Netz [ist] ziemlich löchrig […] Die Tafeln können letztlich keinen Ersatz dafür bieten, unzureichende Regelsätze zu kompensieren", so der Autor zusammenfassend.

Britta Grell nimmt einen Blick über den bundesdeutschen Tellerrand ein und erinnert an die Ursprünge der Tafelbewegung in den USA, dem Land der „Emergency Kitchens" und „Food Pantries". Das dortige Tafelsystem ist eng mit staatlichen Strukturen und Programmen verbunden – ohne dass dies aber ins (selbst-) kritische Bewusstsein rückt: Die amerikanischen Helfer verweisen lieber auf ihre eigenen Anstrengungen, als auf die Tatsache, dass mehr als 80 Prozent der Einrichtungen direkte Unterstützung vom Landwirtschaftsministerium und der nationalen Koordinationsstelle für Katastrophenhilfe erhalten. Es ist nicht unwahrscheinlich, dass sich das bundesdeutsche Tafelsystem ebenfalls in diese Richtung entwickelt. Trotz struktureller Unterschiede überwiegen die Gemeinsamkeiten zwischen dem System der „Tafeln" in Deutschland und dem US-amerikanischen System der „Foodbanks". Selbst im Musterland des freiwilligen und zivilgesellschaftlichen Engagements mehren sich kritische Stimmen, die das scheinbar Selbstverständliche in Frage stellen. Immer mehr sozialpolitische Experten und Aktivisten betonen – wie hierzulande – die Ambivalenzen und Grenzen des Systems, stellen es grundsätzlich in Frage oder fordern eine (Re-)Politisierung der „Anti-Hunger-Bewegung". Die zentralen Kritikpunkte ähneln dabei verblüffend genau der Kritik am bundesdeutschen Tafelsystem: Im Mittelpunkt steht der Vorwurf, dass versäumt wird, Mittel für die effiziente Bekämpfung struktureller Armut einzusetzen und stattdessen hohe Kosten für die Aufrechterhaltung des Systems der Hungerhilfe in Kauf genommen werden. Die Autorin warnt deshalb ausdrücklich davor, auch in Deutschland in die „Professionalisierungs- und Wachstumsfalle" zu tappen und die eigentlichen Ziele und Adressaten aus dem Blick zu verlieren und fordert mehr Kritikfähigkeit und Eigensinn bei den Betreibern, Mitarbeitern und Nutzern von Tafeln.

Im zweiten Teil des Bandes sind Beiträge versammelt, die sich hauptsächlich mit sozialethischen Aspekten der Tafeln beschäftigen. Hierbei stehen die Verhältnisse von Geben und Nehmen bzw. von Barmherzigkeit und Bürgerecht im Mittelpunkt... *Falk Roscher* entfaltet in seinem Beitrag Argumente für und wider die Entwicklung der Tafeln als neue Form privater Wohltätigkeit. Er unterscheidet dabei die Pole „schädliche Konkurrenz" für die öffentliche Wohlfahrtspflege und „kooperative Ausrichtung". Zentral ist für ihn die Frage, ob die Bürgerrechte durch die bei Tafeln geleistete Hilfe Schaden nehmen. Diese Frage wird in zweierlei Hinsicht bejaht: Einerseits, weil der Autor zeigt, dass bei Tafeln (anders als bei den üblichen Discountern) der Status als Bürger eingeschränkt wird. In die bei Tafeln geleistete private Wohltätigkeit schleichen sich immer wieder auch Elemente ein, die keinen oder kaum einen Bezug zu den Nutzern der Tafeln, dafür umso mehr Bezug zu den Bedürfnissen der bürgerlichen Helfern haben. Darin erkennt Roscher die Renaissance altbekannter Almosensysteme. Am Beispiel des sog. „Straßburger Systems" zeigt der Autor, wie wichtig es ist, eine Vermischung zweier Hilfesysteme zu vermeiden. Private Wohltätigkeit ist vom Willen und der Willkür des Helfers abhängig. Öffentliche Wohlfahrtspflege basiert auf Rechten und ist frei von der Subjektivität des Gebenden. Eine schleichende (und unsichtbare) öffentliche Unterstützung der Tafeln (wie sie *Britta Grell* für die USA aufzeigt) würde einem Paradigmenwechsel in der Grundsicherung und gleichzeitig einem Rückfall in vordemokratische Zeiten gleichkommen. Kritisch fordert *Roscher* daher, dass die Tafeln und die Tafelbewegung sich nur dann vor einer schleichenden Vereinnahmung schützen können, wenn sie konsequent privat wohltätig bleibt und die eigenen Grenzen des Wachstums anerkannt werden.

Rainer Krockauer findet (vor dem Hintergrund der verbandlich organisierten Caritasarbeit) aus caritas-theologischer Sicht Möglichkeiten der Weiterentwicklung von Tafeln. Konsequent fordert er zwar einerseits Nothilfe, aber auch Systemkritik, Professionalisierung und Vernetzung. Er hebt zudem hervor, dass eine begleitende (sozial-)wissenschaftliche Reflexion der Tafelbewegung unabdingbar ist, ebenso wie eine Besinnung auf caritas-theologische Denk- und Handlungsperspektiven. Daher plädiert der Autor für eine „doppelte Perspektivenschärfung in den Raum der Gesellschaft und in den der Kirche hinein". Bezugspunkt seiner Überlegungen ist u. a. das Konzept „Tafel Plus". Darunter sind sowohl Vernetzung und Professionalisierung der Tafeln zu verstehen. Beides soll verhindern, dass Tafelangebote zur reinen Lebensmittelverteilung degradieren. Er schlägt vor, Tafelkonzepte derart weiter zu entwickeln, dass sich unter Rückgriff auf den Seelsorgebereich eine nachhaltige Verminderung von Armut und Benachteiligung erzielen lässt. Dieser Ansatz steht z. B. im Kontrast zu der Forderung *Roschers*, der betont, das die Tafeln im Kontext des Sozialstaates und der darin garantierten Bürgerrechte nur dann eine Zukunft haben, wenn sie die Grenzen des eigenen Wachstums anerkennen. Verbunden mit der „Tafel-Plus"-These ist bei *Krockauer* hingegen die Übernahme eines sozialpolitischen Mandats mit einem gesamtheitlichen Blick auf die Hilfe, situationsgemäßem, adressaten- und vor allem gerechtigkeitsorientiertem Handeln, aber auch Sensibilität für die strukturellen Realitäten von Armut in Deutschland. Systemkritisch wird der Autor dort, wo er betont, dass das eigentliche Ziel darin bestehen müsse, das derjenige überflüssig wird, der vorübergehend zum Helfer des Anderen wurde. Auch deshalb kommt der Autor zum Schluss, das sowohl Nüchternheit als auch Selbstkritik angesagt sind: „Es wäre verhängnisvoll, wenn Tafelangebote nur verschämte Nischen der Mildtätigkeit blieben […]", so der Autor zusammenfassend.

Franz Segbers hingegen sieht die Tafeln schon in einer „Wohltätigkeitsfalle" gefangen, in der ein verarmter Sozialstaat eine entscheidende Armutsbekämpfung gar nicht mehr leisten kann und deshalb Formen der Armutsbekämpfung ohne Rückgriff auf diesen Konjunktur haben und argumentiert daher ähnlich wie *Christoph Butterwegge*. Der Autor erkennt eine absichtsvolle „Pfadverschiebung des Sozialstaates in Richtung des angelsächsischen Systems" und damit eine sich gegenseitig verstärkende „Rückwärtsentwicklung von der Armutsbekämpfung zur Armenfürsorge" bei der die sozialen Rechte der Bürgerinnen und Bürger „ausgehöhlt" werden. Ähnlich wie schon *Dennhardt-Hohmann* sieht der Autor den Sozialstaat als einzig möglichen Garant für die Gewährleistung sozialer Rechte. Tafeln, so *Segbers* weiter, können die grundrechtlichen Ansprüche niemals ergänzen oder gar ersetzen. Aber dem Autor geht es letztlich um mehr: Durch das zivilgesellschaftliche Engagement sieht der den Menschenrechtsanspruch gefährdet. *Segbers* zeichnet den langen Weg von einer (vordemokratischen) Armutsfürsorge zu einer Arbeiterversicherungspolitik des Sozialstaates nach und betont die unterschiedlichen Modi „Rechtsprinzip" und „Bedarfsprinzip ohne Rechtsanspruch". Vor diesem Hintergrund erkennt er die Aufspaltung des Gemeinwesens in einen Wohlfahrtsmarkt für Wohlhabende und einen Wohltätigkeitsmarkt für die Mittellosen. Derart ist auch die Renaissance der Barmherzigkeit zu verstehen, deren „Makel" darin besteht, dass sie den Empfänger zum Adressaten paternalistischer Bevormundung macht. Er plädiert daher für ein Barmherzigkeitsverständnis, das sich der „Sache der Armen" annimmt und „für deren Rechte einzutreten" hat. Seine Befürchtung besteht darin, dass der Sozialstaat in eine neue Gestalt überführt wird, die sich „in einer Zurücknahme rechtebasierter sozialstaatlicher Verantwortung ausdrückt" – und das daran den Tafeln (und deren vordergründig lobenswertes und sympathisches Engagement) eine Mitverantwortung zukommt: „Was als Notlösung sinnvoll ist, ist jedoch keine Lösung". Das Fazit des Sozialethikers besteht dann auch in der Erkenntnis, dass nur ein solches Konzept ethisch erträglich ist, das Menschen aus ihrer passiven Objektrolle holt und die Lebensmittelverteilung mit Rechtsansprüchen verbindet. Allein „Tafeln" eröffnen und Essen zu verteilen, so der Autor, reicht nicht.

Thomas Gurr beschäftigt sich in seinem Beitrag theoretisch (jedoch vor dem Hintergrund eigener praktischer Erfahrungen mit der Tafelarbeit) mit der Frage, wie sich bei Tafeln der Mangel an Reziprozität zwischen Gebenden und Nehmenden zeigt und fragt nach den Folgen für die beteiligten Akteure. Ziel dieses Beitrag ist es explizit, über die bisher geäußerte Kritik an den negativen Implikationen existenzunterstützender Angebote der Nothilfe im Allgemeinen und der Tafelbewegung im Speziellen hinaus „streitbare Denkanstöße" zu geben. Ausgangspunkt seiner Argumentation sind tausch- und gabentheoretische Konzepte sowie anerkennungstheoretische Diskurse. Der Autor definiert zu Beginn seines Beitrages Tafelarbeit als eine „Form indirekten Spendens/Bettelns" und kritisiert, dass Tafeln nur deshalb erfolgreich Spenden und Waren einwerben können, weil sie einer vagen und apolitischen Wohlfahrtsidee folgen, die auf konkrete Ziele, Skandalisierung und offenen Protest verzichtet. Ganz offensichtlich handelt es sich – anders als immer wieder vom Bundesverband „Deutsche Tafeln e. V." verkündet – um keine soziale Bewegung, da offen bleibt, „welche grundlegenden gesellschaftlichen Veränderungen mit welchen Mitteln angestrebt werden und mit welchen Wertvorstellungen und Überzeugungen die Tafelarbeit verknüpft ist". Das Hauptaugenmerk des Autors liegt auf der Analyse der Beziehung zwischen Kunden und Helfern. Dabei macht er grundsätzlich einen Mangel an Reziprozität aus, da die „Kunden" nicht in der Lage sind, eine Gegenleistung zu erbringen und daher beziehungsstiftende Impulse nur schwer vorstellbar oder sogar kontraproduktiv sind. Zudem macht *Gurr* deutlich, dass sich die Angebote der Tafeln mehr aus den Bedingungen ihrer Produktion bestimmen als aus den Bedürfnissen der Kunden. Er vermutet, dass bei Tafeln und den damit verbundenen asymmetrischen Interaktionsverhältnissen langfristig Abhängigkeiten erzeugt werden und so auf der einen Seite die Selbsthilfekräfte der Kunden minimiert, auf der anderen Seite der inferiore Status bestätigt wird. Daher sein Fazit, dass kritische Fragen nach kontraproduktiven Effekten dieser Art von Nothilfe angebracht sind.

Matthias Bruckdorfer und *Silke Köser* unternehmen gemeinsam den Versuch, das Phänomen der Tafeln vor dem Hintergrund diakonischen Handelns und im Spannungsfeld zwischen Armutslinderung und der notwendigen Rekonstruktion des Wirtschafts- und Gesellschaftssystems einzuordnen. Für beide stellt sich zentral die Frage nach dem angemessenen Passungsverhältnis von konkreter Hilfe einerseits und einem umfassenderen, anwaltschaftlichen Handeln andererseits.

Damit markiert der Beitrag (der auf einem Positionspapier der Diakonie) basiert, einen neuen Trend in der Tafellandschaft: Neben Empathie und tätige Barmherzigkeit sollen weitere unterstützende Aktivitäten treten, die zum Ziel haben, gerechtere Strukturen zu schaffen. Die Autoren sehen durchaus die Gefahr, dass die Etablierung von sozialstaatsergänzenden existenzsichernden Hilfen mühsam erreichte sozialstaatliche Errungenschaften abwerten. Der politische Umgang mit Armut kann sich also nicht allein auf Initiativen wie Tafeln beschränken. Daher fordern sie eine „doppelte Skandalisierung" als Rahmenmodell für eine sinnvolle Transformation der Tafeln. Diese besteht in der Skandalisierung der Armut an sich sowie der zusätzlichen Skandalisierung der Nichtgewährung von sozialrechtlichen Ansprüchen. Es geht also nicht darum, die Tafeln für etwas zu kritisieren, was sie nicht verursacht haben. Es geht vielmehr darum, diejenigen zu kritisieren, die das System der Tafeln aus ihren je eigenen Interessen heraus missbrauchen. Dies sind vor allem die Politik und deren bürokratische Instanzen. Aus Sicht der Autoren könnten skandalisierend arbeitende Tafeln helfen, „das Fehlende einzuklagen". Bislang fehlen jedoch für ein solches anwaltschaftliches Handeln auf allen Ebenen Wert- und Zielvorstellungen sowie gemeinsame Leitbilder. Aus der (institutionellen) Sicht der Autoren bieten sich die Strukturen und Kompetenzen der Diakonie an, um das Aufgabenspektrum der Tafeln in diese Richtung auszuweiten. Sie plädieren daher für eine Verschmelzung von Tafelarbeit und Sozialer Arbeit in einem Netzwerk sozialer Akteure. Die Positionierung der Autoren zum ambivalenten Phänomen Tafel bleibt jedoch vor dem Hintergrund institutioneller Eigeninteressen selbst ambivalent. Dies hat vor allem mit den zirkulierenden unterschiedlichen Sichtweisen und Wertschätzungen zu tun: „Während die Verteilung von Lebensmitteln eine nahezu unbegrenzte gesellschaftliche Wertschätzung quer durch alle Parteien und weltanschaulichen Orientierungen erfährt, birgt die Kritik gesellschaftlicher und wirtschaftlicher Strukturen die Gefahr, dass Konflikte entstehen und Unterstützerinnen und Unterstützer sich zurückziehen." Daran lässt sich erkennen, dass es (noch viel mehr) Mut braucht, um das System der Tafeln auch innerhalb beteiligter Institutionen (angemessen) zu kritisieren.

Im dritten Teil des Bandes werden eher praktische Probleme und sozialräumliche Aspekte der Tafeln in den Blick genommen, auch wenn bei der Beschreibung der Praxis immer wieder sozialpolitische und/oder sozialethische Aspekte durchschimmern...

Katja Maar untersucht Tafeln aus der Perspektive der sozialpädagogischen NutzerInnenforschung. Ihr Beitrag schließt dort unmittelbar an den von *Bruckdorfer* und *Köser* an, wo es um das Passungsverhältnis von Tafelarbeit und Sozialer Arbeit geht. Aus Sicht der Autorin zählen Lebensmitteltafeln nicht zu den primär professionell erbrachten sozialen Dienstleistungen, werden aber – wie auch andere Beiträge in diesem Band deutlich zeigen – verstärkt mit sozialpädagogischen Fragestellungen konfrontiert. Neben der bereits erwähnten Anwaltschaft und der Skandalisierung stehen dabei immer wieder Überlegungen zu potenziellen Beratungsleistungen am Ort der Tafel im Mittelpunkt. Wie auch schon *Falk Roscher* erkennt die Autorin hierbei die „Gefahr einer intransparenten Vermischung beider Hilfeformen und einer möglicherweise daraus resultierenden Deprofessionalisierung professionell erbrachter sozialer Dienstleistungen einerseits sowie einer strukturellen Überforderung bürgerschaftlichen Engagements andererseits." Diese Überlegungen sollten ernst genommen werden, zeigen doch erste empirische Befunde, dass die eigentlichen Bedarfe der Tafelnutzer sich oftmals von den (aus einer institutionellen Eigenlogik heraus geborenen) Angeboten der Träger unterscheiden. Eine Ausweitung des Angebotsspektrums der Tafeln käme somit einer Konkurrenz- und Wettbewerbssituation zwischen sozialen Diensten gleich. Damit beschreibt die Autorin eine der zentralen Zukunftsfragen der Tafelbewegung. Offen bleibt, wie sich die Tafeln in den sich verändernden Strukturen des sozialen Marktes positionieren, welche Angebote und Kooperationen Sinn machen und welche nicht. Die Perspektive der NutzerInnen sollte zur Beantwortung der Frage jedoch keinesfalls ausgeblendet werden. Ähnlich wie *Gurr* sieht die Autorin die Praxis der Tafeln als ein durch Ungleichheitserfahrungen und „Unterwerfungsangebote" strukturiertes Feld an. Hier setzt dann auch die dienstleistungstheoretische Betrachtung von Tafeln an, die nach dem persönlichen Nutzen bzw. Gebrauchswert der Tafeldienstleistung fragt. Anders als *Bruckdorfer* und *Köser* schlägt die Autorin zur Verbesserung des Passungsverhältnisses von Angebot und Nachfrage nicht anwaltschaftliches Handeln, sondern eine intensivere Partizipation der Tafelnutzer vor.

Ronald Lutz erkennt in den Tafeln „ein Phänomen der Elendsverwaltung im gewährleistenden Wohlfahrtsstaat". Skepsis und Zweifel sind daher angemessen. Den Autor interessieren vor allem Muster sozialer Unterstützung vor dem Hintergrund der These einer „Zwei-Klassen-Sozialarbeit". Kritisch konstatiert auch er – ähnlich wie *Butterwegge*, *Roscher* und *Segbers* – die Rückkehr der Barmherzigkeit in die Mitte der Gesellschaft und deren Etablierung in Form eines essentiellen Musters der Armutsbekämpfung sowie den Wandel der Armutsbekämpfung von einer öffentlichen Aufgabe zu einer privaten Angelegenheit. Den Erfolg der Tafeln analysiert er in soziologischer Perspektive vor dem Hintergrund der funktionellen Bedeutung von Armut für (vergangene und gegenwärtige) Gesellschaften und zeigt, dass es den diversen Hilfseinrichtungen letztlich noch nie um Ursachenbeseitigung ging: „Armut abschaffen würde bedeuten, auch das Spenden zu beenden". Armut wird in der kritischen Perspektive des Autors zugleich verfestigt als auch normalisiert. Damit ist explizit auch die „Erziehung zur Armut" gemeint. In einer Ausweitung des Funktionsspektrums der Tafeln sieht der Autor – anders als *Bruckdorfer/Köser* oder *Krockauer* – noch lange keine nachhaltige Lösung. Im Gegenteil: Noch mehr Unterstützung würde bedeuten, die Fähigkeit, sich selbst zu helfen zu verlieren. Seine Sorge besteht darin, dass Armut eine eigene Form des Alltags wird und sich ein altes kulturelles Muster in der Wahrnehmung und im Umgang mit Armut tradiert und reaktiviert. Ähnlich kritisch wie etwa *Segbers* sieht er in der ungeregelten und eher zufälligen Spendenbereitschaft keine bedürfnisgerechte Unterstützung und lediglich ein Fortleben der Tradition der Armenspeisung, ein Muster, das in einem „Nischendasein" überlebt hat und nun die Funktionen einer Grundversorgung Armer und Bedürftiger erhält. Für die Soziale Arbeit erkennt der Autor eine „Bruchstelle". Dies bedeutet, dass sich ein Teil der Sozialen Arbeit damit zufrieden gibt, zweitklassige Maßnahmen anzubieten, die „wenig dazu beitragen, die Situation der Betroffenen zu verändern". Diese Maßnahmen sind nicht daran interessiert, eine autonome Lebensführung zu ermöglichen, sondern geben sich mit Linderung zufrieden. Die Tafelnutzer werden, so der Autor weiter, „zu bloßen Zuschauern ihrer eigenen Bedürfnisse, zu Konsumenten der ihnen gewährten Hilfe". Für den Autor steht die Tafelbewegung am Scheideweg. Er fordert: „Wenn sie die Armut wirksam bekämpfen will, dann muss sie politischer werden".

Winfried Reininger erinnert daran, dass in der öffentlichen Wahrnehmung der rechtlich geschützte Markenname „Tafeln" dominant ist, obwohl es auch gleichwertige aber anderslautende Initiativen der Lebensmittelverteilung gibt. Aus erster Hand berichtet er von der Gründung eines „Brotkorbs". Deutlich wird dabei die Bedeutung von Rahmenverträgen mit Lebensmittellieferanten im Sinne einer Kritik am Monopolanspruch des bundesweiten Interessenverbandes der Tafeln. Der Autor übt dabei vor allem Kritik an den Nebenwirkungen der Rahmenverträge: „Was als Unterstützung der Tafeln gedacht ist, entzieht den lokalen, nicht im Bundesverband der Tafeln organisierten Lebensmittelausgaben, den Nachschub an Lebensmitteln. Diese Exklusivverträge drücken das Engagement von kleinen Initiativen bürgerlichen Engagements an die Wand." Der Autor kommt daher zum Schluss, dass sich hinter dieser Praxis des Bundesverbandes „Deutsche Tafel e. V." ein Monopolanspruch verbirgt. Der Beitrag schließt mit Überlegungen zur Durchsetzung von Qualitätsstandards ab, wobei die drei Kriterien (ähnlich wie auch in weiteren Beiträgen) Würde des Menschen, individuelle Armutsbekämpfung und Einsatz für soziale Gerechtigkeit im Mittelpunkt stehen.

Manfred Thuns sieht die Gefahr, dass sich das Angebot der Tafeln von seinem Ursprung abkoppelt und zum reinen Selbstzweck wird. Die kritische Haltung besteht darin, dass er den Tafeln sowohl eine ethische Haltung als auch die Fähigkeit zu Selbstkritik abverlangt. Er weist sehr deutlich darauf hin, dass Tafeln mittlerweile vielfach zu „Zwischenhändlern" wurden, die einen „eigentümlichen Markt" bedienen, bei dem es um die „Umverteilung von Waren" geht. Dabei sieht der auch die Rolle der Wohlfahrtsverbände gefährdet. Deren Glaubwürdigkeit sinkt, wenn sie sich nicht daran beteiligen, die strukturellen Ursachen der Armut zu bekämpfen. Folgt man weiteren Autoren dieses Bandes (*Bruckdorfer/Köser*, *Krockauer* und *Thiens*), dann gehen die Überlegungen gegenwärtig jedoch genau in diese Richtung. Seine Kernforderung besteht in einer intensivierten Einbindung von Tafeln in die Sozialraumorientierung der Sozialarbeit. Ähnlich wie andere Autoren dieses Bandes argumentiert er aus einer institutionellen Perspektive heraus und fordert, dass die Tafelarbeit in fachliche Konzepte der Sozialen Arbeit und damit in das Leistungsspektrum der Caritas einzubinden sind. Im Mittelpunkt steht hierbei die Idee der Vernetzung von Menschen und Hilfen auf der Basis der Rückbesinnung auf die Handlungsmaximen und Methoden der Sozialarbeit, sowie die Handlungsmaxime der Lebenswelt- wie der Sozialraumorientierung. Der Autor entwickelt eine zu einem „geschlossenen Hilfesystem" konträre Idee, die darauf abzielt, innerhalb eines fördernden Umfeldes gemeinsam mit den betroffenen Menschen „Veränderungen im Umfeld zu erreichen". Mit den CARIsatt-Läden und der Jugendsozialarbeit in Berlin-Lichtenberg werden zwei Beispiele vorgestellt, die zeigen, wie sich Tafeln weiterentwickeln und ausdifferenzieren können und wie deren Leistungsangebot in die Lebenswelt der Menschen integriert werden kann.

Clemens Zahn und Josef Schäfers beschreiben die Armuts- und Tafelrealität der Stadt Köln sowie die Etablierung der „Kölner Stadtgespräche". Ein besonderer Verdienst des Beitrages liegt zusätzlich darin, ansatzweise die Diskussionsprozesse innerhalb der deutschen Caritas zu rekonstruieren. Beginnend mit dem Jahr 2003, dass den beiden Autoren ein „anderes Bild von der Wirklichkeit" zeigte, verdichteten sich kritische Fragestellungen, die langsam anschlussfähig wurden, weil immer mehr Menschen die Widersprüchlichkeiten im System der Tafeln (an-)erkannten. Mit dem „späten Erwachen" gewann die gesellschaftskritische Sichtweise auf Tafeln zunehmend Einfluss, was auch die großen Wohlfahrtsverbände ermutigte, ihre „verbandliche Sprachlosigkeit" aufzuheben und die bislang nur vorsichtig und eher intern geübte Kritik am Tafelphänomen akzentuierter und öffentlicher zu äußern. Die Autoren benennen in ihrem Beitrag eine Rollenverteilung, die bis heute existent ist und die Ambivalenz des Phänomens Tafel sehr gut auf den Punkt bringt: die Spannung zwischen einem professionellen Anspruch und ethischen Selbstverständnis der kirchlichen Sozialverbände einerseits und den konkreten Herausforderungen tagtäglicher Hilfe in den Kirchengemeinden andererseits (ähnlich *Bruckdorfer/Köser* für die Diakonie). In der damit verbundenen Zerreißprobe zwischen langfristiger Aktivierung und Anwaltschaft und ad-hoc-Hilfe sehen die Autoren eine Herausforderung für die „caritative Glaubwürdigkeit". Am Ausnahmebeispiel der Lebensmittelausgabe der Kirchengemeinde „St. Aposteln" in Köln zeigen sie, wie es möglich ist, von einer hastigen und anonymen Kurzfristhilfe zu einer völlig neuen Form der Hilfe zu gelangen, die Ortsbezogenheit, professionelle Fachberatung und Verknüpfung mit gemeindlicher Unterstützung in den Mittelpunkt stellt.

Ulrich Thien nimmt in seinem skizzenartigen Beitrag Bezug auf die Ausführungen von *Clemens Zahn* und *Josef Schäfers* und stellt die Umrisse einer dort schon erwähnten, aktuellen nordrheinwestfalen-weiten Studie vor, die eine detaillierte Übersicht über die existenzunterstützenden Angebote in kirchlicher Trägerschaft erbringen soll. Die landesweite Evaluation existenzunterstützender Angebote ist ein Gemeinschaftsprojekt der fünf Diözesen in Nordrhein-Westfalen (Aachen, Essen, Köln, Münster, Paderborn). Ausgangspunkt hierbei ist die zunehmend kontroverse Diskussion von Tafeln und anderen existenzunterstützenden Angeboten „zwischen Barmherzigkeit und Sozialstaat" – so der gleichlautende Titel eines gemeinsamen Positionspapiers der fünf Caritasverbände in Nordrhein-Westfalen. Es basiert auf Gesprächen mit Ehrenamtlichen, die verdeutlichen, „dass die eigene Arbeit nicht unkritisch gesehen wird" und mittlerweile an vielen Orten die Sinnfrage in den Mittelpunkt der eigenen Arbeit rückt. Damit einher geht auch ein langsam erwachendes kritisches Bewusstsein der Helfenden, die „diese Situation trotz aller ‚Barmherzigkeit' gesellschaftspolitisch als unhaltbar" betrachten und dringend nach grundsätzlichen sozialstaatlichen Lösungen suchen. Der Autor erläutert – ähnlich wie *Bruckdorfer/Köser* –, warum sich ein ausgewogener Tafeldiskurs z. Zt. noch sehr mühsam gestaltet: Das deutlich wahrnehmbare, einseitige Lob des bürgerschaftlichen Engagements durch die Politik belastet die Suche nach Lösungen im Rahmen konstruktiv-kritischer Diskussionen.

Im abschließenden Teil des Bandes werden Zukunftsszenarien in den Blick genommen, die zeigen, dass die Diskussion über Tafeln immer in einem umfassenderen Zusammenhang stattfinden sollte...
Peter Grottian zeigt, das utopisches Denken möglich ist und geht in seinem Plädoyer für die Abschaffung der Tafeln (und der Arbeitslosigkeit) davon aus, dass die bewusste Trennung von Sozialstaats- und Tafeldiskussion der herrschenden Politik entgegen kommt. Kritik ist – so auch hier der Tenor – im Fahrwasser des zeitgeistkonformen Denkens nicht erwünscht: „Wer den Zusammenhang von Sozialstaats- und Tafeldiskussion herstellen will, gehört nicht auf die Tagesordnung". In seinem Beitrag fragt er kritisch, was eigentlich zur „Innenausstattung der menschlichen Würde" gehört. Sein Beitrag ist die Suche nach Akteuren, die einen Wandel herbeiführen können. Die Kritik setzt da an, wo die Tafeln zwar einerseits konkreter Ausdruck unmittelbarer Hilfe sind, andererseits aber nicht genügend hinterfragt wird, „warum die Blüte der Tafeln die Kehrseite des schwachen Sozialstaats ist". Der Autor sieht hingegen einen klaren Zusammenhang zwischen Sozialstaats- und Tafeldiskussion: „Die Politik verordnet eine Magerkur und eine bürokratische Zurichtung von Menschen, die von den Tafeln blumenreich geschmückt wird." Dies ist – etwas akademischer gesprochen – eine „uneingestandene strukturelle Komplizenschaft". Von den Tafeln fordert er, diese Komplizenschaft zurückzuweisen und sich nicht instrumentalisieren zu lassen.
Stefan Selke skizziert in einem abschließenden Beitrag die „Freiwilligen-Gesellschaft". Ausgehend von einer Rekonstruktion der Faszination von Freiwilligenarbeit am Beispiel der Tafeln, werden drei Zukunftsszenarien vorgestellt, die den

möglichen Stellenwert von Tafeln als Teil der Gesellschaft beschreiben. Ausführlich wird dabei auf das heterotopische Szenario eingegangen, das Tafeln als Schein- und Parallelwelten sieht, in denen Teile der Bevölkerung „ruhig gestellt" werden.

Damit ist die Übersicht und Einordnung der zahlreichen Beiträge abgeschlossen. Die in diesem Band vorgelegten Beiträge markieren zahlreiche Spannungsfelder in der Wahrnehmung und Beurteilung von Genese und Zukunft der Tafeln. Deutlich wurde vor allem, dass die Zukunft der Tafeln kontingent ist und sich zahlreiche interessensgeleitete Filter zwischen Wahrnehmung der gesellschaftlichen Wirklichkeit und verantwortlichem Handeln schieben. Um kommende Diskussionen auf eine belastbare Grundlage zu stellen, werden die in diesem Band vertretenden Positionen und die daraus abgeleiteten Gegensätze in der Beurteilung der Tafeln wie folgt zusammengefasst:

Tabelle   Wahrnehmungs- und Beurteilungsdichotmien zu Tafeln

1. Verhältnis der Tafelbewegung zum Sozialstaat	
Komplementarität und kooperative Ausrichtung	Schädliche Konkurrenz
Zivilgesellschaftliches Engagement als Ergänzung des Sozialstaats	Zivilgesellschaftliches Engagement als Mitverantwortlichkeit für Um-/Abbau des Sozialstaates
Grundlage: Barmherzigkeit und Almosen	Grundlage: Bürgerrechte und Garantien
Fürsorge als private Angelegenheit	Fürsorge als öffentliche Aufgabe
(apolitische) Bürgerschaftliche Bewegung ohne spezifische Ziele	Soziale und politische Bewegung mit markierten Zielen
2. Verhältnis von Tafelarbeit zur Sozialen Arbeit bzw. Sozialen Diensten	
Synergien und Vernetzung mit Sozialen Diensten	Konkurrenz unter Sozialen Diensten
Professionalisierung von Laien	Deprofessionalisierung von Sozialarbeit
Pragmatische und konkrete Hilfe vor Ort	Anwaltschaftliches Handeln der Wohlfahrtsverbände
3. Verhältnis der Perspektiven der Akteure im Feld der Tafeln	
Kurzfristig wirksamer Ad-hocismus (pragmatische Hilfe)	Langfristige Prozesse des sozialen Wandels
Dominanz institutioneller Perspektiven und Eigenlogiken	Perspektive der NutzerInnen
Nachfrageorientierte Märkte	Angebotsinduzierte Märkte
Sozial erwünschte und medial inszenierte Gebrauchswerte	Empirisch nachweisbarer Nutzen

(passive) Anwaltschaft	Wunsch nach (aktiver) Partizipation
Fremdbestimmtheit	Selbstbestimmtheit und Autonomie
4. Verhältnis des Umfangs von Transformationsmöglichkeiten	
Ausweitung in Richtung Soziale Dienste	Limitierung des Angebots auf Tafelarbeit (Lebensmittelausgabe)
Differenzierung des Funktions- und Angebotsspektrums	Reduktion auf das „Kerngeschäft"
Zufriedenheit mit Armutslinderung bzw. -versorgung Strukturelle Armutsbekämpfung	Mitwirkung bei struktureller Armutsbekämpfung

Die unterschiedlichen Positionen lassen sich vielleicht mit dem Motto „Vorhandene Kräfte stützen, anstatt nur Defizite auszugleichen" zusammenfassen.[35] Sie zeigen zudem, dass das Thema der Tafeln um zentrale Dimensionen wie Gerechtigkeit, Menschenwürde aber auch Nachhaltigkeit kreist. Die Beiträge markieren die gegenwärtig vorfindbaren Kräftefelder der fachlichen und/oder institutionellen Diskussion zur Zukunft der Tafeln. Sie laden zu einer ergebnisoffenen und meinungspluralen Diskussion ein, die sicher auch in Zukunft noch spannend bleiben wird.

Insgesamt muss festgehalten werden, dass Tafeln – trotz oder wegen der Vielzahl möglicher Meinungsbilder – ein ambivalentes gesellschaftliches Phänomen sind und bleiben. Gerade deshalb macht es Sinn, (erneut) Autorinnen und Autoren zu Wort kommen zu lassen, die sich aus den verschiedensten Perspektiven mit Tafeln beschäftigen. Dass dabei Meinungsunterschiede – nicht nur im Detail – vorkommen, wird nicht nur zugelassen, sondern als wünschenswert begrüßt.

Literatur

Adorno, Theodor (1998): Kulturkritik und Gesellschaft. In: Prismen. Ohne Leitbild. Frankfurt a. M.

AWO Niederrhein (2010): Rechtsanspruch – soziale Leistungen statt Almosen. Essen.

Baecker, Dirk (2007): Studien zur nächsten Gesellschaft Suhrkamp, Frankfurt a. M.

Baumann, Zygmunt (2008): Die Sezession der Erfolgreichen. In: Recherche. Zeitung für Wissenschaft, 3, 1.

Becker, Jens (2009): Das Unbehagen in der Gesellschaft. Soziale Ungleichheiten und Ungerechtigkeitserfahrungen in Deutschland. In: Selke, Stefan (2009) (Hg.), Tafeln

---

[35] Dieses Motto stellte ich einer Rede am 13. Mai auf dem 2. Ökumenischen Kirchentag in München 2010 voraus.

in Deutschland. Aspekte einer sozialen Bewegung zwischen Nahrungsmittelumverteilung und Armutsintervention, Wiesbaden, 107–135.

Bourdieu, Pierre (1998): Verstehen. In: Bourdieu et al., 779–822.

Bourdieu, Pierre et al. (1998): Das Elend der Welt. Zeugnisse und Diagnosen alltäglichen Leidens an der Gesellschaft. Konstanz.

Bundesverband Deutsche Tafeln e. V. (2007): Deutsche Tafeln nach Zahlen. Ergebnisse einer Tafel-Umfrage 2007. URL: http://www.tafel.de/presse/tafel-umfrage (Zugriff am 26. 08.2009).

Caritas NRW (2008): Zwischen Sozialstaat und Barmherzigkeit. Positionspapier der Caritas NRW zu niedrigschwelligen, existenzunterstützenden Angeboten. Düsseldorf.

Caritasverband für die Diozöse Trier e. V. (2007): Tafel Plus. Verbandliche Positionierung und konzeptionelle Hinweise. Trier.

Deutscher Caritasverband (2008): Eckpunkte des Caritasverbandes zur Beteiligung an existenzunterstützenden Dienstleistungen in Form von Lebensmittelläden. Freiburg.

Diakonie Hamburg (2010): Diskussionspapier zur Tafelarbeit. Hamburg

Diakonisches Werk der evangelischen Kirche in Deutschland e. V. (2007): Die Allgemeine Sozialarbeit der Diakonie im Wandel: Impulse für eine veränderte Praxis, Fachtagung 22.–24. Oktober 2007, URL: http://www.diakonie.de/Texte_05_2008_Soziale_Arbeit.pdf (Zugriff am 25.7.2009)

Diakonisches Werk der Evangelischen Kirche in Deutschland e. V. (2010): „Es sollte überhaupt kein Armer unter Euch sein". „Tafeln" im Kontext sozialer Gerechtigkeit. Berlin.

DiMaggio, Paul J./Powell, Walter W. (1991): The New Institutionalism in Organizational Analysis. Chicago.

Etzioni, Amitai (1997): Ein kommunitaristischer Ansatz gegenüber dem Sozialstaat. In: Theorie und Praxis der sozialen Arbeit, 2, 25–31.

Etzioni, Amitai (1998): Die Entdeckung des Gemeinwesens. Das Programm des Kommunitarismus. Frankfurt a. M.

feedback (2008): Gute Tat am Pfandautomat! Das Lidl-Pfandflaschenprojekt. In: feedback. Für Freunde, Förderer und Mitarbeiter der Tafeln in Deutschland, 2, 4–5.

feedback (2009): Eine starke Partnerschaft: Die Metro Group und die Tafeln. In: feedback. Für Freunde, Förderer und Mitarbeiter der Tafeln in Deutschland, 1, 6–7.

Foucault, Michel (1982): Was ist Kritik? Berlin.

Foucault, Michel (2007): Ästhetik der Existenz. Schriften zur Lebenskunst. Frankfurt a. M.

Galiläer, Lutz (2005): Pädagogische Qualität. Perspektiven der Qualitätsdiskurse über Schule, Soziale Arbeit und Erwachsenenbildung. Weinheim.

Greiner, Ulrich (2009): Die Würde der Armut: Der neue Klassenkampf bricht los: Warum wir nicht länger von Gleichheit reden sollten. Download unter: http://www.zeit.de/2009/47/Klassenkampf (letzter Abruf am 15. Juni 2010).

Grober, Ulrich (2010): Die Entdeckung der Nachhaltigkeit. Kulturgeschichte eines Begriffs. München.

Grunwald, Klaus/Otto, Ulrich (2008): Soziale Arbeit statt Sozialmanagement; In: Bielefelder Arbeitsgruppe 8 (Hg.), Soziale Arbeit in Gesellschaft. Wiesbaden, 252–259.

Günter, Markus (2010): Mit Tafeln allein lässt sich Armut nicht bekämpfen. In: neue caritas, 6, 9–11.

Hartmann, Dieter (2009): Mit der sozialen Frage kehrt die Barmherzigkeit zurück – gegen die Vertafelung der Gesellschaft. In: Selke, Stefan (2009) (Hg.), Tafeln in Deutschland, 263–271.

Heinze, Rolf/Olk, Thomas (2001): Bürgerengagement in Deutschland – Zum Stand der wissenschaftlichen und politischen Diskussion. In: dies. (Hg.), Bürgerengagement in Deutschland. Bestandsaufnahmen und Perspektiven. Opladen, 11–26.

Honneth, Axel (1994): Individualisierung und Gemeinschaft. In: Zahlmann, Christel (Hg.), Kommunitarismus in der Diskussion. Berlin, 16–23.

Horkheimer, Max/Theodor W. Adorno (2008): Dialektik der Aufklärung. Philosophische Fragmente. Frankfurt a. M.

Igl, Gerhard/Stefanie Meischak/Stefanie Metze/Christiana Ruch/Jana Tóth (2008): Die Tafeln. Innenansichten aus dem Alltag einer sozialen Bewegung. Berlin.

Kaletta, Barbara (2008): Anerkennung oder Abwertung. Über die Verarbeitung sozialer Desintegration. Wiesbaden.

Kleinhubert, Guido (2009): Wertvolle Premiummarke. In: DER SPIEGEL, 40, 54.

Kocka, Jürgen (2002): Das Bürgertum als Träger von Zivilgesellschaft – Traditionslinien, Entwicklungen, Perspektiven. In: Enquete-Kommission ‚Zukunft des Bürgerschaftlichen Engagements‘ des deutschen Bundestages (Hg.), Bürgerschaftliches Engagement und Zivilgesellschaft. Berlin, 15–22.

Lasn, Kalle (2008): Culture Jamming. Das Manifest der Anti-Werbung. Freiburg im Breisgau.

Lorenz, Stefan (2009): Nachhaltige Wohlstandsgewinne? Der Boom der Tafel-Deutungen. In: Forschungsjournal NSB, 3, 116–123.

Lorenz, Stefan (2010) (Hg.). TafelGesellschaft. Zum neuen Umgang mit Überfluss und Ausgrenzung. Bielefeld.

Maaß, Christian/Gotthard Pietsch (2007): Web 2.0 als Mythos, Symbol und Erwartung. Diskussionsbeitrag Nr. 408 der Fakultät für Wirtschaftswissenschaften der Fern-Universität in Hagen.

Malyssek, Jürgen/Klaus Störch (2010): Der Fluch der guten Tat. In: neue caritas, 14–16.

Meyerhoff, Jürgen (2007): Soziale Nachhaltigkeit. Jahrbuch ökologische Ökonomik. Marburg.

Molling, Luise (2009a): Die Tafeln und der bürgergesellschaftliche Diskurs aus gouvernementalistischer Perspektive. In: Selke, Stefan (2009) (Hg.), Tafeln in Deutschland, 157–172.

Molling, Luise (2009b): Die Berliner Tafel im Spannungsverhältnis zwischen Sozialstaatsabbau und neuer Armenfürsorge. In: Selke, Stefan (2009) (Hg.), Tafeln in Deutschland, 175–196.

o. A. (2003): Tafelfreuden. In: Stern Nr. 50/2003, 97 ff.

Opaschowski, Horst W. (2008): Sozialwelt 2030. In: ders., Deutschland 2030. Wie wir leben werden. Gütersloh.

Ott, Konrad/Rald Döring (2007): Soziale Nachhaltigkeit: Suffizienz zwischen Lebensstilen und politischer Ökonomie. In: Meyerhoff (Hg.), Soziale Nachhaltigkeit. Jahrbuch Ökologische Ökonomik. Marburg, 35–72.

Paugam, Serge (2008): Die elementaren Formen der Armut. Hamburg.

Prokop, Dieter (2007): Das fast unmögliche Kunststück der Kritik. Erkenntnistheoretische Probleme beim kritischen Umgang mit der Kulturindustrie. Marburg.

Rhoden, Heribert (2008): Zwischen Armutszeugnis und Notwendigkeit. In: neue caritas, 18, 25–26.

Rohrmann, Eckhard (2009): Tafeln und der Abbau des Sozialstaates. In: Selke, Stefan (2009) (Hg.), Tafeln in Deutschland. Aspekte einer sozialen Bewegung zwischen Nahrungsmittelumverteilung und Armutsintervention, Wiesbaden, 137–156.

Rosenhövel, Karl-Heinz (2009): Ein Quäntchen Trost. Das individualisierte und diesseits-flüchtige Glücksversprechen der Tafeln. Download unter: http://www.tafelforum.de/fileadmin/user_upload/pdf/Position_2_Rosenhövel.pdf (letzter Abruf am 15. Juni 2010).

Röttgers, Kurt (1982): Kritik. In: Brunner, Otto (Hg.), Geschichtliche Grundbegriffe. Stuttgart, 651–675.

Schäfer, Vera (1999): „Deutsche Tafeln": ein pro-bono-Projekt von McKinsey und Company. In: Forschungsjournal NSB, 3, 68–74.

Schröder, Jens (2005): Der Aufstieg des Guten. In: Geo, 12, 168.

Segbers, Franz (2008a): Die Tafelarbeit muss politischer werden! In: EPD sozial Nr. 50, 13.

Segbers, Franz (2008b): Von sozialpolitischer Armutsbekämpfung zurück zur Armen-fürsorge. Die Rückkehr der Sozialen Frage und die Aktualität von Johann Hinrich Wichern. In: Sozialismus, 6, 8–12.

Selke, Stefan (2008): Fast ganz unten. Wie man in Deutschland durch die Hilfe von Le-bensmitteltafeln satt wird. Münster.

Selke, Stefan (2009) (Hg.): Tafeln in Deutschland. Aspekte einer sozialen Bewegung zwi-schen Nahrungsmittelumverteilung und Armutsintervention. Wiesbaden.

Selke, Stefan (2009a): Die neue Armenspeisung. Der Boom der Tafelbewegung. In: Blätter für deutsche und internationale Politik, 1, 95–100.

Selke, Stefan (2009b): Es ist angerichtet! Tafeln in Deutschland. Kritik an der Verselbständi-gung einer Bewegung. In: Telepolis, URL: http://www.heise.de/tp/r4/artikel/30/30562/1.html (08.08.2009)

Selke, Stefan (2009c): Tafeln und Gesellschaft. Soziologische Analyse eines polymorphen Phänomens. In: Selke, Stefan (2009) (Hg.), Tafeln in Deutschland, 9–38.

Selke, Stefan (2009d): Das Leiden der Anderen – Die Rolle der Tafeln zwischen Ar-mutskonstruktion und Armutsbekämpfung. In: Selke, Stefan (2009) (Hg.), Tafeln in Deutschland, 273–296.

Selke, Stefan (2009e): Spiegel einer hilflosen Gesellschaft. Lebensmittelhilfe zwischen individueller Euphorie und struktureller Paradoxie. In: Der Sonntag. Wochenzeitung für die Evangelisch-Lutherische Landeskirche Sachsen. Nr. 19 vom 10. Mai 2009.

Selke, Stefan (2010a): Tafeln zwischen Mythos und Wirklichkeit. Wie Ernährungsergän-zungshilfen unsere Gesellschaft verändern. In: Forum Sozial, Heft 1, 14–17.

Selke, Stefan (2010b): Die Existenzsicherung wird privatisiert. In: neue caritas. Politik. Praxis. Forschung, Heft 6, 17–19.

Simmel, Georg (1992): Soziologie. Untersuchungen über die Formen der Vergesellschaftung. Band 2 der Gesamtausgabe. Frankfurt a. M.

Simmel, Georg (1995): Die Großstädte und das Geistesleben. In: ders., Aufsätze und Ab-handlungen 1901–1908, Band 1 der Gesamtausgabe. Frankfurt a. M.

von der Leyen, Ursula (2007): Wir brauchen bürgerschaftliches Engagement mehr denn je. In: feedback 1, 5.

von Normann, Konstantin (2003): Evolution der Deutschen Tafeln. Eine Studie über die Entwicklung karitativer Nonprofit-Organisationen zur Verminderung von Ernährungsarmut in Deutschland. Bad Neuenahr.

Werth, Sabine (1998): Die Tafeln in Deutschland. In: Forschungsjournal NSB, 11/1998, 2, 68–73.

Werth, Sabine (2004): Eine real existierende Utopie – Die Geschichte der Berliner Tafel e. V. In: Beuth, Kirsten/Annette Dorgerloh/Ulrike Müller (Hg.), Ins Machbare entgrenzen. Utopien und alternative Lebensentwürfe von Frauen. Herbolzheim, 153–161.

Zimmer, Annette/Priller, Eckhard (2004): Gemeinnützige Organisationen im gesellschaftlichen Wandel. Ergebnisse der Dritte-Sektor-Forschung. Wiesbaden.

I. Tafeln als Angebote der Existenzsicherung im Sozialstaat?

Sozialstaat und Gerechtigkeit

Christine Hohmann-Dennhardt

Anmerkung des Herausgebers (statt einer Zusammenfassung)

Dieser Beitrag ist die verschriftlichte Fassung eines Vortrages, den Frau Hohmann-Dennhardt anlässlich der Veranstaltung „Open University" an der Hochschule Furtwangen University hielt und der freundlicherweise für diesen Sammelband zur Verfügung gestellt wurde. Vor dem Hintergrund des Urteils des Bundesverfassungsgericht zur Rechtmäßigkeit des Feststellungsverfahrens der Hartz-IV-Regelsätze im Februar 2010 und im Zusammenhang mit der Frage, ob und wie Tafeln die Pflichten des Sozialstaates ersetzen, dient er grundlegend dazu, daran zu erinnern, dass wir in einem Sozialstaat leben. Oberstes Ziel dieser Staatsform ist Gerechtigkeit für alle. Der Beitrag beleuchtet daher Möglichkeiten und Grenzen gerechten Zusammenlebens. Auch wenn sich die Autorin dabei nicht explizit auf Tafeln bezieht, so können doch die meisten Aussagen problemlos auf Tafeln übertragen werden.

Was Gerechtigkeit bedeutet, was als gerecht bezeichnet werden kann und ob Gerechtigkeit etwas Erreichbares ist – diese Frage haben sich Herrscher und Dichter, Philosophen und Juristen seit Menschengedenken gestellt und versucht, darauf eine Antwort zu geben, ob nun dadurch, dass sie verschiedene Spielarten der Gerechtigkeit herausarbeiteten oder diese auf eine abstrakte Definition brachten wie Kaiser Justinian, der sie in seinem *corpus iuris civilis* als den unwandelbaren und dauerhaften Willen beschrieb, jedem das Seine zukommen zu lassen. Doch was ist das Seine, das dem Einzelnen Gebührende? Jede Zeit hat hierauf eine Antwort zu geben versucht, hat ihre eigenen Annäherungsversuche an diese moralische Kategorie unternommen, bezieht diese sich doch auf den Einzelnen, auf zwischenmenschliche Beziehungen und zugleich auf das Gemeinwesen insgesamt und erfährt ihre inhaltliche Prägung auch durch die jeweilige Lebenswirklichkeit, an der sie reflektiert wird.

Doch jenseits aller theoretischen Versuche, Gerechtigkeit zu definieren, gab es schon immer das Gefühl der Menschen von ihr, das Sehnen danach. Dieses Gefühl entspringt nicht einem spontanen Impuls, sondern erwächst aus Werthaltungen und Normsetzungen einer Gesellschaft, schlägt sich dort nieder, verallgemeinert sich, formt Einstellungen und Erwartungshaltungen und entzündet sich im sozialen

Zusammenleben von Menschen überall dort, wo Lebenslagen und Chancen, am relativen Wohlstand einer Gesellschaft partizipieren zu können, in der Realität so weit auseinanderdriften, dass sie als bedrückend und ungerecht empfunden werden, und dies dann den Ruf nach Veränderung zum Besseren, nach Ausgleich, eben nach Gerechtigkeit anschwellen lässt.

Dabei ist Triebfeder der Unzufriedenheit, die sich hier Ausdruck verschafft, nicht vornehmlich das oft schmerzhafte Wissen, wie unterschiedlich die Menschen mit Talenten, Glück oder Chancen ausgestattet sind. Es ist nicht allein der Umstand, dass es Reichere und Ärmere gibt. Dass Vieles im Leben nicht gerecht verteilt ist, ist solange hinnehmbar, wie man selbst einen hinreichend festen Boden unter den Füßen verspürt und sich in der Lage sieht, eigenen Bedürfnissen nachzukommen und aus seinem Leben etwas machen zu können. Nicht das Greifen nach unerreichbaren Sternen ist das Begehren der meisten Menschen, sondern der Wunsch nach einem sicheren Auskommen durch Arbeit, nach ein wenig Lebensglück, nach Bewahrung dessen, was man sich aufgebaut hat, nach einer guten Zukunft für seine Kinder, der Wunsch, nicht anderen ausgeliefert zu sein und nicht in ein Loch zu fallen, wenn man von Schicksalsschlägen getroffen wird. Wenn dies aber nicht möglich ist oder ins Wanken gerät und sich zugleich der Eindruck verfestigt, dass die einen ihren Wohlstand immer mehr anhäufen auf Kosten der anderen, die dafür die Zeche zu bezahlen haben und obendrein fürchten müssen, ins gesellschaftliche Abseits zu geraten und vom Leben abgehängt zu werden, dann lehnt sich das Gerechtigkeitsempfinden dagegen auf und fordert Veränderung.

Genau aus einem solchen Aufbegehren gegen ungerechte Verhältnisse wurde einst der Sozialstaat geboren. Bittere Armut und Lohnknechtschaft waren es im vorletzten Jahrhundert, die die Arbeiter auf die Straße trieben und sie nach Rechten rufen ließen, die ihren Bedürfnissen nach menschenwürdigem Leben, nach Schutz vor Ausbeutung und vor den Gesundheitsgefahren am Arbeitsplatz Rechnung tragen. Rechten, die sie im Falle des Ausfalls ihrer Arbeitskraft finanziell absichern und ihnen Stimmen in Betrieben und Parlamenten verleihen sollten. So trat *das Soziale* auf die Bühne der Öffentlichkeit, und zwar in mehrfacher Hinsicht. Zum einen als soziales Bündnis der Aufständischen, die erkannten, dass sie nur gemeinsam, in Solidarität, stark sein konnten. Zum zweiten als sozialer Anspruch der rebellierenden Massen auf Verbesserung ihrer Lebenslagen, auf Anerkennung als Rechtssubjekte und auf gleiche Teilhabe am Gemeinwesen. Dieses Begehren erwuchs der Forderung nach Gerechtigkeit, nicht erst im Himmel durch Gottes Gnaden, sondern auf Erden durch soziale Rechte, mit der die eherne Platzzuweisung der bestehenden Ordnung von Macht und Ohnmacht, Arm und Reich in Frage gestellt und deren Veränderung verlangt wurde. Und so stellte sich dem Staat schließlich immer drängender die soziale Frage, wie er mit diesem Aufbegehren der Massen umgehen sollte.

Als sich erwies, dass Polizeiknüppel dagegen auf Dauer nur wenig auszurichten vermochten, versuchte Bismarck die Gemüter mit der Einführung einer Sozialversicherung zur Absicherung der Arbeiterschaft im Krankheitsfall und für das Alter zu beruhigen. Doch auch dies nahm dem Impetus nach sozialer Gerechtigkeit nicht mehr den Wind aus den Segeln. Am Ende des 1. Weltkriegs erhoben sich die Massen, stürzten die Monarchie und etablierten nicht nur die Demokratie, sondern verpflichteten den Staat in Art. 151 der Weimarer Verfassung, „den Grundsätzen der Gerechtigkeit mit dem Ziele der Gewährleistung eines menschenwürdigen Daseins für alle" zu entsprechen. *So war die Geburtsstunde der ersten Demokratie in Deutschland zugleich auch die des Sozialstaates, der mit sozialen Grundrechten dazu verpflichtet wurde, den Grundbedürfnissen der Menschen nach Wohnung, Bildung, Arbeit, Mitsprache und sozialem Schutz nachzukommen.*

Auf diesem Fundament entstanden in den Zeiten der Weimarer Republik das Arbeitsrecht mit seinen individuellen wie kollektiven Rechten, die Betriebsverfassung mit ihren Mitspracherechten der Arbeitnehmer und die Arbeitslosenversicherung als weiterer Zweig der Sozialversicherung. Doch der Widerstand gegen die junge Republik mit ihrem sozialen Anliegen war groß. Und als sie zudem noch geschüttelt wurde von einer weltumspannenden Wirtschaftskrise und das Heer der Arbeitslosen anwuchs, da ging es dann auch der Demokratie an den Kragen. Hugo Sinzheimer, der bedeutende Wegbereiter des deutschen Arbeitsrechts, wies damals beschwörend darauf hin, dass ein Staat, wenn er seinem sozialen Auftrag genügen will, nicht nur Schutzrechte für Arbeitnehmer einräumen darf, sondern auch auf das wirtschaftliche Geschehen Einfluss nehmen muss, um für sozialen Ausgleich zu sorgen und die Demokratie nicht zu gefährden. Die sozialen Schutzrechte, die die Kosten der Arbeit erhöhen, so schrieb er 1933, empfänden die Unternehmer als soziale Last. Weigere sich die Wirtschaft, diese zu tragen und reagiere sie mit einem Abbau von Arbeitsplätzen, dann verliere letztendlich das Arbeitsrecht seinen Sinn. Denn es sei dann nur noch ein Recht für die, die das Glück haben, in Arbeit zu stehen, während sich neben ihm ein *Totenfeld struktureller Arbeitslosigkeit* auftue und die „Naturgesetze" der Wirtschaft nicht sinnvoll im Dienste der Arbeit gebändigt würden. Dies sei kein Problem des Arbeitsrechts, sondern eines der Wirtschaftsordnung und könne nur dort gelöst werden. Doch seine Warnung kam zu spät. Enttäuscht vom Staat wandten sich immer mehr auch diejenigen von ihm ab, die auf ihn gesetzt hatten, aber nun in Arbeitslosigkeit verharrten, und liefen einem Menschenfänger hinterher, der ihnen Heil verhieß, doch eine Diktatur errichtete, Menschen gegeneinander aufhetzte, der Welt den Krieg erklärte, millionenfach mordete und allen Verderben brachte.

Es war die bittere Erfahrung, dass die *Vernachlässigung des Sozialen*, die mangelnde Zügelung der Wirtschaft sowie die Missachtung rechtsstaatlicher Maxime zum Niedergang der Demokratie, zur Zerstörung von Moral und zur Verrohung menschlichen Umgangs miteinander führen können, aus der heraus man

nach den Verwüstungen des 2. Weltkrieges die Lehre eines „Nie wieder" ziehen
wollte, als es darum ging, für den Westen des nunmehr geteilten Deutschlands
eine neue föderale Staatlichkeit zu entwerfen. In vielen Verfassungen der Länder,
die sich als erste Gestalt schufen, wurden deshalb *soziale Grundrechte* verankert,
das Eigentum an das Gemeinwohl gebunden, die Wirtschaft auf das Soziale verpflichtet und die Möglichkeit vorgesehen, Unternehmen in Gemeineigentum zu
überführen. „Die gesamte wirtschaftliche Tätigkeit dient dem Gemeinwohl, insbesondere der Gewährleistung eines menschenwürdigen Daseins für alle und der
allmählichen Erhöhung der Lebenshaltung aller Volksschichten", so lautet auch
heute noch Art. 151 der Bayerischen Verfassung. Und in Art. 24 der Verfassung
von Nordrhein-Westfalen findet man den damals aufgenommenen Appell: „Im
Mittelpunkt des Wirtschaftslebens steht das Wohl des Menschen. Der Schutz der
Arbeitskraft hat den Vorrang vor dem Schutz materiellen Besitzes". Der Staat
sollte also einerseits selbst dazu verpflichtet werden, soziale Sicherheit zu gewährleisten, und andererseits mittels Intervention und Regulierung vor allem auch die
Wirtschaft dazu anhalten, bei ihrem Agieren das gemeine Wohl und die sozialen
Belange aller hinreichend zu wahren.

Das Grundgesetz setzte bald darauf ähnliche Akzente. Es stellte die Achtung
und den Schutz der für unantastbar erklärten Menschenwürde als Verpflichtung
aller staatlichen Gewalten an seinen Anfang und machte sie so zur zentralen
Maxime staatlichen Handelns. Es band die Staatsorgane daran, die Freiheits-
und Gleichheitsgrundrechte aller zu wahren, gewährleistete das Eigentum, hob
aber seine Sozialpflichtigkeit hervor und ließ zum Wohle der Allgemeinheit die
Enteignung sowie die Überführung von Grund und Boden, Naturschätzen und
Produktionsmitteln in Gemeineigentum zu, allerdings jeweils gegen Entschädi-
gung. Und statt einzelne soziale Grundrechte festzuschreiben, verpflichtete das
Grundgesetz nun den demokratischen Staat in seinem Art. 20 ausdrücklich auf
das Gebot der Sozialstaatlichkeit, die der Rechtsstaatlichkeit an die Seite gestellt
wurde. Maßgeblich für diese neue Staatszielbestimmung war, so sagte es damals
Wolfgang Abendroth, der aufgehobene Glaube an die immanente Gerechtigkeit
der bestehenden Wirtschafts- und Gesellschaftsordnung und die Erkenntnis, dass
diese deshalb der Gestaltung durch diejenigen Staatsorgane zu unterwerfen ist, in
denen sich die demokratische Selbstbestimmung des Volkes repräsentiert, also
den vom Volke gewählten parlamentarischen Gesetzgeber. Damit wurde bewusst
nichts über die Verfasstheit der Wirtschaft festgeschrieben. Vielmehr erhielt der
Staat umfassend und generell den Auftrag, im Streben nach Gerechtigkeit sozial
gestaltend auf Gesellschaft und Wirtschaft einzuwirken und soziale Verantwortung
zu tragen wie einzufordern, oder, wie es das Bundesverfassungsgericht formuliert
hat, für einen Ausgleich der sozialen Gegensätze und damit für eine gerechte
Sozialordnung zu sorgen.

Hierauf gegründet begann sich vor nunmehr 60 Jahren der Sozialstaat in der Bundesrepublik zu entfalten. Er legte der Marktwirtschaft *soziale Zügel* an, mit denen sie neben Wettbewerb und Leistung zugleich auch auf Interessenausgleich und sozialen Schutz wie soziale Sicherung ausgerichtet wurde. Er gab der Tarifautonomie Raum, setzte auf Arbeitnehmermitbestimmung, baute (unterstützt vom wirtschaftlichen Wachstum und einer zwischen Kapital und Arbeit eingegangenen Sozialpartnerschaft) die sozialen Sicherungssysteme und Dienste weiter aus und bewirkte damit im Nachkriegsdeutschland nicht nur ein vielgerühmtes, lang anhaltendes Wirtschaftswunder, von dem die Unternehmen wie die Bevölkerung profitierten, sondern trug mit alledem auch zum wachsenden Vertrauen der Bürger in die Demokratie mit bei. So galt er über Jahrzehnte hinweg mit seiner Verquickung von Freiheitsgewährung und Einforderung gesellschaftlicher Solidarität im Bestreben, den „Wohlstand für alle" zu steigern, als Erfolgsmodell und zugleich Vorbild wie Hoffnungsträger. Dies insbesondere auch für viele, die seine Entwicklung vom östlichen Teil Deutschlands aus betrachteten, wo sie in einem Staate lebten, der sie zwar sozial absicherte, aber einmauerte, bespitzelte und ihnen ihre Freiheiten nahm. Und als es vor 20 Jahren darum ging, nach der friedlichen Revolution im Osten und der Vereinigung beider Teile Deutschlands wieder zusammenzuführen, was zusammengehört, war es ebenfalls der Sozialstaat, der sein soziales Netz nun auch über die Menschen in den neuen Bundesländern ausbreitete, sie in die jetzt gesamtdeutsche Solidargemeinschaft aufnahm und damit einen wesentlichen Beitrag zur Integration der Bürger aus Ost und West im nunmehr gemeinsamen Staat leistete.

Doch bald danach kam die Sozialstaatlichkeit in Verruf. Sie sei zu teuer und dem Staat eine zu schwere Bürde, sagten die einen und verwiesen dabei auf die sozialen Ausgaben und Schuldenberge, die sich nicht zuletzt aufgrund der Kosten der deutschen Wiedervereinigung und der hohen Arbeitslosigkeit im Lande aufgetürmt hatten. Ein Problem, das den Staat auch angesichts der demografischen Entwicklung durchaus zum Nachdenken über die künftige Finanzierung seiner sozialen Sicherungssysteme herausfordert. Denn mit dem deutlichen Rückgang der Geburtenzahlen bei gleichzeitigem Anwachsen der Altengeneration dank steigender Lebenserwartung sinkt die Zahl der erwerbstätigen Steuer- und Beitragszahler im Verhältnis zu denen, die als Kinder, Kranke oder alte Menschen versorgt werden müssen. Zur Lösung dieses Problems bietet sich allerdings nicht nur die Kürzung sozialer Leistungen an, die mittlerweile recht umfangreich erfolgt ist.

Das gilt nicht nur für das Arbeitslosengeld II. Wie eng hier die Gürtel der Langzeitarbeitslosen geschnallt worden sind, zeigt sich in den Verfahrensfluten, die über die Sozialgerichte hereingebrochen sind, in denen um jeden Cent gestritten wird, der durch gestiegene Preise und unabwendbare Ausgaben im schmalen Portemonnaie fehlt.

Auch ist der Anteil der privaten Haushalte an der Finanzierung des Gesund-
heitswesens in den letzten Jahren stetig gestiegen, während der der Arbeitgeber
und der öffentlichen Haushalte gesunken ist. Und aufgrund der durchgeführten
Rentenreformen mit ihren Kürzungen der Leistungsansprüche ist hierzulande
schon jetzt das Verhältnis von erzieltem Einkommen zu der künftig zu erwartenden Rente auf 39,9 Prozent gesunken, und zwar für alle Einkommenshöhen. Nur
fünf OECD-Staaten haben noch niedrigere Relationen. Zum Vergleich: in der
OECD insgesamt haben Menschen mit Einkommen, das 50 Prozent unter dem
Durchschnittseinkommen liegt, eine Rente von 73 Prozent, solche mit Durchschnittseinkommen eine von 58,7 Prozent und solche, deren Einkommen 150 Prozent über dem Durchschnittseinkommen liegt, eine von 49,2 Prozent zu erwarten.
Dieser niedrige Level der Renten gerade auch bei niedrigen Verdiensten hat die
OECD vor einiger Zeit dazu veranlasst, vor einem Anwachsen der Rentnerarmut
in Deutschland zu warnen. Man sieht, die Kürzungen von Sozialausgaben können
auch neue Kostenfolgen für die Zukunft verursachen. Statt nur sie in Betracht zu
ziehen, wäre es sinnvoll, auch zu versuchen, die künftigen Einnahmen zu erhöhen,
nicht durch Anhebung der Beitragssätze, vielmehr durch Bildungsinvestitionen
oder Forschungsförderung, die die Innovationskraft der Wirtschaft stärken und
die Arbeitsproduktivität wie das Lohnniveau steigern helfen. Dies wären Lösungs-
ansätze, die sich langfristig sogar als erfolgversprechender erweisen könnten, bei
wachsenden Ausgaben für hinreichende Beitragseinnahmen zu sorgen. Doch auch
dies kostet Geld – woher also nehmen?

Nicht von der Wirtschaft, sagten die anderen. Diese leide schon viel zu sehr
an den ihr auferlegten sozialen Lasten. Sozialstaatlichkeit sei in heutigen Zeiten der
Globalisierung einfach nicht mehr angebracht, sie bringe die heimische Wirtschaft
im weltweiten Wettbewerb nur in eine schlechte Ausgangsposition. Um konkur-
renzfähig zu bleiben, müssten die bisher den Unternehmen abverlangten sozialen
Wohltaten endlich ein Ende nehmen, zumal sie auch die Leistungsbereitschaft der
Menschen lähmten und dazu verführten, sich in sozialen Hängematten auszuruhen.
Veränderte Zeiten also, in denen *das Soziale nur noch ein hinderliches Relikt* aus
dem Vergangenen ist? Angesichts dessen, dass der Handels- und Warenverkehr
wahrlich nicht erst seit jüngerer Zeit auch auf internationaler Ebene stattfindet
und dass soziale Verpflichtungen immer schon zwangsläufig eine Einschränkung
der unternehmerischen Beweglichkeit bedeuteten, ist diese Behauptung wohl
nicht ganz haltbar, zumal die Hinderlichkeit sozialer Rechte nicht an den Unter-
nehmensrenditen der vergangenen Jahre abzulesen ist. Richtig aber ist, dass sich
die Rahmenbedingungen des globalen Wirtschaftens in den letzten Jahrzehnten
durch die technologischen Entwicklungen grundlegend verändert haben. Sie erlauben es heute, rund um die Uhr weltweit zu kommunizieren, zu operieren und zu
konkurrieren, machen von Standorten unabhängig und ermöglichen es, in einem
Tempo zu agieren, bei dem es so manchem schwerfällt mitzuhalten. Das gilt für

Unternehmen wie für Arbeitnehmer. Doch dies ist nicht allein der Grund dafür, dass nicht nur Unternehmen, sondern auch Staaten und Arbeitnehmer inzwischen grenzüberschreitend miteinander in Konkurrenz um Absatzmärkte, Standorte und Arbeitsplätze geraten sind.

Hinzu kam, dass man nach dem Untergang der staatsmonopolistischen Wirtschaftsregime des Ostblocks den Sieg des Kapitalismus über den Kommunismus feierte und dabei vor lauter Euphorie in Vergessenheit geriet, dass er seine Überlegenheit gerade auch dank seiner sozialen Bändigung hatte erweisen können. So wurde der Wirtschaft von vielen nun emsig die Trommel der grenzenlosen Freiheit gerührt, dem *Sozialen der Stempel des Anrüchigen, Gescheiterten aufgedrückt und die Sozialstaatlichkeit zur Fessel der Freiheit, zum Gängelband der individuellen Entfaltung und Feind der Selbstverantwortlichkeit* erklärt.

Solch massive Rundumkritik zeitigte Folgen. Aus Angst, die Zeichen der Moderne nicht rechtzeitig erkannt zu haben und deshalb Gefahr zu laufen, beim Run um die guten Plätze im Weltwirtschaftsgeschehen ins Hintertreffen zu geraten, folgte die Politik auch in Deutschland dem Mainstream der Meinung vom Zuviel des Sozialen und Zuwenig der Freiheit und schickte sich an, soziale Rechte und Leistungen abzubauen und das Kapital noch weiter von staatlichen Leinen zu lassen. Nachdem schon Anfang der siebziger Jahre die Vereinbarung von Bretton Woods aus dem Jahre 1944 aufgekündigt worden war, mit der die Finanzmärkte bis dahin in Schach gehalten wurden, um, wie beim Vertragsschluss der damalige US-Finanzminister Morgenthau gesagt hatte, „die wucherischen Geldverleiher aus dem Tempel der internationalen Finanz zu treiben", wurden nun weitere rechtliche Schranken für Handel und Finanzen weggeräumt, hierzulande die Unternehmen von Steuern entlastet, ihre Sozialabgaben gesenkt, der Arbeitsschutz gelockert und den Arbeitnehmern die Leistungen der sozialen Kranken-, Renten- und Arbeitslosenversicherung gekürzt – getreu dem Leitspruch: Geht es der Wirtschaft gut, dann profitieren alle davon.

Doch diese Rechnung ist nicht aufgegangen. Wieder einmal hat sich erwiesen: Wo der Phantasie beim Vermehren des Geldes der Shareholder und Kapitalanleger keine Grenzen gesetzt sind, wo Profitmargen in schwindelnden Höhen das gesteckte Ziel wirtschaftlichen Handelns sind, wo die Rendite zum Maß aller Dinge wird, da regiert die Eigensucht und geraten Arbeitnehmer- und Gemeinwohlinteressen unter die Räder. Und wo die Staaten das Recht immer weniger zum Einsatz bringen, um die Wirtschaft zu lenken, und sich zugleich schlank und klein machen, da gewinnen Wirtschaft und Finanzen an Machtfülle, erheben sich über die Staaten und diktieren diesen als Globalplayer mit zunehmendem Erfolg, unter welchen Bedingungen sie Standorte goutieren oder verlassen, Arbeitsplätze schaffen oder vernichten – Hauptsache, es rechnet sich. So werden die Staaten gegeneinander ausgespielt, so werden Arbeitnehmer immer mehr einer weltweiten Konkurrenz ausgesetzt und zum manövrierbaren Kostenfaktor degradiert, was ihren Preis und ihre Rechte drückt. Denn die einzelnen Nationalstaaten halten aus Furcht, beim „Arbeitsplatzmonopoli" zu verlieren, dem Druck des Kapitals häufig nicht Stand und bieten diesem stattdessen den Abbau schützender Arbeitnehmerrechte an, um sich als attraktiver, sprich billiger Standort zu erweisen. Dies ist keine Theorie, sondern die Wirklichkeit der letzten Jahre und die Quintessenz der Erfahrung mit globalen Märkten, denen keine hinreichenden Regeln und Grenzen gesetzt wurden. Auch in Deutschland sind die *Folgen* solch staatlichen Hoffierens der Wirtschaft und Abbaus sozialer Rechte wie Leistungen zu sehen.

Während in den vergangenen Jahren Großkonzerne und Banken gewaltige Gewinne in ihre Scheuern eingefahren haben, die deutsche Wirtschaft Exportweltmeister war, und an den Börsen die Aktienkurse immer dann besonders hoch schnellten, wenn Entlassungen angekündigt wurden, weil an deren Ausmaß der Erfolg von Unternehmen und Managern bemessen wurde, die für solches Treiben mit exorbitanten Gehaltsboni belohnt wurden, haben sich die Lebensperspektiven eines zunehmenden Teils der Bevölkerung sichtlich verschlechtert. Das Zurückfahren des arbeitsrechtlichen Schutzes, das Fallen der Zumutbarkeitsschranken bei Arbeitsangeboten, die Verschärfung der Sanktionen bei Ablehnung von Arbeit und die deutliche Minderung der Sozialleistungen bei länger andauernder Arbeitslosigkeit haben zwar mit dazu beigetragen, dass aus dem Heer der Arbeitslosen wieder mehr Menschen Arbeit erhalten haben. Doch die Zahl der Langzeitarbeitslosen ist gestiegen, die, vom Staat weniger gefördert denn verwaltet, aufgrund ihres Alters, mangelnder Qualifikation oder verminderter Leistungsfähigkeit nur geringe Chancen haben, ins Erwerbsleben zurückzufinden. Und die Arbeit, die geboten wird, entspricht immer öfter nicht mehr dem, was man sich unter einer gesicherten und auskömmlichen Beschäftigung vorstellt. Denn die Mini- und Ein-Eurojobs, die Leiharbeit, die unbezahlten Praktika und befristeten Beschäftigungsverhältnisse nehmen stetig zu, während die Zahl der tarifgebundenen Arbeitsplätze weiter abnimmt. Dieses Anwachsen des Niedriglohnsektors hat zur Folge, dass immer mehr Menschen ihren Lebensunterhalt mit dem Verdienst aus ihrer Erwerbstätigkeit nicht voll bestreiten können und trotz Arbeit auf staatliche Unterstützung angewiesen sind. Zugleich wird davon die Lohnfindung insgesamt in Mitleidenschaft gezogen, was dazu geführt hat, dass die Realeinkommen der Haushalte in den letzten Jahren gesunken sind. Und wer dem Arbeitsplatzabbau zum Opfer fällt und arbeitslos wird, erhält inzwischen nach kurzer Zeit nur noch Sozialleistungen, die lediglich das Existenzminimum absichern – und dies auch nur dann, wenn niemand sonst den Unterhalt abdecken kann und das eigene Ersparte bis auf einen kleinen Rest aufgebraucht ist. Auch hierdurch hat die Armut in Deutschland zugenommen und sich die Schere zwischen Arm und Reich weiter aufgetan, wie man den amtlichen Statistiken entnehmen kann. Nach neuesten Erhebungen leben in Deutschland mittlerweile 15 Prozent der Bevölkerung in relativer Armut.

Hinabfallen in prekäre soziale Lagen kann man inzwischen immer häufiger auch aus besseren Einkommenshöhen. So schrumpft der Mittelstand hierzulande, auch deshalb, weil der Aufstieg dorthin immer weniger gelingt. Dabei trifft der Rückgang an Einkommen und Sozialleistungen in besonderem Maße die Kinder, die heute zu mehr als einem Drittel von Sozialleistungen leben müssen, die so niedrig sind, dass viele bezweifeln, ob diese den kindlichen Bedarf für eine gedeihliche Persönlichkeitsentwicklung noch hinreichend abzudecken vermögen. Doch fast mehr noch als die Dürre im Geldbeutel bedrückt diese Kinder die trübe Lebensperspektive. Der gesellschaftliche Fahrstuhl, der auch ihnen die Chance geben könnte, in bessere Verhältnisse aufzusteigen, hat einen Defekt bekommen. Er transportiert nicht mehr nach oben. Armut ist wieder vererblich geworden, konstatieren die Sozialforscher, und betroffene Heranwachsende bringen dies zum Ausdruck, wenn sie auf die Frage nach ihrer Zukunft resigniert antworten: „Hartz IV-Empfänger". Die Spaltung der Gesellschaft nimmt immer deutlichere Züge an: Da ist zum einen die exklusive Schar der Begüterten und Einflussreichen, die auf lukrativen Positionen sitzen, sich den Luxus leisten können und denen die Welt offensteht. Da ist zum anderen die Masse derer, die, immer mehr um die Arbeitsplatzsicherheit gebracht, in eine unsichere Zukunft blicken und gegen den sozialen Abstieg ankämpfen, und schließlich ist da die wachsende Zahl derer, die mittlerweile in der Armut gestrandet sind und sich vom Leben abgehängt fühlen.

Und nun ist zu allem vor gut einem Jahr auch noch die Weltwirtschaft ins Wanken geraten. Mit großem Knall sind auf den Finanzmärkten die Finanzierungsluftblasen geplatzt, mit denen man Geld durch Pump auf Nichts machen wollte, sodass den Banken das Geld ausgegangen ist und die Börsen ins Torkeln geraten sind. Dies hat weltweit eine ökonomische Krise ausgelöst, deren Ausmaß und Folgen derzeit immer noch nicht abzuschätzen sind. Nur eines steht schon fest. Die Zeche für die riesigen Verluste des Verspekulierens und für das Zusammenbrechen der Märkte zahlen die Staaten und damit letztlich ihre Bürger. Denn sie sind es, die als Steuerzahler nun für die Unsummen herhalten müssen, mit denen der Staat den Banken unter die Arme gegriffen hat, damit diese nicht zusammenbrechen und die Kredite, auf die die Wirtschaft angewiesen ist, weiter fließen können.

Dennoch ist derzeit hier eher ein Rinnsal zu verzeichnen. So hat sich gerade die mittelständische Wirtschaft heftig darüber beklagt, dass Kredite nur äußert restriktiv, wenn überhaupt, bewilligt werden, während die Banken ihr Geld schon wieder nach gewohntem Muster durch erfolgreiches Spekulieren zu mehren versuchen. Und die Bürger sind es, aus deren Tasche der Staat die Milliarden zur Rettung von Unternehmen und zur Ankurbelung der Konjunktur nimmt. Ja, sie sind es auch, die die Folgen der wirtschaftlichen Rezession für den Arbeitsmarkt mit drohendem Arbeitsplatz- und Einkommensverlust nun ausbaden müssen. Auch wenn durch die Bereitstellung der Abwrackprämie und die verlängerte Zahlung von Kurzarbeitergeld in diesem Jahr ein größerer Einbruch auf dem Arbeitsmarkt verhindert werden konnte, wird derzeit jedoch für die kommenden Jahre ein deutlicher Anstieg der Arbeitslosenzahlen prognostiziert. Wen wundert da, dass die Sorge um den eigenen Arbeitsplatz die Menschen umtreibt, dass der Unmut darüber wächst, wie ungleich die Lebenschancen doch verteilt sind, dass Zorn aufkommt, wenn Manager weiterhin ihre eh schon in exorbitanten Höhen angesiedelten Gehälter mit Boni aufgestockt bekommen, auch wenn sie für die eingetretene Krise mitverantwortlich zeichnen, und dass schließlich die Zahl der Menschen immer mehr zunimmt, die der Meinung sind, dass in unserem Gemeinwesen die Karten ungerecht verteilt sind.

Die staatlichen Gelder, die derzeit in Unmengen fließen, mögen zwar notwendig sein, um das Finanzwesen zu stabilisieren und die Wirtschaft vor Schlimmerem zu bewahren. Doch offenbar ist bei diesem Crash geworden, dass das derzeitige globale Wirtschaftssystem einen kardinalen Webfehler hat. Es präsentiert letztlich eine Gesamtbilanz von Kosten und Nutzen, die sich als völlig unausgeglichen erweist. Wenn die Gewinne der Wirtschaft, schon durch Einsparen beim Lohn und bei Arbeitsplätzen auf Kosten der Arbeitnehmer erzielt, nur im eigenen Geldbeutel landen, also privatisiert werden, ihre immensen Verluste aufgrund eigenen Versagens hingegen mit Staatsmitteln kompensiert und von allen getragen, also sozialisiert werden, dann widerspricht diese einseitige Bevorteilung jeglichen Vorstellungen von gerechter Lastentragung. Es reicht deshalb nicht aus, dass der Staat nur als Ausputzer all dessen fungiert, was die Wirtschaft bei ihrem Agieren an sozialen Folgeschäden und -kosten hinterlässt, es reicht nicht aus, wenn er zur wirtschaftlichen Krisenbewältigung nur sein Scheckbuch zückt, um aktuell den angerichteten ökonomischen Schaden für die Wirtschaft und uns alle in Grenzen zu halten. Vielmehr ist einerseits durch rechtliche Intervention in das Wirtschaftssystem und andererseits durch Stabilisierung der sozialen Leistungssysteme und ihrer Finanzierung sicherzustellen, dass künftig den sozialen Belangen der Bürger, die am Ende für alles geradezustehen haben, auch in Zeiten der Globalisierung sowohl seitens der Wirtschaft als auch des Staates wieder mehr Rechnung getragen wird.

Dies ist nicht zuletzt dem Sozialstaatspostulat unseres Grundgesetzes geschuldet. Diesem Gebot zu sozialem staatlichen Handeln ist zwar nicht zu entnehmen, welche konkreten Maßnahmen und rechtlichen Regelungen der Staat im Einzelnen zu treffen hat, um ihm Folge zu leisten. Denn es erteilt dem Parlament als demokratisch legitimiertem Gesetzgeber und der von ihm gewählten Regierung den allgemein gefassten verfassungsrechtlichen Auftrag, sozialgestaltend tätig zu werden. Diese haben insofern selbst zu entscheiden und gegenüber den Bürgern zu verantworten, welche konkreten Wege dabei eingeschlagen und welche Schritte im Einzelnen unternommen werden sollen. Allerdings hat der Gesetzgeber die inhaltliche Ausfüllung des Gestaltungsauftrags unter Wahrung der Grundsätze der Verfassung und in Beachtung der Grundrechte vorzunehmen. Deshalb hat er zumindest sicherzustellen, dass es in unserem Land jedem möglich ist, sein

Leben in Würde zu führen, jeder also Anspruch auf die Gewährleistung seines Existenzminimums hat, wie es Art. 1 Abs. 1 unserer Verfassung in Verbindung mit dem Sozialstaatsgebot verlangt. Ob der Gesetzgeber bei seiner Bestimmung der Höhe des Anspruchs auf Arbeitslosengeld II und auf Sozialgeld für Kinder dem hinreichend Rechnung getragen und die ihm von Art. 1 in Verbindung mit Art. 20 GG gesetzte Untergrenze eingehalten hat, darüber hat derzeit das Bundesverfassungsgericht zu entscheiden.

Des Weiteren muss der Gesetzgeber verhindern, dass es zu schädlichen Auswirkungen einer schrankenlosen Freiheit kommt, hat er die Gleichheit fortschreitend bis zu einem vernünftigerweise zu fordernden Maße zu verwirklichen und für einen Ausgleich sozialer Gegensätze zu sorgen, wie das Bundesverfassungsgericht in seiner Rechtsprechung ausgeführt hat. So frei der Gesetzgeber bei der Verfolgung seines sozialen Auftrags in der Wahl seiner Mittel und Wege auch ist, so bestimmt ist sein ihm vom Sozialstaatsgebot vorgegebenes Ziel, auf das er all sein Handeln auszurichten hat: das Ziel, so das Bundesverfassungsgericht, eine gerechte Sozialordnung zu schaffen. Dies durch staatliches Handeln einzulösen, den Märkten auch im Globalen Regeln zu setzen, der Wirtschaft soziale Verantwortung abzufordern, sozialen Schieflagen entgegenzuwirken und dafür zu sorgen, dass niemand ins soziale Abseits gelangt, ist angesichts des eingetretenen ökonomischen Fiaskos mehr denn je geboten.

Gewiss, der Sozialstaat hat in globalisierten Welten ein Handicap. Er ist einst angetreten, um im eigenen Land durch rechtliche Vorgaben dem Sozialstaatsgebot Folge zu leisten. Je mehr aber die Wirtschaft die Grenzen der Staatlichkeit überspringen kann, sich im Supranationalen etabliert und von dort aus agiert, desto geringer wird der Einfluss des einzelnen Staates auf das wirtschaftliche Geschehen, desto begrenzter ist seine Möglichkeit, der Wirtschaft Regeln vorzugeben und desto schwerer fällt es ihm, seinem sozialen Auftrag nachzukommen. Denn der Arm seiner eigenen Rechtsmacht reicht nicht ins Unbegrenzte und das Geld geht ihm aus, wenn er immer weniger an den Erträgen der Wirtschaft partizipiert und immer mehr die sozialen Kosten trägt, die aus unternehmerischen Entscheidungen folgen. Erweist sich damit die Idee von der Ermöglichung eines Lebens, in dem es gerecht zugeht, die mit dem Sozialstaatsgebot zum Verfassungsprogramm erhoben wurde, am Ende vielleicht doch nur als Utopie, die in einer kurzen Phase der Geschichte konkrete Züge annehmen konnte, nun aber in Zeiten der Globalisierung wieder ins Irreale entschwindet? Wer dies annimmt, verfällt gleich mehreren Irrtümern: dem Irrtum, aus der nicht ersichtlichen Erreichbarkeit des Ideals einer gerechten Welt auf die Sinn- und Nutzlosigkeit konkreter Schritte in Richtung gerechterer Lebensverhältnisse zu schließen; dem Irrtum, der Macht des Kapitals staatlicherseits nicht mehr Herr werden zu können, nachdem man es selbst durch Abbau von rechtlicher Reglementierung in die Freiheitsgefilde des Globalen entließ;

und vor allem dem Irrtum, sich mit dieser Begründung als Nationalstaat gegenüber den eigenen Bürgern für mangelnde soziale Sicherheiten exkulpieren zu können.

Zwar ist das Unterfangen schwer, auf weltweite ökonomische Handlungszusammenhänge staatlicherseits Einfluss zu nehmen, um das wirtschaftliche Geschehen unter das Vorzeichen des gemeinen Wohls zu setzen. Das geht nur durch gemeinsames Handeln der Staaten und hat seine Tücken. Denn zunächst einmal müssen die unterschiedlichen Interessen, die die Staaten dabei jeweils verfolgen, unter einen Hut gebracht werden. Wie mühsam dies ist, zeigen die derzeitigen Verhandlungen auf internationalem Parkett, die bei der Suche, wie das Handeln der Banken und Börsen mit vereinter Kraft und im Gleichschritt reguliert werden kann, kaum vorankommen. Und auch beim Projekt Europa fällt es den Staaten noch schwer, hier auf einen Nenner zu kommen. Die EU kann zwar mit Fug und Recht als Erfolgsmodell für einen friedensstiftenden Zusammenschluss von Staaten, für eine sinnvolle Bündelung politischer Kräfte und für einen gemeinsamen europäischen Binnenmarkt gelten, der sich auf Wettbewerbs- und Niederlassungsfreiheit sowie Freizügigkeit von Waren und Dienstleistungen gründet. Doch leider findet eine gemeinsame europäische Sozialpolitik bisher nur rudimentär statt. Zu unterschiedlich sind dafür noch die Vorstellungen darüber, was staatlicherseits an sozialen Leistungen erbracht und der Wirtschaft an sozialer Verpflichtung abverlangt werden sollte, zu groß ist noch das soziale Gefälle zwischen den einzelnen Staaten. Da werden schlechtere soziale Bedingungen im einen Land gern dazu ausgenutzt, sich gegenüber den anderen für die eigene Wirtschaft Wettbewerbsvorteile zu verschaffen. Das wiederum drückt auf das Sozialniveau der Länder, die höhere Standards bieten. Solch Trachten nach Marktvorsprüngen durch soziales Unterbieten hat bisher verhindert, dass es auf europäischer Ebene eine abgestimmte Sozialpolitik von nennenswertem Ausmaß gibt. Positiv sind hier die Antidiskriminierungs- und Gleichbehandlungsrichtlinien hervorzuheben, die Menschen in allen europäischen Ländern Schutz vor Benachteiligungen bieten sollen. Was aber soziale Sicherheiten betrifft, hat man sich zwar auf abstrakte Ziele verständigt und in der Grundrechtecharta die Verpflichtung zur Anerkennung und Achtung entsprechender Rechte aufgenommen, deren Gewährleistung jedoch gleich wieder der einzelstaatlichen Vielfalt anheimgestellt. So ist hier nur die Entsenderichtlinie erwähnenswert, mit der den Ländern die Möglichkeit eingeräumt wird, Mindeststandards beim Lohn abzusichern, um wenigstens insoweit die eigenen Bürger vor allzu großer Lohndrückerei durch billige Arbeitskräfte aus anderen Ländern zu schützen. Von Regeln, die sozialverträgliches Wirtschaften einfordern und Sozialdumping verhindern, nur wenig Spur.

Doch die Schwierigkeit, einen Konsens zwischen den Staaten über das notwendige Maß des von ihnen zu gewährenden sozialen Schutzes und der von der Wirtschaft zu tragenden sozialen Verantwortung zu erreichen, darf nicht entmutigen und dazu führen, die Hände in den Schoß zu legen. Dies nicht nur, weil jedenfalls die Bundesrepublik von Verfassung wegen dem Sozialstaatsgebot zu folgen hat und zudem durch Art. 23 GG gehalten ist, daran mitzuwirken, dass auch die EU sozialen Grundsätzen verpflichtet ist und einen dem Grundgesetz vergleichbaren Grundrechtsschutz bietet. Sondern vor allem, weil ein Zusammenschluss und konzertiertes Vorgehen der Staaten in Europa und auf supranationaler Ebene die einzige, realisierbare und erfolgversprechende Möglichkeit ist, sich mit vereinter Kraft von dem Diktat global agierender Kapitalmacht zu befreien, ihr pari zu bieten und ihr durch rechtliche Vorgaben und Sanktionen soziale Schranken zu setzen. Nur so, im gemeinsamen Vorgehen, bewahren sich die Staaten ihre eigene Herrschaftsmacht, nur so versetzen sie sich in die Lage, auch unter den Vorzeichen der Globalisierung ihrer Verpflichtung weiterhin nachkommen zu können, den Interessen nicht nur der Wirtschaft, sondern aller ihrer Bürger in hinreichendem Umfang Berücksichtigung zu verschaffen. Kapitulieren sie hingegen im Supranationalen und überlassen die wirtschaftlichen Kräfte dort weiterhin sich selbst, dann verlieren die Staaten auch im eigenen Land mehr und mehr an Macht und Handlungsfähigkeit und laufen Gefahr, sich den Interessen der Wirtschaft immer weiter beugen zu müssen. Schon der Wille, das Zepter des Regierens in der Hand zu behalten, sollte den Staaten in Europa und darüber hinaus Grund genug sein, ihr bisheriges Konkurrenzverhalten auf Kosten des Sozialen aufzugeben und hier künftig mehr an einem Strang zu ziehen.

Aber es gibt noch einen weiteren maßgeblichen Grund, warum die Staaten gut daran täten, ihre Kräfte zu bündeln, um so das weltwirtschaftliche Agieren wieder in soziale und gemeinwohlverträgliche Bahnen zu lenken: Weil sie ansonsten riskieren, die Akzeptanz ihrer Bürger zu verlieren. Denn gerade wegen der ökonomischen Macht im Globalen, der die Bürger ausgesetzt sind, ohne sich dagegen wehren zu können, wenden sich diese mit ihren Wünschen nach auskömmlicher Arbeit, nach menschenwürdiger Behandlung, nach Schutz vor Ausbeutung, nach sozialer Sicherheit und Hilfe in der Not nach wie vor an ihren Staat, der für sie greifbar ist und ihnen gegenüber verantwortlich zeichnet, und erwarten von ihm zu Recht, dass er ihre Interessen wahrt und dafür sorgt, dass diese nicht unter die Räder ökonomischer Allmacht geraten. Wenn dieser aber nicht hinreichend dafür sorgt und dies damit zu rechtfertigen versucht, dass er nicht anders könne, weil er sich einerseits die Wirtschaft geneigt erhalten müsse und ihm mangels Einfluss im Supranationalen andererseits die Hände gebunden seien, sozialen Rücksichtslosigkeiten von Unternehmen dort Einhalt zu gebieten, dann läuft der Staat Gefahr, das Vertrauen seiner Bürger zu verlieren. Weil sie sich mit ihren Interessen und Bedürfnissen bei ihm nicht mehr gut aufgehoben und ausreichend durch ihn vertreten fühlen, weil sie an seinem Willen und auch seiner Fähigkeit zweifeln, ihnen Schutz und Sicherheit zu bieten.

Dann aber ist es nicht nur um den Sozialstaat schlecht bestellt, sondern auch der Demokratie droht Schaden. Denn schwindet das Staatsvertrauen bei mangelnder Zukunftssicherheit, dann greifen stattdessen Angst, Wut und Enttäuschung Platz und machen sich breit: Angst vor sozialen Abstürzen, die Menschen entsolidarisiert und isoliert, Wut über ungerechte Verhältnisse, deren Begleiter der Neid und die Missgunst sind, Enttäuschung über einen Staat, den man immer mehr ablehnt, weil er einen in der Not im Stich lässt. Schon jetzt hat hierzulande die Furcht, ins soziale Abseits geraten zu können, zugenommen, ist die Rücksichtslosigkeit beim Kampf um das eigene Überleben gewachsen, sind über 50 Prozent der Bevölkerung der Ansicht, es müssten in Deutschland zu viele schwache Gruppen mitversorgt werden, ist die Zahl derer auf weit über 80 Prozent gestiegen, die meinen, es gehe in unserem Gemeinwesen ungerecht zu. Und schon jetzt wenden sich immer mehr Menschen enttäuscht von der Politik ab, ist die Zahl derer auf weit über 60 Prozent gestiegen, die meinen, man habe sowieso keinen Einfluss auf das, was die Regierung tut, und sind nur knapp über die Hälfte der Bürger mit dem Funktionieren der Demokratie zufrieden. Dies sind jüngste Ergebnisse der Bielefelder Forschungsgruppe um den Soziologen und Konfliktforscher Wilhelm Heitmeyer. Beunruhigende Signale, die den Staat aufhorchen lassen sollten. Denn sie zeugen vom zunehmenden Zerfall gesellschaftlichen Zusammenhalts und sinkender Akzeptanz des Staates. Steuert der Staat dem nicht entgegen, unterlässt er es, durch sichtliches Bemühen um sozialen Ausgleich und durch selbst praktizierte wie verordnete Solidarität das verlorene Vertrauen seiner Bürger wieder zurückzugewinnen, dann erleidet seine Legitimation zunehmend Abbruch und er läuft Gefahr, Stück für Stück den demokratischen Boden zu verlieren, auf dem er fußt.

In der Not frisst der Teufel bekanntlich Fliegen. Und so rufen in der derzeitigen Finanz- und Wirtschaftskrise viele nun nach staatlicher Unterstützung, die vorher gepredigt haben, der Staat möge sich aus der Wirtschaft heraushalten. Doch gerade wenn der Staat sich dem jetzt nicht entziehen kann, um wirtschaftliche Zusammenbrüche und Massenentlassungen zu vermeiden, dann muss er sicherstellen, dass von solchen Rettungsmanövern letztlich nicht allein die bruchgelandeten Manager und Kapitaleigner profitieren und sich, von den Verlusten ihres Scheiterns befreit, wieder gesundstoßen, sondern die Allgemeinheit mit ihren sozialen Anliegen ebenfalls Unterstützung erfährt. *Das Wort „Sozial", das in der Krise im Munde von Politikern wieder Auferstehung gefeiert hat und zum Leitmotiv konjunktureller Programme avanciert ist, darf nicht nur Lippenbekenntnis sein.* Leider hört man jetzt schon wieder, dass erst einmal die Unternehmen entlastet und wieder flott gemacht werden müssten, dann ginge es allen auch wieder besser – als hätten wir aus den Erfahrungen der letzten Jahre nicht dazugelernt. Und in den Feuilletons findet derzeit der Aufguss einer Debatte statt, die sich, abgehoben von der Realität, der Idylle verschreibt. Sloterdijk hat sie mit seiner Kampfansage an den Gleichheitsgedanken losgetreten und nun lässt man sich darüber aus, dass doch schon Hegel in seiner Philosophie des Rechts erkannt habe: „Wird der reicheren Klasse die direkte Last auferlegt oder es wären in anderem öffentlichen

Eigentum die direkten Mittel vorhanden, die der Armut zugehende Masse auf dem Stande ihrer ordentlichen Lebensweise zu erhalten, so würde die Subsistenz der Bedürftigen gesichert, ohne durch die Arbeit vermittelt zu sein, was gegen das Prinzip der bürgerlichen Gesellschaft und des Gefühls ihrer Individuen von ihrer Selbständigkeit und Ehre wäre". Die These lautet also, die Verstaatlichung der Tugend in Form des Sozialstaates zerstöre letztlich die Mitmenschlichkeit, behandle die Menschen mit Geldtransfers wie Aktenvorgänge und nehme ihnen ihren Stolz und ihre Würde. Empfohlen wird deshalb, wieder mehr auf die Großherzigkeit und die freiwillige Gabe zu setzen, statt einen fiskalischen Bürgerkrieg der Verteilung zu führen.

Da kommt schon eine gute Portion Überheblichkeit wie Zynismus aus eigener Saturiertheit und ein Sehnen nach vordemokratischen Zeiten zum Ausdruck. Zeiten, in denen nur die sich die Freiheit zur Selbstverwirklichung nehmen konnten, die über Besitz und Vermögen verfügten, wobei deren Freigiebigkeit nicht besonders ausgeprägt war, betrachtet man die damalige Massenarmut. Dass zur Freiheit gehört, dass alle sie als Gleichgestellte auch wahrnehmen und am gesellschaftlichen Geschehen partizipieren können, ist eine Erkenntnis und emanzipatorische Errungenschaft der Demokratie. *Solch materielle Basis zur Freiheitsentfaltung kann aber nicht durch Almosen erworben werden, sondern ist vom Staat mit Rechten einzulösen.*

Sicher ist es gut und hat nach wie vor auch rechtlich Vorrang, wenn Menschen, die der Hilfe bedürfen, diese im zwischenmenschlichen, familiären Bereich erhalten. Wenn dies aber nicht möglich ist, weil auch hier Schmalhans Küchenmeister ist, tut anderweitig Hilfe not. Dann aber ist es auch weiterhin der Achtung jedes Menschen geschuldet, dass Notdurft nicht daherkommen muss mit dem Bettelstab, um Hilfe zu erflehen und sich in die Abhängigkeit der Gnade anderer zu begeben, sondern dass der Sozialstaat jedem ein Recht auf Hilfe einräumt, um ihm auch in Not den aufrechten Gang zu ermöglichen und einen Platz in der Gemeinschaft zu sichern. Der Behauptung, sozialer Schutz lähme zwangsläufig die Selbsthilfe und nehme den Menschen ihre Selbständigkeit, hat schon Ferdinand Lassalle zu Recht entgegengehalten: „Es ist nicht wahr, dass ich jemanden hindere, durch seine eigene Kraft einen Turm zu besteigen, wenn ich ihm Leiter und Strick dazu reiche". *Nicht staatliche Unterstützung aufgrund von Rechtsansprüchen entwürdigt den Armen und bringt ihn um sein Selbstwertgefühl, sondern die Art und Weise, wie mit Armut gesellschaftlich umgegangen wird.*

Serge Paugam hat in seiner lesenswerten, Sozialsysteme vergleichenden Studie über „Die elementaren Formen der Armut" sehr eindrucksvoll herausgearbeitet, wie eine „disqualifizierende Armut", wie er sie nennt, entsteht und welche Wirkungen sie bei den Betroffenen auslöst. Sie entwickelt sich dort, wo Arbeitslosigkeit und prekäre Beschäftigungsverhältnisse zunehmen, darauf aber mit Ausblendung der damit für die Betroffenen entstehenden Probleme, mit Ausgrenzung und marginaler „Stütze", nicht mit Re-Integration reagiert wird. Das löst dann, wie er schreibt, bei den Betroffenen das Gefühl aus, in ein Räderwerk geraten zu sein, aus dem man nicht mehr herauskommt und endet im Gefühl völliger gesellschaftlicher Nutzlosigkeit. Zugleich ruft es kollektive Ängste hervor, da viele die Befürchtung hegen, bald auch zu denen gehören zu können, die es nicht mehr schaffen, in der Arbeitswelt Tritt zu fassen. So passt man sich immer mehr an und ist im Bemühen um den Erhalt des Arbeitsplatzes immer mehr sich selbst der Nächste. Dieses von Ängsten getragene Wechselspiel aber führt zur schleichenden Entsolidarisierung in der Gesellschaft.

Verfallen wir deshalb nicht in Defätismus, sondern lernen wir daraus und ziehen die Konsequenzen. Das Gerechtigkeitsstreben ist einerseits Motor des Einzelnen, sich nicht selbst aufzugeben, und andererseits Ausdruck menschlicher Solidarität; Solidarität, die der Kitt ist, der eine Gesellschaft zusammenhält. Und der Sozialstaat hat sie durch sein Recht zu üben wie dazu anzuhalten, dass sie auch zwischen den Menschen praktiziert wird und sozialen Ausgleich schafft, damit unsere Demokratie funktionieren kann und dem Rechnung getragen wird, was Brecht in seinem „Schweyk" Frau Kopecka singen und wünschen lässt: „Jeder wird als Mensch gesehn', keinen wird man übergehn'", ganz im Sinne unseres Grundgesetzes, das den Staat nicht allein auf das Soziale, sondern auch darauf verpflichtet hat, die Würde jedes einzelnen Menschen zu achten und zu schützen.

Gerechtigkeit auf dem Rückzug
Vom bismarckschen Sozialstaat zum postmodernen
Suppenküchenstaat?

Christoph Butterwegge

Zusammenfassung

Der Beitrag macht deutlich, wie soziale Gerechtigkeit zunehmend als gesellschaftliche Last empfunden wird und wie aus dem Sozialstaat durch Ab- und Umbau zunehmend ein Minimalstaat wurde. Weitere Transformationen des Sozialstaates, etwa zum disziplinierenden Kriminalstaat und zum Gewährleistungsstaat, werden nachgezeichnet. Die „Tafel"-Bewegung ist dabei eng mit dieser Sozialstaatsentwicklung verknüpft. In der Summe kommt daher der Beitrag zu dem Ergebnis, dass aus dem Sozialversicherungs- ein Fürsorge-, Almosen- und Suppenküchenstaat wurde, in dem Tafeln als billiger Ersatz für staatliche Interventionsmechanismen dienen. Lebensmitteltafeln werden als Maßnahmen eingeschätzt, die ungewollt dazu beitragen, humanere Alternativen auszublenden. Derart dienen Tafeln dazu, das Versagen von Politik und Behörden zu überdecken und weitergehende Transformationen des Sozialstaates zu legitimieren.

1 Definitionen, Funktionen und Entwicklungsphasen des Sozialstaates in Deutschland

Eine allgemein verbindliche Konvention darüber, was unter einem Sozial- oder einem Wohlfahrtsstaat zu verstehen ist, gibt es nicht. Stattdessen kursieren in Fachwissenschaft und Öffentlichkeit zahlreiche Definitionen, auf die hier nicht eingegangen werden kann (vgl. Butterwegge 2006: 11 ff.). Letztlich bezeichnet die Wohlfahrts- bzw. Sozialstaatlichkeit eine Entwicklungsstufe moderner Industriegesellschaften, auf welcher der Staatsapparat neben seiner klassischen Ordnungs- und Repressionsfunktion eine wirtschaftspolitische Interventionsfunktion übernimmt und nicht mehr nur die (extreme) Armut bekämpft, sondern auch die allgemeinen Lebensrisiken seiner Bürger/innen (Krankheit, Invalidität, Arbeitslosigkeit, Unterversorgung bzw. Pflegebedürftigkeit im Alter usw.) absichert und für einen gewissen sozialen Ausgleich zwischen den unterschiedlich gut situierten Bevölkerungsschichten sorgt.

Deutschland gilt wegen der bismarckschen Sozialgesetzgebung im 19. Jahrhundert als Pionier auf diesem Politikfeld. Das wilhelminische Kaiserreich war das erste Land der Welt, das zwischen 1883 und 1889 unter Fürst Otto von Bismarck, dem ursprünglich ein anderes Finanzierungsmodell vorgeschwebt hatte, ein System von als Körperschaften des öffentlichen Rechts organisierten Sozialversicherungen schuf, welche die Standardlebensrisiken (Krankheit, Unfall und Alter) der Industriearbeiter, wiewohl nur auf einem Minimalniveau, absicherten.

In der Folgezeit trugen zahlreiche gesellschaftliche Umbrüche, tiefe Wirtschaftskrisen, zwei Weltkriege und mehrere Regimewechsel dazu bei, dass man eine Konstitutionsphase des Wohlfahrtsstaates (1870/71 bis 1914), eine am Ende durch das NS-Regime negativ beeinflusste Konsolidierungsphase (1914 bis 1945), eine Rekonstruktions- und Ausbauphase (1945 bis 1974/75) sowie schließlich eine Um- bzw. Abbauphase (1975/76 bis heute) unterscheiden kann (vgl. Christen u. a. 2003: 12 f.).

Jahrzehntelang galt der von Reichskanzler Otto von Bismarck begründete Sozialstaat als ein Modell, das andere Staaten nachahmten und auf das man in Deutschland stolz war. Dies änderte sich im Gefolge der Weltwirtschaftskrise 1974/75, als der von einer Wirtschaftstheorie zur Sozialphilosophie avancierte Neoliberalismus auch in der Bundesrepublik die Hegemonie, d. h. die öffentliche Meinungsführerschaft errang. Seither wird der bismarcksche Sozialstaat unter wechselnden Regierungsmehrheiten und mit unterschiedlichen Akzenten „um-" bzw. abgebaut. CDU/CSU, FDP, SPD und Bündnis 90/Die Grünen folgen dabei der Standortlogik, indem sie die Wettbewerbsfähigkeit des „eigenen" Wirtschaftsstandortes durch marktkonforme Strukturreformen zu steigern suchen (vgl. Butterwegge 2006; Butterwegge u. a. 2007). Die soziale Gerechtigkeit spielt entweder gar keine Rolle mehr, man begreift sie als „Standortrisiko" oder verkürzt sie auf Leistungs-, Chancen- bzw. Generationengerechtigkeit (vgl. Reitzig 2008).

Mit dem drastischen Anstieg des Mineralölpreises und seinen Rückwirkungen auf die Weltwirtschaft 1974/75 geriet der Sozialstaat in eine Dauerkrise. Obwohl niemand bezweifelt, dass sich der Sozialstaat in einer tiefen Krise befindet, wäre es falsch, von einer „Krise *des* Sozialstaates" zu sprechen, weil damit im Grunde suggeriert wird, dass dieser Auslöser oder gar Verursacher der Probleme, d. h. für Fehlentwicklungen verantwortlich sei. In Wahrheit ist er Hauptleidtragender der Krise des bestehenden Wirtschafts- und Gesellschaftssystems, das schon seit längerer Zeit weder nachhaltiges Wachstum noch einen hohen Beschäftigungsstand zu gewährleisten vermag.

Nach der Weltwirtschaftskrise gingen Neoliberale zur Generalabrechnung mit einer „Wohlfahrtsdiktatur" über, die man nunmehr nicht mehr als historische Errungenschaft, sondern als Haupthemmnis für das erhoffte Wachstum begriff. Mit dem Fall der Berliner Mauer und dem Kollaps aller „realsozialistischen" Staatssysteme in Ost- bzw. Ostmitteleuropa 1989 bis 1991 verbesserten sich auch in der

Bundesrepublik die Rahmenbedingungen für eine liberalkonservative Regierungspolitik. Es scheint geradezu, als sei dem Sozialstaat kurz nach dem „Sieg über den Staatssozialismus" politisch-ideologisch der Krieg erklärt worden.

Seither betreiben sämtliche Bundesregierungen mal offen, mal verdeckt einen *Ab*bau des Wohlfahrtsstaates. In allen vier Sozialversicherungszweigen (Gesetzliche Renten-, Kranken-, Unfall- und Arbeitslosenversicherung) sanken die Leistungen, während der Kontrolldruck auf die Bezieher/innen von Transfereinkommen wuchs und die Sanktionen ihnen gegenüber zum Teil ebenso drastisch wie die Anspruchsvoraussetzungen verschärft wurden. Gleichzeitig trieb man einen *Um*bau des Sozialstaates im Sinne einer grundlegenden Veränderung seiner Finanzierungs-, Verwaltungs- und Leistungsstrukturen voran (vgl. Butterwegge 2006: 115 f.; Butterwegge 2007: 175 ff.).

Modellcharakter hatte die Mitte der 1990er-Jahre als fünfter und letzter Versicherungszweig geschaffene Pflegeversicherung. Klient(inn)en der ambulanten Pflegedienste avancierten zu „Kund(inn)en", die sich für einen (Billig-)Anbieter entscheiden können. *Wettbewerbs*strukturen schufen einen regelrechten „Pflegemarkt", der zwar politisch reguliert wird, die Konkurrenz als maßgebliches Lenkungsprinzip aber in den Sozialstaat hinein verlängert. Erstmals wurde die Beitragsparität zwischen Arbeitnehmer(inne)n und Arbeitgebern durchbrochen, indem man den Buß- und Bettag als gesetzlichen Feiertag abschaffte. Insofern erfüllte die Pflegeversicherung im negativen Sinn eine gesellschaftspolitische *Pilot*funktion. Daniel Kreutz (2002: 464) sah darin den „Prototyp eines post-sozialstaatlichen Systems", weil sie, unter Preisgabe des Grundsatzes paritätischer Finanzierung einseitig von den Versicherten bezahlt und mittels gedeckelter Leistungen für Bedürftige gleichsam auf eine „Basissicherung" beschränkt, primär der Kostenüberwälzung von den Sozialhilfeträgern auf die abhängig Beschäftigten diene.

Das als „Hartz IV" bezeichnete Gesetzespaket sollte die Arbeitslosigkeit (Verwaltung der davon Betroffenen) wie die Arbeit (Senkung des Reallohnniveaus) preiswerter und die Bundesrepublik damit auf den Weltmärkten konkurrenzfähiger machen (vgl. Gillen 2005; Agenturschluss 2006; Rudolph/Niekant 2007). Beschönigend als „Zusammenlegung mit der Sozialhilfe" charakterisiert, war die Abschaffung der Arbeitslosenhilfe ein gravierender Rückschritt in der Entwicklung des Arbeits- und Sozialrechts.

Wie durch die sog. Riester-Reform 2000/01 in der Rentenversicherung wurde das Prinzip der Lebensstandardsicherung hiermit in einem weiteren Versicherungszweig aufgegeben. Wenn man die Menschen nötigt, komplementär zum eigentlichen Sicherungssystem für ihr Alter privat vorzusorgen, ist dies nicht nur moralisch zweifelhaft bzw. unsozial, weil die realen Bedürfnisse ihrer Empfänger/innen zweitrangig sind, sondern auch ökonomisch falsch, weil ausreichende Sozialtransfers für Rentner/innen die Massenkaufkraft stärken und gerade in solchen Schwächeperioden die Binnenkonjunktur stützen würden.

2 Die neoliberale Reformagenda als Grundsatzentscheidung für einen anderen Wohlfahrtsstaat

Zwar haben Neoliberale die Hegemonie in der Gesellschaft errungen, vermögen ihre Vorstellungen zur Restrukturierung des Sozialstaates aber nicht ohne Abstriche und Kompromisse in der Sache durchzusetzen. Daher entsteht auf Grundlage der neoliberalen Reformagenda einerseits sowie eines höchst komplizierten Aushandlungsprozesses andererseits ein durch Brüche und Widersprüche gekennzeichnetes Resultat. Gegenüber der Ausgangslage vor einigen Jahrzehnten haben bereits gravierende Veränderungen in der Architektur und Leistungsstruktur des Sozialstaates stattgefunden, die es in der Summe durchaus rechtfertigen, von seiner grundlegenden Transformation zu sprechen. Denn auch viele mehr oder weniger kleine Reformschritte, die sich aneinander reihen und systematisch vorbereitet werden, führen am Ende eines längeren Weges zu einem ganz anderen Wohlfahrtsstaat (vgl. Spindler 2009).

2.1 Aus dem Wohlfahrtsstaat wird ein neoliberaler Wettbewerbsstaat

Aus dem Wohlfahrtsstaat, wie man ihn bisher kannte, wurde ein „nationaler *Wettbewerbs*staat" (Joachim Hirsch), und zwar in zweierlei Hinsicht: Nach außen fördert er die Konkurrenzfähigkeit des „Wirtschaftsstandortes" auf dem Weltmarkt und nach innen überträgt er die Marktmechanismen und Gestaltungsprinzipien der Leistungskonkurrenz bzw. betriebswirtschaftlicher Effizienz auf seine eigenen Organisationsstrukturen. Durch diese doppelte Transformation gewinnt der Wohlfahrtsstaat eine andere Qualität, während das Soziale seinen Eigenwert verliert und dem Ökonomischen unter- bzw. nachgeordnet wird. „Standortsicherung" kehrt das Verhältnis von Ökonomie, Staat und Politik, die zur abhängigen Variablen der Volkswirtschaft degradiert wird, um. Bei dem durch neoliberale Prinzipien geprägten Wettbewerbsstaat handelt es sich um ein Staatswesen, das nicht mehr für alle sozialen „Kollateralschäden" des kapitalistischen Wirtschaftens die Haftung übernimmt, die hierauf basierende soziale Ungleichheit verschärft und auf diese Weise den Boden für gesellschaftliche Ausgrenzungs- und Ethnisierungsprozesse bereitet. Auf die umfassende Liberalisierung des Kapitalverkehrs, die Deregulierung des Arbeitsmarktes, die Flexibilisierung und Ausdifferenzierung der Beschäftigungsverhältnisse sowie die (Re-)Privatisierung der öffentlichen Daseinsvorsorge gerichtet, nimmt der Neoliberalismus die Verschlechterung der Arbeits- und Lebensbedingungen eines Großteils der Bevölkerung zumindest billigend in Kauf.

Genauso wie Unternehmen und Gebietskörperschaften sollen die sozialen Sicherungssysteme nach größtmöglicher kaufmännischer Effizienz streben, während ihr eigentlicher Zweck, Menschen in schwierigen Lebenslagen wirksam zu unterstützen, deutlich dahinter zurücktritt. „Ganz im Sinne der Ökonomisierung des Sozialen verdrängt dabei ein betriebswirtschaftlich orientiertes Leitbild von Qualitätsmanagement traditionelle Orientierungen von religiös oder ethisch motivierter Nächstenliebe, von Subsidiarität und Solidarität" (Kelle 2007: 113). Wettbewerb sowie Wahlfreiheit (für von Klienten zu „Kunden" avancierte Sozialstaatsbürger/innen) beherrschen die Wohlfahrtsstaatskonzeption des Neoliberalismus, und sein Leitbild zielt auf die Verbesserung der Konkurrenzfähigkeit des jeweiligen Wirtschaftsstandortes. „Der Sozialstaat wird nicht mehr als Ergebnis von Machtkämpfen zwischen Arbeit und Kapital, Politik und Markt gesehen, sondern als Hebel, durch gezielte Investitionen in das ‚Humankapital' den Standort für (internationale) Investitionen und für das Finanzkapital attraktiv zu machen" (Klein 2004: 173).

2.2 Aus dem Sozial- wird ein Minimalstaat

Der „anarcholiberale" Theoretiker Robert Nozick (o. J.: 11) plädierte Mitte der 1970er-Jahre für einen „Minimalstaat", der nur die (Rechts-)Sicherheit sowie den Schutz seiner Bürger/innen vor Dieben, Betrügern und Gewalttätern gewährleisten solle, sie aber nicht mittels seines Zwangsapparates dazu bringen dürfe, „anderen zu helfen, und ebenso wenig dazu, den Menschen um ihres *eigenen* Wohles oder Schutzes willen etwas zu verbieten" (Hervorhebung i. O., d. V.), vielmehr „Gleichgültigkeit gegenüber den Bedürfnissen und dem Leiden anderer" in Kauf nehmen müsse. Der Würzburger Ökonom Norbert Berthold (1997: 55) will die Staatseingriffe nicht ganz so drastisch verringern und betrachtet die „Garantie eines Existenzminimums" als „eigentliches Betätigungsfeld" des Sozialstaates, auf welches sich dieser zurückziehen soll.

An die Stelle von Bedarfsorientierung und Lebensstandardsicherung im Wohlfahrtsstaat, wie man ihn bisher kannte, tritt im neoliberalen Minimalstaat eine Basisversorgung, die nicht mehr als das Existenzminimum gewährt. Entsprechend rigide Leistungskürzungen im Sozialbereich werden meistens als Sparbemühungen ausgegeben, obwohl man die Kosten der Versorgung (etwa im Gesundheitssystem) damit häufig gar nicht senkt, sie vielmehr nur von der Solidargemeinschaft auf die Leistungsempfänger/innen überwälzt. Neoliberale möchten die Sozialleistungen drastisch reduzieren und zudem auf die „wirklich" Bedürftigen konzentrieren. Leistungskürzungen finden im modernen Wohlfahrtsstaat aber erfahrungsgemäß gerade dort besonders frühzeitig, spürbar und nachhaltig statt, wo sie die am meisten verletzlichen, am wenigsten widerstandsfähigen Bevölkerungsgruppen treffen: (Langzeit-)Arbeitslose, Alte, Kranke, Behinderte und Migrant(inn)en.

2.3 Aus dem Sozial- wird ein „Kriminalstaat"

Zwar wirkt der neoliberale Staat geradezu magersüchtig, „wenn es um die soziale Sicherheit und andere Leistungen der öffentlichen Daseinsvorsorge geht. Er ist allerdings ein starker Staat nach innen wie nach außen, wenn es um die Durchsetzung und Sicherung der marktwirtschaftlichen Ordnung geht" (Ptak 2007: 63). Loïc Wacquant (2009: 314) charakterisiert die Janusköpfigkeit des neoliberalen Staates, wenn er konstatiert, „dass der Neoliberalismus nicht zur Schrumpfung des Staates führt, sondern zur Errichtung eines *Kentaurenstaates*, der oben liberal und unten paternalistisch ist und den beiden Enden der sozialen Hierarchie jeweils ein radikal anderes Gesicht zeigt: ein wohlgestaltetes und zugewandtes Gesicht für die Mittel- und Oberklasse, eine furchterregende und drohende Fratze für die Unterschicht."

Statt der Armut bekämpft man mehr und mehr die davon Betroffenen: Arme werden durch Polizeirazzien und Platzverweise aus den Innenstädten vertrieben, vor allem in den USA auch zunehmend in Gefängnisse gesteckt. Gegenüber den Armen ist der neoliberale Minimalstaat eher „Kriminal-" als Sozialstaat, weil ihn die (vorgeblich aus Gründen der internationalen Wettbewerbsfähigkeit nötige) Leistungsreduktion verstärkt zur Repression gegenüber Personengruppen zwingt, die als Globalisierungs- bzw. Modernisierungsverlierer/innen und als Opfer seiner rückwärtsgerichteten „Reformpolitik" bezeichnet werden können. Längst erstreckt sich über die westlichen Industriestaaten mit Ausnahme ihres eigentlichen Schlüsselbereichs, der Wirtschaftssphäre, eine „Kultur der Kontrolle", wie der US-amerikanische Kriminologe und Soziologe David Garland (2008) den allmächtigen Drang nach Disziplinierung fast aller sozialen Sphären nennt.

Je weniger soziale Sicherheit der Wohlfahrtsstaat gewährt, umso größer wird die Innere Sicherheit geschrieben. Um die Jahrtausendwende fand das New Yorker Beispiel eines härteren Durchgreifens gegenüber „sozialen Randgruppen" wie Alkoholikern und anderen Drogenabhängigen, Obdachlosen und Bettlern sowie Angehörigen jugendlicher Subkulturen und ethnischer Minderheiten auch diesseits des Atlantiks begeisterte Nachahmer (vgl. Ortner u. a. 1998; Leiterer 2007). Nach dem 11. September 2001 wurden die Terroranschläge auf das World Trade Center und das Pentagon nicht nur in den Vereinigten Staaten, die den U. S. Patriot Act erließen, als Vorwand für massive Einschränkungen der Bürgerrechte benutzt (vgl. Unger 2006; Gössner 2007; Trojanow/Zeh 2009). Diese verringern die Möglichkeiten sozial Benachteiligter, Widerstand gegen den „Um-" bzw. Abbau des Wohlfahrtsstaates zu leisten.

2.4 Aus dem Leistungs- wird ein Gewährleistungsstaat

Aus dem sozialen Leistungs- wird ein bloßer Gewährleistungsstaat: Nicht nur öffentliche Unternehmen und persönliche Existenzrisiken werden zunehmend privatisiert, vielmehr auch soziale Dienstleistungen, die der Wohlfahrtsstaat früher in Eigenregie erbracht hatte. Nach dem Vorbild des privatisierten Post- und Telekommunikationssektors garantiert der Sozialstaat künftig bloß noch, dass im Rahmen der öffentlichen Daseinsvorsorge für Millionen Menschen und die Gesellschaft insgesamt unerlässliche Sach- und Dienstleistungen erbracht werden, überlässt ihre Erbringung allerdings gemeinnützigen und/oder gewinnorientierten Privatanbietern, deren Arbeit er überwacht und kontrolliert. Die überkommene Erfüllungsverantwortung des Staates wird also durch eine reine Gewährleistungsgarantie abgelöst, die sicherstellen soll, dass die zu Kund(inn)en mutierenden Klient(inn)en wunschgemäß auf dem neu geschaffenen (Quasi-)Markt von privaten Anbietern bedient werden, die damit ihrerseits viel Geld verdienen können.

Gunnar Folke Schuppert (2005: 19) verortet den Gewährleistungsstaat zwischen einem neoliberalen Minimal- und einem interventionistischen Wohlfahrtsstaat, wendet sich jedoch ausdrücklich gegen die Vorstellung, damit sei Staatsabbau verbunden: „Der Gewährleistungsstaat ist kein Staat auf dem Rückzug. Er zieht sich zwar aus der Wahrnehmung der unmittelbaren Erfüllungsverantwortung mehr und mehr zurück, gibt aber dadurch das bisher wahrgenommene Aufgabenterrain nicht preis, sondern stellt durch geeignete Maßnahmen organisatorischer und regulativer Art sicher, dass die nunmehr gefundene Art der Dienstleistungserbringung durch oder unter Einbeziehung privater Anbieter bestimmten, von ihm festgelegten Gemeinwohlstandards entspricht." Allerdings ergänzt der Gewährleistungs- den Minimalstaat insofern, als er die verbliebenen Sozialleistungen nicht mehr selbst erbringt, sondern *auslagert*. „Outsourcing" führt im Wohlfahrtsbereich freilich genauso wie anderswo zu einer Absenkung von Versorgungsniveau und -qualität, meist auf Kosten der Beschäftigten in Einrichtungen und von deren „Kunden". Franz Segbers (2008: 34) weist zudem darauf hin, dass diese Umdefinition der Staatsaufgaben eine tiefgreifende Veränderung der bisherigen Kooperationsbeziehungen zwischen dem Sozialstaat und der Freien Wohlfahrtspflege nach sich zieht: „Es entwickelt sich eine neue Subsidiarität, in welcher die Anbieter Sozialer Dienstleistungen zu unselbständigen Akteuren werden, die allein in ihrer Funktion zur Erbringung sozialer Dienstleistungen in Anspruch genommen werden."[1]

Obwohl die Position, dass auch der gewährleistende Staat ein „aktiver Leistungsstaat" sein muss, bisher zumindest nicht offen in Frage gestellt wurde, weist das Projekt des Gewährleistungsstaates zahlreiche Nachteile für (im Sinne des

---

[1] Vgl. dazu auch den Beitrag von Franz Segbers in diesem Band.

Neoliberalismus) Leistungsschwächere auf, wie Berthold Vogel (2007: 44 f.) durchblicken lässt: „Dieses Modell verzichtet auf universale Integrationsansprüche, es bietet darüber hinaus keine auf Dauer gestellte Status- und Lebensstandardsicherung mehr, und eine Dämpfung sozialer Ungleichheit wird in diesem Modell als ökonomisch kontraproduktiv angesehen; zudem kommt dieses wohlfahrtsstaatliche Modell auch ohne einen euphorischen Bildungsbegriff aus, es leitet den arbeitsrechtlichen Abschied von einer tarifvertraglich kollektivierten Arbeitswelt ein, und es zeigt sich schließlich als ein Modell, dessen Aufstiegsleitern entweder recht kurz geraten oder mühsam zu erklimmen sind."

2.5 Aus dem aktiven wird ein „aktivierender" Sozialstaat

An die Stelle des *aktiven* Sozialstaates, wie man ihn bisher kannte, tritt immer mehr ein *aktivierender*, d. h. Hilfebedürftige nicht ohne entsprechende Gegenleistung alimentierender Sozialstaat. Die verlangte Übernahme von „Eigenverantwortung" meint gerade nicht die Selbstbestimmung der Bürger/innen, sondern das Gegenteil: „Der Imperativ der Eigenverantwortung vereinzelt und entsolidarisiert. Er hinterfragt gar nicht, welche Bedingungen gegeben sein müssen, damit Menschen überhaupt Verantwortung für sich selbst und auch andere übernehmen können" (Mührel 2005: 679). Schon der Terminus „aktivierende Arbeitsmarktpolitik" diffamiert Erwerbslose im Grunde als (zu) passiv, denn sonst könnten und müssten sie ja nicht durch geeignete Maßnahmen „aktiviert" werden.

Statt der Bedürftigkeit – wie im aktiven – löst im „aktivierenden Sozialstaat" erst die (Bereitschaft zur) „Gegenleistung" eines Antragstellers die staatliche Leistungspflicht aus. Damit hören Hilfebedürftige auf, Wohlfahrtsstaatsbürger/innen mit sozialen Rechtsansprüchen zu sein, und werden zu Objekten der von ihnen Entgegenkommen fordernden und sie nur dann ggf. fördernden Verwaltung herabgewürdigt. Dem Wohlfahrtsstaat wird hierdurch eine ihm ursprünglich fremde, nämlich die Tauschlogik der Marktökonomie, implantiert. Ein „aktivierender Sozialstaat" ist damit kein Gegengewicht zu dieser, aber auch kein Garant demokratischer Verhältnisse mehr. Achim Trube (2006: 42) spricht von einem „Konditionalstaat repressiven Typs", welcher keine Leistung ohne entsprechende Gegenleistung gewähren wolle: „Der Paradigmenwechsel besteht dabei vor allem darin, dass ein zuvor unbedingtes Bürgerrecht, d. h. die existenzielle Grundsicherung des eigentlichen Souveräns der Republik, zur Disposition der (Arbeits-)Auflagen durch den Staat und seine Organe gestellt wird, obwohl der Staat doch seine verfassungsrechtliche Legitimation erst durch die – auch existenziell – souveränen Bürger beziehen kann." Walter Hanesch und Imke Jung-Kroh (2004: 233) heben den „Strafcharakter" dieser Art der „Arbeitsförderung" hervor und betonen darüber hinaus, „dass künftig eine Eingliederung um jeden Preis erzwungen werden soll, unabhängig davon, ob dadurch eine reale Verbesserung der materiellen Lage für die Betroffenen erreicht werden kann. Die restriktiv-punitive Ausrichtung dieses Aktivierungskonzepts ist jedoch wenig geeignet, eine nachhaltige Eingliederung in das Beschäftigungssystem zu erreichen."

2.6 Abkehr von der gesamtgesellschaftlichen Solidarität und Rückkehr zur Familiensubsidiarität

Was der neoliberalen Prinzipien gemäß reformierte Wohlfahrtsstaat nicht mehr zu leisten vermag, weil man ihm die dafür benötigten Geldmittel bzw. Ressourcen vorenthält, dem Markt aber nicht überlassen bleiben kann, weil sich davon keiner seiner Teilnehmer/innen irgendeinen Gewinn verspricht, wird der sozial benachteiligten Person (unter dem Stichwort „Eigenverantwortung") entweder selbst aufgebürdet oder ihrer Familie (unter Rückgriff auf den Subsidiaritätsbegriff) als Verpflichtung zugewiesen. Während das Solidaritätsgebot als in der Leistungs-, Wissens- bzw. Wettbewerbsgesellschaft nicht mehr realisierbar und daher anti-quiert diffamiert wird, erfährt das Subsidiaritätsprinzip eine merkwürdig anmutende Renaissance im neoliberalen Gewand. An die Stelle des Sozialstaates tritt in der rückwärtsgewandten Utopie des Liberalkonservatismus wieder die Großfamilie als eine Art „Selbsthilfegruppe", wie sich Kurt Biedenkopf (2006: 200) ausdrückt.

Nichts schadet Familien mehr als der Um- bzw. Abbau des Sozialstaates und die Vermarktung der zwischenmenschlichen Beziehungen, die mit den Schlagworten „Globalisierung" und „Standortsicherung" begründet wird. Eine kapitalistische Hochleistungs-, Konkurrenz- und Ellenbogengesellschaft, die sich eher für Berufskarrieren und Aktienkurse als für Suppenküchen, Kinderarmut und Babyklappen interessiert, bietet sozial benachteiligten Familien keine gesicherte Existenzgrundlage. Flexibilität, Risikofreude und soziale Unsicherheit, wie sie der „Turbokapitalismus" (Edward N. Luttwak) vor allem seinen Arbeitskräften bzw. prekär Beschäftigten abverlangt, sind die Todfeinde der Familie. Der „flexible Mensch" (Richard Sennett) kann sich gar keine Familie mehr „leisten", sei es aufgrund finanzieller Probleme oder infolge jener geografischen Mobilität, die Manager transnationaler Konzerne von ihm fordern. Umso mehr erstaunt die Tatsache, dass die Aufgabe der Gewährleistung sozialer Sicherheit nicht nur auf den Markt, vielmehr auch in die Familie hinein redelegiert wird. Die zunehmende Kinderarmut als zwangsläufige Folge neoliberaler Regierungspolitik ist ein Armutszeugnis für Staat, Wirtschaft und Gesellschaft (vgl. Butterwegge u. a. 2008).

2.7 Spaltung des Gemeinwesens in einen Wohlfahrtsmarkt und einen Wohltätigkeitsstaat

Wortführer des Neoliberalismus wie Rainer Hank (2000: 209) fordern die Beschränkung auf einen „Kernsozialstaat", der nur noch dann tätig werden soll, wenn für Risiken „auf privaten Kapital- und Versicherungsmärkten eine effiziente Vorsorge nicht möglich ist. Dies gilt beim heutigen Zustand der Kapital- und Versicherungsmärkte allenfalls noch für die Arbeitslosenversicherung, nicht aber für die Kranken- und Rentenversicherung und schon gar nicht für die Pflegeversicherung." Perspektivisch droht das Gemeinwesen in einen Wohlfahrtsmarkt sowie einen Wohltätigkeitsstaat zu zerfallen: Auf dem Wohlfahrtsmarkt kaufen sich Bürger/innen, die es sich finanziell leisten können, soziale Sicherheit (z. B. Altersvorsorge durch Versicherungspolicen der Assekuranz). Dagegen stellt der „postmoderne" Sozialstaat nur noch euphemistisch „Grundsicherung" genannte Minimalleistungen bereit, die Menschen vor dem Verhungern und Erfrieren bewahren, überlässt sie ansonsten jedoch der Obhut karitativer Organisationen und privater Wohltäter/innen.

Neoliberale möchten den Wohlfahrtsstaat am liebsten auf die Basisfunktion der Armutsbekämpfung, -vermeidung und -verringerung reduzieren. Schon Milton Friedman (1984: 244) erklärte die Privatwohltätigkeit zu der in mehrerer Hinsicht wünschenswertesten Form der Armutsbekämpfung: „Es ist bemerkenswert, dass in der Periode des Laissez-faire, in der Mitte und gegen Ende des 19. Jahrhunderts, in den Vereinigten Staaten und in Großbritannien private Hilfsorganisationen und wohltätige Einrichtungen eine außergewöhnliche Verbreitung erfuhren. Einer der Hauptnachteile der Zunahme öffentlicher Wohlfahrt lag in der gleichzeitigen Abnahme privater Aktivitäten dieser Art." Umgekehrt haben das karitative Engagement, die ehrenamtliche Tätigkeit in der „Bürger-" bzw. „Zivilgesellschaft", wie sie die Lebensmitteltafeln repräsentieren (vgl. Selke 2008, 2009), die wohltätigen Spenden sowie das Stiftungswesen offenbar gerade deshalb wieder Hochkonjunktur, weil man den Sozialstaat demontiert und dafür gesellschaftliche Ersatzinstitutionen braucht. An die Stelle des Sozialstaates tritt ein Staat der Stifter, privaten Spender und Sponsoren. Mit etwas Sarkasmus kann man durchaus einen politischen Hintersinn darin erkennen, dass dem Europäischen Jahr zur Bekämpfung von Armut und sozialer Ausgrenzung (2010) das Europäische Jahr der Freiwilligenarbeit (2011) auf dem Fuß folgt.

2.8 Aus dem Sozialversicherungs- wird ein Fürsorge-, Almosen- und Suppenküchenstaat

Kennzeichnend für den deutschen Wohlfahrtsstaat war seit den Sozialreformen im Kaiserreich, dass die Lohnarbeiter gegen allgemeine Lebensrisiken versichert wurden. Durch die Zahlung von Beiträgen, an der sich ihre Arbeitgeber später halbparitätisch beteiligten, erwarben sie – mittlerweile sogar verfassungsrechtlich geschützte – Ansprüche, die beim Eintritt des Versicherungsfalls befriedigt werden mussten. Heute plädieren nicht bloß Neoliberale für eine stärkere Steuerfinanzierung sozialer Leistungen, obwohl oder gerade weil sie genau wissen, dass Arbeitnehmer/innen im „Lohnsteuerstaat" Bundesrepublik Deutschland erheblich stärker zur Ader gelassen werden als Kapitaleigentümer, Großaktionäre und Topmanager.

Michael Vester (2005: 26) charakterisiert die „Agenda 2010" mit ihrer Verlagerung der Existenzrisiken auf Kranke und Arbeitslose als Paradigmenwechsel von einem „Sozialversicherungsstaat für alle" zu einem Fürsorgestaat, der sich nur noch um die Ärmsten kümmert. Die Abschaffung der Arbeitslosenhilfe war ein Markstein auf dem Weg zum Almosen- bzw. Suppenküchenstaat, weil sie mit einer Abschiebung der Langzeitarbeitslosen in die Wohlfahrt einherging.

Das lohn- und beitragsbezogene Sicherungssystem der Bundesrepublik entspricht aufgrund des gültigen Äquivalenzprinzips (Balance von Leistung und Gegenleistung), welches Ein- und Auszahlungsbeträge etwa in der Gesetzlichen Rentenversicherung miteinander in eine Kausalbeziehung, wenn auch nicht völlig zur Deckung bringt, weitgehend der Leistungsideologie und einem meritorischen Gerechtigkeitsverständnis. Trotzdem droht der Sozial(versicherungs)staat, seit Bismarck darauf gerichtet, vor Standardrisiken zu schützen, als Fürsorgesystem zu enden, das einerseits weniger über Beiträge von Arbeitgebern und Versicherten als durch Steuermittel finanziert wird und andererseits nicht mehr den Lebensstandard seiner Klientel erhält, sondern dieser nur noch eine Basisversorgung (bloße Existenzsicherung) angedeihen lässt.

2.9 Sozialstaat, „Neosozialstaat" oder Neoliberalstaat?

Kontrovers wird diskutiert, ob es sich beim gegenwärtigen „Um-" auch um einen Abbau des Sozialstaates handelt bzw. wie diese Transformation sonst zu bewerten ist. Liberalkonservative und der „Neuen Sozialdemokratie" nahestehende Autoren vertreten die Auffassung, dass es sich hierbei um einen notwendigen, tiefgreifenden Strukturveränderungen (Globalisierung und demografischer Wandel) geschuldeten Anpassungsprozess handle. Stephan Lessenich (2008: 12 f.), der sich eher als undogmatischer Linker versteht, weigert sich gleichfalls, die Transformation des Sozialstaates als soziale Demontage zu bezeichnen oder gar den Terminus „neoliberal" für die Reformpolitik zu benutzen. Er plädiert stattdessen für die Bezeichnung „neosozial" – ausgerechnet jenen Begriff, den der FDP-Vorsitzende,

Bundesaußenminister und Vizekanzler Guido Westerwelle verwendet, um sein Konzept zu charakterisieren.[2]

Zwar war der bismarcksche Sozial- kein Idealstaat, trug vielmehr autoritäre, berufsständische, bürokratische, patriarchalische und repressive Züge, aber man schüttet das Kind mit dem Bade aus, wenn daran die Forderung nach einem „demokratischen Sozialstaat" (vgl. Lessenich 2005) geknüpft wird. Damit erweckt man nämlich den Eindruck, als sei der bestehende Sozialstaat undemokratisch, was seine von neoliberalen Kritikern untergrabene Akzeptanz weiter schwächt. Nicht der Sozialstaat ist das Kardinalproblem, sondern die Tatsache, dass er für Millionen Menschen immer weniger Leistungen (selbst) erbringt und Bedürftige oft bloß noch rudimentär unterstützt, seit er gemäß neoliberaler Überzeugungen und Modellvorstellungen restrukturiert wird. Die emanzipatorischen Gehalte des Sozialstaates werden von (pseudo)linken Kritikern ebenso ignoriert wie die Möglichkeiten, das bismarcksche Sozialsystem im Sinne einer allgemeinen, einheitlichen und solidarischen Bürgerversicherung (vgl. Butterwegge 2005) umzugestalten, also seine Nachteile pfadabhängig „wegzureformieren" und seine Vorteile allen Wohnbürger(inne)n zugute kommen zu lassen.

3   Die globale Finanz- und Weltwirtschaftskrise: Tafeln als billiger Ersatz für den Sozialstaat?

Die Armut, die in einem reichen Land mit sozialer Ausgrenzung oder Exklusion verbunden ist (vgl. Butterwegge 2009: 12 ff.), kann man als eine besonders perfide Form struktureller Gewalt begreifen. Drogenmissbrauch, Brutalität und (Gewalt-)Kriminalität nehmen wenigstens der Tendenz nach zu. Auch sozialräumlich fällt die Gesellschaft deutlicher auseinander, was nicht ohne Konsequenzen für ihren Zusammenhalt bleibt. Die neoliberale Hegemonie verschärft jedoch nicht nur die soziale Asymmetrie, bedeutet vielmehr auch und vor allem eine Gefahr für die Demokratie.

Seit die Bankenkrise mit dem Zusammenbruch der US-Investmentbank Lehman Brothers am 15. September 2008 globale Dimensionen angenommen hat, deutet vieles darauf hin, dass sich die soziale Zerklüftung unserer Gesellschaft erheblich verschärfen wird. Man muss kein Prophet sein, um voraussagen zu können, dass mit der Arbeitslosigkeit auch die Armut im Gefolge der globalen Finanz-, Wirtschafts- und Währungskrise zunehmen wird. Erwerbslose haben besonders dann wenig Geld, wenn die sozialen Sicherungssysteme durch Reformmaßnahmen demontiert werden. Außerdem fällt Lohndumping in Krisenzeiten leichter, sodass

---

[2] Gibt man den Begriff „neosozial" in eine Internet-Suchmaschine ein, fragt diese den User bezeichnenderweise, ob er „unsozial" meint.

künftig noch erheblich mehr Beschäftigungsverhältnisse im Niedriglohnsektor angesiedelt sein dürften.

Zu den fatalen Folgen der Weltfinanzwirtschaftskrise 2008/09 könnten eine steigende Arbeitslosigkeit, die zunehmende Verelendung von Millionen Menschen, eine dramatische Verschuldung aller Gebietskörperschaften des Staates, d. h. „öffentliche Armut" in einem vorher nicht bekannten Ausmaß gehören. Zusammen mit der im *Grundgesetz* verankerten „Schuldenbremse" führen Bürgschaften und Kredite in Milliardenhöhe zu überstrapazierten Haushalten, wodurch sich „Sparmaßnahmen" natürlich eher als sonst legitimieren lassen. Gleichzeitig wird sich der Reichtum wahrscheinlich noch stärker bei wenigen Kapitalmagnaten, Finanzinvestoren, Investmentbankern und Großgrundbesitzern sammeln, wenn dem nicht energisch entgegengesteuert wird.

Während so getan wird, als habe die Bundesregierung das Problem der kollabierenden Finanz- und Arbeitsmärkte im Griff, breitet sich die soziale Unsicherheit aus, worauf der Staat mit einem Ausbau seines Überwachungs- und Repressionsapparates reagiert. Die (strukturelle) Gewalttätigkeit des Staates nimmt in der „Zangenbewegung" zwischen einer „Ausweitung von Ordnungsfunktionen" und einer „Ausdünnung von Leistungs- und Gestaltungsfunktionen" zu (vgl. Dimmel/Schmee 2008: 13). Auch in der Bundesrepublik scheint sich die gesellschaftliche Akzeptanz von Armut und sozialer Ausgrenzung während der letzten beiden Jahrzehnte erhöht zu haben, während die Akzeptanz der Armen selbst aufgrund des sich ausbreitenden Wohlstandschauvinismus, Sozialdarwinismus und Standortnationalismus zurückgeht. Deshalb ist damit zu rechnen, dass sich der Umgang mit sozial Benachteiligten, vornehmlich mit „aggressiven Bettlern" und „Asozialen" hierzulande verhärten und ein strengeres Armutsregime errichtet wird.

Die wachsende Armut wird die politische Agenda der Bundesrepublik vermutlich stärker als je zuvor in ihrer über 60-jährigen Geschichte bestimmen. Massenarbeitslosigkeit und -armut, die zu den unvermeidlichen Begleiterscheinungen einer tiefen Erschütterung der Weltwirtschaft gehören, schaffen auch mehr politisch-ideologische Zugänge zum Rechtsextremismus bzw. -populismus (vgl. Butterwegge/Hentges 2008). Wenn sich bei der tendenziell erodierenden Mittelschicht die Furcht ausbreitet, in den von der globalen Finanzmarktkrise erzeugten Abwärtssog hineingezogen zu werden, sind irrationale Reaktionen und Rechtstendenzen nicht unwahrscheinlich. Ohne historische Parallelen überstrapazieren und durch den Blick zurück die aktuelle Krisensituation dramatisieren zu wollen, denkt man unwillkürlich an die Weltwirtschaftskrise gegen Ende der 1920er-/Anfang der 1930er-Jahre bzw. den Aufstieg des Nationalsozialismus und seines „Führers" Adolf Hitler.

Ähnliche historische Parallelen drängen sich auf, wenn man an die Versorgung der Armen seinerzeit und heute denkt: Bei den Lebensmitteltafeln handelt es sich um eine zeitgemäße Form der damaligen Suppenküchen. Gleichwohl dürfen die

gravierenden Unterschiede zwischen Gegenwart und Vergangenheit nicht übersehen werden. So gab in der Weimarer Republik nur einen ansatzweise entwickelten
Wohlfahrtsstaat, was für die über sechs Millionen offiziell registrierten Erwerbslosen auf dem Höhepunkt der Weltwirtschaftskrise hieß, dass ihre Lage viel dra-
matischer war als die der Betroffenen heute, denn sie und ihre Familien lebten in
der Regel unter absoluten Elendsbedingungen.

Eckhard Rohrmann (2009: 155) konstatiert eine heimliche Wechselwirkung
zwischen dem Sozialabbau und der „Tafel"-Bewegung: „Der Abbau einklagbarer
Ansprüche auf soziale Sicherung beschert den Tafeln immer mehr Zulauf, diese
mildern dessen Folgen durch unverbindliche Almosen ab und machen weiteren
Sozialabbau dadurch (ganz sicher, ohne dass die Aktivisten der Tafeln das an-
streben) leichter durchsetzbar, reduzieren dabei allerdings […] für die einzelnen
Hilfebedürftigen ihre eigene Wirksamkeit." In das oben beschriebene Szenario
einer allmählichen Transformation des Sozialstaates fügen sich die Tafeln bruchlos
ein. Lebensmitteltafeln haben den Sozialstaat nicht in die Krise gestürzt, aber sie
tragen ungewollt dazu bei, dass derzeit keine humanere Lösung dafür realisierbar
ist. Denn durch ihr an sich segensreiches Wirken ermöglichen sie es Politikern und
Behörden, das eigene Versagen im sozialen Bereich zu kaschieren.

Lebensmitteltafeln sind ein typisches Phänomen des „Turbokapitalismus"
(Edward N. Luttwak), weil einerseits diejenigen, denen das Tempo des sozialen Wandels zu hoch ist, durch sie mit Grundnahrungsmitteln versorgt werden,
wovon andererseits Großkonzerne und Handelketten noch profitieren, indem sie
Imagegewinne durch Sponsoring erringen, Geld für die Abfallentsorgung unver-
käuflicher Lebensmittel sparen und Steuervorteile kassieren. Tafeln fungieren
überdies als Legitimationsbeschaffer eines sich transformierenden Sozialstaates,
indem sie die Verringerung der sozialen Schutzrechte kompensieren und durch
ihre „Wohltätigkeits-Ideologie" denjenigen ein gutes Gewissen verschaffen, die den
staatlichen Umbauprozesse forcieren oder tolerieren (vgl. Hartmann 2009: 268 ff.).
Den gefährlichsten Effekt der Tafeln sieht Dieter Hartmann allerdings in der Ka-
nalisierung und Neutralisierung berechtigter Empörung. Seine grundsätzliche
Kritik an den Tafeln bezieht sich nicht auf das Engagement tausender freiwilliger
Helfer/innen, die sich dort ehrenamtlich betätigen, sondern darauf, was dadurch
möglicherweise unterbleibt: „Der Wunsch, konkret, praktisch und direkt zu helfen,
ist psychologisch verständlich als Reaktion auf als ungerecht empfundene Verhältnisse, die unveränderlich erscheinen. Doch ist es politisch auch eine ängstliche und
falsche Reaktion, nicht um die Veränderung der Verhältnisse zu ringen, nicht in die
Veränderung der gesellschaftlichen Reichtums- und Armutsverhältnisse Arbeit zu
investieren, nicht sich auf das ‚schmutzige' Feld politischer Auseinandersetzung
einzulassen" (Hartmann 2009: 266).

Um die Armut in Deutschland mit Erfolg zu bekämpfen, reicht das karitative
Engagement der „Tafel"-Bewegung eben nicht aus, so nötig es für eine längere

Übergangszeit auch sein mag. Da die Armut eng mit den bestehenden Produktions-, Eigentums- und Herrschaftsverhältnissen verknüpft ist, müssen diese verändert werden, um sie nachhaltig verringern zu können. Nur wenn ein Großteil der Bevölkerung für das Problem sensibilisiert, ein gesellschaftskritisches Potenzial mobilisiert und politische Gegenmacht organisiert wird, lässt sich die Armut verringern und verhindern, dass immer wieder neue entsteht. Lebensmitteltafeln können dazu einen Beitrag leisten, indem sie neben der praktischen Hilfe „vor Ort" über die reine Lobbyarbeit für Arme hinaus ein gesellschaftspolitisches Mandat im Sinne der anwaltschaftlichen Vertretung[3] unterprivilegierter Bevölkerungsgruppen wahrnehmen und so die gesellschaftlichen Kräfteverhältnisse zu deren Gunsten beeinflussen.

Literatur

Agenturschluss (2006) (Hg.): Schwarzbuch Hartz IV. Sozialer Angriff und Widerstand – eine Zwischenbilanz. Berlin/Hamburg.

Berthold, Norbert (1997): Der Sozialstaat im Zeitalter der Globalisierung. Tübingen.

Biedenkopf, Kurt (2006): Die Ausbeutung der Enkel. Plädoyer für die Rückkehr der Vernunft. Berlin.

Butterwegge, Christoph (2005): Bürgerversicherung – Alternative zum neoliberalen Umbau des Sozialstaates? In: Wolfgang Strengmann-Kuhn (Hg.), Das Prinzip Bürgerversicherung. Die Zukunft im Sozialstaat. Wiesbaden, 29–50.

Butterwegge, Christoph (2006): Krise und Zukunft des Sozialstaates. Wiesbaden.

Butterwegge, Christoph (2007): Rechtfertigung, Maßnahmen und Folgen einer neoliberalen (Sozial-)Politik. In: ders./Bettina Lösch/Ralf Ptak, Kritik des Neoliberalismus. Wiesbaden, 135–219.

Butterwegge, Christoph/Lösch, Bettina/Ptak, Ralf (2007): Kritik des Neoliberalismus. Wiesbaden.

Butterwegge, Christoph/Hentges, Gudrun (2008) (Hg.): Rechtspopulismus, Arbeitswelt und Armut. Befunde aus Deutschland, Österreich und der Schweiz. Opladen.

Butterwegge, Christoph/Klundt, Michael/Belke-Zeng, Matthias (2008): Kinderarmut in Ost- und Westdeutschland. Wiesbaden.

Butterwegge, Christoph (2009): Armut in einem reichen Land. Wie das Problem verharmlost und verdrängt wird. Frankfurt a. M.

Christen, Christian/Michel, Tobias/Rätz, Werner (2003): Sozialstaat. Wie die Sicherungssysteme funktionieren und wer von den „Reformen" profitiert. Hamburg.

---

[3] Zum Aspekt der *anwaltschaftlichen* Vertretung vgl. auch den Beitrag von Matthias Bruckdorfer und Silke Köser in diesem Band.

Dimmel, Nikolaus/Schmee, Josef (2008): Einleitung. In: dies. (Hg.), Die Gewalt des neoliberalen Staates. Vom fordistischen Wohlfahrtsstaat zum repressiven Überwachungsstaat. Wien, 11–15.

Friedman, Milton (1984): Kapitalismus und Freiheit. Frankfurt a. M.

Garland, David (2008): Kultur der Kontrolle. Verbrechensbekämpfung und soziale Ordnung in der Gegenwart. Frankfurt a. M..

Gillen, Gabriele (2005): Hartz IV. Eine Abrechnung. Reinbek bei Hamburg.

Gössner, Rolf (2007): Menschenrechte in Zeiten des Terrors. Kollateralschäden an der „Heimatfront". Hamburg.

Hanesch, Walter/Jung-Kroh, Imke (2004): Anspruch und Wirklichkeit der „Aktivierung" im Kontext der „Sozialen Stadt". In: Walter Hanesch/Kirsten Krüger-Conrad (Hg.), Lokale Beschäftigung und Ökonomie. Herausforderung für die „Soziale Stadt". Wiesbaden, 212–236.

Hank, Rainer (2000): Das Ende der Gleichheit oder Warum der Kapitalismus mehr Wettbewerb braucht. Frankfurt a. M.

Hartmann, Dieter (2009): Mit der sozialen Frage kehrt die Barmherzigkeit zurück. Gegen die Vertafelung der Gesellschaft. In: Stefan Selke (Hg.), Tafeln in Deutschland. Aspekte einer sozialen Bewegung zwischen Nahrungsmittelumverteilung und Armutsintervention. Wiesbaden, 263–271.

Kelle, Udo (2007): „Kundenorientierung" in der Altenpflege? – Potemkinsche Dörfer sozialpolitischen Qualitätsmanagements. In: PROKLA 146, 113–128.

Klein, Angela (2004): Sozialreformen und sozialer Widerstand in der EU. In: Holger Kindler/Ada-Charlotte Regelmann/Marco Tullney (Hg.), Die Folgen der Agenda 2010. Alte und neue Zwänge des Sozialstaats. Hamburg, 166–184.

Kreutz, Daniel (2002): Neue Mitte im Wettbewerbsstaat. Zur sozialpolitischen Bilanz von Rot-Grün. In: Blätter für deutsche und internationale Politik 4, 463–472.

Leiterer, Susanne Paula (2007): „Zero Tolerance" gegen soziale Randgruppen? – Hoheitliche Maßnahmen gegen Mitglieder der Drogenszene, Wohnungslose, Trinker und Bettler in New York City und Deutschland. Berlin.

Lenhart, Karin (2009): Soziale Bürgerrechte unter Druck. Die Auswirkungen von Hartz IV auf Frauen. Wiesbaden.

Lessenich, Stephan (2005): Der demokratische Sozialstaat – Eckpfeiler einer neuen Wohlfahrtsarchitektur. In: ders. u. a., Den Sozialstaat neu denken. Hamburg, 41–52.

Lessenich, Stephan (2008): Die Neuerfindung des Sozialen. Der Sozialstaat im flexiblen Kapitalismus. Bielefeld.

Mührel, Eric (2005): Eigenverantwortung – Anmerkungen zur Ambivalenz einer neuen Kultur des Sozialen. In: Neue Praxis 6, 676–681.

Nozick, Robert (o. J.; 1976): Anarchie – Staat – Utopia. München.

Ortner, Helmut/Pilgram, Arno/Steinert, Heinz (1998) (Hg.): Die Null-Lösung. New Yorker „Zero-Tolerance"-Politik – das Ende der urbanen Toleranz? Baden-Baden.

Ptak, Ralf (2007): Grundlagen des Neoliberalismus. In: Christoph Butterwegge/Bettina Lösch/Ralf Ptak, Kritik des Neoliberalismus. Wiesbaden, 13–86.

Reitzig, Jörg (2008): „Eine Kategorie des Unsinns …". Die soziale Gerechtigkeit im Visier der neoliberalen Theorie. In: Christoph Butterwegge/Bettina Lösch/Ralf Ptak (Hg.), Neoliberalismus. Analysen und Alternativen. Wiesbaden, 132–146.

Rohrmann, Eckhard (2009): Tafeln und der Abbau des Sozialstaates. In: Stefan Selke (Hg.), Tafeln in Deutschland. Aspekte einer sozialen Bewegung zwischen Nahrungsmittelumverteilung und Armutsintervention. Wiesbaden, 137–156.

Rudolph, Clarissa/Niekant, Renate (Hrsg.) (2007): Hartz IV – Zwischenbilanz und Perspektiven. Münster.

Schuppert, Gunnar Folke (2005): Der Gewährleistungsstaat – modisches Label oder Leitbild sich wandelnder Staatlichkeit? In: ders. (Hg.), Der Gewährleistungsstaat. Ein Leitbild auf dem Prüfstand. Baden-Baden, 11–61.

Segbers, Franz (2008): Sozialwirtschaft ist mehr als Sozialmarkt. In: Heinrich Bedford-Strohm u. a. (Hg.), Jahrbuch Sozialer Protestantismus, Bd. 2: Von der „Barmherzigkeit" zum „Sozial-Markt". Zur Ökonomisierung der sozialdiakonischen Dienste. Gütersloh, 33–50.

Selke, Stefan (2008): Fast ganz unten. Wie man in Deutschland durch die Hilfe von Lebensmitteltafeln satt wird. Münster.

Selke, Stefan (2009) (Hg.): Tafeln in Deutschland. Aspekte einer sozialen Bewegung zwischen Nahrungsmittelumverteilung und Armutsintervention. Wiesbaden.

Spindler, Helga (2009): Kleine Schritte verändern den Sozialstaat. In: Wolfgang Gern/Franz Segbers (Hg.), Als Kunde bezeichnet, als Bettler behandelt. Erfahrungen aus der Hartz IV-Welt. Hamburg, 107–117.

Trojanow, Ilija/Zeh, Juli (2009): Angriff auf die Freiheit. Sicherheitswahn, Überwachungsstaat und der Abbau bürgerlicher Rechte. München.

Trube, Achim (2006): Vom Sozialstaat zum Konditionalstaat – Grundzüge des Umbaus und die Folgen für das gesellschaftliche Gefüge. In: Björn Böhning/Klaus Dörre/Andrea Nahles (Hrsg.), Unterschichten? Prekariat? Klassen? – Moderne Politik gegen soziale Ausgrenzung. Dortmund, 34–45.

Unger, Thomas (2006) (Hg.): Bitte bewahren Sie die Ruhe! – Leben im Feindrechtsstaat. Berlin.

Vester, Michael (2005): Der Wohlfahrtsstaat in der Krise. Die Politik der Zumutungen und der Eigensinn der Alltagsmenschen. In: Franz Schultheis/Kristina Schulz (Hg.), Gesellschaft mit begrenzter Haftung. Zumutungen und Leiden im deutschen Alltag. Konstanz, 21–33.

Vogel, Berthold (2007): Die Staatsbedürftigkeit der Gesellschaft. Hamburg.

Wacquant, Loïc (2009): Bestrafen der Armen. Zur neoliberalen Regierung der sozialen Unsicherheit. Opladen.

Hunger in der Überflussgesellschaft

Sabine Pfeiffer

Zusammenfassung

Trotz zunehmender sozialer Ungleichheit: Hunger und Ernährungsarmut gelten nicht als Phänomen bundesdeutscher Wirklichkeit. Der Beitrag widerspricht dieser Sichtweise und zeigt anhand empirischer Annäherungen: Es gibt Hunger und Ernährungsarmut mitten in der vermeintlichen Überflussgesellschaft und damit ist auch eine sozial-existenzielle Dimension alimentärer Teilhabe berührt. Exemplarisch wird anhand der Tafeln im Anschluss diskutiert, dass der gesellschaftliche Umgang mit Hunger und Ernährungsarmut geprägt ist von den drei Strategien der Delegierung, der Negierung und der Stigmatisierung – was zu einer weiteren Verstärkung von Hunger und Ernährungsarmut mit beitragen dürfte.

1   Hunger: Ein unerwartetes Thema in der Überflussgesellschaft

Nicht erst das jüngst ergangene Urteil des Verfassungsgerichts zu den Hartz-IV-Sätzen zeigt: Der öffentliche Diskurs um eine angemessene Höhe des Existenzminimums ist längst entbrannt. Wissenschaft und Politik scheinen sich dabei unterbieten zu wollen. Ob der Hartz-IV-Speiseplan eines Berliner Finanzsenators[1] oder die fragwürdigen Rechenkünste Chemnitzer Wirtschaftswissenschaft[2] – allein die Vehemenz der Debatte um diese durch die Presse geisternden Beispiele zeigt: Die Frage, wie viel zum Nicht-Verhungern reicht, ist offensichtlich wieder debattierbar geworden – mitten in der Überflussgesellschaft[3]. Und genau darum soll es hier gehen, nämlich um die Frage von Hunger und Ernährungsarmut in einer Gesellschaft, die in vielerlei Hinsicht vom Überfluss geprägt scheint.

---

[1] Thilo Sarrazin ist – anders als die Deutsche Gesellschaft für Ernährung – der Meinung, mit dem Regelsatz könne man sich „vollständig, gesund und wertstoffreich ernähren" (Welt Online 08.02.2008).

[2] Nach Thießen und Fischer (2008) wären sogar 68 Euro noch ausreichend für Lebensmittel, Tabak und Alkohol – also rund die Hälfte der derzeit im Regelsatz vorgesehenen Summe.

[3] Galbraith (1959) thematisiert mit der „Affluent Society" den inneren Zusammenhang von Überflussproduktion und Mangel (vor allem an öffentlicher Infrastruktur) und kritisiert, dass die Industriegesellschaft letztlich aus einer Mangellogik heraus agiere und daher eine Steigerung der Produktion als einzige – aber eben irreführende – Strategie anwende.

Hunger gilt gemeinhin als der physisch spürbare Ausdruck von zu wenig Nahrung – „an uneasy or painful sensation caused by a lack of food" (Anderson 1990: 1589). Hunger ist körperlich spürbare Armut (Selke 2009b: 37) und hat immer auch eine sozial-psychologische Seite. Schon Sorokin (1975: 14 ff.) unterscheidet bei seiner Untersuchung der Hungersnot 1921/22 im nachrevolutionären Russland zwischen der subjektiven Erfahrung von Hunger (hunger-appetite) und dem faktisch-objektiven Hunger. In der deutschen Diskussion ist der Begriff der *Ernährungsarmut* vorherrschend, ein Topos der interdisziplinären Forschung von Soziologie und Ernährungswissenschaft (Heindl 2007). Unterschieden wird zwischen materieller und sozialer Ernährungsarmut (Feichtinger 1995: 295 ff.). Bei ersterer ist die Nahrung weder in ihrer Quantität noch in ihrer physiologischen und hygienischen Qualität bedarfsdeckend. Soziale Ernährungsarmut verhindert die Einhaltung der gesellschaftlich akzeptierten Sitten und Gebräuche im sozialen und kulturellen Umgang mit Essen. Im internationalen Diskurs spielt dagegen das Begriffspaar der Food (In-)Security die entscheidende Rolle. Food Security bedeutet, dass alle Menschen zu allen Zeiten in einem Gebiet frei von Hunger sind. Dazu zählen die Verfügbarkeit von Nahrungsmitteln in diesem Gebiet (availability), die Möglichkeit des Zugangs von Haushalten zu diesen Nahrungsmitteln (access), die individuelle Fähigkeit der Nutzung dieser Nahrungsmittel (utilization) und schließlich die prinzipielle Robustheit bzw. Prekarität des Gesamtzustands (vulnerability) (World Hunger Series 2007: 14 f.). Food Insecurity als eine „limited ability to secure adequate food" (Anderson 1990: 1598) wird als die Abwesenheit von Food Security definiert und führt früher oder später zwangsläufig zu Hunger.[4]

Vor diesem begrifflichen Hintergrund bilden zwei zentrale Thesen den Hauptteil meines Beitrags. Zunächst werde ich im Kapitel 2 zeigen: Es gibt Hunger und Ernährungsarmut mitten in Deutschland. Wir haben es dabei derzeit nicht mit einem massenhaften Problem zu tun, aber mit einem quantitativ relevanten und zudem qualitativ brisanten. Letzteres hat – so meine zweite und in Kapitel 3 verfolgte These – auch damit zu tun, dass Hunger und Ernährungsarmut nicht nur Fragen sozialer Verteilungsgerechtigkeit und ernährungsphysiologischer Bedenken aufwerfen, sondern dass es sich dabei auch um komplexe und – in allen sozialen Dimensionen – existenzielle Teilhabeprobleme handelt. Für den empirischen Beleg beider Thesen stehen, und dies ist ein systematisches Problem, keine ausreichend einschlägigen Datensätze für Deutschland zur Verfügung – für den Moment müssen daher empirische Annäherungen genügen. Abschließend thematisiere ich im vierten Kapitel, warum Hunger und Ernährung im gesellschaftlichen Diskurs und

---

[4] Bei der Messung von Food Insecurity wird daher auch unterschieden zwischen Haushalten ohne Hunger, mit moderatem oder bereits ausgeprägtem Hunger (Bickel et al. 2000: 31). Zu beachten ist, dass die nationale Nahrungssicherheit nicht mit der Chancengleichheit aller in Bezug auf eine gesicherte, gesunde Ernährungsweise innerhalb der Gesellschaft gleichzusetzen ist (Kaiser 2001: 35).

in der soziologischen Forschung kaum angekommen sind, und begründe dies mit den vorherrschenden Strategien des gesellschaftlichen Umgangs in Deutschland. Diese lassen sich mit den Begriffen *Delegierung, Negierung* und *Stigmatisierung* charakterisieren und bewirken – so meine abschließende Prognose – neben strukturellen und sozialstaatlichen Bedingungen, dass Hunger und Ernährungsarmut zukünftig in Deutschland weiter zunehmen werden.

2   Hunger und Ernährungsarmut in Deutschland: Eine Annäherung über empirische Indizien

Hunger und Ernährungsarmut scheinen auch für die bundesdeutsche Wirklichkeit im Jahr 2010 ungewöhnliche Topoi. Wer nach Phänomenen von Hunger in unserer Überflussgesellschaft sucht, wird sofort konfrontiert mit der Frage: Wie viele sind es? „Wie viele sind es?", so Paugam (2008: 8), diese Frage habe er „immer wieder, um nicht zu sagen bei jedem" seiner Vorträge zu Armut gehört – als „könne man nicht über Armut sprechen, ohne sie quantitativ zu bestimmen". Begeben wir uns also zunächst in die Welt der Zahlen zum Thema Hunger und Ernährungsarmut in Deutschland. Hunger und Ernährungsarmut sind allerdings – und das ist ein systematisches Problem – keine festen Größen in den Massendatensätzen der für Deutschland relevanten Statistik. Deswegen gelingt hier allenfalls eine Annäherung auf Grundlage von empirischen Indizien.

Anders als beispielsweise in den USA (National Health and Nutrition Examination Survey, NHANES) oder in Großbritannien (National Food Survey, NFS) gibt es in Deutschland keine systematischen und regelmäßig durchgeführten Studien zur Ernährungssituation.[5] Die Nationale Verzehrsstudie (NVS), zweimal durchgeführt in den 1980er Jahren (NVS I) und zwischen 2005 und 2007 (NVS II) (Brombach et al. 2006; Kaiser 2001: 42 ff.; Max Rubner-Institut 2008a: 2 ff.), gibt in einem aufwändigen Methodenmix zwar Aufschluss über das Ernährungsverhalten und den Ernährungszustand von jeweils rund 20.000 Personen – für eine Einschätzung des Ausmaßes von Ernährungsarmut und Hunger in Deutschland bringt dies jedoch kaum Aufschluss.

Während in der amerikanischen Erhebung längst arme Bevölkerungsschichten – begründet – überrepräsentiert werden, fehlen diese in der NVS weitgehend:

---

[5] In der DDR gab es im Abstand von drei bis fünf Jahren regelmäßig Verzehrserhebungen, zuletzt im Jahr 1989. Obwohl die Daten nicht vergleichbar sind, zeigen sich abgesehen von planwirtschaftlich bedingten Einschränkungen des Konsumverhaltens durchaus Parallelen im Vergleich zur Entwicklung in Westdeutschland: Auch im Osten nahmen Individualisierungstendenzen zu und es findet sich eine verstärkte Orientierung an Gesundheits- und Rationalitätseffekten sowie an Genuss und Qualität (Prahl/Setzwein 1999: 86 f.).

Bevölkerungsgruppen mit einem erhöhten Risiko der Ernährungsarmut wie MigranntInnen, Heiminsassen, Personen ohne festen Wohnsitz sowie Kinder unter 14 Jahren sind bewusst aus der Studie ausgeschlossen, Familien mit Kindern und ältere Alleinstehende sind deutlich unterrepräsentiert. Dieser von Kaiser (2001: 44 f.) schon an der NVS I geübten Kritik wurde in der NVS II leider in keiner Weise Rechnung getragen. Zwar versucht die NVS II ihr Sample über einen Vergleich mit Daten des Mikrozensus als ausgewogen zu darzustellen.[6] Aus Sicht der Einkommensarmut jedoch ist auch die NVS II m. E. nicht aussagekräftig. Das wird sichtbar, wenn man die NVS II vergleicht mit den Zahlen der OECD[7] (Employment Outlook 09-2009) für Deutschland aus dem Jahr 2005: In der NVS fällt nur bei 4,4 Prozent der Befragten das Haushaltsnettoeinkommen in die Einkommensklasse der relativen Armut (in Deutschland sind es 11 Prozent) und 11,6 Prozent der Befragten sind arbeitslos (Max Rubner-Institut 2008a: 43 f.) – laut OECD sind es zum selben Zeitpunkt in Deutschland aber 15,2 Prozent.[8]

Vielleicht lernen wir deshalb aus den Ergebnissen der NVS vor allem eines: Arme sind das Gegenteil von hungrig – sie sind „fett" (so zumindest der Tenor der Presseberichterstattung zu den Ergebnissen). Und dies nicht zu Unrecht: In Deutschland ist jeder fünfte Bundesbürger adipös, d. h. er hat einen Body Mass Index (BMI) von über 30. Vor allem aber ist das Übergewicht ungleich verteilt: Je höher der Schulabschluss und je höher das Pro-Kopf-Nettoeinkommen, desto geringer der BMI (Max Rubner-Institut 2008a: 89 f.). Die so genannte Unterschicht scheint auch noch selbst schuld zu sein, ernährt sie sich doch eindeutig ungesünder: Sie verzehrt weniger Lebensmittel mit günstiger Nährstoffzusammensetzung und greift stattdessen verstärkt zu fetten und süßen Lebensmitteln (Max Rubner-Institut 2008b: 163). Und: Arme trinken nicht nur bis zu viermal mehr zuckerreiche Limonaden als Personen der Oberschicht, sie konsumieren auch mehr Alkohol.[9] Zu allem Überfluss rauchen Arme auch noch mehr – dass ihre Morbiditäts- und Mortalitätsraten deutlich höher liegen als im Bevölkerungsdurchschnitt, scheint also a) kein Wunder und b) weitgehend im eigenen Fehlverhalten begründet

---

[6] Zur Aussagekraft von Armutsquoten im Mikrozensus im Vergleich zum SOEP 1996 vgl. kritisch Strengmann-Kuhn (2003: 37 ff.).

[7] Vgl. http://www.oecd.org.

[8] Laut Statistischem Bundesamt liegt die Armutsquote in Deutschland im Jahr 2006 bei 13,9 Prozent (Destatis 2008: 169) – hier wird allerdings von anderen Berechnungsgrundlagen ausgegangen (a. a. O.: 165).

[9] Dass Ernährungsarmut in Wohlstandsgesellschaften mit erhöhtem Fleisch- und Zuckerkonsum und mit einer insgesamt ungesünderen Ernährung einhergeht, wissen wir auch aus internationalen Studien (etwa Fine et al. 1998) und aus den Daten des Sozioökonomischen Panels (SOEP). Auch Bourdieu (1987: 288 f.) zeigt empirisch: Je kleiner der Geldbeutel, desto nahrhafter, fetthaltiger und schwerer verdaulich sind die Nahrungsmittel. Seine kritische Frage lautet, ob einem letztlich schmecke, wozu man sozial sowieso verdammt sei.

(Bundesregierung 2008: 105 f., 359; Köhler 1995: 273). So auch die vorherrschende öffentliche Wahrnehmung. Dass dies alles Gründe hat, die nicht nur in der Person liegen, dazu später.

Gibt es nun aber jenseits dieser Zahlen Hinweise darauf, dass Armut in Deutschland nicht nur mit gesundheitsschädlichem Übergewicht, sondern auch mit Hunger einhergehen kann? „Wirkliche Hungerphasen treten bei den meisten Armen periodisch nur dann auf, wenn das Haushaltsgeld zur Neige geht", so scheinen uns Barlösius et al. (1995: 20) beruhigen zu wollen. Das ist eine Aussage, die im Grunde zutiefst zynisch ist – obwohl sicher nicht so gemeint. Denn es liegt im Wesen des Haushaltsgelds, dass es periodisch monatlich zur Neige geht, und das heißt: mindestens zwölfmal im Jahr. Schon Anfang der 1990er Jahre reichen die Sozialhilfeleistungen für Lebensmittel im Durchschnitt nur für 19,5 Tage im Monat (Roth 1992: 8). In den restlichen – in den Worten der Betroffenen – „Gummiwochen" oder „Ziehtagen" (Lehmkühler/Leonhäuser 1998) beschränkt sich die Ernährung auf extrem eintönige Kost; über Tage werden beispielsweise nur Nudeln mit Fertigsoße oder Toast mit Margarine und Marmelade konsumiert, so eine Studie zum Ernährungsverhalten von Sozialhilfeempfängerinnen (Kamensky 2004). Und das – je nach Monatslänge – über einen Zeitraum von acht bis zehn Tagen monatlich. Im Extremfall können damit also im Jahr bis zu 130 Tage zusammenkommen, die eindeutig von Ernährungsarmut und sicher partiell auch von Hunger geprägt sein können. Schon in Zeiten der Sozialhilfe also zeigen die wenigen Studien mit Aussagen zur Ernährungssituation, dass die ökonomische Basis keine ausreichende Ernährung gewährleistet: Bis zu 70 Prozent der Sozialhilfeempfänger sparen beim Essen, zwei Dritteln reicht das Budget nicht aus für eine bedarfsgerechte Ernährung (Kaiser 2001: 48 ff.).

Die Situation ist unter den Bedingungen von ALG II – im Volksmund Hartz IV – nicht besser geworden: Als größte und belastendste Einschränkung im Erleben der Betroffenen wird nach Ames (2007) an zweiter Stelle die Ernährung genannt; gleichzeitig aber versuchen insbesondere Familien mit Kindern sich möglichst wenig beim Essen einzuschränken (Wüstendörfer 2008). Und laut den Daten des Panels Arbeitsmarkt und Soziale Sicherung (PASS 2006/07) verzichtet fast die Hälfte der ALG II-Empfänger aus finanziellen Gründen sogar auf eine tägliche warme Mahlzeit (Bernhard 2008: 8).

Zu der Frage, ob Hunger und Ernährungsarmut in Deutschland existiert, gibt auch ein Blick auf die Ausgabenmöglichkeiten Aufschluss, die sich unter den Bedingungen von Hartz IV ergeben. Zum einen ist die Kaufkraft des ALG II gegenüber dem Sozialhilfesatz deutlich verringert. Bei Berücksichtigung der Preissteigerungsraten seit 1998 und der Mehrwertsteuererhöhung 2007 hat laut Jaquemoth (2007: 75 ff.) der bis vor kurzem noch aktuelle Satz von 351 Euro eine reale Kaufkraft von nur 291 Euro. Nach damaligem Eckregelsatz sind nominal 135 Euro für Ernährung und Genussmittel vorgesehen. Entsprechend Jaquemoth wären dies an realer Kaufkraft nur 111 Euro. Am Tag stehen also 4,5 Euro nominal oder 3,7 Euro real zur Verfügung. Die Erhöhung des Regelsatzes im Juli 2009 auf 359 Euro hat daran nichts Substanzielles verändert und allenfalls die Preissteigerungsrate seit 2008 ausgeglichen.

Zum Vergleich: Schon im Jahr 2000 lagen in den alten Bundesländern die monatlichen Ausgaben in einem Ein-Personen-Haushalt für Lebensmittel durchschnittlich bei über 221 Euro,[10] das entspricht einer täglichen Ausgabe von 7,4 Euro. Der im ALG-II-Satz vorgesehene Posten für Lebensmittel liegt also heute um fast 40 Prozent niedriger als die realen Ausgaben im Durchschnitt der Bevölkerung im Jahr 2000. Selbst ohne für die Ausgabenseite die Preissteigerungsrate einzubeziehen, lässt sich sagen: Eine erhöhte Ernährungsarmutsquote ist im Regelsatz schon systematisch angelegt. Es wundert also nicht, wenn die Deutsche Gesellschaft für Ernährung zu dem Schluss kommt: Eine Ernährung nach den Regeln der Optimierten Mischkost ist für Menschen im ALG-II-Bezug ab dem vierten Lebensjahr nicht nur schwer möglich, sondern ausgeschlossen (Kersting/Clausen 2007).

Nach dem SOEP 2007 kalkuliert ein Prozent der Befragten mit Haushaltsausgaben insgesamt (also nicht nur für Lebensmittel) zwischen null und 99 Euro, 7 Prozent zwischen 100 und 199 Euro.[11] Vorsichtig betrachtet lässt sich von Folgendem ausgehen: Mindestens das eine Prozent, das sich zwischen null und 99 Euro Haushaltsausgaben bewegt – also rund 800.000 Menschen –, lebt in Ernährungsarmut und erlebt zumindest zeitweise auch Hunger. Unter den sieben Prozent mit Haushaltsausgaben zwischen 100 und 199 Euro, also über fünf Millionen Menschen, verbirgt sich eine größere, leider aufgrund der unspezifischen Datenlage quantitativ nicht eindeutig zu bestimmende Gruppe, die als ernährungsarm, zumindest aber als ernährungsunsicher eingestuft werden kann. Noch nicht einmal einbezogen sind dabei Menschen ohne Haushalt, nämlich die geschätzt rund 300.000 Obdachlosen in Deutschland.[12] So unbefriedigend die Datenlage insgesamt ist, angesichts dieser Zahlen lässt sich durchaus feststellen: „Es gibt sie, die [...] Menschen, die hier bei uns [...] hungrig zu Bett gehen" (Ramsauer 2009: 40). Und vielleicht ist momentan nicht entscheidend, wie viele Menschen es wie lange, wie intensiv und wie oft trifft – sondern dass Hunger und Ernährungsarmut überhaupt passieren, mitten in unserer Überfluss- und Wohlstandsgesellschaft.

---

[10] Hünecke et al. (2004: 20 f.) auf Basis der Einkommens- und Verbrauchsstichprobe der Amtlichen Statistik in Deutschland (EVS); aktuelle Daten aus der EVS-Erhebung von 2008 liegen noch nicht vor.
[11] Der Großteil von 29 Prozent bewegt sich zwischen 300 und 499 Euro. Der hohe Anteil derer, die nicht kalkulieren, dürfte an dieser Verhältnismäßigkeit nichts Grundlegendes ändern.
[12] Die Zeit, 5.3.2009. Über deren Ernährung ist wenig bekannt, eine kleine qualitative Studie von 1995 (Kutsch) gibt einen ersten Eindruck.

3 Ernährungsarmut als ein sozial-existenzielles Teilhabeproblem am Beispiel Eating Out

Potenzieller Hunger aber ist nur eine Seite der Medaille. Ernährungsarmut definiert sich schließlich nicht nur über ernährungswissenschaftlich ungenügende Nahrungsrationen. In einer Überflussgesellschaft ist – mindestens genauso relevant – zu fragen: Welchen Stellenwert haben Nahrung und Essen in der Gesellschaft – d. h. in ihren sozialen Beziehungen, Praktiken und Diskursen? Und welche Teilhabechancen sind damit verbunden? Essen ist etwas zutiefst Soziales. Das hat auch mit einer Besonderheit des Menschen zu tun: Rein ernährungsphysiologisch können wir fast alles essen, was sich an Organischem auf diesem Planeten findet. Aufgrund dieser „truly impressive nutritional versatility", so Beardsworth/Keil (1997: 50), ist schon die grundlegendste und am häufigsten zu treffende Entscheidung eine immer schon soziale, nämlich: Ist etwas essbar oder nicht? Damit wird Essen zu einer nicht hintergehbaren Verbindung von Kultur und Natur und Nahrung zum kulturellen und symbolischen Zeichen. Damit ist auch angelegt, dass der Ernährung eine entscheidende Rolle bei der Identitätsstiftung (a. a. O.: 53), bei der Ausbildung des Selbst und von Emotionen (Lupton 1996) und im Sozialisationsprozess (Prahl/Setzwein 1999: 121 ff.) zugesprochen wird.

„Gesellschaften sind so, wie sie essen", so Barlösius (1999: 9), oder, wie schon bei Feuerbach nachzulesen (1990: 358): „Der Mensch ist, was er isst."[13] Essen und Ernährung sind damit der wohl grundlegendste und zentralste Teilhabemechanismus überhaupt – in jeder Gesellschaftsform. Was ich in diesem Sinne *alimentäre Teilhabe* nenne, dem möchte mich am Beispiel des „Eating Out", also des Auswärtsessengehens, ebenfalls empirisch annähern.

Eating Out kann als Kulminationspunkt alimentärer Teilhabe gefasst werden: Wo wir wie, mit wem und zu welchen Anlässen essen gehen, wie wir uns dabei kleiden und was wir dafür ausgeben; welches kulturelle Setting wir wählen; ob wir die adäquaten Tischsitten beherrschen und die angesagten Nahrungsmittel kennen – und ob wir darüber hinaus fähig sind, dem permanenten Wandel von Tisch- und Nahrungsmoden auch zu folgen: An all dem prüft, dokumentiert und ermöglicht sich unser Angekommensein und Dabeisein in einer individualisierten und pluralisierten Gesellschaft.

Nicht zuletzt deswegen hat das Essengehen in den entwickelten Industrieländern seit den 1980er Jahren einen immensen Aufschwung erlebt, die Ausgaben für den Außer-Haus-Verzehr haben sich von 1960 bis 1998 mehr als verdoppelt,

---

[13] Dieser sprichwörtlich gewordene Satz findet sich in einer Rezension Feuerbachs über ein ernährungsphysiologisches Werk seiner Zeit. Nach Lemke (2004) bleibt Feuerbach in einer Art gastrosophischen Anthropologie nicht bei dieser „Stammtischthese" stehen, sondern legt das Moralische in die Sinnlichkeit jeder Art des Essens.

zwei von drei Mahlzeiten werden heute außerhalb der Wohnung zubereitet und konsumiert (Beardsworth/Keil 1997: 115 ff.; Finkelstein 1998: 201; Finkelstein 1999; Teuteberg 2003). Zwei sich wechselseitig verstärkende, wenn auch scheinbar gegenläufige Trends geben den immer schnelleren Takt des Wandels vor: die Pluralisierung des gastronomischen Angebots und die Standardisierung der gastronomischen Dienstleistung (Prahl/Setzwein 1999: 58 ff.). Trotz allen Wandels aber haben sich die Motive zum Restaurantbesuch im Zeitverlauf kaum verändert – früher wie heute geht es dabei letztlich immer um die gleichzeitige Befriedigung physischer und sozialer Bedürfnisse (Mennell 2003: 292).

Wo monetäre Ressourcen zu einer entscheidenden Bedingung sozialer Teilhabe geworden sind, ist auch das Essengehen vor allem abhängig vom sozioökonomischen Status: Geringverdienende geben dafür signifikant weniger aus als der Durchschnitt (Beardsworth/Keil 1997: 116; Kamensky 2004: 23 f.; Warde/Martens 1998). Konkreter zeigen sich die realen alimentären Teilhabechancen von Personen in armen Lebenslagen in Deutschland beim Blick auf die Ausgabenseite des Essengehens – auch hier hilft mangels Daten (z. B. im Armuts-/Reichtumsbericht oder der NVS) nur eine empirische Annäherung über Daten des Statistischen Bundesamts (Destatis 2008).

Im Jahr 2005 stehen einem durchschnittlichen Arbeitnehmerhaushalt 2.343 Euro für privaten Konsum zur Verfügung, von denen 134 Euro für Beherbergungs- und Gaststättendienstleistungen ausgegeben werden. Der arbeitslose Haushalt dagegen wendet dafür lediglich 37 Euro auf – von insgesamt 1.205 Euro für Konsumausgaben. Auf den ersten Blick erscheint die Situation des Arbeitslosenhaushalts nur graduell schlechter: 19,9 Prozent seiner privaten Konsumausgaben stehen für Ernährung im weitesten Sinne zur Verfügung, im Arbeitnehmerhaushalt sind es 19,1 Prozent. Die Detailbetrachtung erst macht den teilhaberelevanten Unterschied deutlich: Der ärmere Haushalt hat signifikant weniger monetäre Möglichkeiten zur alimentären Teilhabe über Essengehen. Ein arbeitsloser Haushalt, der in der Lage ist, rund 1.200 Euro für privaten Konsum auszugeben, müsste nach Hartz-IV-Regelsätzen von 2008 mindestens aus zwei Erwachsenen und zwei Kindern unter 14 Jahren bestehen – 37 Euro im Monat also für das Eating Out von vier Personen. Die durchschnittlichen Kosten für den Restaurantbesuch einer Person liegen 2005 in Deutschland bei 11,72 Euro[14] – das wären rund 47 Euro für unsere vierköpfige Familie, also mindestens 10 Euro mehr, als ihr real zur Verfügung stehen.

Also: Einmal im Monat essen gehen und ein Familienmitglied zu Hause lassen? Oder nur alle zwei Monate mit allen vier? Oder eben: Mehr als einmal mit der ganzen Familie zu McDonalds? Mit alimentärer Teilhabe über Eating Out

---

[14] Der Durchschnittsbon für einen Restaurantbesuch hat sich im Juli 2008 noch weiter erhöht auf 14,50 Euro. Quelle: CHD Expert, http://www.chd-expert.de/zahl_des_monats.php (letzter Zugriff am 08.04.2010)

entsprechend seiner sozialen Bedeutung – also auch verbunden mit dem Ausprobieren pluraler Angebote und mit unterschiedlichen Personen in unterschiedlicher Konstellation – hat das wenig zu tun. „Food Choice" sieht anders aus und kann vom Großteil der Gesellschaft auch anders gelebt werden: Durchschnittlich nämlich geht jede/r Deutsche 85-mal im Jahr zum Essen (Millstone/Lang 2008: 93). Im Durchschnitt geben für Deutschland 12 Prozent aller Haushalte an, sich Essengehen generell nicht leisten zu können (European Quality of Life Survey 2003), bei den Hartz IV-Beziehenden dagegen verzichten sogar 76 Prozent selbst auf einen einzigen monatlichen Restaurantbesuch (Bernhard 2008). Man kann Beardsworth und Keil also auch angesichts der aktuellen Situation Armer in Deutschland zustimmen, wenn sie sagen: „[…] Dining out is experienced and enjoyed by all except the poorest members of society" (1997: 118). Das Dramatische daran aber ist nicht „nur" der Verzicht auf eine Konsumausgabe unter anderen, sondern das strukturelle Ausgeschlossensein aus einem nicht ersetzbaren und zentralen Teilhabemodus.

4 Gesellschaftliche Umgangsformen mit Hunger: Delegierung – Negierung – Stigmatisierung

Eine sehr spezifische Form des Außer-Haus-Essens steht von Ernährungsarmut Betroffenen offen, nämlich die Tafeln. Ihre Existenz und ihr Erfolg sind ein weiterer trauriger Beleg meiner ersten These: Es gibt Hunger und Ernährungsarmut in Deutschland. Und sie stehen exemplarisch für meine zweite Zentralthese: Die gesellschaftliche Teilhabe über Essen ist mindestens ebenso wichtig wie die reine Nahrungssicherung. Die letztere Aufgabe können Tafeln zum Teil erfüllen, alimentäre Teilhabe jedoch *nicht*. Tafeln sind für viele Menschen ein wesentlicher Faktor der Nahrungssicherung geworden: Aktuell werden mehr als eine Million Menschen von 848 Tafeln mit Lebensmittelspenden unterstützt (Bundesverband Deutsche Tafel, Pressemitteilung vom 10. Juli 2009), davon gilt jede/r zweite als Stammkunde/ -kundin (von Normann 2003: 143). An den Tafeln lässt sich exemplarisch zeigen, welche drei gesellschaftlichen Umgangsformen mit Hunger und Ernährungsarmut in Deutschland derzeit vorherrschen: Delegierung – Negierung – Stigmatisierung.

4.1 Delegierung der Nahrungssicherung an Ehrenamt und Privatwirtschaft

Praktisch alle Tafelnutzenden beziehen ALG II, Sozialgeld oder Grundsicherung (Bundesverband Deutsche Tafel 2007). Anscheinend bekämpft der Sozialstaat Deutschland also Armut einerseits in einer Weise, die Ernährungsarmut produziert, sieht andererseits aber Nahrungssicherung nicht mehr als Aufgabe staatlichen

Handelns und delegiert diese. Dies ist ein Novum, war doch Nahrungssicherung bislang immer eine wesentliche Legitimationsquelle politischer Herrschaft (Barlösius 1999: 9 f.). Ein Blick in die Geschichtsbücher zeigt: Von der Antike bis zur beginnenden Neuzeit finden sich unterschiedliche Mischformen aus staatlichem oder städtischem Handeln und kirchlich bzw. ehrenamtlich organisierter Spende (Teuteberg 2009: 42 ff.; Abel 1972: 42, 80; Montanari 1999: 105 f.; Gratzer 2008: 16 ff.). Selbst im Mittelalter galt die kirchlich organisierte Armenspeisung als Ergänzung zur „obrigkeitlichen Fürsorge" (Teuteberg 2009: 43). Erst die moderne Staatsverwaltung erfindet die rationelle Armenspeisung (a. a. O.: 49 ff.), die sich an einer „ökonomische[n] Rechenhaftigkeit" (a. a. O.: 53) orientiert und sich gerade vom „Odium der Armenfürsorge" befreien will (a. a. O.: 56). Nahrungssicherung wurde also immer als Aufgabe von Staat und Politik verstanden, wenn auch – mal mehr, mal weniger – in Arbeitsteilung mit den Kirchen und privater Spendenpraxis. Heute sieht sich der Staat offensichtlich zuständig für bekämpfte Armut, delegiert aber die Bewältigung von deren Nebenfolge Ernährungsarmut an Privatwirtschaft und Ehrenamt – ohne staatliche Eingriffsmöglichkeiten und ohne kirchlich-moralischen Impetus. Damit ist die Nahrungssicherung von Menschen in armen Lebenslagen hochgradig dem Zufall und in einigen Fällen sogar der Willkür überlassen: Welche Lebensmittel wann, wo, wie und in welcher Menge verfügbar sind, wo überhaupt Tafeln entstehen und zugänglich sind[15] – all das obliegt den jeweils örtlichen Konstellationen von bürgerlichem Engagement und unternehmerischer Handlungsfreiheit. Eine Nahrungssicherung also, derer man nicht sicher sein kann. Der Staat hat sich zudem aktiv von einer Grundsicherheit der deutschen Nachkriegsgesellschaft verabschiedet, nämlich der sozialstaatlichen Garantie eines Existenzminimums im Bedarfsfall. Mit der Tatsache, dass ALG-II-Empfängern/-innen der Bezug um 100 Prozent – also auf null – gekürzt werden kann, ist die Garantie faktisch bereits ausgehebelt – allein im Jahr 2008 geschah dies immerhin in fast 119.000 Fällen von Leistungskürzungen (Deutscher Bundestag 2009).

4.2 Erbe des Wirtschaftswunders: die Negierung dessen, was nicht sein darf

Die Negierung von Armut ist besonders in Deutschland stark ausgeprägt. So kommt Paugam anhand des Eurobarometers „Armut-Ausgrenzung" zu dem Schluss, die Existenz von Armut werde in Deutschland mehr als im Rest Europas „geleugnet

---

[15] So entscheidet u. a. die Einwohnerzahl des Wohnorts über ein Tafelangebot: Städte mit über 50.000 Einwohnern verfügen fast durchgängig über eine Tafel, aber nur jede fünfte Stadt mit einer Einwohnerzahl zwischen 10.000 bis 20.000 (Selke 2009a: 24) – wer auf dem Land lebt, hat meist kaum eine Chance auf einen regelmäßigen Tafelzugang (Bundesverband Deutsche Tafeln 2007).

oder unterschätzt".[16] Als einen wesentlichen soziokulturellen Grund für die spezifisch deutsche Verdrängungsleistung von Armut nennen sowohl Paugam als auch Butterwegge das Wirtschaftswunder.[17] Was für Armut nahe liegt, gilt m. E. umso mehr für Hunger: Schließlich ist keine Phase der deutschen Geschichte so eng und so nachhaltig mit Essen im Überfluss verbunden wie die 1950er Jahre, und diese Geburtsphase unserer Nachkriegsgesellschaft ist medial bis heute wohl stärker verknüpft mit Bildern von sich auftürmenden Würsten als von rauchenden Schloten. Es sind diese Bilder, die uns bis heute den Satz „keiner muss verhungern" eingeschärft haben. Das mediale Gegenbild absoluter Armut in den Entwicklungsländern dagegen vermittelt – so Butterwegge (2009: 14) – „Armut in Kamenz, Karlsruhe oder Kassel sei weniger problematisch als solche in Kalkutta, Kapstadt oder Karatschi" (a. a. O.). Auch diese Bilder übersetzen sich in unserer Wahrnehmung quasi synonym in Bilder vom Hunger. Die Negierung des einen verstärkt und bedingt die Negierung des anderen: Wo es keinen Hunger gibt/geben darf, gibt es auch keine absolute Armut – und vice versa. Auch in der Konstruktion dieser doppelten Negierung spielen die Tafeln eine besondere Rolle. Die Negierung beginnt schon bei den Euphemismen: Sowohl der Tafel- als auch der Kundenbegriff verschleiern die tatsächliche Situation (Lorenz 2009: 77). Die entscheidendere Negierungsfunktion der Tafeln liegt jedoch in ihrer Normalisierungstendenz. So verweist Selke (2009c: 31) auf die erklärte Absicht der Tafeln und ihrer Helfer, sich an normale Menschen mit „ganz normalen" Problemen statt an „extreme" Randgruppen richten zu wollen. Der ideale Kunde sei der normale Kunde und der wiederum werde als „normaler" Hartz-IV-Bezieher zum Teil unserer Normalitätsfiktion (Selke 2009b: 25). So transformierten Tafeln die ursächliche Armut in einen geregelten, tafeladäquaten Umgang mit eben dieser Armut und arbeiteten daher täglich mit an der Strategie, das „Anormale als normal erscheinen" zu lassen (Selke 2009c: 24).

---

[16] Paugam 2008: 191. Auch für Leibfried et al. (1995: 210 ff.) sind die Armutsbilder der deutschen Nachkriegsgesellschaft geprägt von Dramatisierung einerseits und Verdrängung andererseits, und Butterwegge kommt fast 15 Jahre später zu einem noch eindeutigeren Urteil: Armut in Deutschland werde „immer noch geleugnet, verharmlost und verschleiert" (2009: 8).

[17] Vgl. Paugam 2008: 192; Butterwegge 2009: 97 ff.. Inwieweit unsere heutigen gesellschaftlichen Vorstellungen von gutem Essen in der Zeit des Wirtschaftswunders ihren Anfang nahmen, ist meines Wissens nicht untersucht. Dass wir aber bis heute gerade in Bezug zu unserer Konsumgeschichte viele Anleihen bei dieser Phase nehmen, legen die Ausführungen zum „Traum vom guten Leben" von Andersen (1998) nahe; nicht im Zusammenhang mit Essen und Ernährung, aber als deutlicher Bezug wirkt das Geschichtsbild des Wirtschaftswunders beispielsweise im politischen Sprachgebrauch selbst noch in der Wendezeit nach (vgl. Abelshauser 2004: 402).

4.3   Körpermale und tafeladäquate Armut – neue Formen der Stigmatisierung

Neue Armut, Prekarität und neue Unterschicht (Altenhain et al. 2008; Castel/Dörre
2009), Exklusion (Baumann 2005; Kronauer 2002; kritisch Castel 2008: 69 ff. und
2009: 28 ff.), Un-/Gerechtigkeit (Becker 2009; Dubet 2008; Kronauer 2007) und
die Debatte um die Überflüssigen (Bude 2008; Bude/Willisch 2008a): Das Thema
sich verstärkender sozialer Ungleichheit hat Konjunktur in der Soziologie. Ein
bislang eher am Rande aufscheinender Aspekt zunehmender sozialer Ungleichheit
ist die Stigmatisierung in Zusammenhang mit Ernährungsarmut, die sich in drei
Varianten zeigt. Erstens in der Stigmatisierung aufgrund sichtbar ungesunder Ernährung in Form von Übergewicht: Der medial inszenierte „Kreuzzug gegen Fette"
(Schmidt-Semisch/Schorb 2007; vgl. auch Puhl 2009) ist in vollem Gange – trotz
der Kritik an der Sinnhaftigkeit des Body Mass Index (Spiekermann 2007; ähnlich
auch Campos 2004: 41 ff.; Helmert 2007; Schorb 2007a: 58). Zweitens in der Armen
immer schon entgegengebrachten Unterstellung eines falschen, maßlosen und/oder
unangemessenen Lebensstils (Barlösius 1999: 63 ff.; Feichtinger 1995: 301 ff.).
Mit bürgerlich erhobenem Zeigefinger werde der Unterschicht ihr „Happy Meal"
verwehrt (Schorb 2007). „Körpermale" (Bude 2008: 106) werden damit zum Si-
gnal für Exklusion: Untergründig und gleichzeitig als „trash" medial verstärkt
entwickele sich eine „Physiognomie der sozialen Klassen" (a. a. O.: 110). Und
drittens – zukünftig und zunehmend – in einer tafelspezifischen Stigmatisierung:
Tafeln sind Kreuzungspunkte des Überflusses, an denen überflüssige Waren der
Überflussgesellschaft auf die „Überflüssigen" der Gesellschaft treffen (Selke
2009c: 30) werden letztlich selbst zum Medium der Stigmatisierung, denn durch
die Tafelnutzung dokumentiert sich quasi-öffentlich nicht nur die Exklusion von
alimentärer Teilhabe, sondern auch die Potenzialität von Hunger. Mit dem Hunger aber, als eindeutigstem Indikator für Armut (Barlösius et al. 1995: 13), wird
das zentrale Basisprinzip der Überflussgesellschaft herausgefordert. Lässt die
Überflussgesellschaft diese existenziellste Form des Mangels zu – zumindest als
Möglichkeit –, dann braucht sie die Stigmatisierung der Tafelnutzer. Nur so lässt
sich das Spannungsfeld zwischen dem gesellschaftlichen Überflussversprechen
und dessen evidentem Nicht-Einlösen gesellschaftlich „lösen". Die oben beschriebenen Normalisierungs- und Negierungsstrategien der Tafeln werden dies auf
Dauer ebenso wenig verhindern wie ihre Zeitgeistentsprechung (Selke 2009c: 20)
und ihr positives Image (von Normann 2002: 303, 310).

Diese drei gesellschaftlich vorherrschenden Umgangsformen mit Ernährungsarmut und Hunger – Delegierung, Negierung und Stigmatisierung – hängen, das
liegt auf der Hand, engstens zusammen und verstärken sich wechselseitig. Bleiben
sie gesellschaftlich vorherrschend, tragen sie zu einer Zunahme von Ernährungsarmut und Hunger bei – allein schon deshalb, weil die Phänomene nicht ihrer
Bedeutung entsprechend sichtbar werden. Hier hat die Sozialwissenschaft einen

Beitrag zur Lüftung des Schleiers zu leisten. Und das kann sie am besten, indem sie ihre Methoden und Konzepte auf die Erkenntnis ausrichtet, dass auch in Überflussgesellschaften der alimentäre Mangel zum Existenzproblem vieler werden kann.

Literatur

Abel, Wilhelm (1972): Massenarmut und Hungerkrisen im vorindustriellen Deutschland. Göttingen.

Abelshauser, Werner (2004): Deutsche Wirtschaftsgeschichte seit 1945. München.

Altenhain, Claudio/Danilina, Anja/Hildebrandt, Erik/Kausch, Stefan/Müller, Annekathrin/ Roscher, Tobias (2008) (Hg.): Von „Neuer Unterschicht" und Prekariat. Bielefeld.

Ames, Anne (2007): „Ich hab's mir nicht ausgesucht …" Die Erfahrungen der Betroffenen mit der Umsetzung und den Auswirkungen des SGB II. Mainz.

Andersen, Arne (1998): Der Traum vom guten Leben. Alltags- und Konsumgeschichte vom Wirtschaftswunder bis heute. Frankfurt a. M.

Anderson, Sue Ann (1990): The 1990 Life Sciences Research Office (LSRO) Report on Nutritional Assessment defined terms associated with food access. Core indicators of nutritional state for difficult to sample populations. In: Journal of Nutrition, Vol. 102, 1559–1660.

Barlösius, Eva (1999): Soziologie des Essens. Eine sozial- und kulturwissenschaftliche Einführung in die Ernährungsforschung. Weinheim.

Barlösius, Eva/Feichtinger, Elfriede/Köhler, Barbara Maria (1995): Armut und Ernährung – Problemaufriß eines wiederzuentdeckenden Forschungsgebiets. In: Barlösius, Eva/ Feichtinger, Elfriede/Köhler, Barbara Maria (1995) (Hg.), Ernährung in der Armut. Gesundheitliche, soziale und kulturelle Folgen in der Bundesrepublik Deutschland. Berlin, 11–26.

Bauman, Zygmunt (2005): Verworfenes Leben. Die Ausgegrenzten der Moderne. Hamburg.

Beardsworth, Alan/Keil; Theresa (1997): Sociology on the Menue. An invitation to the study of food and society. London/New York.

Becker, Jens (2009): Das Unbehagen in der Gesellschaft. Soziale Ungleichheiten und Ungerechtigkeitserfahrungen in Deutschland. In: Selke, Stefan (Hg.), Tafeln in Deutschland. Aspekte einer sozialen Bewegung zwischen Nahrungsmittelumverteilung und Armutsprävention. Wiesbaden, 107–135.

Bernhard, Christoph (2008): Was fehlt bei Hartz IV? Zum Lebensstandard der Empfänger von Leistungen nach SGB II. In: Informationsdienst Soziale Indikatoren (ISI), Ausgabe 40, Juli 2008, 7–10.

Bickel, Gary/Nord, Mark/Price, Cristofer/Hamilton, William; Cook, John (2000): Guide to Measuring Household Food Security. Revised 2000. Alexandria, VA.

Bourdieu, Pierre (1987): Die feinen Unterschiede. Kritik der gesellschaftlichen Urteilskraft. Frankfurt a. M.

Brombach, Christine; Wagner, Ute; Eisinger-Watzl, Marianne; Heyer, Alexandra (2006): Die Nationale Verzehrsstudie II. In: Ernährungs-Umschau, 53. Jg., Heft 1, 4–9.

Bude, Heinz (2008): Die Ausgeschlossenen. Das Ende vom Traum einer gerechten Gesellschaft. München.

Bude, Heinz/Willisch, Andreas (2008) (Hg.): Exklusion. Die Debatte über die „Überflüssigen". Frankfurt a. M.

Bundesverband Deutsche Tafeln e. V. (2007): Deutsche Tafeln nach Zahlen. Ergebnisse der Tafelumfrage 2007.

Bundesregierung der Bundesrepublik Deutschland (2008) (Hg.): Lebenslagen in Deutschland. Der dritte Armuts- und Reichtumsbericht der Bundesregierung. Berlin.

Butterwegge, Christoph (2009): Armut in einem reichen Land. Wie das Problem verharmlost und verdrängt wird. Fankfurt a. M.

Campos, Paul F. (2004): The obesity myth: why America's obsession with weight is hazardous to your health. New York.

Castel, Robert (2008): Die Fallstricke des Exklusionsbegriffs. In: Bude, Heinz/Willisch, Andreas (Hg.), Exklusion. Die Debatte über die „Überflüssigen". Frankfurt a. M., 69–86.

Castel, Robert (2009): Die Wiederkehr der sozialen Unsicherheit. In: Castel, Robert/Dörre, Klaus (Hg.): Prekarität, Abstieg, Ausgrenzung. Die soziale Frage am Beginn des 21. Jahrhunderts. Frankfurt a. M./New York, 21–34.

Castel, Robert; Dörre, Klaus (2009) (Hg.): Prekarität, Abstieg, Ausgrenzung. Die soziale Frage am Beginn des 21. Jahrhunderts. Frankfurt a. M.

Destatis (2008): Datenreport 2008: Der Sozialbericht für Deutschland. Auszug aus dem Datenreport 2008 Private Haushalte – Einkommen, Ausgaben, Ausstattung, Kapitel 6.

Deutscher Bundestag (2009): Sanktionen im Bereich des Zweiten Buches Sozialgesetzbuch und für Sperrzeiten im Bereich des Dritten Buches Sozialgesetzbuch – Anzahl und Gründe. Antwort der Bundesregierung auf die Kleine Anfrage der Abgeordneten Katja Kipping u. a. (Drucksache 16/13340). Bundestagsdrucksache 16/13577 vom 30.06.2009.

Dubet, François (2008): Ungerechtigkeiten. Zum subjektiven Ungerechtigkeitsempfinden am Arbeitsplatz. Hamburg.

Feichtinger, Elfriede (1995): Armut und Ernährung im Wohlstand. Topographie eines Problems. In: Barlösius, Eva/Feichtinger, Elfriede/Köhler, Barbara Maria (Hg.), Ernährung in der Armut. Gesundheitliche, soziale und kulturelle Folgen in der Bundesrepublik Deutschland. Berlin, 291–305.

Feuerbach, Ludwig (1990): Die Naturwissenschaft und die Revolution. [Über: Die Lehre der Nahrungsmittel. Für das Volk. Von J. Moleschott] (Rezension). In: Feuerbach, Ludwig, Gesammelte Werke, Band 10: Kleinere Schriften III. 1846–1850. Berlin, 347–376.

Fine, Ben; Heasman, Michael; Wright, Judith (1998): What we eat and why: social norms and systems of provision. In: Murcott, Anne (ed.), The Nation's Diet, The Social Science of Food Choice. London, 95–111.

Finkelstein, Joanne (1998): Dining Out: the Hyperreality of Appetite. In: Scapp, Ron; Seitz, Brian (eds.), Eating culture. Albany, 201–215.

Finkelstein, Joanne (1989): Dining Out. A Sociology of Modern Manners. Cambridge.

Galbraith, John Kenneth (1959): Gesellschaft im Überfluß. München.

Gratzer, Walter (2008): Terrors of the Table: The Curious History of Nutrition. Oxford/New York.

Heindl, Ines (2007): Ernährung, Gesundheit und soziale Ungleichheit. In: Aus Politik und Zeitgeschehen. Jg. 42, 32–38.

Helmert, Uwe (2007): Die „Adipositas-Epidemie" in Deutschland – Stellungnahme zur aktuellen Diskussion. In: Schmidt-Scmisch, Henning; Schorb, Friedrich (Hg.), Kreuzzug gegen Fette: Sozialwissenschaftliche Aspekte des gesellschaftlichen Umgangs mit Übergewicht und Adipositas. Wiesbaden, 79–88.

Hünecke, Katja/Fritsche, Uwe R./Eberle, Ulrike (2004): Lebenszykluskosten für Ernährung. Freiburg u. a.

Jacobs, Marc/Scholliers, Peter (eds.) (2003): Eating out in Europe: Picnics, Gourmet Dining, and Snacks since the Late Eighteenth Century. Oxford, UK.

Jaquemoth, Mirjam (2007): Iudex non calculat. Hartz IV auf dem Prüfstand der Haushaltsökonomik. In: Höflacher, Stefan/Hufnagel, Rainer/Jaquemoth, Mirjam/Piorkowsky, Michael-Burkhard (Hg.), OIKOS 2010 – Haushalte und Familien im Modernisierungsprozess. Festschrift für Prof. Dr. Barbara Seel zum 65. Geburtstag. Bonn, 63–100.

Kaiser, Claudia (2001): Ernährungsweisen von Familien mit Kindern in Armut. Eine qualitative Studie zur Bedeutung und Erweiterung des Konzepts der Ernährungsarmut. Stuttgart.

Kamensky, Jutta (2004): Ernährung und Sozialhilfe – Situation und Maßnahmen für die Gesundheitsförderung. In: Grzybowski, Barbara/Müller, Ludwig (2004), Pizza, Pommes und Probleme – Ernährungsarmut heute. Dokumentation des 3. Bremer Forums „Gesundheitlicher Verbraucherschutz" am 03. November 2003 in Bremen. Schriftenreihe Umweltbezogener Gesundheitsschutz Band 18, 21–27.

Kersting, Mathilde; Clausen, Kerstin (2007): Wie teuer ist eine gesunde Ernährung für Kinder und Jugendliche? In: ErnährungsUmschau, Jg. 9, 508–513.

Köhler, Barbara Maria (1995): Ernährung in der Armut – Folgen für die Gesundheit. In: Barlösius, Eva/Feichtinger, Elfriede/Köhler, Barbara Maria (Hg.), Ernährung in der Armut. Gesundheitliche, soziale und kulturelle Folgen in der Bundesrepublik Deutschland. Berlin, 271–290.

Kronauer, Martin (2007): Neue soziale Ungleichheiten und Ungerechtigkeitserfahrungen. Herausforderungen für eine Politik des Sozialen. In: WSI-Mitteilungen, Heft 7, 365–372.

Kronauer, Martin (2002): Exklusion. Die Gefährdung des Sozialen im hoch entwickelten Kapitalismus, Frankfurt a. M./New York.

Kutsch, Thomas (1995): Berber-Kost – Ernährungs- und Überlebensmuster der Nicht-Seßhaften. In: Barlösius, Eva/Feichtinger, Elfriede/Köhler, Barbara Maria (Hg.), Ernährung in der Armut. Gesundheitliche, soziale und kulturelle Folgen in der Bundesrepublik Deutschland. Berlin, 254–267.

Leibfried, Stephan/Leisering, Lutz/Buhr, Petra/Ludwig, Monika/Mädje, Eva/Olk, Thomas/Voges, Wolfgang/Zwick, Michael (1995): Zeit der Armut. Lebensläufe im Sozialstaat. Frankfurt a. M.

Lehmkühler, Stephanie H./Leonhäuser, Ingrid-Ute (1998): Armut und Ernährung. Spiegel der Forschung. 15. Jg., Heft 2, 74–82.

Lemke, Harald (2004): Feuerbachs Stammtischthese oder zum Ursprung des Satzes: „Der Mensch ist, was er isst". In: Aufklärung und Kritik. Zeitschrift für freies Denken und humanistische Philosophie. 11. Jg., Heft 1, 117–140.

Lorenz, Stephan (2009): Die Tafeln zwischen Konsumismus und ‚Überflüssigkeit'. Zur Perspektive einer Soziologie des Überflusses. In: Selke, Stefan (Hg.), Tafeln in Deutschland. Aspekte einer sozialen Bewegung zwischen Nahrungsmittelumverteilung und Armutsprävention. Wiesbaden, 65–84.

Lupton, Deborah (1996): Food, the Body and the Self. London.

Max Rubner-Institut (2008a) (Hg.): Nationale VerzehrsStudie II – Ergebnisbericht, Teil 1. Karlsruhe.

Max Rubner-Institut (2008b) (Hg.): Nationale VerzehrsStudie II – Ergebnisbericht, Teil 2. Karlsruhe.

Mennell, Stephen (2003): Eating in the Public Sphere in the Nineteenth and Twentieth Centuries. In: Jacobs, Marc; Scholliers, Peter (eds.), Eating out in Europe: Picnics, Gourmet Dining, and Snacks since the Late Eighteenth Century. Oxford, UK, 245–260.

Millstone, Erik; Lang, Tim (2008): The Atlas of Food: Who Eats What, Where, and Why. Berkeley.

Montanari, Massimo (1999): Der Hunger und der Überfluss. Kulturgeschichte der Ernährung in Europa. München.

Normann, Konstantin von (2002): Die Tafel: eine neue Organisation etabliert sich im Nonprofit-Sektor. In: Schauer, Reinbert/Purtschert, Robert/Witt, Dieter (Hg.), Nonprofit-Organisationen und gesellschaftliche Entwicklung: Spannungsfeld zwischen Mission und Ökonomie. Linz, 299–312.

Normann, Konstantin von (2003): Evolution der Deutschen Tafeln. Eine Studie über die Entwicklung caritativer Nonprofit-Organisationen zur Verminderung von Ernährungsarmut in Deutschland. Bad Neuenahr.

Paugam, Serge (2008): Die elemtaren Formen der Armut. Hamburg.

Prahl, Hans-Werner; Setzwein, Monika (1999): Soziologie der Ernährung. Wiesbaden.

Puhl, Rebecca (2009): Obesity stigma – causes, effects and some practical solutions. In: Diabetes Voice, March 2009, vol. 54, issue 1, 25–28.

Ramsauer, Petra (2009): So wird Hunger gemacht. Wer warum am Elend verdient. Wien.

Roth, Rainer (1992): Über den Monat am Ende des Geldes. Ergebnisse einer Umfrage unter 196 Sozialhilfeempfänger/innen über das Leben mit Sozialhilfe. Frankfurt a. M.

Schmidt-Semisch, Henning/Schorb, Friedrich (2007) (Hg.): Kreuzzug gegen Fette: Sozialwissenschaftliche Aspekte des gesellschaftlichen Umgangs mit Übergewicht und Adipositas. Wiesbaden.

Schorb, Friedrich (2007): Keine „Happy Meals" für die Unterschicht! Zur symbolischen Bekämpfung der Armut. In: Schmidt-Semisch, Henning/Schorb, Friedrich (Hg.), Kreuzzug gegen Fette: Sozialwissenschaftliche Aspekte des gesellschaftlichen Umgangs mit Übergewicht und Adipositas. Wiesbaden, 107–124.

Schorb, Friedrich (2007a): Adipositas in Form gebracht. Vier Problemwahrnehmungen. In: Schmidt-Semisch, Henning/Schorb, Friedrich (Hg.), Kreuzzug gegen Fette: Sozialwissenschaftliche Aspekte des gesellschaftlichen Umgangs mit Übergewicht und Adipositas. Wiesbaden, 57–78.

Selke, Stefan (2009a) (Hg.): Tafeln in Deutschland. Aspekte einer sozialen Bewegung zwischen Nahrungsmittelumverteilung und Armutsprävention. Wiesbaden.

Selke, Stefan (2009b): Fast ganz unten. Wie man in Deutschland durch die Hilfe von Lebensmitteltafeln satt wird. Münster.

Selke, Stefan (2009c): Tafeln und Gesellschaft. Soziologische Analyse eines polymorphen Phänomens. Einleitung. In: Selke, Stefan (Hg.), Tafeln in Deutschland. Aspekte einer sozialen Bewegung zwischen Nahrungsmittelumverteilung und Armutsprävention. Wiesbaden, 9–38.

Sorokin, Pitirim A. (1975): Hunger as a Factor in Human Affairs. Gainesvilles.

Spiekermann, Uwe (2007): Übergewicht und Körperdeutungen im 20. Jahrhndert. In: Schmidt-Semisch, Henning; Schorb, Friedrich (Hg.), Kreuzzug gegen Fette: Sozialwissenschaftliche Aspekte des gesellschaftlichen Umgangs mit Übergewicht und Adipositas. Wiesbaden, 35–56.

Strengmann-Kuhn, Wolfgang (2003): Armut trotz Erwerbstätigkeit: Analysen und sozialpolitische Konsequenzen. Frankfurt a. M./New York.

Thießen, Friedrich; Fischer, Christian (2008): Die Höhe der sozialen Mindestsicherung – Eine Neuberechnung „bottom up". In: Zeitschrift für Wirtschaftspolitik, 57. Jg., Heft 2, 145–173.

Teuteberg, Hans Jürgen (2009): Historische Vorläufer der Lebensmitteltafeln in Deutschland. In: Selke, Stefan (Hg.): Tafeln in Deutschland. Aspekte einer sozialen Bewegung zwischen Nahrungsmittelumverteilung und Armutsprävention: Wiesbaden, 41–63.

Teuteberg, Hans Jürgen (2003): The Rising Popularity of Dining Out in German restaurants in the Aftermath of Modern Urbanization. In: Jacobs, Marc/Scholliers, Peter (eds.), Eating out in Europe: Picnics, Gourmet Dining, and Snacks since the Late Eighteenth Century. Oxford, UK, 281–299.

Warde, Alan/Martens, Lydia (1998): A sociological approach to food choice: the case of eating out. In: Murcott, Anne (ed.): The Nation's Diet: The Social Science of Food Choice. London, 129–144.

World Hunger Series (2007): Hunger and Health. London.

Wüstendörfer, Werner (2008): „Dass man immer nein sagen muss." Eine Befragung der Eltern von Grundschulkindern mit Nürnberg-Pass. Nürnberg.

Warum sind die Tafeln erfolgreich?
Skizze einer gesamtwirtschaftlichen Betrachtung

Rudolf Martens

Zusammenfassung

Der Beitrag liefert Antworten auf die Frage nach dem überwältigenden Erfolg der Tafeln. Zentral für die Argumentation ist die Tatsache, dass sich die Expansion vor allem durch die Verzeitlichung von Armut in Deutschland erklären lässt. Armut ist kein Übergangsphänomen. Immer mehr Menschen sind dauerhaft oder wiederholt arm. Vor diesem Hintergrund greifen die Tafeln als kompensatorische Strategie, indem sie es den „Kunden" ermöglichen, aufgeschobene Anschaffungen zu tätigen. Diese Funktion von Tafeln ist allerdings insgesamt kritisch zu betrachten, da sie faktisch den Charakter einer Grundversorgung erhalten.

1   Grunddaten zum Erfolg der Tafeln

Seit die erste Tafel in Deutschland 1993 in Berlin gegründet wurde, ist die Anzahl der Tafeln geradezu „explodiert". In *Abbildung 1* ist das eindrucksvolle Wachstum der Tafel-Bewegung zu beobachten. Nach einem anfänglich stetigen Wachstum zwischen 1993 und 2003 beschleunigt sich danach das Wachstum noch weiter. Im Jahre 2009 werden schließlich 861 Tafeln gezählt. Aktuell versorgen die Tafeln fast 1 Millionen Menschen pro Woche, darunter ca. ¼ Millionen Kinder und Jugendliche.[1]

Die Tafel-Idee verknüpft zwei „Welten", die wenig miteinander zu tun haben: Auf der einen Seite Handelsfirmen und Handelskonzerne im Lebensmittelmarkt mit ihrer harten *Marktlogik* und auf der anderen Seite das *karitative Engagement*, das kostenlos Lebensmittel an Bedürftige verteilt. Verbindendes Element ist das Bedürfnis des Lebensmittelhandels, nicht oder kaum mehr verkaufsfähige Waren kostensparend loszuwerden. Die Tafeln sammeln die überschüssigen Lebensmittel ein und verteilen sie an bedürftige Menschen und soziale Einrichtungen. Der Lebensmittelhandel erspart sich so die sonst anfallenden Entsorgungskosten. Ein Konzept, das ursprünglich Obdachloseneinrichtungen in New York erprobt hatten.

---

[1] Vgl. Bundesverband Deutsche Tafel e. V., http://www.tafel.de (Abfrage 05/2010).

Abbildung 1   Entwicklung der Tafeln zwischen 1993 und 2009

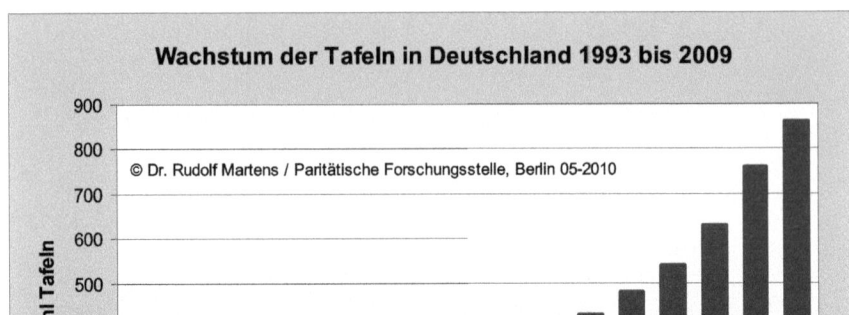

Datenquelle: Bundesverband Deutsche Tafel e. V.

Woher kommt der überwältigende Erfolg der Tafeln? Die erste deutsche Tafel in Berlin versorgte wohnungslose Menschen, die auf der Straße lebten, mit warmen Mahlzeiten. Seitdem hat sich das Klientel der Tafeln drastisch gewandelt. Nach einer Selbstaussage des Bundesverbandes der Tafeln werden seit einigen Jahren zunehmend Arbeitslose, Geringverdiener, Alleinerziehende und Rentner sowie Kinder und Jugendliche regelmäßig mit Lebensmittel versorgt. Obdachlose Menschen spielen in den letzten Jahren zahlenmäßig fast keine Rolle mehr. Mit anderen Worten, es handelt sich um Personen und Familien mit Bezug von SGB II-Leistungen („Hartz IV") sowie SGB XII-Leistungen wie Sozialhilfe und Grundsicherung im Alter und bei dauerhafter Erwerbsminderung.

Warum ist das so? In *Abbildung 2* ist die Entwicklung der Wohnungslosigkeit in Deutschland dargestellt.[2] Im Zeitraum von 1999 bis 2008 hat sich die Anzahl der wohnungslosen Personen mehr als halbiert und damit drastisch abgenommen – von 550.000 auf 230.000 Personen. Dagegen bleibt die Zahl der Personen,

---

[2] Daten von der Website der BAG (Bundesarbeitsgemeinschaft) Wohnungslosenhilfe e. V., http://www.bagw.de (Abfrage 05/2010).

die auf der Straße leben, etwa konstant und bewegt sich zwischen 18.000 bis 24.000 Personen.[3] Die ursprüngliche Klientel der Tafeln ist aktuell das, was sie schon in der Vergangenheit war: Eine kleine Minderheit, bei der das Merkmal „Armut" am grellsten gebündelt scheint. In der Entwicklung der Wohnungslosigkeit bzw. verschärften Wohnungslosigkeit als Obdachlosigkeit findet sich *kein* Hinweis auf den Erfolg der Tafeln.

Abbildung 2   Entwicklung der wohnungslosen Personen in Deutschland zwischen 1999 und 2008

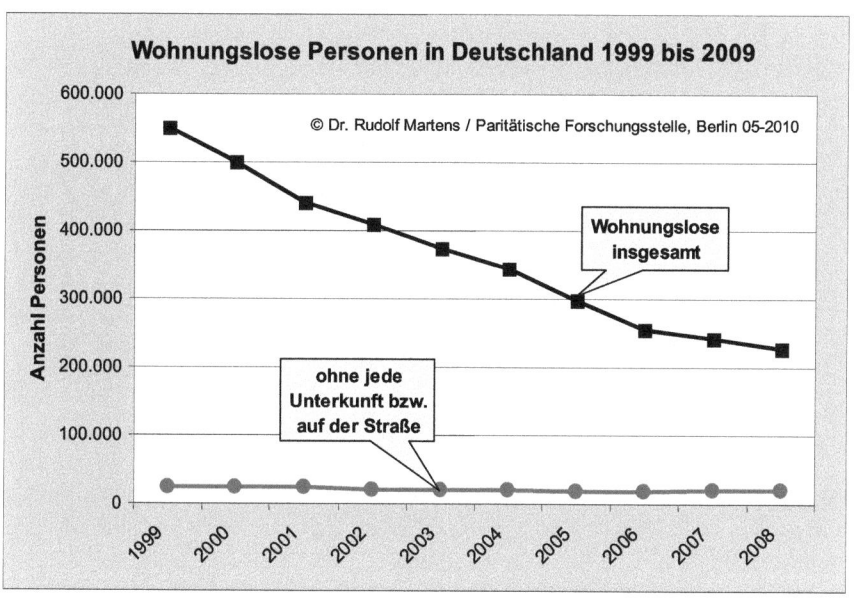

Datenquelle: BAG (Bundesarbeitsgemeinschaft) Wohnungslosenhilfe e.V.

---

[3] Die Statistik der BAG Wohnungslosenhilfe erfasst Personen als Wohnungslose, die nicht über einen mietvertraglich abgesicherten Wohnraum verfügen. Dazu gehören Personen, (1) die aufgrund ordnungsrechtlicher Maßnahmen ohne Mietvertrag in Wohnraum eingewiesen oder in Notunterkünften untergebracht werden, (2) die ohne Mietvertrag untergebracht sind, wobei die Kosten nach Sozialgesetzbuch XII und/oder II übernommen werden, (3) die sich in Heimen, Anstalten, Notübernachtungen, Asylen, Frauenhäusern aufhalten, (4) die als Selbstzahler in Billigpensionen leben, (5) die bei Verwandten, Freunden und Bekannten vorübergehend unterkommen, (6) die in Aussiedlerunterkünften untergebracht sind und schließlich (7) Personen („Obdachlose"), die ohne jegliche Unterkunft sind, d.h. „Platte machen".

Wie sieht es bei der wachsenden Sozialhilfebedürftigkeit aus? In *Abbildung 3* ist der Verlauf des Bezugs von Sozialhilfe im engeren Sinne dargestellt (gleichbedeutend mit der „Laufenden Hilfe zum Lebensunterhalt außerhalb von Einrichtungen", Stichtagszahl Jahresende).[4] Ab 1993, dem Gründungsjahr der ersten Tafel, bis 2004, dem Jahr vor Einführung des SGB II („Hartz IV"), bewegten sich die Empfängerzahlen zwischen 2,5 bis unter 3 Millionen Personen.

Bereits Mitte der 1980er Jahre wurde das Thema Armut verstärkt thematisiert. Damals diskutierten kritische Öffentlichkeit und Wissenschaft den Zusammenhang von Arbeitslosigkeit und Armut unter dem Begriff der „neuen Armut". Zudem befassten sich viele Kommunen vor dem Hintergrund damals stark gestiegener Zahlen von Sozialhilfeempfängern mit dem Thema Armut. Der wesentliche Anstieg der Sozialhilfebedürftigkeit fand vor 2003 statt, als die Empfängerzahlen über die Ein- bzw. Zwei-Millionen-Grenze 1982 bzw. 1992 sprangen. Daraus folgt, auch in der Entwicklung des Bezugs von Sozialhilfe findet sich kein wirklicher Hinweis auf den Erfolg der Tafeln.

Abbildung 3   Entwicklung des Bezugs (Personen) von Laufender Hilfe zum Lebensunterhalt außerhalb von Einrichtungen, Stichtagszahlen Jahresende

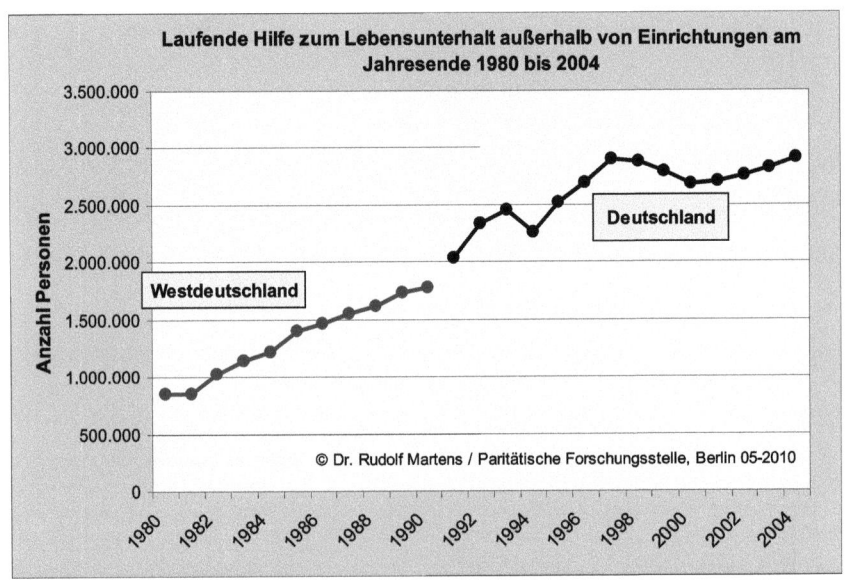

Datenquelle: Statistisches Bundesamt.

---

[4] Daten Statistisches Bundesamt, „Statistik der Sozialhilfe", Fachserie 13.

Auch in der Betrachtung der Arbeitslosigkeit findet sich zunächst kein Hinweis auf eine Erklärung für den Erfolg der Tafeln. Auch hier setzt das Wachstum der Tafeln ein, nachdem die Arbeitslosigkeit 1991 die 2,5-Millionengrenze überschritten hat und ab 1993 ständig über 3 Millionen Arbeitslose gezählt werden *(Abbildung 4).*

Abbildung 4   Jahresdurchschnittszahlen Arbeitslosigkeit in Westdeutschland von 1950 bis 1990 und in Deutschland von 1991 bis 2010 (Monatswert April)

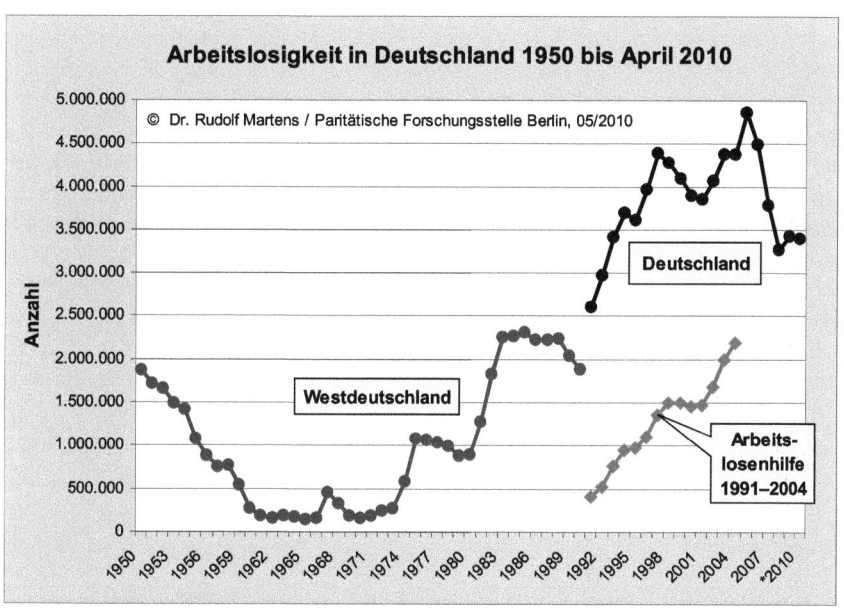

Datenquelle: Statistik der Bundesagentur für Arbeit.

Neben der Arbeitslosigkeit wurde in *Abbildung 4* noch der Verlauf des Bezugs von Arbeitslosenhilfe zwischen 1991 und 2004 eingezeichnet. Die Anzahl der Langzeitarbeitslosen im Bezug von Arbeitslosenhilfe hat sich im Zeitraum 1991 bis 2004 mehr als verfünffacht. Zwar stagnieren die Zahlen zwischen 1998 und 2001, danach steigen die Bezieherzahlen nochmals steil an, auf zuletzt 2,2 Millionen Personen. Diese explosionsartige Vermehrung der Arbeitslosenhilfe ist ein eindeutiger Hinweis, auf starke Veränderungen in der Zeitdimension nicht nur der Arbeitslosigkeit.

Die neuesten Zahlen zur relativen Einkommensarmut finden sich in *Abbildung 5.* Der Abbildung ist eindeutig zu entnehmen: Das Risiko unter die Armutsschwelle zu geraten, ist seit Anfang der 1990er Jahre deutlich und zwar um ca. ein Drittel gestiegen (Grabka/Frick 2010). Seit der Jahrtausendwende ist ein starkes wie stetiges Anwachsen der Einkommensarmut zu beobachten, ab 2005 pendeln die Werte um ca. 14 Prozent. Zugleich ergibt sich im Beobachtungszeitraum eine Polarisierung der Einkommensverteilung mit einer entsprechenden Schrumpfung der mittleren Einkommensklassen (Grabka/Frick 2008). Dies sind zwar eindeutige Hinweise auf eine dauerhafte Zunahme von Einkommensarmut. Der faktische Anstieg der relativen Einkommensarmut erklärt jedoch noch nicht das explosionsartige Anwachsen der Tafeln.

Allerdings ergibt sich aus dem Kurvenverlauf der Armutsquoten ein wichtiger Hinweis. Ende der 1990er Jahre bis 2000 sinken die Armutsquoten in Verbindung mit dem Internethype und der damit verbundenen Wirtschaftsbelebung. Zwischen 2004 und 2008 erlebt die deutsche Wirtschaft den größten Exporterfolg – dennoch steigen die Armutsquoten an und verharren dann bei Werten um 14 Prozent. Dies zusammen mit dem zuvor geschilderten explosionsartigen Anstieg der Arbeitslosenhilfebezieher bis 2004 ist ein starker Hinweis darauf, dass sich etwas Entscheidendes verändert hat, das unter den üblichen Querschnittszahlen bzw. Querschnittszahlen relativer Armut nicht sichtbar ist. Dem wird im Folgenden nachgegangen unter dem Blickwinkel „Verzeitlichung von Armutslagen".

Abbildung 5   Relative Armutsquoten (Armutsgrenze = 60 Prozent Medianeinkommen) zwischen 1992 und 2008

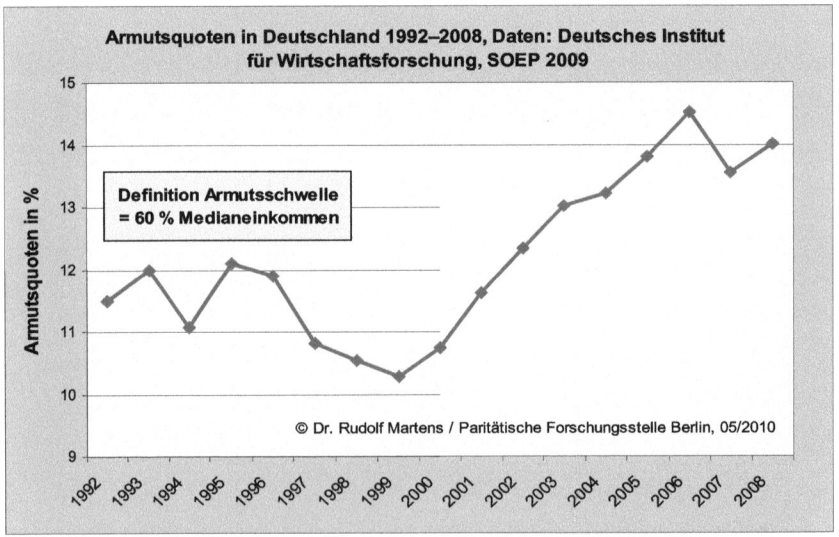

Datenquelle: Sozioökonomisches Panel (SOEP), Deutsches Institut für Wirtschaftsforschung.

2 Ein Funktionsmodell der Tafeln oder die Verzeitlichung von Armutslagen

2.1 Die Verzeitlichung von Armut

Der zweite Armutsbericht des Paritätischen aus dem Jahre 1994 enthält ein gesondertes Kapitel über die „Betroffenheit und Dauer von Einkommensarmut in Westdeutschland 1984 bis 1992" (Krause 1994: 194–206). Untersucht wurden jeweils die Armutshäufigkeiten in Westdeutschland zwischen 1985 bis 1988 sowie 1989 bis 1992. Die Betrachtung der Armutshäufigkeiten in beiden Zeitabschnitten lies praktisch keine Unterschiede erkennen. Resümierend wird festgestellt, die meisten Armutsphasen seien eher kurzfristiger Natur (a. a. O.: 194). Dies füge sich in Studien ein, die auf der Basis von Sozialhilfeakten und Daten des sozioökonomischen Panels ermittelt wurden. Allerdings zeigen die Verlaufsstudien auch, dass bei kumulativer Betrachtung über mehrere Jahre hinweg ein erheblicher Bevölkerungsanteil Armutsphasen durchlaufen hat. Des Weiteren bleibt das Armutsrisiko nicht nur auf die unteren Einkommensbereiche beschränkt, vielmehr reicht das Armutsrisiko bis in mittlere Einkommenslagen hinein. Personen in unteren Einkommenslagen haben ein besonders hohes Risiko, dauerhaft unter die Armutsschwelle zu geraten.

Diese Situation Ende der 1980er bis Anfang der 1990er Jahre hat sich seitdem grundlegend gewandelt. In *Tabelle 1* ist ein 10-Jahres-Vergleich der Sozialhilfedauer anhand der laufenden Hilfe zum Lebensunterhalt außerhalb von Einrichtungen dargestellt. Die Daten gelten für Deutschland insgesamt und beziehen sich aufgrund der Systematik der Datenerhebung in der damaligen Sozialhilfe auf die ununterbrochene Dauer von Sozialhilfebezug. Herangezogen wurden für die Berechnungen alle Jahrgänge bis unter 65 Jahren.

Tabelle 1   Dauer des Sozialhilfebezugs zwischen 1994 und 2004

Erhebungsjahr (Jahresende)	Laufende Hilfe zum Lebensunterhalt außerhalb von Einrichtungen (Deutschland)		
	unter 1 Jahr	mehr als 1 Jahr	mehr als 2 Jahre
1994	57,1 Prozent	42,9 Prozent	23,3 Prozent
2001	42,1 Prozent	57,9 Prozent	37,4 Prozent
2004	40,6 Prozent	59,4 Prozent	36,0 Prozent

Datenquelle: Statistisches Bundesamt, „Statistik der Sozialhilfe", Fachserie 13 sowie eigene Berechnungen.

Für 1994 bestätigt sich der Befund, der zuvor aus dem zweiten Armutsbericht des Paritätischen resümiert wurde: Der Bezug von Sozialhilfe (laufende Hilfe zum Lebensunterhalt außerhalb von Einrichtungen) ist überwiegend kurzfristiger Natur. 57 Prozent aller Personen bezogen diese Leistung bis maximal ein Jahr, für eine Bezugsdauer mehr als 2 Jahre weniger als ein Viertel. Im Jahre 2004 – und 10 Jahre später – haben sich die Verhältnisse in ihr Gegenteil verkehrt: Deutlich weniger als die Hälfte der Sozialhilfebezieher bezieht diese Leistung bis ein Jahr und damit kurzfristig, hingegen 59 Prozent mehr als ein Jahr und mehr als ein Drittel sogar mehr als 2 Jahre. Diese Befunde werden gestützt von Paneldaten, die die Betroffenheit von Armut im Zeitverlauf von 1996 bis 1999 und zwischen 2000 bis 2003 vergleichen. Auch hier sind die Ergebnisse eindeutig, der Anteil der Personen mit dauerhaften Armutserfahrungen hat zugenommen (Statistisches Bundesamt 2006).

Zum 1. Januar 2005 trat das Sozialgesetzbuch II („Hartz IV") in Kraft. Im SGB II wurde die bisherige Sozialhilfe (Laufende Hilfe zum Lebensunterhalt außerhalb von Einrichtungen) sowie die Arbeitslosenhilfe einschließlich der Personen in Haushalten von Arbeitslosenhilfebeziehern zusammengelegt. In *Abbildung 6* ist der Verlauf der Bezieherzahlen im SGB II dargestellt („Hartz IV") als Monatszahlen zwischen Januar 2005 und Januar 2010 (konsolidierte Daten nach einer Wartezeit von drei Monaten). Nach der Einführung des SGB II stiegen die Bezugszahlen zunächst an, dann sanken sie – im Ergebnis ist aber gegenüber Ende 2005 kein wesentlicher Fortschritt erreicht.[5] Eine Tendenz zur Reduktion der Bezugszahlen ist nicht erkennbar.

---

[5] Ein sozialpolitisch vollständiges Bild erhält man, wenn zusätzlich zu den SGB II-Zahlen der Bezug einschließlich Kinderzuschlagsbeziehern dargestellt wird. Der Kinderzuschlag wurde zusammen mit dem SGB II zum 1. Januar 2005 eingeführt, um Kinderarmut von Kindern zu bekämpfen. Ab Ende 2008 steigen die Bezieherzahlen für den Kinderzuschlag an. Darin spiegeln sich die großzügigeren Regelungen, die ab dem 1. Oktober 2008 in Kraft traten. Insgesamt befinden sich knapp unter 7 Millionen Personen im Leistungsbezug des SGB II, darunter ca. 1,3 Millionen Aufstocker. Ca. 430.000 Erwachsene und Kinder sind Bezieher von Kinderzuschlagsleistungen. Zusammen sind das seit der zweiten Jahreshälfte 2005 stets um die 7 Millionen Personen, die im untersten Einkommensbereich leben müssen. Eltern mit einem geringen Einkommen können den Kinderzuschlag beantragen, wenn sie mit ihrem eigenen Einkommen ihren eigenen Bedarf im Sinne des SGB II decken können, nicht aber den ihrer Kinder. Damit soll vermieden werden, dass Eltern wegen ihrer Kinder ergänzende Leistungen im SGB II (Arbeitslosengeld II/Sozialgeld) beziehen müssen. Der Kinderzuschlag beträgt monatlich bis zu 140 Euro je Kind. Am 1. Oktober 2008 trat der weiterentwickelte Kinderzuschlag in Kraft. Die Mindesteinkommensgrenze wurde deutlich abgesenkt bzw. einheitlich festgelegt und die Anrechnung für Einkommen aus Erwerbstätigkeit wurde von 70 Prozent auf 50 Prozent abgesenkt.

Abbildung 6   Verlauf der Bezieherzahlen insgesamt im SGB II sowie die An-
                 zahl der Bedarfsgemeinschaften

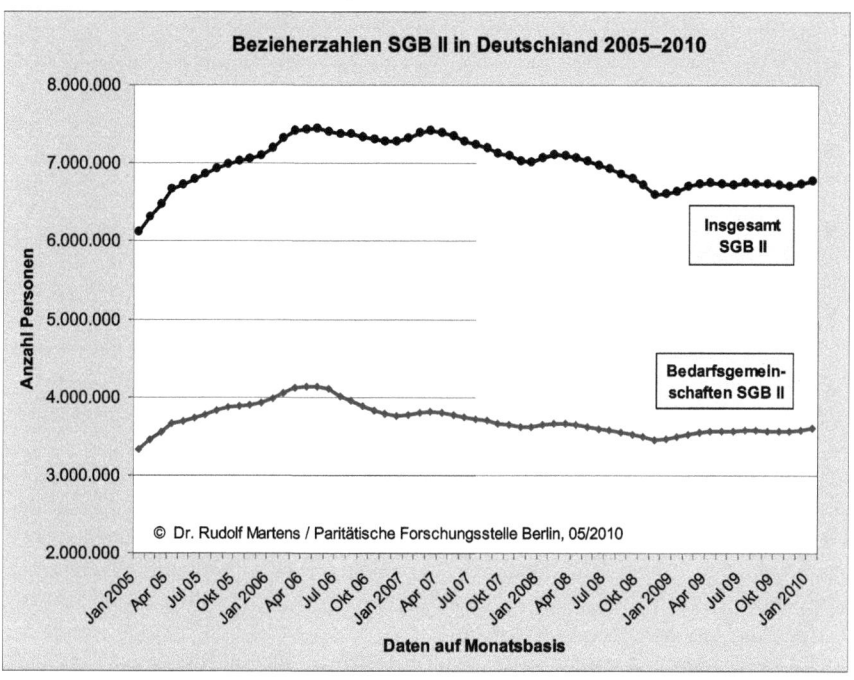

Datenquelle: Statistik der Bundesagentur für Arbeit (konsolidierte Zahlen) sowie eigene Darstellung.

Bislang konnte die Bundesagentur für Arbeit bzw. das Institut für Arbeitsmarkt-
und Berufsforschung noch keine Daten zur Inanspruchnahme von SGB II-
Leistungen vorlegen, die den differenzierten Zahlen entsprechen, wie sie die
Sozialhilfestatistik seit 1994 bis zuletzt 2004 bereit stellte. Allerdings hat das
Institut für Arbeitsmarkt- und Berufsforschung inzwischen in einem Kurzbericht
die Dynamik im SGB II zwischen 2005 und 2007 dargestellt. Die Ergebnisse sind
zusammengefasst in *Tabelle 2* aufgeführt.

Tabelle 2   Bezugsdauer von Leistungsbezug im SGB II („Hartz IV")

Erhebungsjahr (Jahresende)	Leistungsbezug im SGB II (ununterbrochene Dauer), Personen unter 65 Jahren (Deutschland)		
	unter 1 Jahr	mehr als 1 Jahr	mehr als 2 Jahre
2005	33,7 Prozent	-	-
2006	25,6 Prozent	74,4 Prozent	-
2007	22,4 Prozent	77,6 Prozent	60,8 Prozent
– darunter Personen	1.576.000	5.475.000	4.288.000

Datenquelle: Institut für Arbeitsmarkt- und Berufsforschung (vgl. Graf/Rudolph 2009).

Um die Vergleichbarkeit mit der Sozialhilfestatistik herzustellen *(Tabelle 1)*, sind in *Tabelle 2* nur solche Fälle verzeichnet, die eine ununterbrochene Dauer des Leistungsbezugs im SGB II aufwiesen. Da sich nach der Einführung von Hartz IV zum 1. Januar 2005 dieses Leistungsgesetz erst mehrere Jahre entwickeln muss, um Aussagen über die Bezugsdauer zu machen, kommt zur Diskussion zur Verzeitlichung nur das Jahr 2007 infrage.

Die Tendenz, die sich zuvor in der Sozialhilfe gezeigt hat, setzt sich auch im SGB II fort: Noch drastischer als im Falle der Laufenden Hilfe zum Lebensunterhalt außerhalb von Einrichtungen ist hier der Leistungsbezug überwiegend langfristiger Natur. Mehr als drei Viertel aller Personen (78 Prozent) beziehen SGB II länger als ein Jahr und mit 61 Prozent deutlich mehr als die Hälfte mehr als 2 Jahre. Von Januar 2005 bis Ende 2007 waren 3,15 Mio. Personen bzw. 1,5 Mio. Bedarfsgemeinschaften ununterbrochen auf SGB II-Leistungen angewiesen. Dies entspricht einer Verbleibsrate im Zeitraum von 3 Jahren von gerundet 45 Prozent.

Darüber hinaus hat das Institut für Arbeitsmarkt- und Berufsforschung festgestellt, dass eine Beendigung des Leistungsbezugs oftmals nicht dauerhaft ist. Etwa 40 Prozent der Personen seien spätestens nach einem Jahr erneut auf staatliche Unterstützung angewiesen. Das Institut für Arbeitsmarkt- und Berufsforschung resümiert: „Die Grundsicherung wird überwiegend von Bedarfsgemeinschaften geprägt, die über längere Zeiträume durchgehend oder wiederholt bedürftig sind (Graf/Rudolph 2009: 1)."

Diese Befunde fügen sich in weitere Untersuchungen ein, die anhand von Paneldaten des Sozio-ökonomischen Panels (SOEP) des Deutschen Instituts für Wirtschaftsforschung durchgeführt wurden. Die Dynamik von Einkommensentwicklungen ist ein wichtiger Hinweis darauf, welche Chancen einer Einkommensverbesserung bzw. einer Überwindung defizitärer oder Armutspositionen bestehen. Oder anders gewendet: Welches Risiko entsteht, in unzureichende Einkommenslagen bzw. Armutspositionen zu gelangen.

In sechs Vier-Jahres-Vergleichen zwischen 1985 und 2006 zeigt sich ein sehr aussagekräftiges Ergebnis, das in *Abbildung 7* dargestellt ist: Die Grafik zeigt eindeutig, das Risiko, im untersten Einkommensbereich mit einem entsprechenden Armutsrisiko zu verbleiben, hat sich innerhalb der dargestellten Jahre deutlich erhöht. Zugleich hat sich der Übergang von der untersten in gehobene Einkommenslagen verringert (Statistisches Bundesamt 2008).

Abbildung 7   Verbleib der Bevölkerung im untersten Einkommensquintil (untere 20 Prozent der Einkommensbezieher) bzw. Verarmungsrisiko in Vier-Jahres-Perioden zwischen 1985 und 2006

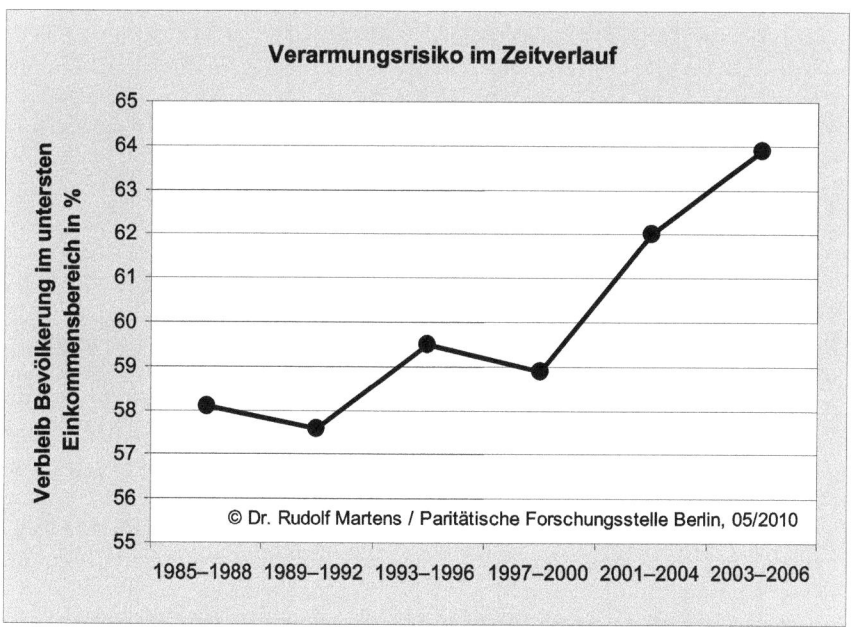

Datenquelle: Sozio-ökonomisches Panel, Deutsches Institut für Wirtschaftsforschung.

Parallel zum Risiko, in untersten Einkommensbereich zu verbleiben, hat sich auch die Dynamik der Armut entwickelt. Im Vergleich der Vier-Jahres Perioden 1996 bis 1999, 2000 bis 2003 und 2002 bis 2005 ergibt folgendes Bild. Der Anteil der

Personen, die mindestens einmal unterhalb der Armutsgrenze lagen, hat generell zugenommen. Noch deutlicher hat die mehrfache oder dauerhafte Armutserfahrung zugenommen. Zwar nimmt mit zunehmender Höhe des Einkommens der Personenkreis die unter die Armutsgrenze fallen, erwartungsgemäß ab – es hat sich aber gezeigt, dass insbesondere kurzfristige Armutserfahrungen bis weit in mittlere Einkommenslagen hinein reichen. Selbst im Bereich überdurchschnittlicher Einkommen finden sich noch ca. vier Prozent Personen, die kurzfristigen Armutserfahrungen ausgesetzt waren.

2.2 Ein Modellhaushalt

Galt vor mehr als eineinhalb Jahrzehnten noch: „Armut ist überwiegend kurzfristiger Natur", so hat sich das ab der Jahrtausendwende drastisch gewandelt. Armutsphasen sind seit einigen Jahren überwiegend langfristig und können mehrere Jahre dauern. Bei der Betrachtung nur des SGB II betrifft das eine Anzahl von 3,2 bis 4,3 Millionen Personen. Hinzuzurechnen wären noch Mindestsicherungsleistungen im Rahmen des SGB XII, die über 820.000 Personen erhalten und die überwiegend langfristig bezogen werden (vgl. Haustein u. a. 2009 sowie Becker/Mertel 2010). Insgesamt kann man anhand der Zahlen aus dem SGB II und SGB XII sowie aus den Längsschnittuntersuchungen ein Potential von 4 bis 7 Millionen Personen schätzen, deren Armutsphasen langfristig – d. h. mehrjährig – andauern.

In der folgenden *Abbildung 8* sind die Überlegungen zur Verzeitlichung der Bedarfe eines Haushalts im Verhältnis zur Regelsatzhöhe, gleichbedeutend mit dem Grundsicherungsniveau, aufgeführt. Die grundlegenden Elemente der Wirkungsweise der Tafeln im Falle eines SGB II/Hartz IV- bzw. Sozialhilfehaushaltes (SGB XII) werden später diskutiert. Wohnkosten werden außerhalb des Regelsatzes erstattet und können bei den folgenden Überlegungen außer Betracht bleiben.

In der Grafik ist das Grundsicherungsniveau als Basislinie eingezeichnet. Die Höhe diese Niveaus wird durch den Regelsatz der Bundesregierung bestimmt.[6] Das wirkliche Bedarfsniveau eines Haushaltes liegt über dem Grundsicherungsniveau. Zur Veranschaulichung der Höhe wird der Regelsatzvorschlag des Paritätischen Gesamtverbandes angesetzt. In *Tabelle 3* ergeben sich rechnerisch Bedarfslücken, die im Falle eines Ein-Personenhaushaltes 81 Euro monatlich betragen. Bei Mehr-Personenhaushalten steigt die Bedarfslücke immer mehr an, im Falle des Paarhaushaltes mit drei Kindern auf 359 Euro monatlich.

---

[6] Wenn die Bundesregierung die Preisentwicklung, die auf den Regelsatz eingewirkt hat, berücksichtigen würde, müsste der Regelsatz 375 Euro betragen. Zur Berechnung: Martens (2008).

Abbildung 8   Schemadarstellung des zeitlichen Verlaufs der Bedarfsentwick-
lung eines Ein-Personen-Haushaltes im SGB II/Hartz IV- oder
SGB XII-Leistungsbezug ohne weiteres Einkommen

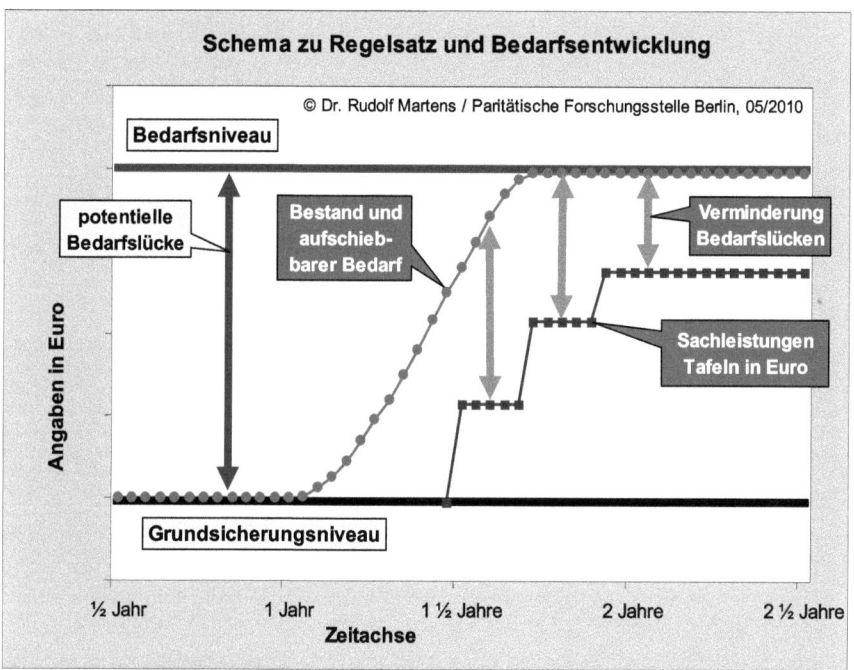

Grundsicherungsniveau ist der aktuell gültige Regelsatz (359 Euro), als Bedarfsniveau wird der
Regelsatzvorschlag des Paritätischen Gesamtverbandes angesetzt (440 Euro), woraus sich eine monatliche Bedarfslücke von 81 Euro ergibt. Diese Bedarfslücke macht sich erst langfristig, nach etwa
einem Jahr, bemerkbar. Die Wirkungsweise der Sachleistungen der Tafeln ergibt sich unmittelbar
daraus.

Zur Höhe des Regelsatzes gibt es eine lange fachliche Diskussion seitens der Wohlfahrtsverbände. Das Hauptergebnis ist, dass der Regelsatz zu niedrig bemessen ist
und den Bedarf nicht vollständig deckt (Martens 2008; Deutscher Caritasverband
2009). Diese potentielle Bedarfslücke des Regelsatzes wird – und das berichten
Praktiker aus Beratungsstellen – immer dann in besonderer Weise spürbar, wenn
ein Haushalt über einen längeren Zeitraum von Grundsicherungsleistungen leben
muss. Aufgrund von folgenden Gutachten wurde der Regelsatz im SGB XII in
München sowie in den Landkreisen München, Fürstenfeldbruck und Dachau um
über 24 bis 31 Euro erhöht: Martens (2008c, d, e; 2009a). Desweiteren müsste

der Regierungsamtliche derzeitige Regelsatz nicht 359 Euro sondern 375 Euro betragen, wäre eine Preisanpassung vorgenommen worden (vgl. Martens 2009b).

Tabelle 3   Modellhafte Bestimmung der Bedarfslücke (Monatszahlen) aus Abbildung 6. Zugrunde gelegt wurde für das Grundsicherungsniveau der aktuelle Regelsatz im SGB II von 359 Euro, für das Bedarfsniveau die Berechnungen des Paritätischen zum Regelsatz für Erwachsene und Kinder

Haushaltstyp	Bedarfslücke	Grundsicherungs-niveau Bundes-regierung	Bedarfsniveau Paritätischer
Ein-Personenhaushalt	81	359	440
Paarhaushalt	146	646	792
Paarhaushalt mit 1 Kind (10 Jahre)	227	897	1.124
Paarhaushalt mit 2 Kindern (4 und 10 Jahre)	288	1.112	1.400
Paarhaushalt mit 3 Kindern (4, 10 und 15 Jahre)	359	1.399	1.758
Alleinerziehend mit 1 Kind (4 Jahre)*)	171	703	874
Alleinerziehend mit 1 Kind (10 Jahre)**)	172	653	825
Alleinerziehend mit 2 Kindern (4 und 10 Jahre)***)	252	954	1.206

*)   Mehrbedarfszuschlag Alleinerziehende 36 Prozent des Regelsatzes (§ 21 SGB II)
**)   Mehrbedarfszuschlag 12 Prozent
***) Mehrbedarfszuschlag 36 Prozent

Datenquelle: eigene Berechnungen.

Anhand praktischer Erfahrungen weiß man, dass sich ein zusätzlicher Bedarf eines Haushaltes spätestens nach etwa einem Jahr ununterbrochenen Hartz IV- bzw. Sozialhilfebezugs zeigt. Mit anderen Worten, ab mehr als einem Jahr Verbleib in Grundsicherungsleistungen ergibt sich eine immer höhere Bedarfslücke des Haushaltes. Dieser Bedarfsverlauf ist in *Abbildung 8* durch eine gepunktete Kurve kenntlich gemacht, die vom Grundsicherungsniveau ausgeht und mit zunehmender Zeit in das höhere Bedarfsniveau übergeht. Wie verhält sich nun ein Haushalt, der über einen längeren Zeitraum von einem unzureichenden Grundsicherungsniveau leben muss? Er wird zunächst die laufenden Ausgaben aus dem Regelsatz bedienen, die für die tägliche Lebensführung notwendig sind. Alle Güter, die seltener gekauft werden müssen, oder Güter deren Kauf man aufschieben kann, oder auch alle Güter, bei denen ein gewisser Bestand im Haushalt vorhanden ist, werden nicht gekauft – d. h. der Erwerb solcher Güter wird auf eine spätere Zeit hin verschoben.

Tabelle 4   Ausgaben für Gebrauchsgüter eines Ein-Personenhaushaltes, unterste 20 Prozent der nach dem Nettoeinkommen geschichteten Haushalte, zuvor wurden alle Sozialhilfeempfänger ausgeschieden, die überwiegend von Sozialhilfe leben

Einpersonen-Haushalte EVS 2003 (Sonderauswertung unterste 20 Prozent)	Durchschnitt über alle Haushalte in Euro	Durchschnitt der Haushalte mit jeweils ausgewiesenen Ausgaben in Euro
Bekleidung	20,17	52,11
Schuhe	7,30	30,39
Orthopädische Schuhe	0,49	38,85
Wohnungsinstandhaltung	3,42	32,34
Bodenbeläge	1,42	20,86
Waschmaschine	1,53	71,48
Kühlschränke	1,38	80,18
Gebrauchsgüter Gesundheitspflege	5,57	47,78
Kraftstoffe	18,45	53,98
Öffentlicher Nahverkehr	11,04	26,05
Pauschalreisen	7,81	101,78
Übernachtungskosten	0,20	44,79
Mitgliedsbeiträge, Geldspenden	1,17	12,67

Datenquelle: (EVS) 2003.

In *Tabelle 4* finden sich einige Beispiele aus der Einkommens- und Verbrauchsstichprobe (EVS) 2003. Anhand der Ein-Personenhaushalte in der EVS hatte die Bundesregierung den Regelsatz für 2006 bestimmt. Beispielsweise haben ganz offensichtlich einige Haushalte während des Erhebungszeitraums von drei Monaten keine Bekleidung gekauft. Diejenigen, die Kleidungsstücke kauften, mussten Ausgaben weit über dem Durchschnitt aller Haushalte aufwenden. Dieses Muster gilt für eine Reihe von Beispielen in Tabelle 4. Der Kauf zunächst *aufgeschobener*

Bedarfsgüter erzeugt nach einiger Zeit einen stetig wachsenden Bedarf, der nicht mehr durch die Grundsicherung gedeckt ist.

Anhand der Schemazeichnung in *Abbildung 8* kann man sich die Wirkungsweise der Tafeln verdeutlichen. Erst wenn ein Haushalt längere Zeit von Grundsicherungsleistungen leben muss, entsteht ein wachsender Anreiz, zu einer örtlich erreichbaren Tafel zu gehen und deren Leistungen in Anspruch zu nehmen. Die Sachleistungen der Tafeln werden in Euro ausgedrückt und als treppenförmige Kurve dargestellt, die mit der Zeitachse ansteigt. Dies soll der Anreizstruktur entsprechen, bei der der zeitlich wachsende Bedarf eines Haushalts zu einer wachsenden Inanspruchnahme von Tafelleistungen führt.

In *Tabelle 5* ist die derzeitige (Mai 2010) Zusammensetzung des Regelsatzes aufgelistet. Deutlich wird, dass der Posten „Nahrungsmittel und alkoholfreie Getränke" mit 32 Prozent bzw. ein Drittel den größten Einzelposten innerhalb des Regelsatzes stellt. Desweiteren ist klar, dass dieser Posten zugleich wenig variabel ist, so im Vergleich mit „Bekleidung und Schuhe" oder „Freizeit, Unterhaltung und Kultur".[7] Die Sachleistungen der Tafeln in Form von Nahrungsmittelpaketen reduzieren immer dann den Ausgabeposten eines Haushalts für „Nahrungsmittel und alkoholfreie Getränke" besonders wirksam, wenn die Leistungen kontinuierlich in Anspruch genommen werden. Auf diese Weise wird der größte Ausgabeposten des Haushalts sowohl fühlbar als auch stetig reduziert. In Folge ist der Haushalt in der Lage, seinen aufgeschobenen Bedarf zu decken oder tatsächlich nennenswerte Beträge für größere Anschaffungen anzusparen.

Tabelle 5   Zusammensetzung des derzeit (Mai 2010) gültigen Regelsatzes

Zusammensetzung des Regelsatzes	Einzelbeträge Euro
Nahrungsmittel, alkoholfreie Getränke	113,61
Alkoholische Getränke, Tabakwaren u. Ä.	19,07
Bekleidung und Schuhe	35,68
Wohnen, Energie, Wohnungsinstandhaltung	26,87
Innenausstattung, Haushaltsgeräte und -gegenstände	25,69
Gesundheitspflege	13,20
Verkehr	16,08

---

[7] Ähnlich festgelegt wäre der Posten „Wohnen, Energie, Wohnungsinstandhaltung", der im wesentlichen Stromkosten beinhaltet, sowie „Gesundheitspflege" (insbesondere im Krankheitsfall), „Verkehr" und Nachrichtenübermittlung".

Nachrichtenübermittlung	31,52
Freizeit, Unterhaltung und Kultur	40,90
Bildungswesen	-
Beherbergungs- und Gaststättendienstleistungen	8,51
Andere Waren und Dienstleistungen und weitere private Ausgaben	27,89
Regelsatz	359,00

Datenquelle: Deutscher Bundestag, Ausschuss für Arbeit und Soziales, Ausschussdrucksache 16(11) 286 (15. Juni 2006), 20–23 (vgl. Tabelle 4) und eigene Berechnungen.

Möbelshops und Kleiderkammern können keine den Tafeln vergleichbare Wirkungen erzielen. Zwar werden durch die Sachleistungen der Möbelshops und Kleiderkammern einzelne aufgeschobene Bedarfe gedeckt, aber es kommt dabei niemals zu einer Leistungskontinuität wie im Falle der Nahrungsmittel. Auch erscheint der Bezug von Nahrungsmittelpaketen unproblematischer zu sein als die Zuteilung von Möbeln und Kleidung, bei denen der persönliche Geschmack eine große Rolle spielt und der tendenziell ungenügend zum Zuge kommt.

3   Resümee

Die üblichen Jahresdurchschnittszahlen zur Wohnungslosigkeit, zum Sozialhilfebezug (bis 2004), zur Arbeitslosigkeit und auch der Anstieg der Armut in den letzten 15 Jahren können nicht den Erfolg und die explosionsartige Zunahme der Tafeln erklären. Entscheidend ist die Verzeitlichung der Armut bzw. Dynamik der Armutsdynamik: Waren vor 20 Jahren Armutsphasen eher kurzfristig, so sind Armutsphasen und der Bezug von Grundsicherungsleistungen ab Ende der 1990er Jahre eher langfristiger Natur. Die Verzeitlichung der Armut bzw. der langjährige Bezug von Grundsicherungsleistungen führt zu einer Verzeitlichung der Bedarfslagen von Haushalten. Je nach ununterbrochener Dauer des Grundsicherungsbezugs ergeben sich unterschiedliche Bedarfslagen bzw. Bedarfsniveaus des Haushaltes. Nach den Erfahrungen und Gegenrechnungen der Wohlfahrtsverbände ist der Regelsatz im SGB II und SGB XII *nicht* bedarfsdeckend. Ein Haushalt wird zunächst die laufenden Ausgaben aus dem Regelsatz bedienen, die für die tägliche Lebensführung notwendig sind. Alle Güter, deren Kauf man aufschieben kann oder die im Bestand im Haushalt vorhanden sind, werden erst zu einem späteren Zeitpunkt erworben. Daraus ergibt sich eine in der Zeit immer größere Bedarfslücke. An diesem Punkt setzt die Wirkung der Tafeln ein. Die Sachleistungen in Form von Nahrungsmittelpaketen reduzieren sowohl fühlbar als auch stetig die Nahrungsmittelausgaben des Haushalts, die zugleich der größte Ausgabeposten eines Haushaltes im Grundscherungsbezug ist. Daraufhin kann der Haushalt seinen aufgeschobenen Bedarf decken. Der Erfolg der Tafeln ist damit erklärt. Faktisch wirken die Tafeln wie ein Zusatznetz für Haushalte im langjährigen Bezug von Grundsicherungsleistungen. Allerdings ist dieses privat organisierte Netz ziemlich löchrig: Bei einem Potential von 4 bis 7 Millionen Personen mit langjährigen Armutsphasen und den ca. 1 Million Personen, die von den Tafeln versorgt werden, wird das Missverhältnis deutlich, selbst wenn sich die Anzahl der Tafeln in kurzer Frist verdoppelte. Die Tafeln können letztlich keinen Ersatz dafür bieten, unzureichende Regelsätze zu kompensieren.[8]

Weitere Ansätze und Forschungsfragen zur Zukunft und möglichem Gestaltwandel der Tafeln

Tabelle 6   Konventionelle Grenzen der Tafeln

a) Das Einsammeln von Spendengeldern ist begrenzt.
b) Die Verfügbarkeit von Lebensmittelabgaben im ländlichen Raum ist mit der jeweiligen Entfernung zu regionalen Zentren begrenzt.
c) Damit ergibt sich ein Ausdünnen des Netzes der Tafeln mit der Entfernung zu regionalen Zentren. Anhand der Armutsverteilung in Deutschland ist dies zu erkennen; des weiteren ist zu erkennen, dass die Tafeln nicht in den Räumen verfügbar sind, wo sie aufgrund der regionalen Einkommensarmut am meisten gebraucht werden.
d) Ein weiterer begrenzender Faktor ist die Verfügbarkeit von sozialem Engagement.
e) Bedarfsgerechte Regelsätze reduzieren den Anreiz, Tafelleistungen in Anspruch zu nehmen. Ebenfalls wäre der Anreiz reduziert, ehrenamtlich Tafelarbeit zu leisten. Die Tafeln würden sich in Folge tendenziell zu ihren Ausgangspunkten und ihrer ursprünglichen Klientel zurückentwickeln. Jedoch waren und sind politische Mehrheiten für bedarfsgerechte Regelsätze eher unwahrscheinlich.
f) Der Geldwert der Tafelleistungen auf Monatsbasis und die Anzahl langfristig versorgter Personen wären wichtige Eckdaten. Der Geldwert der Tafelleistungen im Verhältnis zu den Mehrkosten, die ein bedarfsgerechtes Regelsatz (Paritätischer Vorschlag ca. 10 Milliarden Euro) kostete, wäre eine wichtige Information.

---

[8] Zur politischen Ökonomie von Grundsicherungsleistungen vgl. Martens (2009c).

Tabelle 7   Volkswirtschaftliche Grenzen und Reaktionsmöglichkeiten

a) Der Markt für die Entsorgung von überschüssigen Lebensmitteln ist für die Tafeln gesättigt, weitere Steigerungen der Lebensmittelabgaben sind nicht mehr möglich.
b) Bei weiterer Zunahme von Langzeitarbeitslosigkeit und Einkommensarmut kann der Punkt erreicht werden, an dem die bislang in der Armenbevölkerung entsorgten Lebensmittel Grundlage für ein neues Geschäftsmodell des Lebensmittelhandels werden. In Folge davon bräche das Geschäftsmodell der Tafeln zusammen.
c) Die Tafeln könnten auf zwei Weisen reagieren, um den beschriebenen zwei volkswirtschaftlichen Begrenzungen a) und b) zu entgehen: Die Tafeln könnten Produktionsbetriebe bzw. Produktionsgenossenschaften gründen und die zu verteilenden Lebensmittel selbst herstellen. Bei dem zu erwartenden Bedarf und der beliebigen Unwahrscheinlichkeit bedarfsdeckender Regelsätze ergäbe dies ein bedeutender Wachstumsmarkt für die Zukunft. Die Tafeln wandeln sich zu einem Sozialdienstleister, der sich um die sozialen Rechte von Einkommensarmen bzw. Transferbeziehern umfassend kümmert. Die Tafeln könnten sämtliche soziale Rechte eines Einzelnen anwaltlich durchsetzen, die durchgesetzten Geldleistungen einsammeln und in einem bewirtschafteten Konto den jeweiligen Betroffenen zur Verfügung stellen. Es werden demnach nicht Einzelberatungen vorgehalten wie im konventionellen Geschäft der Sozialverbände, vielmehr wird ein Gesamtpaket angeboten, in dem die Durchsetzung sozialer Rechte und das stellvertretende Einsammeln von Geldleistungen für den Betroffenen im Mittelpunkt steht.
d) Das Wirtschaftsmodell Deutschland als Produzent von Armut und Transferbezug, Beschreibung der sich entwickelnden Armutsökonomie.

Literatur

Becker, Bernd/Mertel, Bettine (2010): Aspekte regionaler Armutsmessung in Deutschland. In: Wirtschaft und Statistik, Nr. 4/2010, 389–391.

Deutscher Caritasverband (2008): Wie die Bekämpfung der Kinderarmut gelingen kann. Positionen des Deutschen Caritasverbandes. In: neue caritas (spezial), 10/2009, 29–35.

EVS (2003): Sonderauswertung Einkommens- und Verbrauchsstichprobe (EVS) 2003 für die Bundesregierung zur Bestimmung des Regelsatzes 2006; Deutscher Bundestag, Ausschuss für Arbeit und Soziales, Ausschussdrucksache 16(11)286 (15. Juni 2006), 20–23.

Grabka, Markus M./Frick, Joachim R. (2008): Schrumpfende Mittelschicht – Anzeichen einer dauerhaften Polarisierung der verfügbaren Einkommen? Wochenbericht des DIW (Deutsches Institut für Wirtschaftsforschung), Nr. 10/2008, 101–108.

Grabka, Markus M./Frick, Joachim R. (2010): Weiterhin hohes Armutsrisiko in Deutschland: Kinder und junge Erwachsene sind besonders betroffen. Wochenbericht des DIW (Deutsches Institut für Wirtschaftsforschung), Nr. 7/2010, 2–11.

Graf, Tobias/Rudolph, Helmut (2009): Dynamik im SGB II 2005–2007. Viele Bedarfsgemeinschaften bleiben lange bedürftig. – IAB-Kurzbericht, Nr. 5/2009, 1–8.

Haustein, Thomas/Mertel, Bettina/Dorn, Markus (2009): Soziale Mindestsicherung in
Deutschland 2007. – Statistische Ämter des Bundes und der Länder. Wiesbaden, 7–9.

Krause, Peter (1994): Zur zeitlichen Dimension von Einkommensarmut. In: Deutscher
Gewerkschaftsbund und Paritätischer Wohlfahrtsverband – Gesamtverband (Hg.)
(1994): Armut in Deutschland. Reinbek b. Hamburg, 194–206.

Martens, Rudolf (2008a): Hartz-IV-Regelsatz und Preisentwicklung: Vorschlag für einen
spezifischen Preisindex zur Anpassung der Regelsätze. In: Soziale Sicherheit, 2/2008,
68–73.

Martens, Rudolf (2008b): Was Kinder brauchen ... Für eine offene Diskussion über das
Existenzminimum für Kinder nach dem Statistikmodell gemäß § 28 SGB XII (Sozialhilfe). Paritätische Forschungsstelle/Paritätischer Gesamtverband. Berlin.

Martens, Rudolf (2008c): Gutachten zur Überprüfung der Höhe des Münchner Sozialhilferegelsatzes. Paritätische Forschungsstelle, Berlin;

Martens, Rudolf (2008d): Gutachten zur Überprüfung der Höhe des Sozialhilferegelsatzes
im Landkreis München. Paritätische Forschungsstelle, Berlin;

Martens, Rudolf (2008e): Gutachten zur Überprüfung der Höhe des Sozialhilferegelsatzes
(SGB XII) im Landkreis Fürstenfeldbruck. Paritätische Forschungsstelle, Berlin;

Martens, Rudolf (2009a): Gutachten zur Überprüfung der Höhe des Sozialhilferegelsatzes
im Landkreis Dachau nach § 1 AVSV. Paritätische Forschungsstelle, Berlin;

Martens, Rudolf (2009b): Angemessene Lebensbedingungen für Kinder. Wie hoch müsste
ein auskömmliches Existenzminimum für Kinder in Deutschland sein? In: Kinder-
report Deutschland 2010. Daten Fakten Hintergründe, Deutsches Kinderhilfswerk
(Hg.), Freiburg, 119.

Martens, Rudolf (2009c): Existenzminimum: Wachstumsfaktor und Wagnisversicherung.
In: Zeitschrift für Wirtschaftspolitik, 1/2009, 81–91.

Statistisches Bundesamt (2006) (Hg.): Datenreport 2006. Zahlen und Fakten über die Bundesrepublik Deutschland. Bundeszentrale für politische Bildung, Bonn 2006, 620–624.

Statistisches Bundesamt (2008) (Hg.): Datenreport 2008. Ein Sozialbericht für die Bundesrepublik Deutschland. Bundeszentrale für politische Bildung, Bonn 2008, 170–172.

„Feeding America and the World"
Zur Geschichte und ungewissen Zukunft des Tafelsystems in den USA

Britta Grell

Zusammenfassung

Vieles aus der Welt des modernen Sozialmanagements stammt aus den Vereinigten Staaten, so auch die Idee für Lebensmitteltafeln. Entscheidend für ihre rasante Verbreitung war vor 30 Jahren die Gründung des gemeinnützigen Unternehmens „America's Second Harvest", das sich inzwischen in „Feeding America" umbenannt hat. Im Zentrum dieses Beitrags stehen einige der Faktoren, welche die erstaunliche Institutionalisierung und Professionalisierung des amerikanischen Systems der „privaten Hungerhilfe" befördert haben. Dabei wird konträr zu Vorstellungen von der besonderen Staatsferne und Unabhängigkeit des zivilgesellschaftlichen Sektors in den USA gezeigt, dass das dortige Tafelsystem zum Teil sehr eng mit staatlichen Strukturen und Programmen verwoben ist. Der Beitrag fasst zudem die wichtigsten Kritikpunkte am US-amerikanischen System der „privaten Hungerhilfe" zusammen.

1   Einleitung

Lebensmitteltafeln bzw. „Food Banks" oder „Food Pantries", wie sie im angelsächsischen Raum in der Regel genannt werden, haben sich in den USA spätestens seit der Reagan-Ära nicht nur zu einem festen Bestandteil der sozialen Infrastruktur entwickelt, sondern erfreuen sich auch einer großen gesellschaftlichen Popularität. Umfrageergebnissen zufolge haben mehr als die Hälfte aller US-Amerikaner schon einmal Geld oder Nahrungsmittel an eine dieser karitativen Einrichtungen gespendet oder sich in anderer Form ehrenamtlich engagiert, um bedürftigen Menschen im eigenen Land zu helfen (vgl. Winne 2008). Sogenannte „Food Drives", bei denen sich Sportvereine, Schulen oder Nachbarschaftsvereine an aufwendigen Sammelaktionen zur Linderung der sozialen Not vor ihrer Haustür beteiligen, gehören für Kinder in den USA inzwischen genauso selbstverständlich zu ihrem Alltag wie die Erfahrung, dass der Staat gegenüber den vielfältigen Armutsproblemen anscheinend machtlos ist. Auch zahlreiche Stars des Musik- und Filmbusiness sowie Tausende von Unternehmen – angefangen von Großkonzernen wie Kellogg oder Coca Cola bis hin zu kleinen lokalen Firmen – sind in das System der „privaten Hungerhilfe" eingebunden. Und die Nachfrage nach dieser Hilfe scheint seit Jahrzehnten unaufhaltsam zu wachsen.

In regelmäßigen Abständen weisen offizielle Statistiken und Studien auf die Brisanz wachsender sozialer Probleme in den Vereinigten Staaten hin, von denen längst nicht mehr nur Minderheiten betroffen sind. So leben derzeit fast 40 Millionen Menschen (13,2 Prozent der Bevölkerung) unter der offiziellen Armutsgrenze und über 46 Millionen haben keinerlei Krankenversicherung (US Census Bureau 2009). Inzwischen hat die Wirtschaftskrise die Zahl der US-Amerikaner, die sich aus eigenen Mitteln nicht angemessen ernähren können, auf nahezu 50 Millionen anschwellen lassen, darunter 17 Millionen Kinder (Nord u. a. 2009). Das bedeutet, dass fast jedes vierte Kind in einer der mächtigsten Agrarnationen mit Ernährungsunsicherheit aufwächst. Als im letzten Jahr die Nachrichten über die verheerenden Auswirkungen der Rezession alarmierende Ausmaße annahmen, startete die Bundesregierung kurz vor Beginn der Weihnachtssaison eine neue Öffentlichkeitskampagne, um die bereits umfassenden zivilgesellschaftlichen Bemühungen zur Unterstützung Bedürftiger noch auszuweiten. Der Titel lautete: „United We Serve – Feed a Neighbor" (vgl. Perry 2009). Doch selbst im Musterland von „Volunteering" und „Corporate Citizenship" mehren sich inzwischen kritische Stimmen, welche die ambivalente Rolle von Lebensmitteltafeln und anderen karitativen Nothilfeprogrammen öffentlich thematisieren und zu einer Neuausrichtung der nationalen und lokalen Anstrengungen gegen Armut und Ernährungsunsicherheit auffordern.

Der Beitrag will einen Einblick in die organisatorischen Strukturen, die Entwicklungsgeschichte sowie die gesellschaftspolitischen Ambivalenzen der „privaten Hungerhilfe" in den Vereinigten Staaten geben. Zunächst soll veranschaulicht werden, was in den USA von Sozialwissenschaftlern als „private food assistance network" und von staatlichen Stellen, aber auch gelegentlich von den Protagonisten selbst als „emergency food assistance system" bezeichnet wird (vgl. Tiehen 2002; Daponte/Bade 2006). Der zweite Teil des Beitrags widmet sich dem spezifischen Entstehungshintergrund der US-Tafelbewegung, deren Aufstieg ohne die Berücksichtigung einiger Besonderheiten des amerikanischen Wohlfahrtsstaates nicht zu verstehen ist. Danach werden die wichtigsten Kritikpunkte an dieser Form der modernen Armenspeisung skizziert. Am Schluss steht die Frage nach Alternativen und möglichen Zukunftsperspektiven der US-amerikanischen „Anti-Hunger-Bewegung".

2   Private Hungerhilfe im „Land of Plenty"

2005 starb der Begründer der Tafelidee und -bewegung John van Hengel im Alter von 83 Jahren in einem Hospiz in Arizona. Nachrufe in führenden nationalen

Tageszeitungen würdigten ihn als innovativen Geschäftsmann, der nach zahlreichen persönlichen Schicksalsschlägen und eigenen Armutserfahrungen mit seinem Altruismus sowie seiner Vision für eine bessere Zukunft zu einem weltweiten Vorbild geworden sei (vgl. Martin 2005; Nelson 2005). 1967 hatte van Hegel in Phoenix, Arizona, mit Hilfe der lokalen Franziskanergemeinde „St. Mary" eine ehemalige Bäckerei angemietet, um dort überschüssiges Gemüse von lokalen Farmern und andere Lebensmittel, die im Handel nicht mehr verkauft werden konnten, zu sammeln und zu lagern. Damit sollte vor allem die Arbeit von kirchlichen Suppenküchen erleichtert und deren Angebot verbessert werden. Die Anregung, dieses Projekt „Food Bank" zu taufen, stammte angeblich von einer seiner damaligen drei Helferinnen, einer älteren Frau, die es sich als eine Art Spardepot für bedürftige Menschen sowie Hilfsorganisationen vorstellte, wo diese – anstatt Geld abzuheben – Naturalien beziehen können (Poppendieck 1999: 112 f.).

Im ersten Jahr ihrer Existenz belieferte die „St. Mary Food Bank" bereits über 30 wohltätige Einrichtungen in der näheren Umgebung mit 250.000 Pfund an gespendeten Nahrungsmitteln (ebd.). Heute verfügt ihre Nachfolgeeinrichtung, die „St. Mary Food Bank Alliance", über ein ausgefeiltes und sich über den gesamten Bundesstaat erstreckendes Verteilungssystem, dessen Logistik und Professionalität den Vergleich mit kommerziellen Unternehmen nicht scheuen muss.[1] Im Geschäftsjahr 2008/2009 wurden 67 Millionen Pfund Nahrungsmittel im Wert von über 100 Millionen US-Dollar eingeworben bzw. gekauft,[2] in fünf regionalen Zentren gesammelt, sortiert, verpackt und an über 500 „Partneragenturen" in ganz Arizona weitergeleitet. Die Allianz beschäftigt 206 feste Mitarbeiter und wird von 95.600 Freiwilligen unterstützt. Die Liste der Spender ist schier endlos. Sie reicht von großen Banken, Versicherungskonzernen, Fluggesellschaften, Fitness-Studios, Radiostationen, Hotel- und Lebensmittelketten über gemeinnützigen Stiftungen, Universitäten und Kirchengemeinden bis hin zu Tausenden von Privathaushalten. Die dem Finanzamt zu meldenden Vermögenswerte gab die Organisation für das Jahr 2009 auf über 30 Millionen US-Dollar an.

Obwohl die meisten vergleichbaren Einrichtungen in den USA mit erheblich bescheideneren Ressourcen auskommen müssen, sieht die Grundstruktur der privaten Hungerhilfe in den meisten US-Bundesstaaten inzwischen ähnlich aus.[3] An

---

[1] Die folgenden Angaben sind dem letzten Jahresbericht und der aktuellen Einkommenssteuererklärung der „St. Mary's Food Bank Alliance" entnommen, die beide auf der Homepage der Organisation zugänglich sind (vgl. http://www.firstfoodbank.org).

[2] Die meisten „Food Banks" sammeln nicht nur überschüssige Lebensmittel ein, sondern ergänzen ihre Vorräte durch Zukäufe vor allem von Frischprodukten.

[3] Wenn nicht anders angegeben, basieren die folgenden Informationen auf einer Studie des Landwirtschaftsministeriums (Ohls u. a. 2002), die bislang die umfassendste quantitative Untersuchung zum System der „privaten Hungerhilfe" darstellt. Da diese Erhebung jedoch bereits einige Jahre alt ist, sind die präsentierten Zahlen lediglich Annäherungswerte.

der Spitze stehen die großen und etablierten „Food-Bank-Unternehmen", die man
sich als die Grossisten der Handels- bzw. Verteilungskette vorstellen kann. Das
heißt, die meisten betreiben selbst gar keine Essensausgabestellen, sondern geben
ihre Waren gegen einen Unkostenbeitrag an andere gemeinnützige Organisationen, aber auch öffentliche Einrichtungen wie Schulen ab.[4] Zu ihrer Infrastruktur
gehören riesige Fuhrparks, Kühlhäuser und High-Tech-Lagerhallen, von denen
manche über 200.000 qm umfassen. Diese modernen „Fortresses Against Hunger",
wie sie zuweilen in den Medien genannt werden, sind oftmals in der Nähe von
zentralen Verkehrsknotenpunkten angesiedelt und haben ihre Kapazitäten seit
Ende der 1990er Jahre zum Teil mehr als vervierfacht (vgl. The Boston Globe,
20.8.2007; USA Today, 14.4.2010). Neben den regionalen Distributionszentren
gibt es noch eine Fülle von kleineren lokalen „Food Banks", die häufig als eine
Art Zwischenhändler fungieren. Insgesamt wird ihre Zahl auf 400 geschätzt, mit
eindeutigen geographischen Schwerpunkten in den südlichen und westlichen
Bundesstaaten, wobei in Kalifornien – gekennzeichnet durch einen besonders
hohen Bevölkerungsanteil von Migranten und einem ausgeprägten Niedriglohnsektor – die meisten „Food Banks" zu Hause sind. Hinzu kommen fast 100 sogenannte „Food Rescue Organizations", die sich darauf spezialisiert haben, mit dem
Hotel- und Gaststättengewerbe – inklusive Fast-Food-Ketten wie Pizza Hut oder
McDonald's –, Großküchen oder Lieferanten von Frischprodukten zu kooperieren.
Sie organisieren die Abholung und Weiterverwertung von deren Überresten und
liefern das Essen an diverse Sozialeinrichtungen. Die erste Organisation dieser
Art wurde 1982 unter dem Namen „City Harvest" in New York gegründet und
diente nach Auskunft der Initiatorinnen Anfang der 1990er Jahre als Vorbild für
den Aufbau der ersten deutschen Lebensmitteltafel in Berlin (vgl. Werth 2009).
      Die zweite Säule des privaten Hungerhilfe-Systems in den USA bilden etwa
60.000 bis 70.000 lokale gemeinnützige Initiativen und Wohlfahrtseinrichtungen.
Sie sind, um in der Geschäftssprache zu verbleiben, die wichtigsten „Abnehmer"
der Nahrungsmittel- und Essensspenden und stellen den Kontakt zu den „Endver-
brauchern" her. Für etwa ein Drittel der „Food-Bank-Kunden" sind Essensausgabe
und Ernährungshilfe nicht die organisatorischen Hauptaufgaben. Sie unterhalten
Obdachlosenasyle, Frauenhäuser und andere soziale Institutionen und Programme
für Kranke, Kinder und Senioren, zu denen auch Verpflegungsangebote gehören.
Die Zahl der Suppenküchen („Emergency Kitchens") – Einrichtungen, die sich
eigens zur Versorgung von Bedürftigen mit warmen Mahlzeiten gegründet und
keine spezielle Zielgruppe haben – wird landesweit auf etwa 5.000 bis 8.000 geschätzt. Sie sind zumeist in den großstädtischen Regionen zu finden genauso wie
die über 30.000 „Food Pantries", die sich vielleicht am ehesten mit den Tafelläden

---

[4] Gängig sind etwa 20 US-Cents für ein Pfund Lebensmittel.

in Deutschland vergleichen lassen. Sie verteilen kostenlos oder gegen eine geringe Gebühr abgepackte und frische Lebensmittel, die sie hauptsächlich von den „Food Banks" beziehen. Ihre Dienste werden in den USA im Jahr von schätzungsweise weit über 40 Millionen Menschen in Anspruch genommen, Tendenz steigend.[5] Dabei spielen Religion und Glauben auf Seiten der Helfer eine zentrale Rolle. Über 70 Prozent der „Food Pantries" sind christlichen Kirchengemeinden, Synagogen oder Moscheevereinen angeschlossen, deren Mitglieder meist auch das für den Betrieb benötigte ehrenamtliche Personal stellen. Damit unterscheiden sie sich von den „Food Banks", deren Organisationshintergrund in der Regel säkular ist. Die „Pantries" – was sich am besten mit Speisekammern übersetzen lässt – sind eher jüngere Einrichtungen des privaten Hungerhilfesystems, das heißt, ein beträchtlicher Teil ist erst im Laufe der letzten zehn bis fünfzehn Jahre entstanden.

Ein Großteil der US-amerikanischen „Food Banks" und „Food Pantries" ist zudem in regionale und überregionale Netzwerke eingebunden. Zu den wichtigsten nationalen Wohlfahrtsverbänden, die gemeinnützige Lebensmittelsammel- und Ausgabestellen materiell und koordinierend unterstützen, zählen „Catholic Charities", das Rote Kreuz, die Heilsarmee und „United Way of America", eine bundesweit agierende gemeinnützige Organisation, die sich vor allem dem Ausbau von Freiwilligendiensten im sozialen Bereich verschrieben hat. Der mit Abstand einflussreichste Dachverband im Bereich der Hungerhilfe ist jedoch „Feeding America" – eine weitere Einrichtung, die auf den Geschäftsmann John van Hengel zurückgeht. Van Hengel, der sich einmal selbstironisch als die „Mutter Teresa des Selleriegemüses" bezeichnet hat (vgl. Nelson 2005), hatte nach langjähriger Tätigkeit als Leiter der ersten „Food Bank" in Arizona beschlossen, seine Erfahrungen an andere Menschen und karitative Organisationen weiterzugeben. Mit finanzieller Anschubfinanzierung der Bundesregierung gründete er hierfür 1979 eigens einen gemeinnützigen Verein unter dem Namen „Second Harvest". Sein Zweck: die nationale und internationale Verbreitung der Tafelidee.[6]

Aus der Ein-Mann-Initiative „Second Harvest", die sich 1999 in „America's Second Harvest" und 2008 in „Feeding America" unbenannte, ist eines der profiliertesten Nonprofit-Unternehmen in den USA hervorgegangen, das inzwischen in nobler Geschäftslage in Chicago residiert. Dorthin war die Organisation bereits

---

[5] Die aktuellsten Angaben zur Inanspruchnahme bietet der von „Feeding America" in Auftrag gegebene „Hunger-Report". Demnach ist die Zahl der Nutzer von Lebensmitteltafeln, die dem Netzwerk angeschlossen sind, zwischen 1997 und 2009 von 21 auf 37 Millionen Personen angestiegen (Feeding America 2010a: 5). Da es darüber hinaus noch zahlreiche weitere „Food Banks" und „Food Pantries" gibt, die nicht zu diesem Dachverband gehören, wird die Zahl der Nutzer des Tafelsystems bei weit über 40 Millionen liegen.

[6] Vgl. zur Gründungsgeschichte von „Second Harvest" Poppendieck (1999: 123 ff.) und die Selbstdarstellung des Dachverbandes (http://www.fundinguniverse.com/company-histories/Second-Harvest-Company-History.html).

1984 umgezogen, nachdem sie begonnen hatte, nicht nur staatliche Fördermittel zu akquirieren, sondern auch enge Kooperationsbeziehungen mit Großkonzernen der Lebensmittelindustrie aufzubauen, von denen einige heute noch zu den Hauptsponsoren des Netzwerkes gehören und im Vorstand von „Feeding America" vertreten sind.[7] „Feeding America" hat maßgeblichen Einfluss auf die Struktur und strategische Ausrichtung der „Anti-Hunger-Bewegung" in den USA, weil sie inzwischen etwa 90 Prozent aller größeren „Food Banks" vertritt und über ausreichend Ressourcen verfügt, um sich äußerst effiziente Public-Relations- und Marketing-Profis sowie eigene Forschungs- und Planungsabteilungen leisten zu können. Allein im nationalen Büro in Chicago sind 170 hauptamtliche Mitarbeiter beschäftigt, die neben dem weiten Feld der Öffentlichkeitsarbeit auch noch wichtige logistische Funktionen für ihre Mitgliedsorganisationen übernehmen. So betreibt „Feeding America" eine Art „nationale Börse" für Großspenden der Lebensmittelindustrie und sorgt dafür, dass die Waren innerhalb kürzester Zeit auch dort landen, wo es eine Nachfrage gibt.[8] Vor kurzem wurde Walmart zum „Donor of the year 2010" gekürt, nachdem das Unternehmen dem Netzwerk 35 hochmoderne LKWs gestiftet hatte (PR Newswire, 1.4.2010). Wer Mitglied bzw. Partnerorganisation werden will, muss sich einem komplexen Zertifizierungsverfahren unterziehen, das professionelle Standards in Bezug auf technische Ausstattung und Management sowie die Einhaltung einer Reihe anderer Qualitätsanforderungen garantieren soll. Im Gegenzug für die zu zahlenden Mitgliedsbeiträge und -gebühren, deren Gesamtsumme sich 2007 auf 9,7 Millionen US-Dollar belief,[9] hilft der Dachverband „Feeding America" dabei, dass die Medienaufmerksamkeit und die Spenden nicht versiegen, und verspricht, dass eine materielle Grundversorgung gesichert ist.

3   Von altem Käse und anderen Besonderheiten des US-amerikanischen Sozialsystems

„Feeding America", dessen kritische Unternehmensgeschichte noch geschrieben werden muss, ist für viele in den USA zum Symbol des hochgradig professionalisierten und komplexen Systems der „privaten Hungerhilfe" geworden. Um die erstaunliche Entwicklungsdynamik der Lebensmitteltafeln in ihrem Herkunftsland

---

[7] Zurzeit sind im Vorstand von „Feeding America" folgende große Firmen vertreten: die Lebensmittelkonzerne ConAgra Foods, General Mills und Mars sowie die wichtigsten Supermarktketten des Landes: Walmart und The Kroger Company.

[8] Geht zum Beispiel eine Großspende Cornflakes von der Firma Kellogg ein, dann wird dieses Angebot online bekanntgegeben und die angeschlossenen „Food Banks" können sich darauf bewerben. Das „Headquarter" sorgt dann dafür, dass die Waren auf dem schnellsten und günstigsten Wege zu den „Bietern" gelangen (vgl. Daponte/Bade 2006).

[9] Vgl. zu den Einnahmen von „Feeding America" http://www.bbb.org/charity-reviews.

zu verstehen, bietet es sich aus politikwissenschaftlicher Sicht an, sie im Kontext (wohlfahrts-)staatlicher Strukturen und Entwicklungen zu betrachten und danach zu fragen, welche Faktoren und Interessen die langfristige Etablierung dieser spezifischen Form des „Armutsmanagements" in den USA begünstigt haben.

Grundsätzlich gilt für die Vereinigten Staaten, dass es trotz aller Reformbestrebungen im 20. Jahrhundert in den USA niemals einen klaren Bruch mit Traditionen der kommunalen Armenfürsorge gegeben hat. Dementsprechend gelten möglichst dezentralisiert erbrachte Dienst- und Sachleistungen grundsätzlich als eine angemessenere Form der Unterstützung von Bedürftigen als staatliche monetäre Hilfen, über die frei verfügt werden kann und die daher – noch viel stärker als in Deutschland – dem Grundverdacht unterliegen, die Arbeitsmoral der Empfänger zu unterminieren und zu gesellschaftsschädlicher „Abhängigkeit" zu verführen (vgl. Fraser/Gordon 1994). Ein mit der Sozialhilfe (heute Arbeitslosengeld II) in Deutschland vergleichbares Sicherungssystem konnte – trotz starker Bürgerrechtsbewegungen und einigen Gesetzesinitiativen in den 1960er und frühen 1970er Jahren, die die Einführung eines staatlich garantierten Grundeinkommens forderten – politisch niemals durchgesetzt werden. So sind zum Beispiel für mittellose Alleinstehende entweder gar keine Geldleistungen vorgesehen, oder sie werden auf die finanziell nur sehr dürftig ausgestatteten Auffangprogramme der Kommunen („General Assistance") verwiesen. Mitte der 1990er Jahre wurde dann mit der „Welfare Reform" auch noch der zuvor vom Bund garantierte Rechtsanspruch von mittellosen Familien mit Kindern auf Hilfe zum Lebensunterhalt abgeschafft.[10] Auch das von den Einzelstaaten verwaltete System der Arbeitslosenversicherung ist chronisch unterfinanziert und bietet aufgrund seiner minimalen Leistungen und deren kurzer Dauer nur einen beschränkten Schutz vor zunehmenden Marktrisiken.

Zu den wenigen bundesweiten Wohlfahrtsleistungen in den USA, die die staatlichen Kürzungen der letzten Jahrzehnte mehr oder minder unbeschadet überstanden haben, gehören dagegen die diversen Ernährungsbeihilfen, von denen die Bekannteste das „Food Stamp Program" ist.[11] Sie machen mit jährlich fast 80 Milliarden US-Dollar einen wachsenden Teil des Sozialbudgets des Bundes aus (US Department of Agriculture 2010: 2) und erfreuen sich einer vergleichs-

---

[10] In den meisten Bundesstaaten ist die staatliche Unterstützung seitdem auf maximal fünf Jahre der Lebenszeit beschränkt und mit rigiden Arbeitsauflagen verbunden (vgl. Grell 2008).

[11] Das inzwischen in „Simplified Nutrition Assistance Program" (SNAP) umbenannte Programm wurde in seiner modernen Form 1971 eingeführt und wird gegenwärtig von fast 40 Millionen Personen – mehrheitlich Erwerbstätigen – zur Überbrückung von materiellen Notlagen in Anspruch genommen. Leistungsberechtigt sind alle, deren Einkommen nicht wesentlich über der offiziellen Armutsgrenze liegt. Erwerbslose Erwachsene ohne Kinder sind jedoch vom regelmäßigen Bezug ausgeschlossen. 2009 erlaubte diese staatliche Hilfe zum Lebensunterhalt über die Nutzung einer Art Kreditkarte den kostenlosen Erwerb von Grundnahrungsmitteln in ausgewählten Supermarktketten im Wert von durchschnittlich 124 US-Dollar pro Monat (vgl. US Department of Agriculture 2010).

weise großen gesellschaftlichen und politischen Akzeptanz. Erstens gelten sie als besonders zielgerichtet und wenig „missbrauchsanfällig". Zweitens bieten sie eine moralische Vergewisserung dafür, dass selbst in Krisenzeiten niemand in den USA wirklich (ver-)hungern muss. Und drittens hatte die US-amerikanische Regierung bereits frühzeitig „Food Aid" als Korrektur der landwirtschaftlichen Überproduktion entdeckt, so dass sich humanitäre Zwecke immer wieder mit kommerziellen Interessen der einheimischen Landwirtschaft und Lebensmittelindustrie verbinden ließen. Diese Form der sozialstaatlichen Unterstützung geht auf die Zeiten der Großen Depression zurück, als 1935 erstmals einheimische Agrarprodukte an bedürftige Familien und an Schulen verteilt wurden (vgl. Poppendieck 1986).

Ingesamt verwaltet das Landwirtschaftsministerium gegenwärtig mehr als 20 Programme zur Bekämpfung der Ernährungsunsicherheit nicht nur in den USA, sondern weltweit, wobei es überaus aufschlussreich sein könnte, beide Systeme – das der nationalen und das der internationalen Hungerhilfe – einmal näher miteinander zu vergleichen.[12] Das Regierungsprogramm, das an der Ausbreitung der Lebensmitteltafeln maßgeblich beteiligt war, begann mit der Verteilung von Zigtausend Tonnen eingelagerten Hartkäses und geht auf die frühen 1980er Jahre zurück. Es nennt sich „Temporary Emergency Food Assistance Program" (TEFAP) und wurde später in „Emergency Food Assistance Program" umbenannt (vgl. hierzu ausführlich Lipsky/Thibodeau 1988; Daponte/Bade 2006). Diese Maßnahme war ein Zugeständnis der Reagan-Regierung an die massive Kritik an ihrem rigiden Sparprogramm, das inmitten einer tiefen Rezession und angesichts von Massenentlassungen den Zugang zur Arbeitslosenunterstützung erschwerte, Millionen von Familien die monatliche „Stütze" strich und für die ersten Jahre ihrer Amtszeit weitere Kürzungen des Sozialetats des Bundes (Wohnungshilfen, Gesundheitsversorgung für Bedürftige, Bildungsförderung, Zuschüsse an den gemeinnützigen Sektor etc.) in Höhe von über 44 Milliarden US-Dollar vorsah (Danziger/Havemann 1981: 10). Die Folgen waren katastrophal, zunächst vor allem für die unmittelbar Betroffenen, aber auch für die zahlreichen Wohlfahrtsorganisationen und sozialpolitisch engagierten Lobbygruppen, die auf diesen massiven Angriff auf die Errungenschaften der Bürgerrechts-Ära nicht vorbereitet waren. Alle Proteste und Versuche, Einfluss auf die staatlichen Entscheidungen zu nehmen, blieben erfolglos. Eine konservative Mehrheit im Kongress unterstützte die Reagan-Philosophie von der Notwendigkeit der Eindämmung von Sozialausgaben

---

[12] Insgesamt gibt es zurzeit 15 inländische „Food-Aid-Programme". Zu den wichtigsten zählen neben SNAP spezielle Ernährungsbeihilfen für Senioren, Mütter mit Kleinkindern und diverse Schulspeisungsprogramme Hinzu kommen sechs internationale Hungerhilfe-Programme, die in enger Zusammenarbeit mit großen NGOs wie CARE, World Vision und Catholic Relief umgesetzt werden (vgl. Hanrahan 2009).

zur Rettung der Nation, bei gleichzeitigen Steuersenkungen und einer Erhöhung des Verteidigungshaushaltes.

In dieser Situation, die ähnlich wie heute von Massenarbeitslosigkeit, grassierender Obdachlosigkeit, kommunaler Verschuldung und einer großen Lähmung sozialer Bewegungen geprägt war (vgl. Winne 2008: 21 ff.), entdeckte die kurz zuvor von Van Hengel gegründete Organisation „Second Harvest", dass die Vereinigten Staaten über umfangreiche Notvorräte in Form von haltbaren Milch- und Getreideprodukten verfügten. Sie forderte die Bundesregierung auf, einen Teil dieser Lebensmittelreserven über „Food Banks" an Bedürftige verteilen zu lassen (Poppendieck 1999: 123 ff.). Da die Erfüllung dieser Forderung mit nur geringen Kosten verbunden war und in der Öffentlichkeit auch noch als humanitärer Akt sowie als Stärkung des gemeinnützigen Sektors verkauft werden konnte, gab es für die Reagan-Administration keinen Grund, sie abzulehnen. Kurz vor Weihnachten 1981 kam es zum ersten „cheese giveaway": 15.000 Tonnen zum Teil bereits verschimmelten Käses aus den Notreserven der Bundesregierung wurden mit Hilfe von Tausenden lokalstaatlichen und gemeinnützigen Organisationen im ganzen Land kostenlos an notleidende Familien abgegeben. Weitere Verteilungsaktionen, die zusätzliche Waren wie Erdnussbutter, Honig, Milch und Getreideprodukte umfassten, folgten (ebd.).

Zwei Jahre später institutionalisierte der Kongress diese Form der staatlichen Armenspeisung durch ein Gesetz. „The Emergency Food Assistance Act of 1983" erklärte Lebensmitteltafeln und Suppenküchen zu wichtigen Partnern der Bundesregierung und installierte ein bundesweites System zur Verteilung von „surplus commodities" an gemeinnützige Einrichtungen, indem das Landwirtschaftsministerium von nun an auch Mittel für deren Transport- und Lagerkosten zur Verfügung stellte. Innerhalb kürzester Zeit kam es zu einem explosionsartigen Wachstum der „privaten Hungerhilfe". So stieg zum Beispiel allein in New York zwischen 1980 und 1987 die Zahl der Organisationen mit Essensausgabestellen von 30 auf 500 an (Daley 1987). Zahlreiche Kirchengemeinden und Nachbarschaftsinitiativen, die aus eigenen Mitteln nicht dazu in der Lage gewesen wären, die für eine Lebensmitteltafel benötigten Strukturen aufzubauen, griffen auf das Angebot der Bundesregierung zurück (vgl. Winne 2008: 24 ff.). Obwohl viele soziale Einrichtungen anfangs dieser Form der Alimentierung skeptisch gegenüberstanden und anstatt Almosen und Naturalien eine Rücknahme der weitreichenden Sozialkürzungen forderten, sahen sie angesichts des wachsenden Bedarfs nach unmittelbarer Überlebenshilfe keine andere Alternative, als sich am Aufbau des Tafelsystems zu beteiligen.

> „Es war nicht ohne Ironie, dass nun ausgerechnet auch von der politischen Anti-Hunger-Bewegung erwartet wurde, sich an der Institutionalisierung eines Programms [TEFAP] zu beteiligen, das sie als eine rückwärtsgewandte Form der Wohltätigkeit

ablehnte: Im besten Fall war dies ein Trostpflaster, im schlimmsten Fall die Kapitula-
tion vor den Versuchen der Reagan- und später der Bush-Regierung, den Sozialstaat
abzuwickeln und die Verantwortung für (und die Kontrolle über) die Armen auf den
privaten Sektor abzuwälzen. Und trotz all ihrer Vorbehalte wurden viele Aktivisten
dann doch in das Unterfangen der Hungernothilfe hineingezogen. Manchen war es
wichtig, einen praktischen Beitrag zur Verbesserung der Versorgungslage zu leisten,
bei anderen war es die frustrierende Erfahrung, in dieser zutiefst konservativen Ära
mit anderen grundsätzlicheren politischen Forderungen und Kampagnen ständig an
Grenzen zu stoßen" (Poppendieck 1994: 71; Übersetzung B. G.).

Als 1988 die staatlichen Notvorräte mehrheitlich verbraucht waren, gingen
die Reagan-Administration und die folgenden Bundesregierungen dazu über,
das „Temporary Emergency Food Assistance Program" (TEFAP) durch den Zu-
kauf von Nahrungsmitteln auf Dauer zu stellen und weiter auszubauen.[13] Wie
auch bei den anderen Ernährungsbeihilfen hatte sich eine Koalition aus diversen
Interessengruppen herausgebildet, der es gelang, aus einer ursprünglich als „Kri-
senintervention" deklarierten Maßnahme einen festen Bestandteil des spezifischen
US-amerikanischen „Welfare Mix" zu machen.

> „Die Reagan-Administration war überzeugt, die optimale Lösung des Hungerpro-
> blems gefunden zu haben. TEFAP stellte die Landwirte zufrieden, indem es dabei half,
> die Preise zu stabilisieren, und besänftigte gleichzeitig die Anti-Hunger-Bewegung
> (und lenkte sie von weiterreichenden Forderungen ab). Die materielle Unterstützung
> des privaten Hungerhilfe-Netzwerkes stieß auch auf Zustimmung der Lebensmittel-
> industrie, als diese entdeckte, dass man es nicht nur nutzen konnte, um über Spen-
> den die eigenen guten Absichten zur Schau zu stellen, sondern auch als Struktur
> zur kostengünstigen Entsorgung von nicht verkaufsfähigen Waren" (Daponte/Bade
> 2006: 677; Übersetzung B. G.).

Auch heute noch profitieren die meisten Lebensmitteltafeln von diesem Programm
der Bundesregierung, das ursprünglich zur Verteilung von Notvorräten diente, was
allerdings in der umfangreichen Berichterstattung der US-amerikanischen Medien
über die neuesten Innovationen und Fundraising-Strategien dieses wichtigen Teils
des karitativen Sektors nur selten thematisiert wird. Auch in der Selbstdarstellung
vieler Organisationen, die einem zunehmend härter werdenden Wettbewerb um
Spenden und ehrenamtliche Helfer unterliegen, wird lieber auf die enorme Bedeutung privater Hilfsanstrengungen verwiesen als darauf, dass mehr als 80 Prozent
aller „Food Banks" sowie etwa die Hälfte aller „Food Pantries" und Suppenküchen

---

[13] Seit Anfang der 1990er Jahre entfallen jährlich etwa 200 Millionen US-Dollar auf dieses Programm
(vgl. Daponte/Bade 2006: 678).

direkte Unterstützung vom Landwirtschaftsministerium und der FEMA, der nationalen Koordinationsstelle für Katastrophenhilfe, erhalten (Feeding America 2010b). Bei einigen Mitgliedern des Netzwerkes „Feeding America" wird nahezu die Hälfte aller Lebensmittel zur kostenlosen Verteilung an Bedürftige aus dem staatlichen Fördertopf „Emergency Food Assistance" finanziert (ebd.).[14] Hinzu kommen in vielen Bundesstaaten und Städten weitere Millionen von Fördergeldern, um das Netzwerk der „privaten Hungerhilfe" zumindest in seinen Grundstrukturen aufrechtzuerhalten. Ob diese Anstrengungen allerdings ausreichen werden, ist ungewiss. Da die negativen Folgen des Wirtschaftseinbruchs längst auch einen beträchtlichen Teil der Mittelschicht erfasst haben, können immer mehr Essensausgabestellen und Suppenküchen dem massiv gestiegenen Bedarf kaum mehr gerecht werden. Vielerorts, so die Angaben der großen Wohlfahrtsverbände, habe sich die Nachfrage innerhalb von weniger als zwei Jahren fast verdoppelt (vgl. US House of Representatives 2009). Immer mehr Menschen, die früher einmal selbst gespendet oder als Freiwillige ausgeholfen hätten, gehörten heute zu den Nutzern von „Food Pantries". Einige Ausgabestellen mussten schon ihre Abgaben rationieren und bedürftige Menschen abweisen, andere haben ihre Türen bereits ganz geschlossen (vgl. ebd.; Turse 2009). Trotz der weit verbreiteten Akzeptanz und gesellschaftlichen Verankerung von Lebensmitteltafeln – als selbstverständlicher Teil der sozialen Infrastruktur – gibt es inzwischen jedoch auch in den USA immer mehr sozialpolitische Experten und Aktivisten, die nicht nur auf deren immanente Beschränkungen verweisen. Sie stellen grundsätzlich in Frage, inwieweit diese auf Dauer einen angemessenen Umgang mit strukturellen Armutsproblemen darstellen und fordern eine (Re-)politisierung der „Anti-Hunger-Bewegung".

4   Kontroversen und Konflikte

Skepsis und Unbehagen gegenüber dem ständigen Wachstum des Tafelsystems sowie eine grundlegende Kritik an der Instrumentalisierung privater Wohltätigkeit als Ersatz für eine umverteilende und Armut vermeidende staatliche Sozial- und Wirtschaftspolitik sind kein wirkliches neues Phänomen. Erst vor kurzem sind in den USA zwei Bücher von langjährigen „Food-Aktivisten" erschienen, die einige Aufmerksamkeit erregt haben und die zudem einen guten Einblick geben in die vielfältigen Kontroversen und Konflikte, die den Ausbau der „privaten Hungerhilfe" von Anfang an begleitet haben.[15] In der aktuellen Krise, die nun in

---

[14] Im aktuellen Konjunkturpaket der Obama-Regierung sind die Mittel aus diesem Programm noch einmal um fast 200 Millionen US-Dollar aufgestockt worden (US Department of Agriculture 2009).
[15] Bei diesen Publikationen handelt es um *Closing the Food Gap* (2008) von Mark Winne und *All You Can Eat. How Hungry is America?* (2008) von Joel Berg. Mark Winne arbeitete von 1979 bis 2003

den Vereinigten Staaten auch den in der Regel als staatsfern wahrgenommenen
Nonprofit-Sektor und seine materiellen Grundvoraussetzungen immer mehr in
Bedrängnis bringt (vgl. Strom 2009), erhalten diese jedoch eine neue Brisanz.
Die wesentlichen Kritikpunkte am Tafelsystem in der gegenwärtigen Diskussion
lassen sich wie folgt skizzieren.

4.1 Ineffizienz

Ein zentraler Kritikpunkt bezieht sich auf den enormen Ressourceneinsatz (in
Form von ehrenamtlicher und bezahlter Arbeitskraft, technischem Equipment,
Ausgaben für Werbung und Fundraising-Kampagnen etc.), der für das Funk-
tionieren des amerikanischen Systems der „privaten Hungerhilfe" inzwischen
unerlässlich ist. Diese Mittel und Ressourcen könnten sinnvoller für andere sozialpolitische Projekte und Aufgaben verwendet werden (vgl. Poppendieck 1999: 225;
Berg 2008: 201 f.). Eine Studie des ehemaligen Hardvard-Professors und jetzigen
Leiters des „Center on Hunger and Poverty" an der Brandeis University, Larry
Brown, schätzt die Kosten, die mit der Aufrechterhaltung des komplexen Netz-
werks von „Food Banks" und Suppenküchen verbunden sind, auf über 14 Milliarden US-Dollar im Jahr (Brown u. a. 2007: 14). Würde nur ein Teil dieses Betrags
zur Ausweitung von staatlichen Hilfsprogrammen (z. B. Food Stamps) genutzt,
könnten Hunger und Mangelernährung in den Vereinigten Staaten wesentlich
effizienter bekämpft werden.

4.2 Korruption

Insbesondere unabhängige gemeinnützige Einrichtungen werfen den großen
Nonprofit-Unternehmen wie „Feeding America", die ihren Geschäftsführern Jah-
resgehälter von mehreren Hunderttausend US-Dollar zahlen, aktive und passive
Korruption sowie Machtmissbrauch vor. Zum einen nutzten diese ihre profilierte
Stellung und guten Kontakte in Wirtschaft und Politik, um sich selbst zu berei-
chern, um unliebsame Konkurrenz auszuschalten und um Kritiker zu diskredi-
tieren (vgl. McDonald 2005). Zum anderen arbeiteten sie eng mit Großkonzernen
zusammen, die für ernsthafte Verstöße gegen Umweltschutz-, Arbeits- und Men-
schenrechtsbestimmungen bekannt seien, darunter Firmen wie Walmart, Nestlé
oder führende Unternehmen der Fleisch- und Pharmaindustrie. Diese könnten sich

für diverse „Food Banks" und Nonprofit-Organisationen, heute ist er u. a. Sprecher der „Community
Food Security Coalition". Joel Berg arbeitete während der 1990er Jahre für die Clinton-Regierung
und ist heute Leiter der „New York Coalition Against Hunger".

mit ihren Großspenden an Lebensmitteltafeln ein positives Image erkaufen, obwohl sie zu den Hauptprofiteuren eines ungerechten Wirtschafts- und Sozialsystems gehörten (vgl. Ahmadi/Ahn 2004; Abramsky 2009a: 121 f.).

4.3 Fokussierung auf organisatorische Eigeninteressen

Eine abgeschwächte Form der Korruptionskritik moniert die Verselbständigung organisatorischer Eigeninteressen, d. h., die Tendenz zum Selbsterhalt bzw. der Selbstzufriedenheit. Anstatt auf die Lösung des Problems Ernährungsunsicherheit hinzuarbeiten und sich somit perspektivisch überflüssig zu machen, hätten viele der am Tafelsystem beteiligten Akteure vor allem auf den Ausbau der eigenen Strukturen gesetzt. Dabei habe sich ein gemeinnütziger „hunger market" mit einer eigenen Wachstums- und Entwicklungslogik herausgebildet, der Begehrlichkeiten schaffe und bediene (vgl. ebd.; McDonald 2005). Andere wiederum sprechen in diesem Zusammenhang von einer „Co-Abhängigkeit" (z. B. Winne 2008: 75 ff.), ein Begriff, der gewöhnlich zur Kennzeichnung von zwanghaftem Verhalten benutzt wird, zum Beispiel bei Angehörigen oder professionellen Helfern von Suchtkranken, die sich aus verschiedenen, meist egoistischen Gründen weigern, die wahren Ursachen der Erkrankung anzuerkennen und anzugehen. Co-abhängig seien nicht nur die gutverdienenden Führungskräfte der „Food Banks", sondern auch viele der ehrenamtlichen Unterstützer, denen es vornehmlich um Selbstbestätigung und moralische Entlastung ginge.

4.4 Entpolitisierung und Unterminierung sozialer Grundrechte

Ein weiteres gewichtiges Argument gegen Lebensmitteltafeln, das auch in der deutschen Auseinandersetzung eine zentrale Rolle spielt, bezieht sich auf ihre ideologische Funktion und die Gefahr ihrer sozialpolitischen Instrumentalisierung. Ein Vorwurf in der US-amerikanischen Diskussion lautet, dass sich viele Organisationen bis heute aktiv an der Aufrechterhaltung eines „Wohltätigkeitsmythos" beteiligten, indem sie sich und der Öffentlichkeit – trotz besseren Wissens – vorgaukelten, der gemeinnützige Sektor sei effizienter und besser dazu in der Lage, Armutsprobleme zu lösen, als bürokratische staatliche Institutionen (vgl. Berg 2008: 199 ff.). Nicht nur sei die „private Hungerhilfe" unfähig, dieses Versprechen tatsächlich einzulösen, sie perpetuiere darüber hinaus noch typische US-amerikanische Grundprinzipien wie Eigenverantwortung des Individuums, einen aggressiven Unternehmergeist sowie eine problematische Ideologie des Voluntarismus, die jeder Idee von sozialen Grundrechten und Forderungen nach einer Stärkung sozialstaatlicher Verantwortung zuwiderliefen (vgl. Riches 1997;

Poppendieck 1999; Winne 2009). Ein weiteres Dilemma seien die langfristigen Gewöhnungseffekte, die mit dem Dauereinsatz von riesigen „Freiwilligenheeren" und immer obskureren Fundraising-Kampagnen einhergingen. Dies hätten zum einen zu einer Banalisierung von existentiellen Hunger- und Armutsproblemen beigetragen und hätten zum anderen den negativen Effekt, dass kaum mehr über deren strukturellen Ursachen nachgedacht und diskutiert werde (vgl. Berg 2008: 193 ff.; Abramsky 2009b).

5   Perspektiven in der Krise

Obwohl es mehr als voreilig wäre, das baldige Ende der Tafelbewegung in den USA zu prognostizieren, scheint das Modell „Food Banking" als Strategie zur Unterstützung von Zig-Millionen Haushalten, die mit Niedriglohnjobs, hoher Verschuldung und immer häufiger mit unerwartetem Arbeitsplatzverlust zurechtkommen müssen, allmählich an seine Grenzen zu stoßen. Zudem wächst die Unzufriedenheit an einem System, dass seit Jahrzehnten vor allem an Armutssymptomen ansetzt, während die strukturellen Ursachen und wachsenden ökonomischen und sozialen Ungleichheiten entweder ganz ausgeblendet oder zumindest vernachlässigt werden. Inwieweit die aktuelle Krise, die nun auch Teile des Nonprofit-Sektors in den USA erfasst, tatsächlich die Chance für eine sozialpolitische Neuorientierung bietet, bleibt abzuwarten. Bislang sind die diversen „Lösungsvorschläge", Alternativen und Forderungen, die von einigen Wohlfahrtsverbänden, progressiven Stiftungen und sozialen Bewegungen angeboten und debattiert werden, in ihrem Charakter entweder recht defensiv oder vor allem lokal ausgerichtet.

Der Teil der „Anti-Hunger-Bewegung", der der Demokratischen Partei nahe steht und weiterhin Hoffnung in die Reformfähigkeit und den politischen Willen der gegenwärtigen Obama-Regierung setzt, fordert höhere Mindestlöhne, den vereinfachten Zugang zu Gesundheitsleistungen, den Ausbau von Steuererleichterungen für die „Working Poor", bessere Weiterbildungsangebote für Niedrigqualifizierte und Erwerbslose sowie eine Konsolidierung des Systems der staatlichen Ernährungsbeihilfen. Direkte monetäre Hilfen oder die Wiedereinführung einer Grundsicherung für Familien mit Kindern stehen nicht auf der politischen Agenda. Stellvertretend für diese Position kann das „Center for American Progress" gelten, das in einer aktuellen Studie „Doing What Works to End U. S. Hunger" (Berg 2010) der Bundesregierung nahe legt, das bisherige „Food Stamp Program" massiv auszuweiten, indem die Anspruchsvoraussetzungen gesenkt werden und mehr Familien von dieser Hilfe zum Lebensunterhalt profitieren können.

Der Teil der „Anti-Hunger-Bewegung", der eher anti-etatistisch eingestellt ist und sich dem „Empowerment der Armen" sowie der Verknüpfung von sozialen und ökologischen Anliegen verschrieben hat, erprobt derweil auf der kommunalen

Ebene verschiedene Modelle der Selbstorganisierung und -versorgung. Besonders populär dabei sind neue Formen der kollektiven und organischen Landwirtschaft sowie der Ausbau von „Farmers' Markets", um regionale Produzenten zu unterstützen. Auch sogenannte „Community Gardens", die immer häufiger nicht nur zur Erholung oder als soziale Treffpunkte, sondern auch zum professionellen Obst- und Gemüseanbau dienen, werden inzwischen von vielen Aktivisten als eine Alternative zu „Food Banks" oder als eine sinnvolle Ergänzung propagiert (vgl. Ahn 2004; Winne 2008: 37 ff.; Haering/Syed 2009: 62 ff.). Dass solche lokalen „Subsistenzstrategien", selbst wenn sie in einzelnen Fällen erfolgreich sein sollten, jedoch keine angemessene Antwort auf die Herausforderungen einer tiefgreifenden sozialen und ökonomischen Krise bieten können, wird selbst von ihren Anhängern eingeräumt.

Wollte man aus den US-amerikanischen Erfahrungen Schlüsse oder Anregungen für die hiesige Auseinandersetzung um Lebensmitteltafeln und ihre ambivalenten gesellschaftspolitischen Implikationen ziehen, so ließen sich m. E. vor allem zwei Punkte hervorheben. Der erste hängt mit dem zusammen, was man die „Professionalisierungs- und Wachstumsfalle" nennen könnte, der zweite mit dem Spannungsverhältnis zwischen Zivilgesellschaft und Sozialstaat. Wie die Ausführungen zur über 30-jährigen Geschichte des Tafelsystems in den USA gezeigt haben sollten, helfen weder stetiger Ausbau der Ressourcen und Kapazitäten noch die besten Management- und Fundraising-Strategien etwas, dem selbst proklamierten Ziel der Zurückdrängung von Ernährungsunsicherheit und Armut näher zu kommen, wenn die wirtschaftlichen und sozialen Ursachen hierfür unangetastet bleiben. Eine „Amerikanisierung" in dieser Hinsicht erscheint auch deswegen für die deutsche Situation nicht wünschenswert, sollen Kritikfähigkeit und Eigensinn bei den Betreibern, Mitarbeitern und Nutzern von Tafeln gestärkt bzw. erhalten bleiben und diese Initiativen nicht zu reinen, am Ende auch noch miteinander konkurrierenden Dienstleistungsunternehmen „verkommen". Inwieweit man Lebensmitteltafeln und anderen Hilfs- und Selbsthilfeprojekten vorwerfen sollte, sie ließen sich für Sozialabbau instrumentalisieren oder seien gar für diesen verantwortlich, hängt nicht zuletzt vom Grundverständnis des Verhältnisses zwischen dem gemeinnützigen Sektor und sozialstaatlichen Strukturen ab. Nicht nur Konservative und Neoliberale, sondern auch viele Linke tendieren dazu, einen strikten Gegensatz zu konstruieren zwischen Zivilgesellschaft und Staat. Nach der konservativ-liberalen Position, die in den USA besonders stark ist, beschränkt zuviel Staat die Zivilgesellschaft und die Eigenverantwortung der Individuen. In der linken Umkehrung dieser These schwächen zu viele zivilgesellschaftliche und karitative Initiativen automatisch den Sozialstaat, weil sie diesen von Verantwortung entlasten. Diese Gleichungen scheinen jedoch zu verkürzt und sehr schematisch, nicht nur weil aus ihnen ein zentraler Faktor – der Markt – vollkommen ausgeklammert wird, sondern auch deswegen, weil die politische und gesellschaftliche Rolle, die gemeinnützige und karitative Organisationen in verschiedenen Ländern und in diversen historischen Situationen und Konflikten einnehmen, nicht einfach funktionalistisch bestimmt werden kann. Wer schon einmal länger in den USA gelebt hat, weiß, wie wichtig in dieser hochgradig antistaatlichen, individualistischen und religiösen Gesellschaft Kirchengemeinden und gemeinnützige Nachbarschaftsinitiativen sein können, weil sie oftmals die einzigen sind, die der Armutsbevölkerung eine Stimme und Selbstbewusstsein geben. Dass sie genauso wie Lebensmitteltafeln keinen ausreichenden Ersatz für starke Gewerkschaften und kämpferische soziale Bewegungen für existenzsichernde staatliche Leistungen und Löhne sowie für gesellschaftlich sinnvolle Beschäftigungsverhältnisse darstellen können, steht auf einem anderen Blatt.

Literatur

Abramsky, Sasha (2009a): Breadline USA. The Hidden Scandal of American Hunger und How to Fix it. La Vergne.

Abramsky, Sasha (2009b): Solving America's hunger crisis. The US government must make sweeping social reforms to help the millions of Americans forced to go hungry. In: The Gurdian, 9.7.2009.

Ahn, Christine (2004): Breaking Ground: The Community Food Security Movement. In: Backgrounder, Vol. 10, No. 1. Unter: http://www.foodfirst.org/node/46

Ahmadi, Brahm/Ahn, Christine (2004): Beyond the Food Bank. In: Backgrounder, Vol. 10, No. 4. Unter: http://www.foodfirst.org/node/221

Berg, Joel (2008): All You Can Eat. How Hungry is America? New York u. a.

Berg, Joel (2010): Doing What Works to End U. S. Hunger. Federal Programs Are Effective, but Can Work Even Better, Center for American Progress, Washington D. C. Unter: http://www.americanprogress.org/issues/2010/03/pdf/dww_hunger.pdf

Brown, Larry/Shepard, Donald/Martin, Timothy/Orwat, John (2007): The Economic Cost of Domestic Hunger. Estimated Burden to the United States. Unter: http://www.sodexofoundation.org/hunger_us/Images/CostProzent20ofProzent20DomesticProzent20HungerProzent20ReportProzent20_tcm150-155150.pdf

Daley, Suzanne (1987): Soup Kitchens Rise Sharply, Reports Finds. In: New York Times, 25.6.1987.

Danziger, Sheldon/Haveman, Robert (1981): The Reagan Budget. A Sharp Break with the Past. In: Challenge, No. 24 (May-June 1981), 5–13.

Daponte, Osborne/Bade, Shannon (2006): How the Private Assistance Network Evolved: Interactions between Public and Private Responses to Hunger. In: Nonprofit and Voluntary Secor Quarterly, Vol. 35, No. 4, 668–690.

Feeding America (2010a): Hunger in America 2010. A Report on Emergency Food Distribution in the United States 2009, Executive Summary, Chicago. Unter: http://feedingamerica.issuelab.org/research

Feeding America (2010b): Emergency Food Assistance Program (TEFAP), Chicago. Unter: http://feedingamerica.org/our-network/public-policy/emergency-food-assistance-program.aspx

Fraser, Nancy/Gordon, Linda (1994): A Genealogy of Dependency: Tracing a Keyword in the U.S. Welfare State. In: Signs, Vol. 19, No. 2, 309–336.

Grell, Britta (2008): Workfare in den USA. Das Elend der US-amerikanischen Sozialpolitik. Bielefeld.

Haering, Stephen A./Syed, Shamsuzzoha B. (2009): Community Food Security in United States Cities: A Survey of the Relevant Scientific Literature, Center for a Livable Future, Johns Hopkins Bloomberg School of Public Health, Baltimore. Unter: http://www.jhsph.edu/bin/s/c/FS_LiteratureProzent20Booklet.pdf

Hanrahan, Charles 2009: Agricultural Export and Food Aid Programs, Congressional Research Service, Washington D.C. Unter: http://www.nationalaglawcenter.org/assets/crs/RL33553.pdf

Lispky, Michael/Thibodeau, Marc A. (1988): Feeding the Hungry with Surplus Commodities. In: Political Science Quarterly, Vol. 103, No. 2, 223–244.

Martin, Douglas (2005): John van Hengel, 83, Dies; Set Up First Food Bank in U.S. In: New York Times, 8.10.2005.

McDonald, Jeff (2005): The hunger market. Critics: Nation's dominant food bank cares more about bottom line that feeding poor. In: The San Diego Union-Tribune, 18.8.2005.

Nelson, Valerie (2005): John van Hengel, 83; food bank pioneer. In: Los Angeles Times, 10.10.2005.

Nord, Mark/Andrews, Margaret/Carlson, Steven (2009): Household Food Security in the United States 2008, Economic Research Service, US Department of Agriculture, Washington D.C. Unter: http://www.ers.usda.gov/publications/err83

Ohls, James/Saleem-Ismail, Fazana/Cohen, Rhoda/Cox, Brenda (2002): The Emergency Food Assistance System – Findings From the Provider Survey, Volume II: Final Report, Economic Research Service, US Department of Agriculture, Washington D.C. Unter: http://www.ers.usda.gov/publications/fanrr16-2/

Perry, Suzanne (2009): Obama Administration Calls on Americans to Fight Hunger. In: The Chronicle of Philantropy, 24.9.2009.

Poppendieck, Janet E. (1986): Breadlines Knee Deep in Wheat: Food Assistance in the Great Depression. New Brunswick.

Poppendieck, Janet E. (1994): Dilemmas of Emergency Food: A Guide for the Perplexed. In: Agriculture and Human Values, Fall 1994, 69–76.

Poppendieck, Janet E. (1999): Sweet Charity? Emergency Food and the End of Entitlement. New York u.a.

Riches, Graham (1997): Hunger, food security and welfare policies: issues and debates in First World Societies. In: Proceedings of the Nutrition Society, No. 56, 63–74.

Strom, Stephanie (2009): Charities Say Government Is Ignoring Them in Crisis. In: New York Times, 5.3.2009.

Tiehen, Laura (2002): Private Provision of Food Aid: The Emergency Food Assistance System. US Department of Agriculture, Economic Research Service, Washington D.C. Unter: http://www.ers.usda.gov/publications/fanrr26/fanrr26-5/fanrr26-5.pdf

Turse, Nick (2009): America's food banks need a bailout. The struggle to feed America's nouveau needy. Unter: http://www.salon.com/news/feature/2009/03/16/turse

US Census Bureau (2009): Income, Poverty and Health Insurance Coverage in the United States: 2008, Washington D.C. Unter: http://www.census.gov/Press-Release/www/releases/archives/income_wealth/014227.html

US Department of Agriculture (2009): The Emergency Food Assistance Program, Fact Sheet, Washington D.C. Unter: http://www.fns.usda.gov/fdd/programs/tefap/pfs-tefap.pdf

US Department of Agriculture (2010): The Food Assistance Landscape, FY 2009 Annual Report, Economic Research Service, Washington D.C. Unter: http://ageconsearch.umn.edu/bitstream/59614/2/eib6-7.pdf

US House of Representatives (2009): Hearing on Food Banks and Front-Line Charities: Unprecedented Demand and Unmet Need, Committee on Ways and Means, Washington D.C. Unter: http://waysandmeans.house.gov/Hearings/hearingDetails.aspx?NewsID=10414

Werth, Sabine (2009): Es geht auch anders – Nach der Routine kommt die Vielfalt. In: Selke, Stefan (Hg.): Tafeln in Deutschland: Aspekte einer sozialen Bewegung zwischen Nahrungsmittelumverteilung und Armutsintervention. Wiesbaden, 243–257.

Winne, Mark (2007): When Handouts Keep Coming, the Food Line Never Ends. In: The Washington Post, 18.11.2007.

Winne, Mark (2008): Closing the Food Gap. Resetting the Table in the Land of Plenty. Boston.

Winne, Mark (2009): The Season of Our Discontent: Poverty and Hunger in America. In: Yes! Magazine, 17.9.2009, unter: http://www.yesmagazine.org/peace-justice/the-season-of-our-discontent

II. Tafeln und die Sozialethik
der mildtätigen Gabe

Wie die Tafeln den Status der Armen als Bürger gefährden

Falk Roscher

Zusammenfassung

In diesem Beitrag wird ausgehend von den strukturellen Unterschieden zwischen privater Wohltätigkeit und öffentlicher Wohlfahrtspflege herausgestellt, dass private Wohltätigkeit immer wieder auch Elemente enthält, die keinen oder so gut wie keinen Bezug zum Hilfesuchenden haben. Dadurch stellt sich die Frage, an wen das helfende Tun eigentlich adressiert ist. Unter Rückgriff auf das historische Beispiel des „Straßburger Systems" von Rudolf Schwander wird gezeigt, dass zivilgesellschaftliches Engagement vom Willen, aber auch der Willkür der Helfenden abhängig ist, also auch von „sachfremden" Motiven geleitet sein kann. Demgegenüber hat öffentliche Wohlfahrtspflege „vor dem Gesetz" alle gleich zu behandeln. So sind die Tafeln nicht gebunden und gefährden deshalb den Status ihrer eigenen Nutzer als mündige Bürger. Kritisiert werden in diesem Beitrag die Vermischung der beiden Systeme zu Lasten der Hilfesuchenden und der damit verbundene Rückfall in einen vordemokratischen Status.

1 Das Verhältnis von Privatwohltätigkeit und öffentlicher Wohlfahrtspflege im historischen Kontext

Für die privatwohltätigen Tafeln, also Läden, die mit ihrem günstigen Warenangebot einen Beitrag zur existenziell notwendigen Grundversorgung für Arme beitragen, stellen sich drei Fragen. Diese sind seit dem Mittelalter für das Verhältnis von *privater* Wohltätigkeit zur *öffentlichen* (also zur rechtlich verfassten und durch die öffentliche Verwaltung organisierten) Wohlfahrtspflege virulent:

- Stehen die beiden Bereiche in einem störenden Konkurrenzverhältnis?
- Ergänzen sich beide Bereiche kooperativ, ja ist nicht vor allem die Privatwohltätigkeit innovativ für die öffentliche Wohlfahrtspflege?
- Treibt die private Wohltätigkeit nicht die öffentliche mit einer kritischen und zugunsten der Betroffenen lobbyistischen Haltung vor sich her?

Ohne die komplexe historische Entwicklung hier nachzuzeichnen[1], sollen drei Beispiele aus der jüngeren Vergangenheit die Problematik des Verhältnisses im Bereich der Grundversorgung verdeutlichen.

a) Noch vor 30, 40 Jahren fand man in den großen alten Bürgerhäusern aus dem 19. Jahrhundert mit repräsentativen Wohnungen zum Beispiel des Stuttgarter Westens oder in Berlin an den Wohnungstüren Schilder etwa mit der Aufschrift „Mitglied des Vereins gegen Armut und Bettelei". Andere Schilder formulierten (nicht so indirekt Bettler abweisend): „Betteln und Hausieren verboten". Darunter war dann in kleinerer Schrift die Mitgliedschaft des Wohnungsinhabers in einem wohltätigen Verein vermerkt. Tatsächlich wurden solche Schilder auch von den Wohltätigkeitsvereinen ihren Mitgliedern bei entsprechender Spendentätigkeit ausgehändigt.

Hier wird deutlich, wie sich die Privatwohltätigkeit im Rahmen der sich entwickelnden modernen öffentlichen Wohlfahrtspflege – zum Beispiel nach der Art des Elberfelder Systems – einer systematischen und kontrollierten Armenpflege unterwirft. Mit der ist es unvereinbar, dass einfach so aus Barmherzigkeit dem Bettler etwas geben wird. Dies würde ja bedeuten, dass er möglicherweise von öffentlicher Kontrolle frei wird bzw. (noch kritischer) er unkontrolliert auch noch weitere Hilfen bezieht. Schließlich ist zu befürchten, dass neben dem unkontrolliert gegebenen Geld keine Spende mehr an die wohltätigen Vereine erfolgt und diese in ihren Aktivitäten eingeschränkt werden. Wie bereits im Mittelalter der Almosen mit der sich entwickelnden städtischen Armenfürsorge zunächst nachteilig konkurrierte, wurde auch im 19. Jahrhundert die beliebige Spendentätigkeit eher nachteilig für die sich entwickelnde moderne öffentliche Wohlfahrtspflege betrachtet. Die fraglichen Schilder waren insoweit ein Versuch diese Konkurrenz zu kanalisieren und die Großherzigen zu motivieren, kleinlich zu sein – zumindest in der ganzen direkten Hilfe.

b) Für das Verhältnis privater zu öffentlicher Wohlfahrtspflege mit innovativer Wirkung ist auf das bereits erwähnte Elberfelder System zu verweisen. Es wurde zwar von der öffentlichen, das heißt insoweit konkret städtischen Wohlfahrtspflege organisiert, ruhte aber auf einem differenzierten System ehrenamtlicher Armenpfleger mit einem großen Anteil an intensiver persönlicher Betreuung – neben der auch gewährten materiellen Hilfe (pro Armenpfleger maximal vier Familien). Die Kooperation war hoch innovativ, weil mit der persönlichen Beratung in die

---

[1] „Das Verhältnis der Privatwohltätigkeit zur öffentlichen Armenpflege gehört zu den am häufigsten erörterten Problembereichen der Armenwissenschaft und -praxis in Deutschland", Sachße/Tennstedt, Geschichte der Armenfürsorge in Deutschland, Bd. 1, Stuttgart 1980, S. 241.

Armenpflege eine neue Komponente hinein kam, die auch als Ursprung moderner Sozialer Arbeit bezeichnet wird.

c) Eine eher lobbyistische Position der Privatwohltätigkeit ist ein Beispiel aus der materiellen Wohnungslosenhilfe in Stuttgart. Anfang der 1980er Jahre wollte die Stadt die nach langen Auseinandersetzungen eingeführte Regelleistung Geld bei der Hilfe zum Lebensunterhalt für Wohnungslose zurücknehmen und wieder nur tägliche Sachleistungen an Essensausgabestellen einführen. Eigentlich waren die freien Träger der Wohnungslosenhilfe mit zahlreichen Kooperationsverträgen eingebunden in das System der städtischen Wohlfahrtspflege für diesen Personenkreis, ja sie wurden ausdrücklich angewiesen, in der persönlichen Beratung den Betroffenen die wieder eingeführte klassische restriktive Praxis so zu vermitteln, dass diese sie auch akzeptierten. Aber ein Teil der Träger verweigerte sich mit allen möglichen Mitteln der Wiedereinführung der Sachleistungspraktiken bei den Wohnungslosen, bis hin zu dem schließlich von den Trägern finanziell unterstützen erfolgreichen Klageweg vor das Bundesverwaltungsgericht, welches dann Differenzierung der Leistungspraxis nach dem Merkmal Wohnungslosigkeit verwarf und die Verpflichtung zur Geldleistung festlegte.[2]

Es wäre nun spannend, vor dem angedeuteten historischen Hintergrund die Argumente für und wider die Entwicklung der Tafeln als neue Form privater Wohltätigkeit nach zu zeichnen: Sind sie eher eine schädliche Konkurrenz für die öffentliche Wohlfahrtspflege? Sind sie eher kooperativ oder gar innovativ ausgerichtet? Ein derart umfassender Blick soll hier nicht auf die Tafeln geworfen werden.[3] Im Vordergrund dieses Beitrags soll vielmehr die Frage stehen, ob und wie Tafeln den Bürgerstatus derer, die die Tafeln für ihre Grundversorgung in Anspruch nehmen (müssen), beeinflussen. Die angedeutete Spannung im Verhältnis von Privatwohltätigkeit und öffentlicher Wohlfahrtspflege in der historischen Entwicklung wird dabei als Hintergrund eine Rolle spielen.

2   Warum Tafeln mit Aldi, Lidl & Co. nicht vergleichbar sind

Der historische Rückblick hat gezeigt, dass mit der Entwicklung einer rechtlich verfassten öffentlichen Wohlfahrtspflege die Privatwohltätigkeit zu jener immer wieder in eine Beziehung tritt und zwar je nach Ausprägung mit den angedeuteten unterschiedlichen Folgen. Tafeln können deshalb auch nicht einfach als weitere

---

[2] BVerWGE 72,354.
[3] Hierzu Teuteberg, Hans Jürgen, Historische Vorläufer der Lebensmitteltafeln in Deutschland, in: Selke, S., Tafeln in Deutschland, 2009, S. 41–63.

günstige Angebote auf dem freien Warenmarkt neben Aldi, Lidl & Co. eingeordnet werden. Bei den Discountern ist die alleinerziehende Hartz IV-Empfängerin gleiche, auch rechtlich gleichgestellte Marktteilnehmerin wie z. B. die Arztgattin, die sich bei Aldi oder Lidl preisgünstig mit gut getestetem Olivenöl oder Champagner eindeckt. Zwar stellt die öffentliche Wohlfahrtspflege auch zum normalen Markt immer wieder einen Bezug her, indem bestimmte von ihren Leistungen abhängige Gruppen (z. B. Asylbewerber) Gutscheine für den Wareneinkauf erhalten und ihr ist dieses Instrument ja auch im Rahmen von SGB II gegeben. Aus der Sicht der dabei kooperierenden Anbieter sind die betroffenen Kunden jedoch „gleichwertig" geblieben, da die kooperierenden Unternehmen das Gutscheinäquivalent Geld uneingeschränkt erhalten haben. Auch wenn aus der Sicht der Kunden in diesen Fällen ihr Status deutlich verändert ist – sie können nicht mehr unauffällig wie andere Bürger am Markt auftreten – so ist dies aber eben nicht durch die Warenanbieter verursacht, sondern durch die öffentliche Wohlfahrtspflege die ihre Leistungen entsprechend nachteilig gestaltet.

Demgegenüber verstehen sich die Tafeln gerade nicht als „normales" Marktangebot, weder im Hinblick auf die Preisgestaltung noch im Hinblick auf den Zugang zu ihren Angeboten. Wesentlich aber ist vor allem, dass sie sich ausdrücklich als „Ergänzung", „Ausgleich" für das nicht hinreichende Angebot öffentlicher Wohlfahrtspflege bei der Grundversorgung definieren. Tafelangebote sind also unmittelbar auf das öffentliche Wohlfahrtssystem und dessen (fehlende) Leistungsfähigkeit und auch rechtliche Verfasstheit bezogen und damit verknüpft, sowohl aufgrund ihrer Zielsetzung als auch aufgrund der konkreten Ausgestaltung ihres Angebots. Auch wenn Tafeln dank der Überlassung von Waren durch die Discounter zumindest in Teilen sogar die gleichen Waren wie diese anbieten – nur eben preisgünstiger –, muss bei ihnen, anders als bei den Discountern, die Frage gestellt werden, wie sie den Status der Betroffenen als Bürger beeinflussen.

3   Von „Zivilgesellschaft" und „ethisch anspruchsvoller Entsorgung des Warenüberflusses" werden die Armen so wenig satt wie vom „Seelenheil" der Almosengeber des Mittelalters

Private Wohltätigkeit enthält immer wieder auch Elemente, die keinen oder so gut wie keinen Bezug zum Hilfesuchenden haben. Ein solches Element war im Frühmittelalter vor allem die erhoffte Sicherung des Seelenheils der Almosengeber. Im 19. Jahrhundert war ein Element – in den verschiedenen kommunalen Systemen in unterschiedlicher Weise – die Einbindung des aufstrebenden Bürgertums wenigstens in die kommunale Verwaltung, nachdem die Herrschaft des Adels gesamtstaatlich insbesondere in der Restaurationsphase nach 1848 demokratische Strukturen weiter verhinderte, im Ansatz also ein Art Beitrag zu einer zu entwickelnden „Zivilgesellschaft". Genau solche Elemente ohne Bezug zum Hilfesuchenden finden wir nun auch bei den Tafeln: die Entwicklung und Förderung ehrenamtlicher Hilfe als Element der „Zivilgesellschaft", die angemessen Entsorgung des Warenüberflusses oder die Schaffung von 1-Euro Arbeitsplätzen im Rahmen der „Förderung" nach SGB II. Bei einer mit den Tafeln ja gelegentlich verknüpften „Vesperkirche" tauchen dann auch wieder religiöse Überhöhungen auf, wenn ausdrücklich nicht die Bedürftigkeit im Mittelpunkt stehen soll, sondern entsprechend dem Bibelwort der eine Tisch, um den sich alle versammeln sollten, also das gemeinsame Essen unabhängig vom Einkommen.

Es kommt nun nicht darauf an, ob man solche Ziele als Hauptziele ansieht und als Reflex dabei auch noch den Armen etwas Gutes getan wird (ähnlich dem mittelalterlichen Almosen) oder ob man als Hauptziel betrachtet, Gutes für die Armen zu tun und die Ehrenamtsförderung sowie die Entsorgung und die 1-Euro-Arbeitsplätze als positive Nebeneffekte darstellt. Wie immer man es auch sieht, die Förderung des Ehrenamtes, die Entsorgung des Warenüberschusses oder die Schaffung von 1-Euro-Arbeitsplätzen sind jedenfalls nicht die Ziele, die die Armen satt machen, so wenig wie im Mittelalter das Seelenheil der Almosenspender die Not des Armen linderte.

Daraus ist zu folgern – und das ist in der Diskussion von besonderer Bedeutung: für die Bewertung der Tafeln im Hinblick auf den Status der Betroffenen spielen diese Nebeneffekte (oder je nach Betrachtung auch Haupteffekte) keine Rolle. Entkleidet man die Tafeln von ihrem „Fremdnutzen", dann ist die Frage ganz schlicht so zu stellen: *Was „bringen" die Tafeln den Armen, was „bringt" eine rechtlich verfasste öffentliche Wohlfahrtspflege den Armen und passt beides für die Armen zu ihrem Nutzen zusammen?*[4]

4 Die moderne Neubestimmung des Verhältnisses von Privatwohltätigkeit und öffentlicher Wohlfahrtspflege für den demokratischen sozialen Rechtsstaat – der Gegensatz zur vordemokratischen Armenpflege

Zu der im letzten Abschnitt am Ende gestellten Frage hat Rudolf Schwander im Jahre 1905 sehr knapp, aber auch präzise, die wesentlichen Punkte gesagt. Rudolf Schwander war Sozialreformer aus dem Elsass, der zunächst als Beigeordneter und dann als Bürgermeister in Straßburg die Prinzipien des sog. „Elberfelder Systems" im „Straßburger System" verändert hat; und zwar grundlegend. Er hat nach dem Rückfall des Elsass an Frankreich nach 1918 noch bis nach dem Zweiten

---

[4] Zur Perspektive der NutzerInnenforschung vgl. auch den Beitrag von Katja Maar in diesem Band.

Weltkrieg im „Deutschen Verein für öffentliche und private Fürsorge" gewirkt, neben und nach seiner Verwaltungstätigkeit in Hessen-Nassau als Oberpräsident. Schwander wörtlich:

> „Wir sehen ja im öffentlichen Fürsorgewesen grundsätzlich nicht das, was man als Hilfe von Mensch zu Mensch bezeichnen kann, sondern wir sehen darin ein soziales Hilfsinstitut für den bedürftigen Staatsangehörigen. Wir wollen auch, dass der bedürftige Staatsangehörige die Sache so und nicht anders betrachte. Er soll nicht die Empfindung bekommen, als ob ihn ein bestimmter Mitbürger, nämlich der ehrenamtliche Pfleger, unterstützt, von dessen guten Willen er sich in diesem Fall mehr oder weniger abhängig fühlen muss, sondern er soll sich auch im Stande der Hilfsbedürftigkeit als Mitglied der Allgemeinheit betrachten, die seiner politischen und moralischen Lage angemessen ist."[5]

Wesentlich am Straßburger System waren zwei Dinge: Die gesamte Überprüfung der Hilfebedürftigkeit und die Entscheidung über die Hilfegewährung lagen ausschließlich bei der öffentlichen, d. h. hier städtischen Verwaltung. Das Ehrenamt andererseits war ausschließlich bei der Beratung der Armen und der – wie man heute sagen würde – Evaluation des Hilfeerfolgs eingesetzt. Die Ausführungen Schwanders unterscheiden zunächst klar die beiden Systeme und zwar einerseits *das privatwohltätige System der Hilfe von Mensch zu Mensch* und andererseits *das System der öffentlichen Hilfe, rechtlich verfasst und am Bürgerstatus des Einzelnen als gleichem Mitglied der Allgemeinheit* orientiert. Wesentlich bei der Aussage Schwanders ist die Erkenntnis, dass a) beide Systeme nach grundsätzlich anderen Prinzipien aufgebaut sind und b) deshalb nicht das eine System beliebig durch das andere ersetzt werden kann und weiter, c) dass eine unreflektierte Vermengung der Systeme zu Lasten der Hilfebedürftigen geht.

Auch die unterschiedlichen Prinzipien der beiden Systeme bringt er auf den Punkt. Hilfe von Mensch zu Mensch findet statt in der Abhängigkeit vom guten Willen des Helfenden, öffentliche Hilfe findet statt allein in Abhängigkeit vom Recht, frei von der Subjektivität der gewährenden Stelle und nach den Maßstäben der Gleichbehandlung, nichts anderes heißt die Einordnung des Armen in die Allgemeinheit. Schwander fordert also die Anerkennung auch der auf Hilfe angewiesenen Personen als gesellschaftliches Subjekt, mit der Freiheit zur Gestaltung des eigenen Lebens einerseits und der Gewährung eines entsprechenden Gestaltungsraums andererseits. Anders ausgedrückt: Es geht darum, den einzelnen trotz seiner elenden Situation als vernunftorientiertes und gesellschaftsfähiges Wesen anzuerkennen und vor allem auch so zu behandeln, so wie alle anderen Men-

---

[5] Zitiert nach Sachße/Tennstedt a. a. O. S. 121.

schen auch und nicht als ein Wesen, welches vom subjektiven Hilfewillen anderer Gesellschaftsmitglieder abhängig ist. Schwander nimmt hier das Menschenbild gleichsam vorweg, welches unser Grundgesetz als Basis hat, nämlich das Bild vom freien Bürger im demokratischen sozialen Rechtsstaat, Orientierungspunkt für alles staatliche Handeln, auch für das Handeln der öffentlichen Wohlfahrtspflege gegenüber den Armen.[6]

In dieser von Schwander vorgezeichneten Neubestimmung des Verhältnisses von Privatwohltätigkeit und öffentliche Wohlfahrtspflege liegt der wesentliche Unterschied zu den skizzierten vordemokratischen Lösungsansätzen und die eigentliche Modernisierung der Armenhilfe im demokratischen Rechtsstaat. Und hinter diesen Stand kann und darf auch mit dem Tafelangeboten nicht zurückgefallen werden. Anders ausgedrückt: Die Position des Armen – noch einmal mit den Worten Schwanders – als Staatsangehörigem darf hinsichtlich der ihm zugestandenen Rechte von der öffentlichen Wohlfahrtspflege nicht an die Beliebigkeit und Subjektivität der Hilfe von Mensch zu Mensch geknüpft werden.

Um diesen Gedanken etwas verdeutlichen, können wir das Beispiel der Göttinger Stadtverwaltung wählen, welches im Frühjahr 2009 in der Presse geschildert wurde.[7] Der Sachbearbeiter für Leistungen nach SGB II beobachtete einen Leistungsempfänger, der regelmäßig im der Fußgängerzone bettelte. Er stellte ihn zweimal, zählte in dessen Blechdose 1,40 Euro beziehungsweise sechs Euro. Daraufhin kürzte die Behörde die monatliche Unterstützung von 351 Euro auf Basis einer „Hochrechnung" um 120 Euro. Für unseren Zusammenhang ist nicht entscheidend, dass die Behörde nach Widerspruch des Betroffenen die Kürzung zunächst auf 50 Euro heruntersetzte und schließlich nach öffentlichem Protest der Wohlfahrtsverbände ganz zurück genommen hat. Der Fall verdeutlicht vielmehr sehr treffend die *Vermischung der beiden Systeme* wie sie nicht sein soll: die Hilfe von Mensch zu Mensch – eben die subjektiv gesteuerte, hoch beliebige private Zuwendung an den Bettler wird von der öffentlichen Wohlfahrtspflege so wie eine typische Leistung des Staates (z. B. wie das Kindergeld) behandelt, als *Leistung nach einer Regel*. Das kommt gut in der Hochrechnung zum Ausdruck, die zu einem angenommenen Regeleinkommen führt und dann genau so wie das nach Gesetz gewährte Kindergeld auf den Regelsatz angerechnet wird.

Das Beispiel zeigt, wie der Hilfesuchende ganz real vom Hilfewillen anderer Gesellschaftsmitglieder abhängig gemacht wird und zwar indem diesem Willen die gleiche Regelmäßigkeit unterstellt wird, wie sie für die öffentliche Wohlfahrtspflege durch das Recht vorgeben ist. Diese Regelmäßigkeit aber kennt eben die Hilfe von Mensch zu Mensch gerade nicht (im Übrigen auch nicht die Hilfe der Tafeln,

---

[6] Vgl. hierzu auch den Beitrag von Christine Hohmann-Dennhardt in diesem Band.
[7] Zum Beispiel Süddeutsche Zeitung vom 28.3.2009 www.sueddeutsche.de/politik/hartz-iv-deutschland-ganz-unten-1.387809

wenn man an deren Abhängigkeit von den weitergeleiteten Überschüssen und auch von der Inanspruchnahme des Angebots denkt). Die Prinzipien der beiden Systeme werden zu Lasten des Hilfesuchenden vermischt, er wird durch die Fiktion der gleichmäßigen Privatwohltätigkeit um sein Bürgerrecht, konkret: seinen Anspruch nach SGB II gebracht. Das Beispiel zeigt auch, wie der Arme durch die Prinzipienvermischung behördlicherseits aus der normalen Bürgerschaft ausgegliedert wird. Mit der „hochgerechneten" Anrechnung seines Bettellohns ist er regelrecht auf den Status als Bettler verwiesen. Dass daneben ein Behördenmitarbeiter in einer Art Kontrolle ausübt, die nicht rechtsstaatlich ist, weil gesetzlich nicht vorgesehen und die eben auch typisch für das vordemokratische ehrenamtliche Armenwesen des 19. Jahrhunderts war, ist ein eher nebensächlicher Aspekt, macht aber deutlich, welche Folgen die unzulässige Vermischung der Prinzipien zeitigt.

5   SGB II und XII im Kontext der Tafeln

Sowohl SGB II (Grundsicherung) als auch SGB XII (Sozialhilfe) gehen auf das Verhältnis von Privatwohltätigkeit und freier Wohlfahrtspflege ein, sagen also insoweit auch etwas zu den Tafeln. Die beiden Vorschriften sind § 11 Abs. 3 SGB II (und dazu ergänzend die sog. Alg II-VO) sowie § 84 Abs. 1 SGB XII. Zieht man die Grenzlinie zwischen Hilfe von Mensch zu Mensch und öffentlicher Hilfe (so wie es im demokratischen Rechtsstaat geboten ist) dann erscheinen die fraglichen Vorschriften in einem entsprechenden Licht. Sie sind zu interpretieren als die uneingeschränkt fortbestehende Verpflichtung des Staates, alleinverantwortlich zu prüfen und zu sichern, dass der Hilfesuchende auf dem ihm rechtsstaatlich zustehenden Niveau unterstützt wird, eben weil die Zuwendung von Mensch zu Mensch, auch nicht die in der freie Wohlfahrtspflege institutionalisierte, diese Sicherheit nicht bieten kann. Nur so macht der erste Satz von § 84 Abs. 1 SGB XII in seiner Schlichtheit Sinn: „Zuwendungen der freien Wohlfahrtspflege bleiben als Einkommen außer Betracht." Das ist die konsequente Umsetzung der Idee Schwanders von den beiden prinzipiell scharf zu unterscheidenden Unterstützungsformen. Erst wenn – wie es im zweiten Satz von § 84 Abs. 1 SGB XII heißt – die Zuwendung die Lage des Leistungsberechtigten so günstig beeinflusst, dass daneben Sozialhilfe ungerechtfertigt wäre, kann die öffentliche Unterstützung wegfallen. Aber auch das hat die öffentliche Wohlfahrtspflege, gerichtlich vollüberprüfbar, nach den für sie geltenden Prinzipien zu entscheiden. Und diese sind eben am Bürgerstatus des Armen orientiert. Das heißt, dass öffentliche Hilfe nur ausfallen kann, wenn auch wirklich durch die Hilfe der freien Wohlfahrtspflege die auf Hilfe angewiesenen Personen dauerhaft als gesellschaftliches Subjekt mit der Freiheit zur Gestaltung des eigenen Lebens einerseits und der Gewährung eines entsprechenden Gestaltungsraums andererseits abgesichert ist.

Im Wesentlichen sind die Ausführungen zu SGB XII auf SGB II (also Hartz IV) zu übertragen. Die bereits erwähnte sog. Alg II-VO bezieht sich auf zweckbestimmte Leistungen der freien Wohlfahrtspflege und bestimmt, dass Lebensmittel der Tafeln unter den gleichen Gesichtpunkten wie bei SGB XII ohne „Anrechnung" bleiben.

6   Die Gefahren der Tafeln

Trotz der erwähnten Vorschriften in SGB II und SGB XII bergen die Tafeln für den Bürgerstatus des Armen Gefahren und zwar zum einen durch eine mögliche „Eroberung" der Tafeln durch den Staat und zum anderen durch eine Vermischung von „Barmherzigkeit" und Bedürftigkeitsprüfung.

6.1   Die „Eroberung" der Tafeln durch den Staat und der daraus resultierende Rechtsverlust der Armen

Nach dem gegenwärtigen sozialrechtlichen Stand wird bei der Grundversorgung die Trennung der Systeme Hilfe von Mensch zu Mensch einerseits und öffentliche Wohlfahrtspflege andererseits prinzipiell gewahrt. Dabei sind natürlich Fälle wie der oben beschrieben aus Göttingen oder Entscheidungen einzelner Verwaltungsgerichte, die im Eilverfahren unter Verweis auf mögliche Leistungen der Privatwohltätigkeit die vorläufige Gewährung öffentlicher Hilfe verweigern, durchaus bedenklich. Auch wenn man solche Beispiele nicht verharmlosen darf, steht gegenwärtig ein „Ausstieg" aus der öffentlichen Verpflichtung in Deutschland nicht unmittelbar bevor. Insoweit wird der demokratische soziale Rechtsstaat durchaus noch so verstanden, wie oben angedeutet.

Das Tafelangebot kann aber zukünftig von zwei Seiten unter Druck geraten, einmal durch ein Mehr an verarmten Menschen und zum anderen dadurch, dass das System der „Warenentsorgung" und des Einsatzes der Ehrenamtlichen trotz seiner zwischenzeitlichen beachtlichen Perfektionierung die steigenden Zahlen nicht bewältigen kann. Die Berichte, dass beide Effekte an verschiedenen Orten schon eingetreten sind, mehren sich, die Tafeln können den Andrang logistisch und vom Bedarf her nicht mehr ohne weiteres bewältigen.

Wenn sich aber die Versorgung der armen Bevölkerung durch die „ergänzende" Privatwohltätigkeit verschlechtert, könnte es zu Bestrebungen kommen, die Privatwohltätigkeit finanziell mit staatlichen Mitteln stärker, über steuerliche Vergünstigungen hinaus, zu unterstützen.

Dies ist in Deutschland mit seiner stark institutionalisierten freien Wohlfahrtspflege ja ein keineswegs unbekanntes Phänomen. So werden schon immer

Dienste, die persönliche Hilfe dort erbringen, wo öffentliche Institutionen kein
Angebot machen, aus öffentlichen Mitteln unterstützt (eben auch außerhalb der
Vergütungsfinanzierung). Als Ausfluss des Subsidiaritätsprinzips ist eine solche
Tradition in Deutschland bereits im BSHG von 1961 verankert und wortgleich
in SGB XII § 5 Abs. 2 Satz 2 übernommen: „Die Träger der Sozialhilfe sollen
die Verbände der freien Wohlfahrtspflege in ihrer Tätigkeit auf dem Gebiet der
Sozialhilfe angemessen unterstützen". Ohne hier auf die Problematik einzugehen,
wie die Tafeln in den Bereich der „freien Wohlfahrtsverbände" einzuordnen sind
(dazu grundsätzlich Münder in LPK BSHG § 5 Rz.6–8) würde die Tafelbewegung mit einer solchen öffentlichen Unterstützung, die dazu dient, ihre Angebote
aufrecht zu erhalten, eine neue, problematische Qualität erhalten. Wenn also die
Güterbeschaffung nicht mehr wie bisher gelänge und allein mit ehrenamtlicher
Dienstleitung das Angebot nicht mehr sichergestellt werden könnte und deshalb
auf öffentliche Mittel zurück gegriffen werden würde, dann wäre dies ein para-
digmatischer Wechsel bei der Sicherung der Grundversorgung der Bürger. Diese
würde nicht mehr gesetzlich reguliert erfolgen, also „entstaatlicht".

Damit wäre die hier kritisierte Vermischung der beiden Sphären Privatwohltätigkeit einerseits und öffentliche Wohlfahrtspflege andererseits gegeben, wenn
auch in der subtilen Form, dass der Staat als Leistender nur indirekt erscheint.
Entscheidend ist aber, dass der Bürger bei seiner Existenzsicherung auf die Hilfe
von Mensch zu Mensch verwiesen ist, er also in die für diese Hilfe typische Abhängigkeit vom eben rechtlich nicht gesteuerten Willen anderer Privatpersonen
gebracht wird.

Diese Vermischung kann in einer Vielzahl von offenen und verdeckten Formen der Unterstützung eintreten, z. B. durch die Bereitstellung von Geldmitteln,
um zusätzlich Waren zu erwerben bis hin zu vielerlei Erleichterungen (z. B. steuer-
lichen) bei der Schaffung der notwendigen Infrastruktur. Auch die Einrichtung
von 1 Euro-Jobs, ist – so gut auch immer dieser Job für die konkrete Person sein
mag – eine Stabilisierung des insoweit eben nicht mehr ehrenamtlich aufrecht zu
erhaltenden Systems. Solche Grenzverwischungen leisten tendenziell dem Rückzug der öffentlichen Wohlfahrtspflege Vorschub aus einem einfachen Grund: Wenn
schon öffentliche Mittel auf diese Weise den Armen zu Gute kommen, wächst
die Bereitschaft, sich aus der eigenen direkten Verantwortung zurück zu ziehen,
schließlich soll ja staatlicherseits nicht doppelt bezahlt werden – ein unmittelbar
einleuchtendes Argument. Letztendlich führt dies natürlich auch zu einer finanziellen Entlastung des Staates, weil die privatwohltätige Leistung und die staatliche
Ergänzung so untrennbar vermischt werden, dass die öffentliche Verpflichtung zur
Sicherung eines menschenwürdigen Daseins, die Grundversorgung, als durch diese
Gesamtleistung erfüllt angesehen wird. Das ist zwar eine ebenfalls realistische
Gefahr der Tafeln, aber entscheidender ist, das bei einer solchen Vorgehensweise
der Staat sich seiner Verpflichtung entledigen würde, den einzelnen von der Zu-

fälligkeit und eben auch Willkür nicht rechtlich verfasster Hilfe von Mensch zu Mensch abhängig zu machen. Genau dies wäre aber dem Bürgerstatus abträglich.

6.2 Die „Ersetzung" der Barmherzigkeit durch die Bedürftigkeitsprüfung des Staates – der Verlust der Menschlichkeit

Ganz offensichtlich wollen (und können) die Tafeln nicht darauf verzichten, die Bedürftigkeit der Empfänger der Privatwohltätigkeit zu prüfen. Diese Notwendigkeit ist bedingt durch die Knappheit der Güterressourcen, die Knappheit der ehrenamtlichen Personalressourcen, aber auch durch das Marktsystem in Deutschland. Man will die Tafelangebote nicht ohne weiteres für jeden öffnen, weil bei ihnen die Güter durch die Abhängigkeit vom „Überangebot" knapp sind. Die Ehrenamtlichen wie schlichte Angestellte zu beschäftigen, die an jede beliebige Person die Waren verkaufen, kann man ihnen nicht zumuten. Sie wollen sich nicht als schlichte „Dienstleister" definieren lassen, sondern Hilfe von Mensch zu Mensch dem geben, der sie wirklich braucht. Und schließlich achten die Bereitsteller von Waren, aber auch die anderen Anbieter natürlich mit Argusaugen darauf, dass ihre potentielle (Marktpreise bezahlende) Kundschaft so wenig wie möglich eingeschränkt wird.

Gerade der letzte Punkt ist eine ständige Gefahr für das privatwohltätige Angebot, eine Gefahr, die so in der noch nicht marktwirtschaftlich durchorganisierten Güterversorgung des 19. Jahrhunderts nicht bestand. Ein Beispiel aus dem Bereich der sogenannten Vesperkirchen mag dies verdeutlichen: Die Vesperkirche in Esslingen am Neckar verzichtete ausdrücklich auf eine Bedürftigkeitsprüfung bei den Besuchern. Dazu äußerte ein ortsansässiger Gastronomen: „Wenn ganze Bürogemeinschaften dort billig zu Mittag essen, dann ist das nicht im Sinne der Gastronomie" und weiter, er sehe zwar ein, dass eine Grenzziehung schwierig sei, und wörtlich „doch dass die Leute im Anzug für einen Euro in der Kirche Essen gehen, das tut uns schon weh". In zurück haltender Form, aber durchaus klar wird hier der Eingriff in das Marktangebot zu Lasten der „normalen" Marktteilnehmer gerügt. Außerdem wird hier ganz deutlich das seit der Almosenpraxis des Mittelalters virulente Problem angesprochen – werden auch die wirklich Armen erreicht?

Die sozialrechtliche Lösung ist klar und ihr Sinn liegt darin, die Systeme der barmherzigen Privatwohltätigkeit und der öffentlichen, rechtlich gebundenen Unterstützung nicht zu Lasten der Hilfesuchenden zu vermischen: Die Bedürftigkeitsprüfung muss bei der staatlichen Wohlfahrtspflege verankert bleiben, weil sie nicht nach Gutdünken über die Hilfe von Mensch zu Mensch entscheiden darf, sondern im Rahmen von Verfassung und demokratisch gesetztem Recht. Die Tafeln lösen das Problem des „Missbrauchs" in der Regel so, dass die „Kunden" ihre Bescheide zur Grundsicherung bzw. zur Sozialhilfe vorlegen müssen. Daran

ist erfreulich, dass die Bedürftigen offenbar nicht mehr uneingeschränkt schon
auf Grund ihrer äußeren Erscheinung auf Anhieb als solcher zu erkennen sind,
also eine gewisse Grundversorgung für die meisten gesichert scheint. Die Armen
müssen sich auch nicht so verhalten, wie in den Bettelkritiken des Mittelalters
bildreich beschrieben, z. b. dem „Narrenschiff" von Sebastian Brant oder dem
vielfach aufgelegten „Büchlein von der Betrügerei der falschen Bettler" *(liber
vagatorum)*, also alle möglichen Gebrechen vortäuschen, um den barmherzigen
Hilfeimpuls auszulösen.

Aber damit kann man sich nicht beruhigen. Im Grunde ist das Gebrechen
des „modernen Bettlers", Hartz IV-Empfänger zu sein. Dieses muss er deutlich
erkennbar für die Helfer – „vor sich hertragen", um die günstigen Waren einkaufen
zu können.

7   Konsequenzen

Beide Punkte – eine mögliche „Eroberung" der Tafeln durch den Staat und die „Ersetzung" der Barmherzigkeit durch die Bedürftigkeitsprüfung – machen deutlich,
dass das System der privatwohltätigen Tafeln in gefährlicher Weise mit dem System der öffentlichen Wohlfahrt vermischt werden kann. Will man die Tafelidee
weiterverfolgen ohne den Bürgerstatus der Hilfesuchenden zu gefährden, sollte
man in ihrer Ausgestaltung nach neuen Wegen suchen. Es lohnt sich dies auch
zu tun, denn die oben als Haupt- oder Nebeneffekte beschriebenen Ziele Förderung des Ehrenamtes und der „Zivilgesellschaft" sowie der „ethisch vertretbaren
Entsorgung des Warenüberschusses" sind für die Entwicklung der Gemeinschaft
durchaus bedeutsam, auch wenn sie als Rechtfertigung für den Eingriff in den
Bürgerstatus nicht taugen.

Ein wesentlicher Punkt muss sein, innerhalb der Tafelbewegung die *Grenzen
des Wachstums* sowohl im Bereich der Warenversorgung einschließlich der Logistik als auch im Bereich des ehrenamtlichen Engagements anzuerkennen. Damit
ist gemeint, dass keinesfalls versucht werden darf, Engpässe in der Versorgung
bzw. Dienstleistung mit direkter oder indirekter Unterstützung der öffentlichen
Wohlfahrtspflege zu bewältigen. Formen der direkten Unterstützung, sind offensiv
abzulehnen. Hinsichtlich der indirekten Unterstützung ist es durchaus bedenklich,
dass etablierte Träger der freien Wohlfahrtspflege mit den Tafeln gemeinsame
oder auch eigene Tafeln betreiben und dazu ihre vorhandenen logistischen Möglichkeiten (vor allem Personal) einsetzen. Die freie Wohlfahrtspflege ist schon seit
langem in weiten Bereichen von der öffentlichen Finanzierung abhängig. Indirekt
wird diese öffentliche Finanzierung, die eben nicht für die Grundversorgung der
Betroffenen, sondern für persönlichen Hilfen und Dienste gewährt wird, bei einer
solchen Zusammenarbeit in die Grundversorgung umgelenkt. Der privatwohltäti-

ge Ansatz, etwas zur Grundversorgung armer Menschen beizutragen, muss also konsequent privatwohltätig sein und bleiben – auch wenn dadurch die Expansion der Tafelidee prinzipiell beschränkt wird.

Für Hilfe von Mensch zu Mensch ohne Bedürftigkeitsprüfung gibt es keinen Königsweg, mit etwas Fantasie lassen sich hier aber sicher andere Wege finden. Da ist z. B. der Weg der Esslinger Vesperkirche – offen für alle, jedoch die, die eigentlich nicht bedürftig sind, sollen großzügig spenden. Das würde für die Tafeln etwa heißen: Wer sich nicht als arm einschätzt, zahlt freiwillig mit einem Abschlag von z. B. 20 Prozent auf den Normalpreis, der dadurch entstehende Ertrag wird für die Armen genutzt. Dieser Weg der Vesperkirche hat allerdings, wie wir mittlerweile wissen, nicht so richtig funktioniert. Die doch weit verbreitete „Schnäppchenjägermentalität" war wohl selbst in diesem eher abseitigen Bereich wirksam. Offenbar auch nicht so Bedürftige haben das Angebot genutzt und häufig nicht gespendet. Dennoch war der Weg in Esslingen durchaus innovativ, wenn vielleicht auch religiös ein wenig überhöht. Hier gilt es weiter zu denken. Für die Tafeln denkbar wäre z. B. ein ausdrücklicher Hinweis in den Läden: Diejenigen, die monatlich über ein Familieneinkommen (ohne Kindergeld) von mehr als Euro 1300 (orientiert an dem gegenwärtig geforderten Mindestlohn) verfügen, werden gebeten, von einem Einkauf im Laden abzusehen. Eine individuelle Kontrolle würde entfallen und auch momentan in Not befindliche Personen, die sonst über ein höheres Einkommen verfügen, könnten anonym das Angebot nutzen, um den Engpass zu überwinden. Es müsste dann hingenommen werden, dass nicht alle sich so verhalten werden (mit entsprechend eingeschränkter Möglichkeit, den wirklich Bedürftigen zu helfen).

Es soll allerdings nicht verschwiegen werden, dass sich so agierende Tafeln – Organisation der Tafeln als strikte Privatwohltätigkeit bei gleichzeitigem Verzicht auf eine Bedürftigkeitsprüfung – in sich selbst dauerhaft die Ursache des langfristigen Scheiterns tragen, ja die fehlende Bedürftigkeitsprüfung die anderen Effekte (Waren- und Personalmangel, logistische Probleme etc.) geradezu verstärken kann. Diese Möglichkeit sollte aber nicht zu der hier kritisierten Vermischung von Privatwohltätigkeit und öffentlicher Wohlfahrtspflege führen. Die Tafeln sind nur dann akzeptabel, wenn sie die neuzeitliche Errungenschaft der Verantwortlichkeit des Staates nach Recht und Gesetz (Rechtsstaat) allen Bürgern (Demokratie) Lebens- und Gestaltungschancen auch bei der Grundversorgung zu gewähren, nicht in Frage stellen – gegebenenfalls auch um den Preis des Scheiterns der Tafeln an ihren inneren Widersprüchen.

Tafelangebote aus caritastheologischer Perspektive[1]

Rainer Krockauer

Zusammenfassung

Ein Tafelangebot muss mehr bieten und mehr wollen als Lebensmittelausgabe. Erste Nothilfe ist zwar unverzichtbar, noch mehr aber Systemkritik, Professionalisierung und Vernetzung und auch begleitende wissenschaftliche Reflexion. Die vorliegenden caritastheologischen Perspektiven plädieren für eine stärkere Gemeinwohl-, Solidaritäts-, Nachhaltigkeits- und vor allem Gerechtigkeitsorientierung der Tafelangebote und regen ein Engagement für eine Reform des Sozialstaats, für neue Bündnisse, langfristige Strategieentwicklung und anwaltschaftliche Lobbyarbeit an.

1 Einleitung

Ein wissenschaftlicher Theologe steht vom Schreibtisch auf und geht zum Fenster: In einiger Entfernung sieht er eine lange Menschenschlange, die scheinbar schon seit längerem vor einem Haus wartet. Er vergehen fast zwei Stunden, bis einzelne, vor allem Frauen, das Haus mit Beuteln von Lebensmitteln verlassen. Er weiß um dieses lokale Tafelangebot, und es beschäftigt ihn seit längerem. Und so geht er zurück zu seinem Schreibtisch und blättert in einem alten Geschichtsbuch. Da war es doch: ein Bild, tief eingespeichert in seinem Gedächtnis – das Bild von Menschen, die in einer Menschenschlange auf die Ausgabe von Essen warten. Besonders dieses eine ist ihm hängen geblieben: New York, Wirtschaftskrise, 1933, eine Ausgabestelle von Essen und Lebensmitteln mitten unter arbeitslosen Menschen, eine Ausgabestelle der „Catholic Worker" – Bewegung.

Aus der Ferne betrachtet repräsentieren Tafelangebote in der Tat ein bekanntes geschichtliches Phänomen im Kontext von Armenspeisungen oder Suppenküchen, auch und gerade in der Christengeschichte. Aber sie zeigen dieses auch von einer neuen Seite – heute im speziellen Kontext einer spätindustriellen und von Globalisierung und Individualisierung geprägten Gesellschaft. Eine praktische und

---

[1] Überarbeitete Fassung eines gleichnamigen Vortrags am 23.04.2009 beim Fachtag zum innerverbandlichen Diskurs des Caritasverbandes der Diözese Rottenburg-Stuttgart über die Bedeutung von Tafelläden.

sozialwissenschaftlich orientierte Theologie beobachtet dieses seit geraumer Zeit aus der Ferne mit wachem Interesse (z. B. Hartmann 2008). Aber sie kennt auch die Nahperspektive. Denn diese Theologie lebt auch durch engagierte Menschen und deren christliches Selbstbewusstsein und theologische Reflexion am Ort der Tafelangebote selbst. Eine solche Theologie *von unten* kennt die Gesichter in der Schlange, weiß aus eigener Anschauung um Scham, Empörung, Aggressivität oder Ratlosigkeit von Betroffenen, aber auch um die Anlässe religiös motivierter Menschen, sich an diesem Ort zu engagieren. Eine solche Theologie am Ort konkreter sozialer Probleme und Fragen hat eine lange Tradition. Als beispielsweise Dorothy Day und Peter Maurin am besagten 1. Mai 1933 in New York die erste Ausgabe des „Catholic Worker" unter die der Kirche entfremdeten Arbeiter brachten und gleichzeitig „Häuser der Gastfreundschaft" mit Suppenküchen für Arme und Bedürftige eröffneten, war dort zu lesen: Dies geschieht „um die Tatsache bekannt zu machen, dass die katholische Kirche ein soziales Programm hat – um sie wissen zu lassen, dass es Menschen Gottes gibt, die nicht nur für das geistliche, sondern auch für das materielle Wohl arbeiten. [...] Ist es nicht möglich, radikal und gleichzeitig kein Atheist zu sein?" (zit. n. Wegweiser 1995: 79 f.).

Beide Perspektiven, die Nah- und die Fernperspektive, prägen eine caritastheologische Auseinandersetzung mit existenzunterstützenden Angeboten wie den Tafeln. Die Fernanalyse im Sinne einer abstrahierenden Reflexion, für die ich als Theologe einer wohlfahrtsverbandlichen Caritasarbeit stehe, tut Not, denn Tafelangebote befinden sich, in ihrem Entwicklungsprozess – gerade auch im Raum der verbandlich organisierten Caritasarbeit – auf einer Schwelle und unterliegen der Gefahr, Armut mehr zu bewältigen, als strukturell zu bekämpfen.[2] Sie brauchen dabei nicht nur eine vergleichende und kritische sozialwissenschaftliche Reflexion, sondern – in komplementärer Ergänzung – eben auch, und zwar nicht nur für die Angebote in kirchlicher Trägerschaft, die Besinnung auf caritastheologische Denk- und Handlungsperspektiven (vgl. Krockauer 2006a, b). Diese besitzen eine sozialethische und pastoraltheologische Ausprägung und liefern so eine doppelte Perspektivenschärfung in den Raum der Gesellschaft und in den der Kirche hinein.[3] Der folgende caritastheologische Argumentationsstrang folgt dabei einem argumentativen Drei-Schritt, beginnt mit der Analyse caritaswissenschaftlicher Ausgangspunkte (Abschnitt 2), bestimmt dann markante caritastheologische Einsichten und Handlungsperspektiven (Abschnitt 3) und benennt zum Schluss skizzenhaft zwei praktisch-theologische Visionen (Abschnitt 4).

---

[2] Vgl. Selke in Süddeutsche Zeitung (2010: 6): „Tafeln sind ein lokaler, erfolgreicher Reparaturmechanismus. Sie betreiben Armutsbewältigung, nicht strukturelle Armutsbekämpfung. Diese Hilfe ist nicht nachhaltig."
[3] Im Folgenden beschränke ich mich auf den institutionellen Raum der katholischen Kirche und seiner verbandlich organisierten Caritasarbeit.

2 Caritaswissenschaftliche Ausgangspunkte

2.1 Tafelangebote zwischen Barmherzigkeit und Gerechtigkeit

Ein bedenkenswerter Spannungsbogen tut sich beim Betrachten der Tafelangebote und ihrer Selbstverständnisse auf. Das dort gezeigte soziale Engagement befindet sich im Spannungsfeld folgender Pole: zwischen Barmherzigkeit und Sozialstaat, zwischen praktizierter Mildtätigkeit und sozialstaatlicher Verankerung, aber auch zwischen privater, zivilgesellschaftlicher Hilfe und gesamtgesellschaftlicher Verantwortung, schließlich zwischen caritativer und politischer Diakonie. Sozialethisch gesehen scheint sich das beachtliche und ehrenwerte Engagement von Ehren- und Hauptamtlichen eher an einem Ethos der Barmherzigkeit als an dem der Gerechtigkeit zu orientieren. Insofern trifft Franz Segbers (2008: 13) den Nerv: „Die Tafelarbeit muss politischer werden. [...] Da die Not nicht durch mangelnde Barmherzigkeit entstanden ist, kann sie auch nicht durch Barmherzigkeit gestoppt werden."

Barmherzigkeit, als Innenseite von Gerechtigkeit, meint im biblischen Sinne das Gefühl des Mitleids und die daraus resultierende liebende Zuneigung durch eine Einzeltat. Sie ist als solche unverzichtbar, aber nicht ohne die Außenseite der Gerechtigkeit denkbar, die für die Würde des Anderen eintritt, gerade dann, wenn er abgedrängt und in Not geraten und deswegen auf eine „größere Gerechtigkeit" (Mt 5, 20) angewiesen ist. Ein am Wert der Gerechtigkeit orientiertes Ethos sozialen Engagements hilft bei der Überwindung der Notsituation des Anderen mit – auch und gerade durch politischen Einsatz. Dass dieser politische und gerechtigkeitsorientierte Einsatz als zweite Seite im Selbstverständnis und Engagement bisher eher zu kurz zu kommen scheint, ist der erste Ausgangspunkt eines caritaswissenschaftlichen Nachdenkens.

2.2 Rückfrage nach dem Profil christlich inspirierter und kirchlich getragener Tafelangebote

Tafelangebote entspringen einem zivilgesellschaftlichen Aufbruch und sind mit anderen bürgerschaftlichen Aufbrüchen, wie etwa dem der Hospizbewegung vergleichbar. Diese fanden und finden unter Beteiligung von Christen und ihren kirchlichen Einrichtungen, aber auch ohne sie, statt. In mancherlei Hinsicht waren Christen und Kirchen Motoren von Aufbrüchen, in anderer Hinsicht haben sie sich den Aufbrüchen eher angeschlossen. Auch in der „Tafelbewegung" (als Sammelbegriff für alle vergleichbare Hilfeangebote) wirken Christen und kirchliche Einrichtungen mit, ohne in ihr eine Führungsrolle anmelden zu wollen oder können. Das ist heilsam und reinigend für alle Seiten. Christen und kirchliche

Organisationen lernen in den zivilgesellschaftlichen Bewegungen eine neue Präsenz – eine zukunftsweisende Präsenz unter und mit den anders oder ähnlich im
zivilgesellschaftlichen Engagement Motivierten, nicht neben ihnen.

Gleichzeitig stellt sich im Kontext pluraler Motivherkünfte für alle in zivilgesellschaftlichen Bewegungen Beteiligten die Frage nach dem *leitenden* Motivgrund
bzw. Profil des eigenen Engagements als Christ und Kirche. Diese Frage stellt
sich weniger im Sinne des unterscheidend Anderen, als vielmehr im Sinne des
entscheidend Motivierenden und Qualifizierenden. Dieser Frage bewusst nach-
zugehen (wie etwa in Tagungen und Fachdiskursen) dient sowohl der notwendigen
Selbstreflexion als Christ und Kirche in einer pluralen Gesellschaft als auch der
verbandlichen Selbstreflexion. Sie dient aber auch der Übersetzung und Vermittlung des Eigenen an Andere, an die gesellschaftliche Öffentlichkeit, vor allem auch
an die Mitengagierten, die ihren Einsatz aus anderen Motivgründen herleiten. Das
Profil christlich inspirierten und kirchlich getragenen Engagements suchen und
benennen zu wollen und zu können, stellt somit den zweiten Ausgangspunkt dar.

2.3 Christen im Rampenlicht einer neuen Sozialen Frage

Christen und kirchliche Einrichtungen werden nicht nur über die Tafelangebote
in eine virulent werdende neue Soziale Frage verwickelt. Dies ist nicht das erste
Mal in ihrer Geschichte. Jeder weiß es mittlerweile: Die aktuellen Entwicklungen,
nicht nur der neuen Sozialgesetzgebung, beschleunigen nachweislich Prozesse der
Verarmung und Verelendung von Bevölkerungsgruppen. Tafelangebote sind hierfür
Seismographen. Diese stellen sie nicht nur im quantitativen Sinne dar (etwa, was
den sprunghaften Anstieg existenzunterstützender Angebote betrifft), sondern
eben auch im qualitativen Sinne. Denn sie fangen eine veränderte Atmosphäre in
verschiedenen Milieus und Sozialräumen ein. Dort ist eine zunehmend nervöse,
resignative, zum Teil auch aggressive Atmosphäre anzutreffen. Die Alltagsmeldun-
gen über die Zunahme von Beschaffungskriminalität, über verwahrloste Kinder
oder einsame Alte, über ethnische Konflikte zwischen Jugendgruppen sind hierfür
Warnzeichen und sprechen für eine nachhaltige Veränderung der Gesellschaft. Es
ist zu befürchten, dass die Auswirkungen der jüngsten Finanz- und Wirtschaftskrise diese bedenkenswerten Entwicklungsprozesse beschleunigen könnten.[4]

Bei allem offenbart sich mehr und mehr eine eklatante Gerechtigkeitslücke.
Friedhelm Hengsbach (2009) meinte jüngst: Mit Hilfe öffentlicher Gelder, die vor
nicht geraumer Zeit vor allem im sozialen Sektor radikal zusammengestrichen
wurden, wird jetzt plötzlich in Milliardenhöhe ein System wiederherzustellen

---

[4] Vgl. das Kapitel „Gerechtigkeit" im aktuellen Interview des Autors mit dem Caritastheologen
Fuchs: „Es geht nichts verloren" (Fuchs 2010: 169 ff.).

versucht, das vorrangig der vermögenden Klasse einer privaten Minderheit dient. Sicherlich: Seine überspitzte kapitalismuskritische These stößt auch bei Christen und ihren Kirchen auf unterschiedliche Resonanzen, geschweige denn auf Abwehr. Die überall stattfindenden tief greifenden kirchlichen Strukturreformen (z. B. auf der Gemeindeebene) scheinen bei nicht wenigen die Sensibilität für diese Gerechtigkeitslücke und zumindest ihre Diagnose regelrecht zu betäuben bzw. an anderer Stelle Kraft und Aufmerksamkeit abzusaugen. Dass Christen und ihre Kirchen mehr und mehr ins Rampenlicht einer neuen Sozialen Frage gezogen werden und Position beziehen müssen, ist der dritte Ausgangspunkt eines caritastheologischen Nachdenkens.

2.4   Caritas im Fahrtwind sozialpastoralen Denkens

Deutlich vernehmbar ist dabei im öffentlichen und gesellschaftlichen Raum der Ruf nach einem gesellschaftskritischen bzw. nach einem gerechtigkeitsbezogenen Einspruch gerade der Christen und ihrer Kirchen. Es ist der Journalist Prantl (2005) der am Anfang seines Buches „Die Zerstörung der sozialen Gerechtigkeit" bemerkenswerterweise die fast vergessene Enzyklika „Populorum progressio" von Papst Paul VI. (1967) zitiert und damit die in zivilgesellschaftlichen Bewegungen fast vergessene kirchliche Soziallehre aus der Versenkung holt:

> „Im Gefolge des Wandels der Daseinsbedingungen haben sich unversehens Vorstellungen in die menschliche Gesellschaft eingeschlichen, wonach der Profit der eigentliche Motor des wirtschaftlichen Fortschritts, der Wettbewerb das oberste Gesetz der Wirtschaft, das Eigentum an den Produktionsmitteln ein absolutes Recht, ohne Schranken, ohne entsprechende Verpflichtungen der Gesellschaft gegenüber, darstellt. […] Man kann diesen Missbrauch nicht scharf genug verurteilen. Noch einmal sei feierlich daran erinnert, dass die Wirtschaft im Dienst des Menschen steht. […]" (a. a. O.: 7)

Die Tatsache, dass Andere und vor allem Nicht-TheologInnen an den Fahrtwind einer ganz bestimmten sozialethischen und pastoraltheologischen Denktradition innerhalb des Christentums erinnern, zeigt, dass die Christen und ihren kirchlichen Organisationen – trotz der betäubenden Irritation der eigenen Strukturreformen – inhaltlich für ihr sozialpolitisches Engagement bestens gerüstet sind. Denken wir doch daran, welchen Klang und – damit verbunden – welche Zugkraft eine biblisch begründete Option für die Armen über den Raum des Christentums hinaus besitzt, und welche Bedeutung sie zugleich für das Verständnis des Evangeliums und dessen Weitergabe besitzt. Es sei daran erinnert, dass der christliche Gottesglaube mit einer besonders starken prophetischen und gesellschaftskritischen Dimension verbunden ist. Die damit verbundenen sozialen und politischen Optionen haben sich, wie das eingangs genannte Beispiel der „Catholic Workers" in den USA belegt, immer wieder gerade an den jeweiligen Sozialen Fragen entzündet und Initiativen und Bewegungen ins Leben gerufen, die verdeutlichen sollten, was es heißt, radikal human und gleichzeitig gläubig zu sein. Dorothy Days öffentlicher (gerechtigkeits-orientierter) Einspruch war unabdingbar mit einer praktischen (barmherzigkeits-orientierten) Antwort verbunden, mit „Häusern und Orten der Gastfreundschaft", in denen „jene Kunst der menschlichen Kontakte und jenes soziale Bewusstsein oder Verständnis sozialer Kräfte" erworben werden konnten, die die dort enga-gierten Christen „zu Kritikern der bestehenden Umgebung [...], und zu freien, schöpferischen Anwälten einer neuen Umgebung" (Wegweiser 1995: 87) machen sollten. Von dieser konturierten sozialethischen und sozialpastoralen Denktradition auszugehen, ist der vierte Ausgangspunkt eines caritastheologischen Nachdenkens.

2.5 Engagement im Wissen um eine „Tafel-Plus"-These

Erkennbar ist schließlich als fünfter Ausgangspunkt eine sogenannte „Tafel-Plus"-These in den diskursiven Auseinandersetzungen mit Tafelangeboten. Sie lautet auf eine einfache Formel gebracht: „Eine Tafel muss mehr bieten als Lebensmittelaus-gabe!" Über die nähere Bestimmung eines „Plus" bietet sich auch die Gelegenheit, grundlegende Elemente des eigenen, z. B. christlichen und kirchlichen Profils zu artikulieren. Diese „Plus"-Aspekte sind fünfter und letzter Ausgangspunkt einer caritastheologischen Perspektivenentwicklung:

- Die mit der Lebensmittelausgabe verbundene Hilfe soll zunächst dem An-spruch genügen, Ansehen der Person und Begegnung mit dieser auf Augen-höhe zu ermöglichen.
- Hervorzuheben ist ferner der über die schlichte Lebensmittelausgabe hin-aus reichende Anspruch an Politik und Gesellschaft, dass jeder erwachsene Mensch das Recht auf eine menschenwürdige Erwerbsarbeit besitzt bzw. er-halten muss, „um selbst für sich und den Unterhalt seiner Familie und Kinder sorgen zu können." (Rhoden 2008: 26)
- Ein Plus stellt in diesem Zusammenhang auch der Anspruch dar, dass die Würde hilfebedürftiger Menschen durch die Art und Form der Hilfegewäh-rung nicht verletzt werden darf und Selbsthilfe und Selbststärkung Einzelner zu ermöglichen sind.
- Dies wiederum hat zur Folge, „dass sich Tafeln nicht auf die Umverteilung von Lebensmitteln beschränken dürfen, sondern bei erkennbarem Bedarf weitergehende Hilfen erschlossen und Wege aus der Armut gesucht und auf-gezeigt werden." (a. a. O.)

- Dies erfordert (als weiteres „Plus"), Teilhabe zu ermöglichen und Lebenschancen zu eröffnen. Was ein damit verbundenes gerechtigkeitsorientiertes Engagement betrifft, ist damit nicht nur das Engagement für eine Verteilungs-, sondern auch für eine Teilhabe- und Befähigungsgerechtigkeit in den Blick zu nehmen.

- Die „Tafel-Plus"-These hat schließlich auch die verstärkte Übernahme eines sozialpolitischen Mandats zur Folge, verbunden mit der Erweiterung des Blicks für die Gesamtheit des Hilfesystems und vor allem für das ultimative Ziel des eigenen Engagements, das eigene Tafelangebot letztendlich überflüssig zu machen.

3 Caritastheologische Einsichten und Handlungsperspektiven

3.1 Orientierung an der Einheit von Gottesglaube und Menschensolidarität

Interessant im Verständigungsdiskurs über die Motive und künftige Ausrichtung des Engagements ist die Frage, warum der Anblick der Essensausgabe an Bedürftige und das damit verbundene Bild der Armenspeisung einen theologischen Nerv im caritativen Engagement und Selbstverständnis berührt. Im Zentrum der Antwort und damit der eigenen konfessionellen caritastheologischen Reflexion steht dabei die Glaubensüberzeugung von der zeichenhaften Gegenwart Gottes (sprich Christi) in der Gestalt des Armen. Die Caritasarbeit als individueller und organisierter humaner und sozialer Dienst an den Kranken, Hungernden, Bedürftigen, Armen und Bedrängten bekommt so den Stellenwert einer außergewöhnlichen und zugleich realen Form der Gottesbegegnung, sagt doch Jesus, als zentraler Bezugspunkt des christlichen Glaubens, im Matthäusevangelium an zentraler Stelle über sich selbst:

> „Denn ich war hungrig und ihr habt mir zu essen gegeben; ich war durstig und ihr habt mir zu trinken gegeben; ich war fremd und obdachlos und ihr habt mich aufgenommen; ich war nackt und ihr habt mir Kleidung gegeben; ich war krank und ihr habt mich besucht; ich war im Gefängnis und ihr seid zu mir gekommen. [...] Amen, ich sage euch: Was ihr für einen meiner geringsten Brüder getan habt, das habt ihr mir getan." (Mt 25, 31–46)

Gerade dieses Evangelium hat entscheidend die Motivlage des sozialcaritativen Engagements von Christinnen und Christen am Ort von Armenspeisungen geprägt. Der Glaube an die reale Präsenz Christi in der Welt von Menschen in Armut und Bedrängnis ist mit der Aufgabe zum unbedingten Dienst an diesen bis in die jeweiligen Zuspitzungen der Gegenwart hinein verbunden. Dieser konkrete Dienst kann aber auch zur Gabe werden, weil er eine unvermutete Glaubensperspektive eröffnen kann. Denn die Begegnung mit den „Ausgeschalteten, Beargwohnten, Schlechtbehandelten, Machtlosen, Unterdrückten und Verhöhnten, kurz die Leidenden" ist, wie dies der evangelische Theologie Dietrich Bonhoeffer eindringlich formuliert hat, nicht nur eine moralische Pflicht, sie ist vor allem auch ein „Erlebnis von unvergleichlichem Wert". Es verändert die eigene Perspektive, „die großen Ereignisse der Weltgeschichte einmal von unten, d. h. aus ihrer Perspektive sehen gelernt zu haben." (Bonhoeffer 1965: 441). Eine Geschichte von Kamillus von Lellis (1550–1614), mit Johannes von Gott (1495–1550) Schutzpatron der Krankenhäuser und Kranken, bringt es treffend auf den Punkt:

> „Als eines Tages ein hochgestellter kirchlicher Würdenträger ins Spital kam, um Kamillus von Lellis wegen einer wichtigen Angelegenheit aus dem Krankensaal rufen zu lassen, wo er gerade einen Patienten pflegte, ließ dieser ihm melden: Sagt dem Monsignore, dass ich gerade mit Jesus Christus selbst beschäftigt bin. Aber wenn ich diese Arbeit beendet habe, werde ich mich seinem Stellvertreter widmen." (zit. n. Gmelch 1996: 11)

Kamillus wie andere geschichtliche Figuren der Caritasarbeit lebten eine unmissverständliche Option für die Armen, hier für die schwer Pflegebedürftigen. Er wusste sich dabei von der Bibel selbst inspiriert, in der Gott selbst (als Erster) immer wieder (im Alten Testament) ausgerechnet die Schwachen, Kleinen, Vergessenen und am Rande Stehenden als Träger seiner Botschaft erwählt (vgl. Vogt 2008: 32). Kompromisslos nahm er den moralischen Imperativ von Mt 25 beim Wort: Der, welcher der unmittelbaren Hilfe bedarf, kann zur zeichenhaften Gegenwart eines Gottes werden, der sich bis zum Äußersten mit dem menschlichen Leben identifiziert und diese Identifikation auch von den Christen einfordert.

Das heißt: Kamillus wie andere Caritas-Pioniere sehen den Menschen, der vor ihm steht, nicht nur mit der Brille der Hilfebedürftigkeit, sondern auch mit dieser geistlichen Brille: Da Gott seine Option für die Armen längst vor ihm getroffen hat, besitzen diese für ihn eine unverlierbare Würde, die in und durch Jesus Christus aufgehoben ist, der jeweils nur adäquat zu begegnen ist. Gottesglaube und Menschensolidarität bilden somit eine Einheit wie Gottesdienst und Menschendienst und lassen sich nicht auseinander dividieren, wie auch Herrenmahl und Armenspeisung in der alten Kirche nicht voneinander zu trennen waren. Dahinter steht ein (!) Geben. Es war Mutter Teresa, die darauf verwies, dass es in der Christengeschichte einen roten Bedeutungsfaden gibt, der die ausgestreckte Hand Gottes mit der ausgestreckten Hand von Christen (z. B. am Ort der Lebensmittelausgabe) verbinden hilft.

„Und von Anfang an sehen wir, dass wir es wirklich ein Geben war. Gott liebte die Welt so sehr, dass er ihr seinen Sohn gab – das erste Geben. Er war reich – aber um der Menschen willen wurde er ganz arm. Er gab sich ganz. Aber nicht genug: er wollte noch mehr geben: nämlich uns die Möglichkeit, ihm zu geben. So machte er sich zum Hungernden und Nackten, damit wir ihm geben können: das zweite Geben." (Mutter Teresa 1995: 23)

Diese sich in der zweitausendjährigen Caritasgeschichte widerspiegelnde theologische Einsicht, bewirkte zu allen Zeiten einen heilsamen Stachel für das christliche Ethos. Dies gilt gerade heute. Denn die Erinnerung daran zwingt Christen und Kirchen gerade unserer Tage, sich von diesem Umgang (mit den Armen und Bedrängten) her reformieren und erneuern zu lassen, und auch die zweifelsohne notwendig gewordenen Strukturreformen dahingehend zu befragen, ob sie helfen, von einer weltdistanzierten Pastoral zu einer Pastoral der Präsenz unter den Anderen, besonders den Armen zu finden. Gleichzeitig zeigt diese theologische Einsicht auch, dass Armenspeisung – theologisch gesehen – immer von einer bestimmten geistlichen Augenhöhe her lebt, die Hilfehandeln letztlich als Umgang von Bruder zu Bruder, Schwester zu Schwester, von Geschöpf zu Geschöpf denken lässt. Ein solcher Umgang auf geistlicher Augenhöhe ist allerdings durch eine spezifische Qualität humanen Handelns gekennzeichnet, für die sich objektive Kriterien nennen lassen. Denn es ist – im Gefolge des Glaubens an die Einheit von Gottesglaube und Menschensolidarität – kein religiös-verklärendes, weltfremdes Handeln. Es ist *discreta caritas*, eine kluge Liebe, die an Kriterien zurückgebunden ist.

3.2 Sinn für eine spezifische Qualität christlichen Handelns

1540 gründete der bereits erwähnte Johannes von Gott (1495–1550) in Granada ein Hospiz als Zufluchtsstätte für Arme und Kranke, insbesondere für Geisteskranke. Seine glasklaren Kriterien und Leitlinien für eine christlich motivierte Armenpflege lassen erkennen, dass es mit Mildtätigkeit bzw. Barmherzigkeit und gutem Willen und Glauben nicht getan war und ist, sondern dass Kriterien zu benennen sind, die das Handeln bestimmen und qualifizieren können. Bei Johannes von Gott lauteten sie:

„Jeder wird aufgenommen, ob Christ, Jude oder Muslim! Jedem Kranken ein eigenes Bett und eine tägliche Mahlzeit! Tägliche Visite, wobei neben dem Arzt auch der Koch mitzugehen hat! Das Gespräch („die gütige Aussprache") ist genauso wichtig wie die leibliche Pflege!" (zit. n.: Baumgartner 2006: 39)

Tafelangebote im Horizont dieser Tradition zu deuten, kann heißen: Ein der Barmherzigkeit entspringendes, aber darüber hinaus auch situationsgemäßes, adressa-
ten- und vor allem gerechtigkeitsorientiertes Handeln lebt auch und gerade vom
Bewusstsein struktureller Realitäten, ist in ein Netzwerk professionellen Handelns
integriert und weiß um eine Barmherzigkeit *und* Gerechtigkeit inspirierende Er-
zähl- und Denktradition der Bibel.

Vier Kriterien lassen sich herausschälen und z. B. im Gleichnis vom barmherzigen Samariter (Lk 10, 25–37) wiederfinden: (Erste) Nothilfe, Systemkritik,
Professionalisierung und Vernetzung und schließlich Caritas-Reflexion.

- (Erste) Nothilfe: Der Einstieg des Handelns erfolgt über die Mitleidenschaft
  des Samariters, d. h. des Menschen, der aus dieser „compassion" heraus stehen
  bleibt und erste Not lindert, im Glauben an die Gültigkeit der zuvor von Gott
  selbst getroffenen Option für die Armen.
- Systemkritik: Es bleibt zugleich die Aufgabe, das Bewusstsein für jene strukturelle Ursachen wach zu halten, die Menschen Not leiden und unter die
  Räuber fallen lassen. Es bleibt das Bewusstsein für das Unrecht der Räuber
  und das Verhängnis menschenverletztender Strukturen.
- Vernetzung und Professionalisierung: Es ist drittens überzeugend und ver-
  nünftig, die eigene (erste) Nothilfe mit professioneller und nachhaltiger Hilfe
  zu vernetzen, dazu auch die Möglichkeiten der Ökonomie zu nutzen, zugleich
  aber auch Hilfe zu teilen, im Bündnis von Haupt- und Ehrenamtlichen.
- Caritas-Reflexion: Wer hilft oder Hilfe managt, weiß um die Notwendigkeit
  eines hermeneutischen Rahmens. Er oder sie braucht die Deutung der eigenen
  Hilfe im Horizont von sinnvoller Lebensgestaltung und endzeitlicher, ewiger
  Hoffnung.

Diese vier Kriterien sind Qualitätskriterien christlichen Handelns und als solche
unverzichtbar:

- Denn „Fast-Food-Hilfe" läuft ohne Systemkritik Gefahr, Armut zu verfesti-
  gen oder zu banalisieren.
- Systemkritik unterliegt ohne den Deuterahmen einer über Zeit und Raum
  hinausgreifenden Hoffnung der Gefahr, in selbst zerstörerische Systemabwehr
  umzuschlagen.
- Vernetzung und Professionalisierung ermöglichen, die Ressourcen zu einer
  Unternehmenskultur der Hilfe zu eröffnen, die eben nicht in erster Linie
  nur Lebensmittel verteilt, sondern in der die Lebensmittelausgabe zwingend
  an eine Tischkultur bzw. an eine Kultur der Tischgemeinschaft zurückgebunden ist.

Aber die genannten Leitlinien dienen einzig und allein (auch das findet sich im Gleichnis vom barmherzigen Samariter wieder) dem Ziel: dem Überflüssigwerden dessen, der vorübergehend zum Helfer des Anderen wurde. Das im 19. und 20. Jahrhundert in die Sprachwelt eingebürgerte Wort der Subsidiarität ist biblisch ausreichend fundiert und drückt sich schon allein im subsidiären Grundverhalten Jesu selbst aus („Was willst Du, dass ich Dir tun soll?" Lk 18, 41). Subsidiarität ist der Angelpunkt einer sozialethischen Selbstvergewisserung von Tafelangeboten. Dieses Sozialprinzip gründet in der personalen Würde jedes Einzelnen. Deswegen braucht ein recht verstandener Hilfeprozess um der Selbsthilfe und Selbststärkung Betroffener willen personale Zuwendung zu den Betroffenen, aber noch mehr deren soziale und kulturelle Integration, und dafür dann auch ein politisches Engagement, sprich die Auseinandersetzung mit den Ursachen von Not und die fortwährende (auch wissenschaftliche) Selbstreflexion des eigenen Handelns und seiner systemischen Bezüge. Die christliche und kirchliche Tradition ist hier eindeutig und fordert: Es gilt Hilfe zu gewähren und zu organisieren, ohne Abhängigkeiten zu zementieren, es gilt mitzuhelfen, aus Armutskreisläufen herauszuführen, Hilfe in der Not zu leisten, um Hilfe aus der Not zu ermöglichen, und für Abhilfe von Not zu kämpfen!

3.3 Engagement für Hilfe in der Not, Hilfe aus der Not, Abhilfe von Not!

Der Blick auf die Essensausgabe für Bedürftige vor der eigenen Haustür motiviert das caritastheologische Nachdenken. Die Glaubenstradition der Botschaft von der zeichenhaften Gegenwart Gottes am Ort der Armen und Bedürftigen stärkt das konkrete Engagement und zeigt zugleich: Der Weg christlich inspirierter und kirchlich verantworteter Tafelangebote besteht in keiner Verklärung des Hilfeprozesses. Nüchternheit ist angesagt, gegebenenfalls auch Selbstkritik, auf jeden Fall ist der einfühlsame und auch geistliche Blick mit der strategisch-nüchternen Tat zu verknüpfen. Die Hilfe in der Not ist in jedem Falle der Einstieg, der Hilfe aus der Not folgt, schließlich die Abhilfe von Not mit anstößt. Diese dreifache Handlungsperspektive wird im folgenden durch vier sozialethische Imperative untermauert bzw. ergänzt. Sie entstammen der Feder bzw. dem Mund eines bekannten Caritas-Akteurs, Lorenz Werthmann (1858–1921), des ersten Präsidenten des Deutschen Caritasverbandes. Dieser kannte die Essensschlangen seiner Zeit, er wusste um die zahlreichen mildtätigen Aufbrüche von Christen und Kirchen um die letzte Jahrhundertwende. Vor diesem Hintergrund sprach Lorenz Werthmann 1899 über die „soziale Bedeutung der Charitas und die Perspektiven/Ziele des Charitasverbandes"[5]. Dabei fand er folgende prägnante Formulierungen: Erstens ist

---

[5] Erstveröffentlichung in: Charitas 4 (1899: 210 ff.). Nachdruck in: Wollasch (2002).

„die Charitas der Dampf in der sozialen Maschine [des Sozialstaats, R. K.]. … Aber noch eine weitere Funktion hat die Charitas für das soziale Leben: sie ist das lindernde Oel, um die hochgehenden Wogen der sozialen Unzufriedenheit zu glätten. […] Und da hat die Charitas die große Aufgabe, Trägerin der sozialen Versöhnung zu sein. […] Eine dritte soziale Aufgabe hat die Charitas. Sie soll die Vorschule sein für die soziale Thätigkeit."

In den Einrichtungen der Charitas bekommt man – so Werthmann weiter – die Motivation „am Wohl der Menschen zu arbeiten". Als letzten Imperativ nennt er: „Die vierte Funktion der christlichen Charitas auf sozialem Gebiete ist: Pfadfinderin zu sein für staatliche und gesetzgeberische Maßnahmen." (Wollasch 2002: 27).[6] Aus diesen vier Imperativen werden im Folgenden vier Impulse und Handlungsperspektiven für in Tafelangeboten engagierte Caritas-Akteure entwickelt.

Impuls 1: Gemeinwohlorientierung der Tafelangebote und Sozialstaatsreform!
Tafelangebote als „Dampf in der sozialen Maschine" (Werthmann) zu sehen, kann bedeuten, im eigenen Engagement „Herzblut" bzw. „Leidenschaft für das Gemeinwohl" zu zeigen. Der Dampf einer engagierten Gemeinwohlorientierung ist ohne Zweifel heute angesichts des „Solidaritätsrisses" gefragt, der in der deutschen Gesellschaft an vielen Stellen stattfindet bzw. möglich ist. In einem zunehmend solidaritätsvergessenen Klima ist der ehrenamtliche Einsatz Vieler in den Tafelangeboten ein beeindruckendes Gegenzeichen bzw. ein Kulisse anderer Art: Bürger engagieren sich für Bürger, Wohlhabendere strecken weniger Begüterten die Hand entgegen. Sie entwerfen damit ein Bild für die sozialen Optionen des modernen Wohlfahrtsstaates und rufen zugleich die Notwendigkeit einer Reform des Sozialstaats in Erinnerung, der sich aus der Verantwortung für das Gemeinwohl nicht zurückziehen darf.

Impuls 2: Solidaritätsorientierung der Tafelangebote und neue Bündnisse!
Tafelangebote als „linderndes Öl" (Werthmann) zu sehen, kann zweitens bedeuten: In einer Gesellschaft, in der das Miteinanderleben von Menschen verschiedenster Herkünfte, Schichten und Kulturen eine große Herausforderung darstellt, sind möglichst konkrete Modelle interkulturellen und solidarischen Zusammenlebens gefragt. Angesichts erschreckender Entsolidarisierungsphänomene und mancherorts einer massiven Fremdenfeindlichkeit sind konkret und modellhaft kommunikative Orte solidarischer Begegnung, vor allem aber Schutzräume, die Menschen an Grenzen ihres Lebens auffangen, zu gestalten. Tafelangebote (im Netz mit Gemeinden, Vereinen etc.) können Orte der sozialen Versöhnung in konkreten

---

[6] Werthmanns vier Imperative sind zu korrespondieren mit den vorher genannten vier Aspekten von Erster Hilfe, Systemkritik, Professionalisierung und Vernetzung und Caritas-Reflexion.

Sozialräumen sein. Sie können somit auch ein „linderndes Öl" darstellen, indem über die Essensausgabe hinaus in konkreten Projekten Modelle gelungener Integration der Betroffenen in den Stadtteilen und Gemeinden aufgezeigt werden und neue Bündnisse zwischen Menschen und Initiativen über traditionelle Grenzen hinweg geschlossen werden.

Impuls 3: Nachhaltigkeitsorientierung der Tafelangebote und langfristige Strategieentwicklung!

Tafelangebote als „Vorschule für die soziale Tätigkeit" (Werthmann) zu sehen, kann drittens bedeuten: Hier wird die Motivation, am Wohl der Menschen zu arbeiten, konkret vorgelebt und gezeigt. Tafelangebote können damit ein Zeichen sein, das Andere zur Nachahmung anstacheln kann. Denn sie geben dem schlichten Zeugnis der Solidarität ein Gesicht. Sie können damit zugleich ein Ort sein, an dem (z. B. jüngere) Menschen nachhaltig lernen und sehen können, wie es geht, mit Bedürftigen solidarisch zu sein. Gerade wenn Tafelangebote Teil eines umfassenden Hilfeangebots (im Kontext einer mittel- und langfristige Strategie) sind, kann hier eine wichtige Gelenkfunktion zwischen Mehrheiten und Minderheiten wahrgenommen werden. Der Gedanke der „Vorschule" trifft dann auch den letzten der vier Imperative, die nämlich „Pfadfinderin" zu sein.

Impuls 4: Gerechtigkeitsorientierung der Tafelangebote und anwaltschaftliche Lobbyarbeit!

„Pfadfinderin zu sein für staatliche und gesetzgeberische Maßnahmen" bestimmt Werthmann als letzten Imperativ caritativer Angebote. Viele der Caritaspioniere haben immer auch eine Pfadfinderfunktion wahrgenommen, insbesondere was das Auskundschaften von menschengerechten staatlichen und gesetzlichen Maßnahmen betrifft. Sie haben sich so einer Politik in die Wege gestellt, die sich gerade in der Sozialpolitik mehr und mehr an ökonomischen Erfordernissen oder an einseitigen Interessen orientiert. Sie haben immer wieder Vorschläge unterbreitet, wie die Integration von bestimmten Bevölkerungsgruppen in einer umfassenden Perspektive gelingen kann. Das bleibt Verpflichtung bis heute, auch und gerade, was den Einsatz in und durch Tafelangebote betrifft. Pfadfinder bekennen bekanntlich als vierte Tugend: Der Starke schützt den Schwachen. Dieser Schutz der Schwachen, vor allem derer ohne Lobby und Macht, ist und bleibt der Kirche und insbesondere der Caritas ins Stammbuch geschrieben.

4   Praktisch-theologische Visionen

4.1   Die Vision von einem Kapitalismus mit menschlichem Antlitz

Tafelangebote in Trägerschaft der Caritas folgen, wie ausgeführt, einer *discreta caritas*, einer klugen Liebe. Diese „nimmt die Welt wahr, wie sie ist; nicht wie sie sein sollte oder könnte, […] wahrt ihr gegenüber die nötige Distanz und Freiheit und engagiert sich für sie mit Leidenschaft und Hingabe" (Karcher 2009: 16). Klug an dieser „caritas" dürfte es sein, den Kapitalismus (auch trotz der Irrungen der Finanz- und Wirtschaftskrise) nicht zu verteufeln, sich aber auch ihm und seinen Gesetzen nicht resignativ zu unterwerfen, sondern ihn, mit von Nell-Breuning gesprochen, zu zähmen und human einzuholen. Den Kapitalismus von seiner Überschussproduktion her einzuholen, quasi von der Hintertür her zu humanisieren, halte ich bei aller Ambivalenz der Tafelangebote für eine zündende Idee, die hoffentlich nicht die letzte Idee einer kreativen Zähmung neokapitalistischer Kräfte sein wird. Es bleibt die kreative Stimulans, die gnadenlose Logik des Zahlens oder Nicht-Zahlen-Könnens auf kreative Weise zu umgehen und (ohne Verklärung) dem „göttlichen Umsonst" Raum und Zeit zu geben. Noch ist zu hoffen, dass die als beispiellos erfahrene Finanz- und Wirtschaftskrise einen gesellschaftlichen Lernprozess auslösen kann, der einen demokratischen Neubeginn eröffnet. Inhalt und Ziel einer wirtschaftlichen *und* sozialen Neuordnung kann nicht mehr das kapitalistische Gewinn- und Machtstreben, sondern nur das Wohlergehen aller Bürgerinnen und Bürger sein. Die kirchlichen Soziallehren haben maßgeblich dazu beigetragen, dass die Idee einer Zähmung bzw. Humanisierung des Kapitalismus im Sinne einer sozialen Marktwirtschaft Gestalt angenommen hat. Ein Kapitalismus „mit humanem Antlitz braucht ‚Kapitalisten der Nächstenliebe', die die Potentiale der Bedrängten entdecken, fördern und als Marktmacht nutzen." (Vogt 2008: 34)

4.2   Die Vision einer diakonischen Pastoral im Netzwerk kirchlicher Orte

Tafelangebote sind nicht nur Teil eines zivilgesellschaftlichen Sozialraums, sondern darin auch eines pastoralen Raums, der aktuell überall neu geordnet wird. Das heißt: Existenzunterstützende Angebote von Caritas, Gemeinden oder anderer kirchlicher Initiativen sind immer Teil der gesamten Pastoral eines Seelsorgebereiches. Alle anderen gemeindlichen und kirchlichen Aktivitäten sind damit in Kontakt zu bringen. Es wäre verhängnisvoll, wenn Tafelangebote nur verschämte Nischen der Mildtätigkeit blieben, die von der Gesamtpastoral isoliert blieben. Pastoraltheologisch gesehen gehören sie in die Mitte der kirchlichen Aufmerksamkeit. Auch dafür hat die Caritas einzutreten. Zweifelsohne existiert im Blick auf eine vernetzte Pastoral der Armutsbekämpfung in konkreten Sozialräumen Entwicklungsbedarf. Vernetzung und Professionalisierung wäre zu ermöglichen, damit die Tafelangebote nicht zu reinen Lebensmittelverteilungsstellen degradiert werden. Dafür sind Konzepte (weiter-) zu entwickeln, die alle sozialen und pastoralen Energien und Kräfte in einem Seelsorgebereich zur nachhaltigen Verminderung armutsbedingter Benachteiligung und Ausgrenzung bündeln. Dann ist es möglich, um mit D. Day zu sprechen, radikal sozial und gleichzeitig gläubig zu sein bzw. zu werden – als Christ, als Kirche, als Caritasverband.

Literatur

Baumgartner, Isidor (2006): Theologische Optionen – Hemmschuh oder Mehrwert für die Beratung. In: Christoph Hutter/Norbert Kunze/Renate Oetker-Funk/Bernhard Plois (Hg.), Quo vadis Beratung? Dokumentation einer Fachtagung zur Zukunftsfähigkeit kirchlicher Beratungsarbeit. Berlin, 29–41.

Bleyer, Bernhard (2008): Die Armen als Sakrament Christi. Die Predigt Pauls VI. in San José des Mosquera (1968). In: Stimmen der Zeit, 11, 734–746.

Böhmer, Anselm (2008): Armutsprojekte – Chancen im Sozialraum. Ressourcen der Armutsarbeit durch freiwilliges Engagement. In: Diakonia, 39, 110–115.

Bonhoeffer, Dietrich (1965): Gesammelte Schriften, hrsg. von Bethge Eberhard, Band II. München.

Caritas in NRW (2008): Zwischen Sozialstaat und Barmherzigkeit. Positionspapier der Caritas NRW zu niedrigschwelligen, existenzunterstützenden Angeboten, Düsseldorf 2008.

Deutscher Caritasverband (2008): Rolle und Beitrag der verbandlichen Caritas in den pastoralen Räumen, Freiburg.

Gmelch, Michael (1996): Du selbst bist die Botschaft. Eine therapeutische Spiritualität in der seelsorgerlichen Begleitung von kranken und leidenden Menschen, Würzburg.

Hartmann, Richard (2008): Die Brücke zwischen Überfluss und Armut. Die prekäre Erfolgsgeschichte der Tafelbewegung. In: Lebendige Seelsorge 6, 367–370.

Hengsbach, Friedhelm (2008): Kirche im Kapitalismus. In: Hans-Joachim Kracht/Christian Spieß (Hg.), Christentum und Solidarität. Bestandsaufnahmen zu Sozialethik und Religionssoziologie, Paderborn, 729–741.

Karcher, Tobias (2009): Impulse für Wirtschaft und Gesellschaft. Ignatianische Anregungen für Verantwortungsträger. In: Jesuiten 1, 16 f.

Krockauer, Rainer (2006a): Caritas: Task Force der Kirche in der Zivilgesellschaft. In: Rainer Bucher/Rainer Krockauer (Hg.), Pastoral und Politik. Erkundungen eines unausweichlichen Auftrags, Münster, 270–289.

Krockauer, Rainer (2006b): Diakonische Spiritualität: Brennpunkt einer Theologie Sozialer Arbeit. In: Rainer Krockauer, Stephanie Bohlen/Markus Lehner (Hg.), Theologie Sozialer Arbeit. Leitfaden für Studium, Weiterbildung und Beruf, München, 319–329.

Krockauer, Rainer/Schuster, Max-Josef (2007): Menschen auf der Schwelle. Neue Perspektiven für die alte Pfarrgemeinde, Ostfildern.

Krockauer, Rainer/Körber, Manfred (2007) (Hg.): Glaubenszeugnisse in Sozialer Arbeit und Diakonie. Impulse für Kirche und Gesellschaft, Münster.

Maurin, Peter (o. J.): Easy Essays. Preface by Dorothy Day, Willits.

Mutter, Teresa (1995): Zeiten der Barmherzigkeit, hrsg. von Leonie Höhnen, Freiburg.

Prantl, Heribert (2005): Kein schöner Land. Zerstörung der sozialen Gerechtigkeit, München.

Rhoden, Heribert (2008): Zwischen Armutszeugnis und Notwendigkeit. In: neue caritas, 18, 25 f.

Segbers, Franz (2008): „Die Tafelarbeit muss politischer werden". Barmherzigkeit allein stoppt die Not in Deutschland nicht. In: epd sozial, 50, 13.

Selke, Stefan (2008): Fast ganz unten. Wie man in Deutschland durch die Hilfe von Lebensmitteltafeln satt wird. Münster.

Süddeutsche Zeitung (2010): „Wir müssen das schlechte Gewissen der Sozialpolitik sein" (Streitgespräch zwischen Stefan Selke und Gerd Häuser), 1.2.2010, 6.

Vogt, Markus (2008): Die neue Armut in unserer Gesellschaft als Herausforderung an die Kirche. Orientierungspunkte aus der Sicht der Christlichen Sozialethik. In: zur debatte, 7, 32–34.

„Ein ethisches, kein politisches Problem" (2008): Ein Gespräch über Arm und Reich mit dem Sozialwissenschaftler Werner Schönig. In: Herder-Korrespondenz, 12, 237–242.

Fuchs, Ottmar (2010): „Es geht nichts verloren". Ottmar Fuchs im Gespräch mit Rainer Bucher und Rainer Krockauer. Würzburg.

Wegweiser (1995): Christliche Gemeinschaften für Frieden und Gerechtigkeit, hrsg. von Pax Christi – Deutsches Sekretariat. Idstein.

Wollasch, Andreas (2002): Deutscher Caritasverband und Sozialstaat. Ausgewählte Denkschriften und Stellungnahmen im Wortlaut (1897–2000), Freiburg/Br. (DVD).

Tafeln in der Wohltätigkeitsfalle

Franz Segbers

Zusammenfassung

Der Beitrag stellt Tafeln im Kontext einer Armutsbekämpfung ohne Sozialstaat vor und fragt nach den Folgen des damit verbundenen Barmherzigkeitshandelns. Hartz IV und Agenda 2010, die für einen Aufschwung der „Tafeln" gesorgt haben, stehen dabei für eine absichtsvolle Verschiebung in Richtung eines schwächeren Sozialstaates angelsächsischer Prägung. Wenn einerseits der Sozialstaat nicht mehr zu leisten ist und tiefgreifend transformiert wird, andererseits auf Armutsbekämpfung nicht verzichtet werden kann, dann besteht die Gefahr, dass den Tafeln ein fester Platz in der Gesellschaft eingeräumt wird. Dabei wird die kritische These vertreten, dass die Tafeln ein Symbol für eine rückwärtsgewandte Entwicklung von der Armutsbekämpfung zur Armenfürsorge darstellen und sie sich dabei funktional in die Transformation des Sozialstaates einfügen. Die Folge hiervon ist der Abbau sozialer Rechte – Tafeln und ihre Nutzer/innen geraten in eine Wohltätigkeitsfalle.

1 Armutsbekämpfung ohne Sozialstaat

„Den Wohlfahrtsstaat können wir uns nicht mehr leisten, aber bei der Armutsbekämpfung sind wir dabei" (Suess 2008: 110). Mit diesen Worten charakterisiert der brasilianische Befreiungstheologe Paulo Suess das globale Projekt einer Armutsbekämpfung ohne Sozialstaat, das sich auch hierzulande im Diskurs über „Tafeln" wiederfindet. Manche sehen die Tafeln als zivilgesellschaftliche Solidarität angesichts eines Sozialstaates, der doch offenkundig an seine Grenzen gekommen sei (Molling 2009). Andere wiederum kritisieren das Sponsoring der Lebensmittelkonzerne, die ihren Biomüll kurz vor der Verwertung von der „Tafel" noch verteilen lassen (Liga Rheinland-Pfalz 2010). Im Kontext einer globalen Ökonomie, die zwar in der Lage ist, Überfluss zu produzieren, doch daran scheitert, Mangel im Überfluss zu verhindern, hat die Wohltätigkeit Konjunktur.

Umstritten sind „Werke der Barmherzigkeit", die Hungernde speisen und Dürstenden zu trinken geben, noch nie gewesen. Im Gegenteil – den Herrschenden kam ein Barmherzigkeitshandeln immer recht. Auch Social Sponsoring, das die „Tafeln" fördert und dabei das Firmenimage aufbessert, erfährt breite Unterstützung seitens der Wirtschaft und der Medien. Doch der Sozialstaat ist, seit es

ihn gibt, Gegenstand heftiger Kritik (vgl. Butterwegge 2008: 75 ff.). Der prinzi-
piellen neoliberalen Kritik, die im Sozialstaat eine Schwächung ökonomischer
Dynamik ausmacht, tritt zunehmend auch eine eher populär zu nennende Kritik
am Sozialstaat zur Seite, die in ihm Entwicklungstendenzen sieht, die ihn überfordern würden. Beide Kritikstränge stimmen aber in dem Urteil überein, dass
man sich den Sozialstaat zwar nicht mehr leisten könne – aber entschieden Armut
bekämpfen wolle, geradeso wie Paulo Suess vom globalen Projekt der Armutsbekämpfung ohne Sozialstaat spricht. In seiner ersten Rede vor dem deutschen
Bundestag hatte der neugewählte Bundespräsident Horst Köhler in eben diesem
Sinne gesprochen: „Der Sozialstaat ist für mich eine zivilisatorische Errungenschaft, auf die wir stolz sein können." Dann aber fügt er die entscheidende Ab-
grenzung hinzu: „Aber der Sozialstaat heutiger Prägung hat sich übernommen.
Das ist bitter, aber wahr" (Köhler 2004).
  Von Politik, Medien und Teilen der Wissenschaft wird ein schon „dreißig-
jähriger Feldzug" (Hengsbach 2004: 21 ff.) gegen den Sozialstaat geführt. „Ein
überwältigendes Heer öffentlicher Meinungsmacher eilt ihr im Feldzug gegen den
Sozialstaat voraus, stärkt ihr den Rücken und feuert sie an, standfest zu bleiben"
(Hengsbach 2004: 42). Diese Diffamierung des Sozialstaates hat einen zeitgeist-
gerechten Diskurs konstruiert, wie ihn der Generalsekretär der FDP Christian
Lindner ausdrückt, wenn er sagt: „Der Staat ist ein teurer Schwächling" (Lindner
2010). Peter Sloterdijk identifiziert „Diebe an der Macht" (Sloterdijk 2009). Der
Sozialstaat ist ihm ein „geldsaugendes Ungeheuer", der per Einkommenssteuer
enteigne. Ausbeutung kehre sich um und so komme es, dass die „Unproduktiven
auf Kosten der Produktiven" leben könnten. In seinem Beitrag über „Die Würde
der Armen" konstatiert auch Ulrich Greiner, „dass der Sozialstaat an seine Grenzen
gerät" (Greiner 2009). Er lobt Sloterdijks Utopie der Ersetzung des Steuerstaates
durch ein freiwilliges Spendenwesen, denn dann könne der Reiche endlich bei
freiwilliger Gabe „jenen Ruhm genießen, der dem großzügigen Spender zukommt."
Dabei korrespondiere keineswegs dem „Stolz des Gebenden die Schande des Nehmenden". Wie „würdevoll" aber das Empfangen von Gaben außerhalb rechtsstaatlicher Garantien ist, kann allerorten in den Lebensmittelausgabestellen der „Tafeln"
besichtigt werden. Greiner bemüht noch die biblische Barmherzigkeit, die wisse,
dass Geben seliger denn Nehmen sei, und kritisiert, dass auch die Kirchen nicht
mehr wagten, diese Wahrheit zu sagen.
  In diesem Konzert der Stimmen ist es unumstritten, dass Armut zu bekämpfen sei – doch ohne den Sozialstaat. Armutsbekämpfung wird als unbestrittenes
zentrales Politikziel in einer Zeit bekannt, in der das Ende des „kurzen Traums
immerwährender Prosperität" (Burkhardt 1984) immer offenkundiger wird und
das sozialstaatliche Projekt an ihr Ende gelangt zu sein scheint und der sozialstaatliche Traum auch. Nicht mehr einzelne sozialpolitische Reformen standen
und stehen jetzt zur Debatte sondern der Sozialstaat selber, der sich freilich nicht

radikal verabschiedet, sondern eine folgenreiche Transformation in eine andere Formation erfährt, in dem manche den „Tafeln" einen festen Platz einräumen.

2 Sozialstaatsverpflichtung und Teilhaberechte

Wenn der Sozialstaat grundsätzlich bestimmt werden kann als ein Modus, bei dem sich eine Gesellschaft ihrer basalen Solidarität vergewissert und diese über den Staat organisiert, so rückt der normative Stellenwert des Staates in den Mittelpunkt. Er wird als Ursprung von sozialpolitischem Handeln identifiziert und in Pflicht genommen. Doch gerade diese in der kulturellen wie politischen Tradition Europas verankerte Funktion des Staates kollidiert mit dem schwächeren Staatskonzept der angelsächsischen Tradition. Hartz IV und Agenda 2010, die für einen Aufschwung der „Tafeln" gesorgt haben, stehen für eine absichtsvolle Pfadverschiebung des Sozialstaates in Richtung des angelsächsischen Systems.

Für die sozialpolitische Entwicklung in Europa waren die dem Bürgertum und der Arbeiterbewegung gemeinsame, in Christentum und Aufklärung wurzelnde Überzeugung vom Eigenwert jedes Menschen eine entscheidende normative Voraussetzung, so dass sich ausschließlich im Horizont der kulturell von Christentum und Aufklärung geprägten kontinentaleuropäischen Gesellschaften das Leitbild eines Gemeinwesens entwickeln konnte, das auf rechtlicher Gleichheit, Solidarität, Freiheit und einer sozialstaatlich vermittelten Solidarität seiner Bürger beruht. (Segbers 2008a: 145 ff.; Segbers 2010b: 24 ff.; Kaufmann 1997: 41 ff.; Gabriel 2007: 81 ff.; Manow 2008) Auch wenn dieses Leitbild historisch nicht von Anbeginn an den Weg klar vorzeichnete, so hat sich aus dieser normativen Vorgabe doch allmählich eine Entwicklung entfalten können, in welcher die Sozialstaatlichkeit „zu einem konstitutiven Element des normativen Grundkonsenses europäischer Staaten" werden konnte, „was auch an der Gewährleistung kultureller und sozialer Rechte durch Verfassungen und internationale Verträge deutlich wird" (Kaufmann 1997: 42). Der Sozialstaat[1], wie er sich nicht nur in Deutschland entwickelt hat, ist Ausdruck eines Teilhaberechte gewährleistenden politischen Gemeinwesens. T. S. Marshall sah den Sozialstaat als Teil einer aufwärtssteigenden Entwicklung, in der sich bürgerliche Freiheitsrechte, politische Mitbestimmungsrechte und soziale Teilhaberechte sukzessive entfalten, aufeinander aufbauen und sich wechselseitig stützen: die klassischen bürgerlichen Freiheitsrechte *(Freiheit vom Staat)*, politische Freiheitsrechte zur Gestaltung des Gemeinwesens *(Freiheit im Staat)* und soziale Rechte *(Freiheit durch den Staat)*. (Marshall 1992: 32 ff.).

---

[1] Vgl. zum Aspekt des Sozialstaates auch den Beitrag von Christine Hohmann-Dennhardt in diesem Band.

Meine These, die ich im folgenden entwickeln möchte, lautet: Die „Tafeln" stellen auf dem Hintergrund der sich gegenseitig und wechselseitig stützenden bürgerlichen, politischen und sozialen Rechte ein Symbol für eine Rückwärtsentwicklung von der Armutsbekämpfung zur Armenfürsorge dar, die sich funktional in die Transformation des Sozialstaates zu einem gewährleistenden Sozialstaat einpassen. Soziale Rechte, die auf bürgerlichen und zivilen Rechten aufbauen, werden dabei ausgehöhlt und geraten in eine Wohltätigkeitsfalle.

3   Soziale Rechte gewährender Sozialstaat

Die soziale Unsicherheit kehrt zurück. Die Verwundbarkeit, die sie schafft, wiegt aber doppelt schwer, denn es ist eine neue Verwundbarkeit nach der Sicherheit, die sich durch die Rückwärtsentwicklung einstellt. Die „Kunden" der „Tafeln" spiegeln einen sozialen Umbruch in der Gesellschaft. Sie gehören einer neuen Schicht an, die durch die Sozialreformen der Agenda 2010 und Hartz produziert worden ist (Liga Rheinland Pfalz 2010: 304 f.; Selke 2008: 21 ff.). Sie sind Opfer einer politisch inszenierten „Destabilisierung des Stabilen" (Castel 2000: 357).

Der Sozialstaat wirkt nicht vorrangig darin, dass er sozialen Ausgleich organisiert sondern vielmehr darin, dass er die Unsicherheit reduziert, die mit der kapitalistischen Form des Wirtschaftens entstanden ist. „Auf dem Versprechen der Sicherheit gründet der Siegeszug des formativen politischen Prinzips des Wohlfahrtsstaates" (Vogel 2007: 119). Diese soziale Sicherheit hat das Bundesverfassungsgericht in einer Entscheidung zu den Regelleistungen nach SGB II erneut gegen die neoliberale Sozialstaatskritik bekräftigt.

> „Das Grundrecht auf Gewährleistung eines menschenwürdigen Existenzminimums
> aus Art. 1 Abs. 1 GG in Verbindung mit dem Sozialstaatsprinzip des Art. 20 Abs. 1 GG
> sichert jedem Hilfsbedürftigen diejenigen materiellen Voraussetzungen zu, die für
> seine physische Existenz und für ein Mindestmaß an Teilhabe am gesellschaftlichen,
> kulturellen und politischen Leben unerlässlich sind." (BverfGE vom 9.2.1010, Leit-
> satz 1, Ziff. 133 ff.)

Dieses Gewährleistungsrecht hat nach dem Urteil des Bundesverfassungsgerichts eine „eigenständige Bedeutung", ist „unverfügbar" und muss „eingelöst" werden. Mit der Sozialstaatlichkeit wurde dem Staat der Auftrag gegeben, soziale Gerechtigkeit zum Maßstab seines Handelns zu machen und aktiv darauf einzuwirken, dass sie sich verwirklicht. „Die staatliche Intervention und Gestaltung des Sozialen ist daher längst keine Frage des guten Willens paternalistischer Wohlfahrtsgewährung mehr" (Vogel 2007: 19). Im Sozialstaat gehören die realen Voraussetzungen, unter denen alle Bürger ihre grundrechtliche Freiheit ausüben können, zum Bestandteil der grundrechtlichen Freiheit. In dankenswerter Weise hat das Bundesverfassungsgericht klargestellt: „Ein Hilfebedürftiger darf nicht auf freiwillige Leistungen des Staates oder Dritter verwiesen werden, deren Erbringung nicht durch ein subjektives Recht des Hilfebedürftigen gewährleistet ist" (BverfGE vom 9.2.1010, Ziff. 136). Das solidarische Engagement in „Tafeln" kann nach dem Bundesverfassungsgerichtsurteil somit keineswegs grundrechtliche Ansprüche, die durch staatliches Handeln zu gewährleisten sind, ergänzen oder gar ersetzen.

Aber nicht allein *verfassungs*rechtlich auch *menschen*rechtlich ist die Bundesrepublik Deutschland gefordert, für soziale Sicherheit einzutreten. Der Grund der Menschenrechte liegt in der menschlichen Würde, die sich niemand verdienen muss, denn sie ist mit der Existenz gegeben. Erich Fromm nennt „dieses Recht auf Leben, Nahrung und Unterkunft, auf medizinische Versorgung, Bildung usw. ein dem Menschen angeborenes Recht, das unter keinen Umständen eingeschränkt werden darf, nicht einmal im Hinblick darauf, ob der Betreffende für die Gesellschaft von Nutzen ist" (Fromm 1989: 310). Dieser Menschenrechtsanspruch ist ein „tief in der religiösen und humanistischen Tradition des Westens verwurzeltes Prinzip" (a. a. O.: 310) und konkretisiert sich im 1966 formulierten Internationalen Pakt über wirtschaftliche, soziale und kulturelle Rechte. Die Verknüpfung wirtschaftlicher und sozialer Rechte mit dem Anspruch der Menschenwürde kann als eine wesentliche Leistung des 20. Jahrhundert gelten. Zum Wesenskern des Menschenrechts gehört das Recht auf einen „angemessenen Lebensstandard" und „Recht auf Sicherheit im Falle von Arbeitslosigkeit, Krankheit, Invalidität oder Verwitwung, im Alter sowie bei anderweitigem Verlust seiner Unterhaltsmittel durch unverschuldete Umstände" (Art. 22; 25 AEMR). Menschenrechte und Staatenpflichten sind zwei Seiten ein und derselben Medaille. Die staatlichen Verpflichtungen beziehen sich darauf, die Inhalte der Menschenrechte zu achten, zu schützen und zu erfüllen. „Denn die ‚Freiheit von Not' zielt nicht nur auf materielle Versorgungsleistungen, sondern zugleich und vorrangig auf die Überwindung einseitiger Abhängigkeitsverhältnisse in der Gesellschaft" (Bielefeldt/ Seidensticker 2004: 5). Der Menschenrechtsanspruch darf nicht von zufälligem zivilgesellschaftlichem Engagement wie in „Tafeln" abhängig gemacht wird.

Armut ist nicht nur Einkommensmangel, sondern hat immer auch und vor allem mit einem Mangel an sozialer Sicherheit und politischem Einfluss zu tun. Insofern kann Armut als Defizit an Macht, politischer Gestaltungsmöglichkeit und Beteiligungschancen verstanden werden. Arme Menschen sind deshalb Bürger, denen es an Beteiligungsrechten, Freiheitsrechten und politischem Einfluss fehlt.

4   „Tafeln" in der Wohltätigkeitsfalle: Barmherzigkeit, Sponsoring und Gerechtigkeit

Das Aufbegehren gegen das erlittene Unrecht ist die Geburtsstunde des Sozialstaates. Dieser Kampf um Gerechtigkeit hatte zunächst dem preußischen Staat Konzessionen abgerungen und später in Weimar zu der verfassungsrechtlichen Verpflichtung geführt, „den Grundsätzen der Gerechtigkeit mit dem Ziele der Gewährleistung eines menschenwürdigen Lebens für alle" (Art. 151 WRV) zu entsprechen. Zu den entscheidenden Entstehungsbedingungen des Sozialstaats in Deutschland seit den 1880er Jahren gehörte zweifellos die Überzeugung, dass unter den neuen sozialökonomischen Bedingungen die Daseinsvorsorge weder durch private Wohltätigkeit oder den selbstorganisierten Kassen der Gewerkschaften zu leisten sei. Der Auf- und Ausbau des Sozialstaats ist eine Lehre, die die Politik aus der offensichtlich nicht ausreichenden Kraft nicht-staatlicher und auch zivilgesellschaftlicher Sicherungsbemühungen gezogen hat. Zwischen der Praxis der Armenfürsorge der vorsozialstaatlichen Epoche und der Arbeiterversicherungspolitik des Sozialstaates gibt es grundverschiedene Konstruktionsprinzipien. Während die sozialstaatliche Versicherung durch ein Rechtsprinzip bestimmt ist, lässt sich die Armenfürsorge vom Bedarfsprinzip ohne Rechtsanspruch leiten. Der Auf- und Ausbau des Sozialstaates ist eine epochemachende Tat, die Reichskanzler Otto von Bismarck bei der Vorstellung der ersten Gesetzesvorlage für die Sozialversicherung im Reichstag „praktisches Christentum in gesetzlicher Bethätigung" (Erli 2008: 258) nannte und darin den entscheidenden sozialhistorisch bedeutsamen Übergang von der Armenfürsorge zur armutsverhindernden Sozialpolitik durch staatliche Intervention ansprach, der zugleich einen Übergang vom Barmherzigkeitshandeln zur Gerechtigkeit darstellt.

Die neoliberale Sozialstaatskritik hat zu einer Entwicklung geführt, bei der sich gegenwärtig eine schleichende Aufspaltung des Gemeinwesens abzeichnet in einen Wohlfahrtsmarkt für die, die sich Sozialleistungen kaufen können, und in einen Wohltätigkeitsmarkt für die mittellosen Armen.[2] Auf dem Wohlfahrtsmarkt können sich jene Bürger/innen, die es sich finanziell leisten können, das für sie erschwingliche Maß an sozialer Sicherheit oder Diensten kaufen, während die Armen einem Wohltätigkeitsmarkt der privaten Wohltätigkeit überantwortet werden, bei dem es nur noch um Hilfe für die Armen aber nicht mehr um staatsbürgerliche Teilhaberechte für alle geht.

---

[2] Vgl. in ähnlicher Weise auch den Beitrag von Christoph Butterwegge in diesem Band.

5 Die Tugend der Barmherzigkeit und die Rückkehr der Barmherzigkeit

Mit der privaten Wohltätigkeit kommt auch die Barmherzigkeit in die Lazarusgesellschaft zurück. Barmherzigkeit meint keine verpflichtende Bringschuld der Reichen gegenüber den Armen, sondern eine freiwillige Mehrleistung, der man sich moralisch verpflichtet fühlen mag: „Brich dem Hungrigen dein Brot und die im Elend ohne Obdach sind, führe ins Haus" (Jes 58). Gemäß diesem Bibelwort haben die Kirchen sich immer schon der Not der Armen in direkter Hilfe zugewandt. Und diese Hilfe in der Not ist auch unstrittig. In den gesellschaftlichen Umbrüchen und der Not des 19. Jahrhunderts wurden von Orden, kirchlichen Organisationen und auch privaten Spendern Suppenküchen betrieben, um armen Menschen eine kostenlose warme Mahlzeiten zu verschaffen. Auch in der größten Not nach den beiden Weltkriegen im 20. Jahrhundert gab es Suppenküchen, die aber recht bald wieder verschwanden, da sie mit dem Ausbau des Sozialstaates nicht mehr nötig waren. Dass die „Tafeln" und Suppenküchen nunmehr zurückkehren, zeigt, dass die scheinbar überwunden geglaubte Not wieder zurückkehrt. Bürgerinnen und Bürger versuchend deshalb die Lücke zu schließen, die der Rückzug des Sozialstaates hinterlassen hat. Dieses Engagement ist unbestreitbar nützlich und ehrenvoll.

Barmherzigkeit gilt zu recht als eine Grundtugend, die alle Religionen kennen und die durch das Christentum in unsere Kultur eingestiftet wurde (Segbers 2010c). Was mit Barmherzigkeit gemeint ist, erklärt die Wortgeschichte sehr genau. Frühgermanische Missionare hatten dieses Wort aus dem Lateinischen *misericordia*, das heißt „ein Herz für die Armen haben", gebildet. Wortgeschichtlich ist „arm" mit „verwaist" verwandt und bezeichnet das, was Kindern als Waise in früheren Gesellschaften drohte: vereinsamt, bemitleidenswert und schutzlos zu leben. Das „Herz für die Armen", die Barmherzigkeit also, geht ausdrücklich über die einander geschuldete Gerechtigkeit hinaus. Sie ist eine Zuwendung zum Hilfebedürftigen, begründet aber keine subjektiven Rechte der Armen auf Hilfe. Der Arme ist vom Geber der Gaben abhängig. Zwischen dem Gebenden und dem Empfangenden besteht ein Gefälle, sodass es zwischen fürsorgender Barmherzigkeit und paternalistischer Bevormundung nur eine dünne Scheidewand gibt. Vor einer Barmherzigkeit, die von Recht und Gerechtigkeit absieht, hat der Begründer der modernen Pädagogik Johann Heinrich Pestalozzi (1746–1827) mit einer kräftigen Formulierung gewarnt: „Wohltätigkeit ist das Ersäufen des Rechts im Mistloch der Gnade" (zit. n. DW EKD 2010: 20) .

Barmherzigkeit macht im biblischen Verständnis die Innenseite und Wesensmitte einer Gerechtigkeit aus, die „das verbindliche und verlässliche In-Kraft-Setzen der Lebensrechte des Mitmenschen" (Müller 1999: 221) ausmacht. Arme sind nicht passive Almosenempfänger, sondern Träger von Rechten. In der jüdisch-rabbinischen Tradition hat sich eine fest etablierte Tradition herausgebildet, die barmherziges Handeln mit der Mahnung verbindet, asymmetrische Beziehungen zu überwinden und die Würde des Hilfeempfängers zu achten. So hat der große jüdische Philosoph Moses Maimonides (1135–1204) in seinen „Acht Stufen tätiger Nächstenliebe" nicht nur innere Verbundenheit von Barmherzigkeit und Gerechtigkeit als Grundprinzip entfaltet, sondern auch darauf verwiesen, dass es mit der Gerechtigkeit desto besser bestellt sei, je mehr der Not des Menschen mit dem Rechtsanspruch begegnet werde:

> „*Die erste und höchste Stufe:*
> Dem Bedürftigen die Möglichkeit geben, sich selbstständig zu ernähren.
> *Die zweite Stufe:*
> Wohltätig sein in einer Weise, dass der Spender und der Bedürftige nicht voneinander wissen.
> *Die dritte Stufe:*
> Der Wohltäter weiß, wem er gibt, aber der Arme erfährt nicht den Namen des Spenders.
> *Die vierte Stufe:*
> Der Gebende kennt nicht den Namen des Bedürftigen, aber dieser kennt den Spender.
> *Die fünfte Stufe:*
> Geben, bevor man gebeten wird.
> *Die sechste Stufe:*
> Geben, nachdem man gebeteten wurde.
> *Die siebte Stufe:*
> Zwar nicht ausreichend geben, aber dennoch mit Freundlichkeit.
> *Die achte Stufe:*
> Mit Unfreundlichkeit geben." (Olitky/Isaacs 2001: 175; Müller 1999: 301 ff.)

Diese Abstufungen, die aus Menschen, die Träger von Rechten sind, solche macht, die bloße Empfangende sind, zeigen, dass die Dichotomie Barmherzigkeit versus Gerechtigkeit der komplexen Gemengelage keineswegs gerecht wird. In der christlich-jüdischen Ethik sind deshalb Barmherzigkeit und Gerechtigkeit verschränkt. Dabei tritt die Barmherzigkeit nicht neben die Gerechtigkeit als eine andere selbständige Gestalt des Handelns. Barmherzigkeit ist eher ein Prinzip oder Movens, das darauf drängt, durch Gerechtigkeit und Recht jene leiderzeugenden Verhältnisse aufzuheben, die Ursache des Erbarmens sind (Segbers 2007: 25–40, 2010a; 2010c) „Erbarmen im Sinne der Bibel stellt dabei kein zufälliges, flüchtig-befristetes Gefühl dar. Die Armen sollen mit Verlässlichkeit Erbarmen erfahren. Dieses Erbarmen drängt auf Gerechtigkeit" (DBK/EKD 1998, Ziff. 13). Barmherzigkeit ist die Motivation, sich der Sache der Armen anzunehmen und deshalb für deren Recht einzutreten. Der Arme soll zu seinem Recht kommen und nicht bloß Empfänger einer mildtätigen Gabe sein, für die er dankbar sein muss, sondern erhält etwas, worauf er einen Anspruch hat.

6 Steuer- und medienwirksames Social Sponsoring als Beitrag zur Armutsbekämpfung

Von dieser Tugend der *Barmherzigkeit*, die eine achtenswerte Grundtugend zwischenmenschlicher Solidarität darstellt, ist die *Wohltätigkeit* deutlich zu unterschieden. Social Sponsoring ist eine Form der medien- und steuerwirksamen Wohltätigkeit. Sie will von ihrem Engagement für die Armen auch noch einen Nutzen ziehen und Profit schlagen. Mit dem meist in den Sponsoringverträgen enthaltenen Begriff der passiven Duldung billigt der Gesponserte die kommunikative Nutzung des Projektes, der Person, Institution oder Gruppe. Das mit dem öffentlichen Interesse verbundene Image, welches dem Gesponserten entgegengebracht wird, soll für den Sponsor von Nutzen in Marketing und Kommunikation sein (*Imagetransfer*). Der Sponsoren von Tafeln sind viele: Metro, REWE, Edeka und Tengelmann spenden Lebensmittel, die kurz vor dem Verfallsdatum stehen. Mercedes-Benz wirbt auf seiner Website:

„Die Transporter von Mercedes-Benz leisten dabei einen wichtigen und erfolgreichen Beitrag. Dass im Mai 2009 bereits der fünfhundertste Transporter der Marke mit dem Stern an eine Tafel-Organisation übergeben werden konnte, ist Ausdruck dieser erfolgreichen Kooperation. Das Tafel-Sponsoringangebot von Mercedes-Benz bietet den ‚Tafeln‘ speziell für ihre Arbeit konzipierte Mercedes-Benz Transporter optional als Kühl- oder Tiefkühlfahrzeug an. Dazu gehören neben dem Vito 111 CDI auch der Sprinter 313 CDI als Kastenwagen oder mit Kofferaufbau.“

Der ADAC bietet Pannenhilfe an, Continental spendiert Reifengutscheine und die Unternehmensberatungsfirma McKinsey bietet professionelle Konzept-Beratung und man-power an. Die Dresdner Tafel wirbt auf ihrer Website:

„Unternehmen engagieren sich. Als Unternehmen können Sie viel bewegen. Ob Sie die Möglichkeit einer einmaligen Spende nutzen oder regelmäßiger Spender oder Mitglied im Verein werden – wir sind gespannt auf Ihre Ideen und machen Ihnen gern konkrete Vorschläge. Ihr soziales Engagement können Sie mit unserer Unterstützung in der Öffentlichkeit darstellen. Dabei lassen sich ganz gezielt Projekte auswählen, die zu Ihrer Unternehmensphilosophie passen. Auch Ihre Mitarbeiter und/oder Kunden können Sie in Ihr Engagement einbinden.“

Die Metro Group finanziert Mittel für die Geschäftsstelle des Bundesverbandes Tafel e. V. Ein Unternehmen wettet: Wenn eine Tafel es erreiche, mehr als dreihundert Personen zu einem kostenlosen Frühstück auf den Parkplatz vor einem Supermarkt zu versammeln, dann wolle der Konzern eine Tonne Lebensmittel spenden. Die „Aktion Flaschenpost für Bedürftige“ der Agentur Leo Burnett in

Frankfurt will armen Menschen, die in den Abfalleimern auf Frankfurts Straßen nach Pfandflaschen suchen, um ein paar Cent zu ergattern, zu Weihnachten eine Freude machen. Sie versieht deshalb eintausend Flaschen mit dem Aufdruck „Tafelwasser" und verteilt die Flaschen in den Mülleimern der Stadt. Wer eine Flasche in den Mülleimern findet, wird in einer der Essensausgabestellen der Frankfurter Tafel e. V. mit einer Tüte Lebensmittel belohnt (FAZ 17. 12. 2009). Die Abhängigkeiten können problematisch werden, wenn Fragen der Integrität des Spenders nicht bedacht werden. Das Diakonische Werk der EKD nennt es in ihrem Positionspapier ein nur „vermeintliches Win-Win-Geschäft, wenn sich Sponsoren durch eine Kooperation eine positive Reputation ihres Unternehmens und ‚Tafeln-Initiativen sich gesicherte Lebensmittelspenden erhoffen. Das Ausblenden der Integrität kann langfristig zu einem Integritätsverlust der ‚Tafeln' führen." (DW EKD 2010: 24 f.) Deshalb muss darauf geachtet werden, ob Sponsoring die Tafelarbeit unterstützt oder instrumentalisiert.

7   Social Sponsoring und die Frage nach der Gerechtigkeit

Social Sponsoring ist Ausdruck einer Neuverteilung der Aufgaben zwischen Politik, Wirtschaft und Zivilgesellschaft. Deshalb müssen die tiefergreifenden Prozesse analysiert werden, die sich in der Neuverteilung ausdrücken. Je mehr sich der Staat aus der Fürsorge für das Leben der Bürger zurückzieht und zulässt, dass diese in politische Apathie ersinken, desto leichter können Wirtschaftsverbände mit ihren Interessen diese Lücke ausfüllen (Crouch 2008: 11). Da ohne Sponsoren „Tafeln" nicht betrieben werden können, müssen gemeinnützige Organisationen sich bei der Suche nach finanzieller Unterstützung nun an Unternehmen wenden und Social Sponsoring einwerben. Problematisch ist hierbei nicht der Bäcker, der Brot hergibt, oder der Lebensmittelladen, der die Waren spendet. Es geht um die Unternehmen und Firmen, die die „Tafeln" als Teil ihrer Reputation als Marketinginstrument nutzen. Auch wenn Sponsoring einen beiderseitigen Nutzen für Geber und Empfänger zu stiften verspricht, ist die Armutsbekämpfung selber kein eigennütziges Ziel. Social Sponsoring ist Teil einer untergründigen systemischen Nutznießung an der Armut, bei welcher der Kampf gegen die Armut nicht die Armen selbst zum Ziel hat, sondern in erster Linie den Bedürfnissen der Nicht-Armen entgegenkommt. Sponsoring gehört zum guten Ton in einer neoliberalen Ökonomie.

　　　Paulo Suess unterzieht ein so verstandenes Social Sponsoring einer scharfen Kritik, die seinen brasilianischen Kontext geschuldet ist, aber auch für den deutschen bedenkenswert ist, wenn er sagt: „Erstens, Armutsbekämpfung muss nicht zusätzlich belohnt werden, etwa durch Steuervorteile, weil sie ja nicht in sich eigennützig ist. Ihr Unterbleiben müsste bestraft werden! Zweitens: Armutsbekämpfung kommt nur dann zu ihrem eigennützigen Ziel, wenn sie die Armen selbst einbezieht" (Suess 2008: 111). Drittens: Sponsoring heißt also nicht selbstloses Engagement, sondern bewusstes Verfolgen von Marketing- und Kommunikationszielen des Unternehmens. Corporate Social Responsibility kann – und soll – wirtschaftliche Vorteile bringen. Die Wohltätigkeit des Social Sponsoring hat sich den Mantel der Barmherzigkeit umgelegt, ist aber von ihr grundverschieden. Befreiungstheologen wie Paulo Suess aus Brasilien verweisen daher auf die Superreichen Bill Gates, George Soros oder Peter Norton, die allesamt auf dem Wohltätigkeitsmarkt tätig sind: „Wir haben es hier nicht ja mit den Karikaturen von Molières Geizhälsen, sondern mit ganz normalen und in ihrem Wohlstand beunruhigten Menschen zu tun, die das altruistische Mäzenatentum mit dem auf Eigennutz bedachtem Sponsoring zu kombinieren wissen" (Suess 2008: 112). Sponsoringgeförderte Lebensmittelvergabe mache Armutsbekämpfung zu einem profitträchtigen Geschäft, bei dem man auch noch medien- und steuerwirksam wohltätig sein könne, man sei „aber kaum ernsthaft daran interessiert, weil sie es für unmöglich oder unnötig halten, sich von der systemischen Nutznießung der Armut abzukoppeln" (a. a. O.). Den Sponsoren, die auf dem Wohltätigkeitsmarkt tätig sind, hält Suess entgegen: „Allen, die sich mit der Zirkelbewegung von Akkumulation, Gewinnbeteiligung, Armut und Wohltätigkeit als Ersatz für eine gerechte Vermögensverteilung auseinandersetzen, ist bekannt, dass auch nur die geringste Wurzelbehandlung an die eigene Kasse geht" (a. a. O.). Je größer die Gewinne und Profite sind, die erwirtschaftet werden und die steuerlich „geschont" werden, desto mehr Wohltätigkeit kann praktiziert werden! Der Reichtum, der Armut schafft, betreibt Social Sponsoring zugunsten der Armen. Armutsbekämpfung als Sponsoring darf aber von den Ursachen nicht absehen, die zu dem Reichtum geführt haben, die dann als Spende deklariert und steuerlich absetzbar wird. Diese medien- und steuerwirksame Wohltätigkeit ist ein profitables Geschäft, bei dem man mit den Armen noch verdienen kann. Der Unternehmenssektor ist nicht einfach nur eine Organisation, sondern immer auch eine Konzentration von Macht. Wenn Unternehmen zur Quelle des Sponsoring werden, gelangen Unternehmen in die Lage, auch entscheiden zu können, was gefördert werden soll. Auf diesem Wege nimmt die Macht der Reichen weiter zu (Crouch 2008: 61 ff.). Unter dem Deckmantel des Sponsoring wird die Unterscheidung kommerzieller und öffentlicher Interessen unklar.

Social Sponsoring ist Ausdruck einer sekundären Verteilungsgerechtigkeit, nachdem der Staat sich von der primären Verteilungsgerechtigkeit durch Umverteilung mittels Steuern zurückgezogen hat. Unternehmen übernehmen jetzt Aufgaben, die zuvor staatliche waren. Der Staat entlastet die Reichen von ihrer Gemeinwohlverpflichtung und überlässt den steuerlich „Entlasteten" steuerlich wirksam Social Sponsoring zu betreiben. Social Sponsoring setzt die Spaltung von Arm und Reich geradezu voraus. Solche wohltätigen Gaben stellen die prekärste Form der Umverteilung dar, denn sie sind eine lähmende Notmaßnahme, die keine Veränderung bringt. Die steuerlich „Enlasteten" bekommen das Recht zu entscheiden, wo und für wen sie ihre Gaben durch Social Sponsoring einsetzen. Die Tafelnutzer treten als Empfänger von Gaben auf, als Objekte also, die auf die barmherzige Hilfe der Wohlhabenden angewiesen sind. „Ohne flankierende Maßnahmen lähmt solch ein Assistenzialismus jedoch soziale Prozesse der Organisation und Selbsthilfe arbeitsfähiger und -williger Leute" (Suess 2008: 117).

Die Instrumentalisierung des Social Sponsoring zeigt, dass eine Klärung der überbordenden Pluralisierung von Gerechtigkeitsverständnissen notwendig ist. Da ist die Rede von Generationen-, Bildungs-, Chancen-, Geschlechter- oder Befähigungsgerechtigkeit, doch ein Gerechtigkeitsverständnis wird argumentativ beiseite gerückt: Die Verteilungsgerechtigkeit. Auch wenn es einen Plural von Gerechtigkeitssphären gibt, in denen nach der Gerechtigkeit gefragt wird, so ist Verteilung doch immer die erste Grundfrage der Gerechtigkeit. „Gerechtigkeit ist stets eine ‚relationale' Größe, indem sie nicht nach Zuständen einer Person, sondern nach Verhältnissen zwischen Personen fragt und danach, was sie aus welchen Gründen einander schulden" (Forst 2005: 27).

Was also schulden Bürgerinnen und Bürger der Bundesrepublik Deutschland einander, in einer Gesellschaft, die so reich ist wie nie zuvor und doch Armut und Mangel kennt? Als neuer Begriff ist in die Gerechtigkeitsdiskussion die „Teilhabegerechtigkeit" eingeführt worden. Bei dem Begriff „Teilhabegerechtigkeit" handelt es sich um eine alte sozialpolitische Leitkategorie der frühen 1950er Jahre, die allerdings eine folgenreiche Uminterpretation erfahren hat. Ursprünglich verstanden als Grundbegriff sozialstaatlich orientierter Grundrechtsinterpretation, der den Anspruch des Bürgers gegenüber dem Staat zu Inhalt hatte, gerät Teilhabe jetzt in eine Dichotomie von Inklusion oder Exklusion. Während nämlich Verteilungsgerechtigkeit graduell gefasst werden kann und die gesamte Verteilungsbreite von Reich bis Arm umfasst, kennt Teilhabegerechtigkeit nur ein Drinnen und ein Draußen und stellt die Verteilungsfrage außer Streit. Der Teilhabegerechtigkeit liegen nach Forst (2005: 30 ff.) zwei geradezu widersprechende Verständnisse zugrunde. Das erste nimmt die neue Sozialstaatsdebatte auf und weist auf die Aufgabe des Staates hin, die gravierendsten Auswirkungen allein des Ausschlusses aus der Gesellschaft oder vom Bildungswesen durch „Fordern" und „Fördern" zu kompensieren. Die andere Konzeption jedoch sieht es aber als ihre Aufgabe an, die gesellschaftlichen, politischen oder ökonomischen Bedingungen für Teilhabe zu verbessern.

Die Denkschrift „Gerechte Teilhabe" (EKD 2006) definiert das Gerechtigkeitsverständnis christlicher Sozialethik integrativ: „Teilhabe-, Befähigungs- und Verteilungsgerechtigkeit markieren das Fundament eines theologisch-sozialethisch begründeten Verständnisses von Gerechtigkeit. Auf diesem Fundament fordert evangelische Ethik für alle Menschen den Zugang zu den Grundgütern der Gesellschaft" (a. a. O.: Ziff. 63). Im Vorwort der Denkschrift hat Wolfgang Huber für eine differenzierte, wechselseitige Verschränkung von Teilhabe- und Verteilungsgerechtigkeit plädiert: „Ohne materielle Verteilungsgerechtigkeit läuft Chancengleichheit ins Leere" (a. a. O.: 8).

Der Gerechtigkeitsdiskurs begleitet und legitimiert einen folgenreichen Übergang vom „sorgenden Staat" (Abraham de Swaan) zum gewährleistenden Staat, der keinen radikalen Bruch in den Sozialstaatsbestimmunen darstellt – geschweige denn einen Abschied vom Sozialstaat. Dieser Übergang besteht darin, dass „das Prinzip der ‚Sorge' zugunsten staatlicher ‚Gewährleistungsfunktionen' zurücktritt" (Vogel 2007: 12). Mit der Gewährleistungsfunktion ist angesprochen, dass der Staat sich aus Erfüllungs- bzw. Ergebnisverantwortung herauszieht und sich zunehmend als eine Institution begreift, die sich darauf beschränkt, den Rahmen und die strukturierenden Vorgaben für Problemlösungen zu setzen, die Erfüllung aber privaten oder zivilgesellschaftlichen Organisationen wie die Tafelbewegung überlässt. Hessen, Niedersachsen, Sachsen und Bremen stellen Haushaltsmittel zur Förderung der „Tafeln" bereit. So erhielten beispielsweise die „Tafeln" in Friedberg einen Zuschuss von 7.500 Euro und die Hofgeismarer „Tafeln" 12.000 Euro zur Anschaffung eines Kühlfahrzeuges (Hessischer Landtag 2010: 2).

8 Forderungen der Gerechtigkeit

Im Dekret über das „Apostolat der Laien *(Apostolicam Actuositatem)"* hat das Zweite Vatikanische Konzil die innere Verbundenheit von Barmherzigkeit und Gerechtigkeit folgendermaßen beschrieben:

> „Vor allem muss den Forderungen der Gerechtigkeit Genüge getan und nicht als Liebesgabe angeboten werden, was schon aus Gerechtigkeit geschuldet ist; die Ursachen der Übel müssen beseitigt werden, nicht nur die Wirkungen; die Hilfeleistung sollte so geordnet werden, dass sich die Empfänger – allmählich von äußerer Abhängigkeit befreit – auf die Dauer selbst helfen können." (Vaticanum II, Apostolicam Actuositatem Nr. 8)

Gerechtigkeit „erschöpft sich nicht in der persönlichen Fürsorge für Benachteiligte, sondern zielt auf den Abbau der strukturellen Ursachen für den Mangel an Teilhabe und Teilnahme an gesellschaftlichen und wirtschaftlichen Prozessen" (EKD 1991: 155). Da die wachsende Armut nicht durch das Fehlen von Barmherzigkeit entstanden ist, kann sie auch nicht durch Werke der Barmherzigkeit oder gar Social Sponsoring nachhaltig bekämpft werden. Nur wenn Barmherzigkeit, Recht und Gerechtigkeit aufeinander bezogen bleiben, zeigt sich, dass fehlendes Einkommen nur durch Einkommen, fehlende Arbeit nur durch Arbeit und fehlende Lebensmittel nur durch armutsfeste Sozialleistungen ersetzt werden können.

Auf die Gerechtigkeitsfrage, was Menschen einander schulden, antwortet die Tafelbewegung mit einem vordergründigen Verständnis von Verteilung, das in der verblüffend einfachen und darin überzeugenden Idee besteht, überflüssige Lebensmittel nicht zu vernichten sondern an Bedürftige weiterzugeben. Die „Tafeln" reagieren dabei auf einen Bedarf, der selber das Ergebnis von ungleicher Verteilung ist. Ihr verteilungsorientierter Ansatz unterstellt eine Lösung und beantwortet die Frage nach dem, was Menschen einander schulden mit der Antwort, überflüssige Lebensmittel zu verteilen. Das Motto der Tafelbewegung lautet: „Die Tafeln bemühen sich um einen Ausgleich: Die Tafeln sammeln ‚überschüssige', aber qualitativ einwandfreie Lebensmittel, und geben diese an Bedürftige weiter." Dieses Motto vermischt Verteilungsfragen, die sich aus der Überschussproduktion von Nahrungsmitteln ergeben, mit der Notwendigkeit, Bedürftigen zu helfen, und ignoriert dabei die grundlegende Verteilungsfrage einer Gesellschaft. Die materielle Verteilung von Lebensmitteln darf aber nicht von dem Beteiligungsrecht auf einen Mindestanteil am Volkseinkommen, das ein Leben in Würde garantiert, getrennt werden, denn der Zugang Aller zu den Grundgütern der Gesellschaft ist ethisch das Ziel der Teilhabe- und Verteilungsgerechtigkeit. „Die rechtliche *und* auch die materielle Dimension der allgemeinen Beteiligung betrifft die Verteilung des gesellschaftlichen Reichtums" (Hengsbach/Möhring-Hesse 1999: 133). Ziel gerechter Verteilung besteht nicht darin, den Mangel durch die Vergabe überflüssiger Lebensmittel aufzufüllen sondern ist „die allgemeine Beteiligung aller Bürgerinnen und Bürger" (Möhring-Hesse 2004: 15). „Wer politisch auf die allgemeine Beteiligung aller Bürgerinnen und Bürger zielt, der muss dazu auch die verteilungspolitischen Voraussetzungen dieser Beteiligung und eine zumindest in diesem Sinne gerechte Verteilung intendieren" (Möhring-Hesse 2004: 13). Die bloße Verteilung des Überflusses an Bedürftige vernachlässigt „die grundlegende Gerechtigkeit der gesellschaftlichen Ordnung" (Möhring-Hesse 2004: 139), die immer auch mit gerechter Verteilung zu tun hat. Doch gerade diese gerechte Ordnung der Verteilung zielt auf die Beteiligung aller Bürgerinnen und Bürger.

Wenn Armut verstanden wird als Fehlen von Gütern, lautet die Antwort, den Zugang zu Gütern zu ermöglichen und zu verteilen. Wenn Armut aber als Fehlen von Beteiligungsrechten verstanden wird, dann lautet die Antwort, die Beteiligungsrechte zu stärken. Teilhabe- oder Beteiligung ergibt sich nicht aus der Verteilungsgerechtigkeit, sondern durch die Einlösung und Sicherung eines Rechts der Bedürftigen auf Beteiligung an wirtschaftlichen, sozialen und politischen Prozessen. Dieses Beteiligungsrecht kann nicht durch die Verteilung der Überschussproduktion eingelöst werden, sondern nur wenn die verteilungspolitischen Voraussetzungen für die Beteiligung geschaffen werden. Darin drücken sich nach Einschätzung des Diakonische Werk der EKD zu Recht die „(Sozial-) politischen Paradoxien der ‚Tafel'-Arbeit" (DW EKD 2010: 23) aus. Dies meint auch der Armuts- und Reichtumsbericht des Landes Rheinland- Pfalz an, wenn es dort heißt: „Problematisch ist die massive Zunahme von ‚Tafeln' bundesweit, aber auch in Rheinland-Pfalz. Das Entstehen von Tafeln berührt das sozialstaatliche Selbstverständnis" (Landesregierung Rheinland-Pfalz 2010: 347). Aber nicht die „Tafeln" sind problematisch, sondern die sozialstaatlichen Verteilungsverhältnisse, deren Ausdruck die „Tafeln" sind.

9 Von der Armutsbekämpfung zur Armenfürsorge und wieder zurück

Der Kern der Sozialstaatsentwicklung besteht in einem Übergang von der karitativen Armenfürsorge zu einem sozialen Recht auf Existenzsicherung. Dieser Prozess schien lange unumkehrbar. Doch jetzt wird der Sozialstaat in eine neue Gestalt überführt, die sich in einer Zurücknahme rechtebasierter sozialstaatlicher Verantwortung ausdrückt und zu einem Übergang „vom kollektiven zum individuellen Risikomanagement, von der Staatsversorgung zur Selbstsorge" (Lessenich 2008: 82) führt. In diesem Übergang zeichnet sich ein sozialpolitischer Rückschritt von der Armutsbekämpfung zur Armenfürsorge ab. Dies bedeutet auch, dass gemeinschaftliche Solidarität in eine Privatisierung sozialer Rechte umgewandelt wird.

Jetzt wo die soziale Frage zurückgekehrt ist, ist aber auch die Gefahr wieder da, abermals in Fallen der Wohltätigkeit des 19. Jahrhunderts zu geraten und so zu tun, als gäbe es keine verfassungsrechtlich begründete sozialstaatliche Staatsverpflichtung. Bekämpfung von Armut und Sicherung der Teilhabe sowie der sozialen Rechte ist aber kein Feld für das solidarische Engagement der Bürgerinnen und Bürger, wie es dies in vorsozialstaatliche Zeiten war, sondern Aufgabe der Politik.

Angesichts der Rückkehr der sozialen Frage wird Bert Brechts Gedicht „Nachtlager" aus dem Jahr 1931 aufs Neue aktuell:

„Ich höre, daß in New York
An der Ecke der 26. Straße und des Broadway
Während der Wintermonate jeden Abend ein Mann steht
Und den Obdachlosen, die sich ansammeln
Durch Bitten an Vorübergehende ein Nachtlager verschafft.
Die Welt wird dadurch nicht anders
Die Beziehungen zwischen den Menschen bessern sich nicht
Das Zeitalter der Ausbeutung wird dadurch nicht verkürzt
Aber einige Männer haben ein Nachtlager
Der Wind wird von ihnen eine Nacht lang abgehalten
Der ihnen zugedachte Schnee fällt auf die Straße.
Leg das Buch nicht nieder, der du das liesest, Mensch.
Einige Menschen haben ein Nachtlager
Der Wind wird von ihnen eine Nacht lang abgehalten
Der ihnen zugedachte Schnee fällt auf die Straße

Aber die Welt wird dadurch nicht anders
Die Beziehungen zwischen den Menschen bessern sich dadurch nicht
Das Zeitalter der Ausbeutung wird dadurch nicht verkürzt."
(Brecht 1993: 137 f.)

Was vordergründig lobenswertes und sympathisches Engagement für arme und
notleidende Mitbürgerinnen und Mitbürger ist, verkürzt weder die Not der Menschen noch deren Rechtlosigkeit. Was als Notlösung sinnvoll ist, ist jedoch keine
Lösung. Denn: „Das Zeitalter der Ausbeutung wird dadurch nicht verkürzt". „Tafeln" lindern die Folgen finanzieller Mittellosigkeit und haben einen hohen Stellenwert für die Betroffenen. „„Tafeln' können per se keinen nachhaltigen Rückgang
von Armut erreichen. Dies geschieht durch die Veränderung der gesellschaftlichen
und wirtschaftlichen Rahmenbedingungen" (DW EKD 2010: 22). Wenn sich deshalb Notlösungen wie „Tafeln" zu einem festen Bestandteil der Versorgung der
Armutsbevölkerung entwickeln, besteht die Gefahr, dass an die Stelle von sozialstaatlichen und menschenrechtlichen Ansprüchen Almosen treten und Bedürftige
abhängig von der zufälligen privaten und zivilgesellschaftlichen Wohltätigkeit werden. Dies ist auch der Grund, weshalb kirchliche Hilfswerke wie „Brot für die Welt"
oder „Misereor" aber auch die Food First Information and Action Network (FIAN),
eine NGO, die sich für Nahrungssicherheit und das Recht auf Nahrung einsetzt,
große Bedenken gegenüber Lebensmittelvergabe haben. Deshalb organisieren sie
(außer bei Katastrophenfällen) keine Lebensmittelvergabe in den Hungergebie-
ten dieser Welt. Zivilgesellschaftliches Handeln, das nicht auf gesellschaftliche
Reintegration ihrer zeitweiligen Empfänger abzielt, grenzt diese gegen ihre Ab-
sucht weiter aus und trägt so zur sozialen Spaltung der Gesellschaft bei. Ein Staat,
der Tafeln in großem Maßstab zulässt, versündigt sich an unterlassener sozialer
Fürsorgepflicht gegenüber den Armen. Abermals macht man den Kampf gegen
Armut zu einer Sache der Barmherzigkeit und des privaten sozialen Engagements.

10   Auswege aus der Wohltätigkeitsfalle: „Tafeln" plus Beteiligungsrechte

Ethisch erträglich ist nur ein Konzept, das bei der Lebensmittelvergabe nicht nur
Almosen verteilt, sondern diese Verteilung mit Recht und Gerechtigkeit verbindet,
die Armen aus ihrer Objektrolle herausholt und sie als Subjekte mit Beteiligungsrechten stärkt. Allein „Tafeln" eröffnen und Essen zu verteilen, reicht deshalb nicht.
Wenn dieses Engagement die Rechte bedürftiger Menschen stärken will, muss es mit
einem Kampf für deren sozialen Rechte verbunden werden. Die Lebensmittelausgabe zu organisieren, bedeutet für solche Bedingungen einzutreten, die der Würde
der Menschen entsprechen und den sozialrechtlichen Ansprüchen des Sozialgesetz-
buchs auf selbstbestimmte Teilhabe unterstützen. „Tafel plus Beteiligungsrechte" ist

deshalb ein Konzept, bei dem die Lebensmittelvergabe in *Empowerment*-Strategien oder gemeinwesenorientierte Konzepte eines *community-organizing* eingebunden sind.[3] Sie vermögen dazu beizutragen, dass Bedürftige nicht bloß „abgespeist" sondern auch deren Beteiligungsrechte, ihre Selbstorganisation und Selbstaktivierung ermutigt werden (Segbers 2008, 2009a, 2009b, 2010c).

Armutsbekämpfung ist erst dann eigennützig, wenn sie die Armen selber als Subjekte einbezieht und sie deren Subjektstellung und Beteiligungsrechte stärkt. Tafelarbeit mit dem Zugang zu Beratung zu verbinden, reicht deshalb unter beteiligungsethischen Gesichtspunkten nicht aus. „Tafeln" sollten sich deshalb auch nicht auf die Verteilung von Lebensmitteln beschränken, sondern dieses Engagement beispielsweise verbinden mit einem öffentlichen Eintreten für den Rechtsanspruch zur Nutzung öffentlicher Einrichtungen wie Schwimmbad, Büchereien, Musikschulen oder den Öffentlichen Personennahverkehr. Die „Verteilungsfrage" ließe sich so symbolisch mit dem demokratischen Beteiligungsrechten verbinden.

Immer schon spielten in der Sozialgeschichte in Deutschland intermediäre Gruppen und Instanzen bei der Initiierung und Weiterentwicklung der Sozialgesetze wie bei ihrer Implementierung eine große Rolle. Zur Voraussetzung des Sozialstaats heute gehört deshalb auch heute eine funktionierende Zivilgesellschaft, die aber keine Ressource für die Substitution sozialstaatlicher Rechte darstellt, sondern vielmehr im Sinne der Beteiligungsgerechtigkeit ihre Funktion darin hat, für Ausbau des Sozialstaates öffentlich einzutreten und zu streiten. „Die ,Stärkung des Sozialen' (Robert Castel) ist ein politisches Projekt, das sein Fundament in der staatlichen Rechtsordnung findet" (Vogel 2007: 124). Der Sozialstaat braucht politische Impulse und Träger für seine Weiterentwicklung, die geeignet sind, die spezifischer Verknüpfung von Freiheit und Verantwortung gesellschaftlich zu aktivieren. Soweit sich zivilgesellschaftliches Engagement in diesem immer auch politischen Sinne definiert, stärkt es die Substanz, von der auch der Sozialstaat lebt, und die Ressourcen, die der Sozialstaat braucht.

Angesichts der Rückkehr der Sozialen Frage wird es deshalb darauf ankommen, den Rückbau des Sozialstaates nicht auch noch durch eine Rückkehr zum vor-sozialstaatlichen Handeln zu begleiten oder gar zu ermöglichen. Nach Jahren neoliberaler Sozialstaatshäme hat die Staatsbedürftigkeit in Folge der Wirtschaftskrise an Plausibilität gewonnen. „Der Staat und die von ihm garantierte Rechtsordnung bleiben die Adresse, unter der Fragen nach Gerechtigkeit, nach der guten Gemeinschaft, nach Lebensbedingungen für freie und selbstbewusste Menschen gestellt werden können" (Fabio 83: 81). Deshalb kann es nur darum gehen, eine offensive Strategie der Verteidigung eines starken rechtebasierten Wohlfahrtsstaates als institutioneller Garant der Lebenschancen, Bürger- und Beteiligungsrechte

---

[3] Vgl. dazu die Beiträge von Manfred Thuns sowie Clemens Zahn und Josef Schäfers in diesem Band.

besonders derjenigen zu verfolgen, die, ohne für die Krisenphänomene selbst verantwortlich zu sein, doch von der sozialen Krise besonders betroffen sind. „Tafeln" sind ein zu kleines Pflaster auf einer zu großen Wunde. Sie können punktuell und sehr begrenzt Armut lindern und in der Not helfen. Doch wenn Wege aus der Armut herausgesucht werden und Armut bekämpft werden soll, dann ist der Staat mit einem sozial aktiven Sozialstaat und einer entsprechenden Wirtschaftspolitik gefordert. Wer „Tafeln" organisiert, übernimmt auch eine politische Verantwortung und hat ein „besonderes sozialpolitisches Mandat" (DW EKD 2010: 22). Bei allem gilt: So viele Lebensmittelausgabestellen können noch so viele Bürgerinnen und Bürger mit ihrem Engagement gar nicht errichten, wie ein rechtebasierter Sozialstaat überflüssig machen würde.

Literatur

Bielefeldt, Heiner/Seidensticker, Frauke (2004): Vorwort. In: Schneider, Jakob, Die Justiziabilität wirtschaftlicher, sozialer und kultureller Menschenrechte (Hg.), Deutsches Institut für Menschenrechte. Berlin.

Brecht, Bert (1993): Werke, Band 14, Frankfurt.

Burkhardt, Lutz (1984): Der kurze Traum immerwährender Prosperität. Eine Neuinterpretation der industriell-kapitalistischen Entwicklung im Europa des 20. Jahrhunderts. Frankfurt a. M.

Butterwegge, Christoph (2005): Krise und Zukunft des Sozialstaates. Wiesbaden.

Castel, Robert (2000): Metamorphosen der sozialen Frage. Eine Chronik der Lohnarbeit. Konstanz.

Castel, Robert (2005): Die Stärkung des Sozialen. Leben im neuen Wohlfahrtsstaat. Hamburg.

Crocu, Colin (2008): Postdemokratie. Frankfurt a. M.

DBK/EKD (1997): Für eine Zukunft in Solidarität und Gerechtigkeit, Wort des Rates der Evangelischen Kirche in Deutschland und der Deutschen Bischofskonferenz zur wirtschaftlichen und sozialen Lage in Deutschland. Bonn/Hannover.

EKD (1991): Gemeinwohl und Eigennutz. Wirtschaftliches Handeln in Verantwortung für die Zukunft. Eine Denkschrift der Evangelischen Kirche in Deutschland. Hannover.

DW EKD (2010): „Es sollte überhaupt kein Armer unter euch sein." Die „Tafeln" im Kontext sozialer Gerechtigkeit, Diakonie-Texte, Positionspapier 3. Berlin .

EKD (2006): Gerechte Teilhabe. Befähigung zu Eigenverantwortung und Solidarität. Eine Denkschrift des Rates der EKD zur Armut in Deutschland. Hannover.

Erli, Peter (2008): „Nachtwächterstaat" oder „Praktisches Christentum". Religiöse Kommunikation innerhalb der parlamentarischen Diskussion im Deutschen Bundestag um die Einführung der Sozialversicherung 1881–1889. Gütersloh.

Fabio, Udo di (2003): Die Staatsrechtslehre und der Staat. München.

Forst, Rainer (2005): Die erste Frage der Gerechtigkeit. In: Aus Politik und Zeitgeschichte 37, 24–31.

Fromm, Erich (1989): Psychologische Aspekte zur Frage eines garantierten Einkommens für alle. In: Erich Fromm, Gesamtausgabe, Bd. V. München, 309–316.

Gabriel, Karl (2007): Das sozial-katholische Modell des Sozialstaates: Historische Wurzeln, Krise und gegenwärtige Relevanz. In: ders., Caritas und Sozialstaat unter Veränderungsdruck. Analysen und Perspektiven. Münster, 81–102.

Greiner, Ulrich (2009): Die Würde der Armen. In: DIE ZEIT Nr. 47 vom 22.12. 2009.

Hengsbach, Friedhelm (2004): Das Reformspektakel. Warum der menschliche Faktor mehr Respekt verdient. Freiburg.

Hengsbach, Friedhelm/Möhring-Hesse, Matthias (1999): Aus der Schieflage heraus. Demokratische Verteilung von Reichtum und Arbeit. Bonn.

Hessischer Landtag (2010): Kleine Anfrage der SPD und die Antwort des Ministers für Arbeit, Familie und Gesundheit Jürgen Banzer, Drucksache 18/1569 vom 18.02.2010.

Kaufmann, Franz-Xaver (1997): Herausforderungen des Sozialstaates. Frankfurt a. M.

Köhler, Horst (2004): Antrittsrede, FAZ vom 1. Juli 2004.

Landesregierung Rheinland-Pfalz (2010): Armut und Reichtum in Rheinland-Pfalz. Armuts- und Reichtumsbericht der Landesregierung 2009/2010. Mainz.

Lessenich, Stephan (2008): Die Neuerfindung des Sozialen. Der Sozialstaat im flexiblen Kapitalismus. Bielefeld.

LIGA Rheinland-Pfalz (2010): Lebensmittelausgabe in einer Gesellschaft des Überflusses. Tafelproblematik in Rheinland-Pfalz. In: Armut und Reichtum in Rheinland-Pfalz. Armuts- und Reichtumsbericht der Landesregierung 2009/2010. Mainz, 300–314.

Lindner, Thomas (2010): Interview. In: FAZ vom 6.1. 2010.

Manow, Philipp (2008): Religion und Sozialstaat. Die konfessionellen Grundlagen europäischer Wohlfahrtsregime. Frankfurt a. M.

Möhring-Hesse, Matthias (2004): Die demokratische Ordnung der Verteilung. Eine Theorie sozialer Gerechtigkeit. Frankfurt a. M.

Marshall, Thomas H. (1992): Bürgerrechte und soziale Klassen. Zur Soziologie des Wohlfahrtsstaates. Frankfurt a. M.

Molling, Luise (2009): Die Tafeln und der bürgergesellschaftliche Diskurs aus gouvernementalistischer Perspektive. In: Selke, Stefan (Hg.), Tafeln in Deutschland. Aspekte einer sozialen Bewegung zwischen Nahrungsmittelumverteilung und Armutsintervention. Wiesbaden, 157–174.

Müller, Klaus (1999): Diakonie im Dialog mit dem Judentum. Heidelberg.

Olitky, Kerry M./Isaacs, Ronald H. (2001): Kleines 1x1 jüdischen Lebens. Berlin.

Sachße, Christoph/Tennstedt, Florian (1980): Geschichte der Armenfürsorge in Deutschland. Vom Spätmittelalter bis zum 1. Weltkrieg. Stuttgart.

Segbers, Franz (2007): Diakonische Spiritualität und die Liebe zur Gerechtigkeit in Zeiten des Marktes. In: Anker werfen im Himmel. Vermutungen über Kirche in der Zukunft, Festschrift Bischof Joachim Vobbe. Bonn, 25–40.

Segbers, Franz (2008a): Gerechte Globalisierung durch einen widerständigen Sozialstaat. In: Werner Osterhage (Hg.), Kirche der Zukunft – Kirche in der globalen Welt. Frankfurt a. M., 145–172.

Segbers, Franz (2008b): Die Tafelarbeit muss politischer werden. Barmherzigkeit allein stoppt die Not in Deutschland nicht. In: epd-sozial, 50 vom 12.12.2008.

Segbers, Franz (2009a): Helfen die Tafeln den Armen wirklich? In: Publik-Forum, 4, 27.2.2009.

Segbers, Franz (2009b): Tafeln für Bedürftige. In: Pitz Andreas (Hg.), Arme habt ihr allezeit. Vom Leben obdachloser Menschen in einem wohlhabenden Land. Frankfurt a. M.

Segbers, Franz (2010a): Diakonie biblisch: Aus Erbarmen für Recht und Gerechtigkeit eintreten *(im Erscheinen)*.

Segbers, Franz (2010b): Europa braucht die Stärkung des Sozialstaatsgedankens in lutherischer Tradition. In: Kirchlicher Herausgeberkreis Jahrbuch Gerechtigkeit. Armes reiches Europa. Die neue Spaltung von Ost und West überwinden, Jahrbuch Gerechtigkeit IV. Oberursel, 24–29.

Segbers, Franz (2010c): Pflaster auf einer Wunde, die zu groß ist. Tafeln, Sozialkaufhäuser und andere Dienste zwischen Armutslinderung und Armutsüberwindung. In. Barth, Florian/Klaus Baumann/Johannes Eulrich/Gerhard Wegner (Hg.), Kirchen aktiv gegen Armut und Ausgrenzung. Theologische Grundlagen und praktische Ansätze für Diakonie und Gemeinde. Stuttgart. (Im Erscheinen).

Selke, Stefan (2008): Fast ganz unten. Wie man in Deutschland durch die Hilfe von Lebensmitteltafeln satt wird. Münster.

Selke, Stefan (2009): Tafeln und Gesellschaft. Soziologische Analyse eines polymorphen Phänomens. In: Stefan Selke (Hg.), Tafeln in Deutschland. Aspekte einer sozialen Bewegung zwischen Nahrungsmittelumverteilung und Armutsintervention. Wiesbaden, 9–38.

Sloterdijk, Peter (2009): Die Revolution der gebenden Hand. In: FAZ vom 13. Juni 2009.

Suess, Paulo (2008): Die Wohltätigkeitsfalle. Subjekte in Kontexten, Vorlesung Theologie Interkulturell 2008. Universität Frankfurt.

Vaticanum II. (1966) Vollständige Ausgabe der Konzilsbeschlüsse, zusammengestellt von Konrad W. Kraemer 1966. Osnabrück.

Vogel, Berthold (2007): Die Staatsbedürftigkeit der Gesellschaft. Hamburg.

Lebensmittel gegen gar nichts
Gedanken zum Helfen und Schenken, zu Reziprozität und Wohltätigkeit

Thomas Gurr

Zusammenfassung

Bei der durch viele Zeichen stark versachlichten, asymmetrischen Beziehung zwischen Kunden und Helfern der Tafeln, aber auch bei der zwischen Spendern und Hilfseinrichtung tritt ein Mangel an Reziprozität deutlich zum Vorschein. Die Aufhebung der Wechselseitigkeit ist in vielerlei Hinsicht folgenreich für die an den Interaktionen beteiligten Akteure. Der vorliegende Beitrag greift auf praktische Erfahrungen bei der Tafelarbeit zurück und analysiert vor diesem Hintergrund die verschiedenen Handlungszusammenhänge. Dabei sind die gedanklichen Fluchtpunkte der Argumentation gaben-, tausch- und anerkennungstheoretische Konzepte. Ziel dieser Abhandlung ist es, zunächst die grundlegenden Dimensionen der besonderen Form helfenden Handelns zu erfassen und über die bisher geäußerten kritischen Aspekte, die Tafelarbeit betreffend, hinaus streitbare Denkanstöße und Anknüpfungspunkte bereitzustellen.

1 Einleitung

„Aller Verkehr der Menschen beruht auf dem Schema von Hingabe und Äquivalent" stellt bereits Simmel in seinem Exkurs über Treue und Dankbarkeit fest (Simmel 1992: 661). Es gehört zum kanonisierten Wissensbestand der Soziologie, dass soziale Beziehungen durch Reziprozität strukturiert und geformt werden, dass die „Sozialität des Menschen sich nur über Beziehungen herstellen kann, in denen wechselseitige Transaktionen mit Regelmäßigkeit und Zuverlässigkeit erfolgen" (Bode/Brose 1999: 181). Aber wie erklärt sich der Mangel an Reziprozität in bestimmten Interaktionszusammenhängen und vor allem: welche Folgen hat dies für die beteiligten Akteure? In der Beziehung zwischen Kunden und Helfern, vor allem aber zwischen Spendern und Kunden bei der Tafelarbeit lässt sich Mangel an Reziprozität ausmachen. Man ist gar geneigt zu behaupten, dass diese, stark versachlichte, streng asymmetrische Beziehung nicht an Reziprozität interessiert ist, denn die Kunden sind zwar auf Leistung angewiesen, aber nicht in der Lage, eine Gegenleistung zu erbringen. Es ist kein Handeln nach dem Prinzip Leistung gegen

Leistung, dessen Ziel nicht die Produktion, Reproduktion und Sicherung sozialer Beziehungen ist. Genau genommen wäre dies bei der durch die Tafeln organisierten Hilfe sogar kontraproduktiv, denn das zentrale und kontrollierbare Erfolgskriterium der Tafelarbeit sind nicht langfristige Bindungen, sondern deren Überflüssigkeit.

Auch wenn die Reziprozitätsnorm nicht Äquivalenz meint, sondern auch mit einer kulturell variablen „ungefähren Gleichwertigkeit" (Gouldner 1984: 105) oder in generalisierter Form lange Zeit ohne Gegenleistung auskommt, wurde bei meiner Arbeit vor Ort zumindest für diese Tafeleinrichtung[1] deutlich, dass keine engen sozialen Beziehungen gestiftet, keine Symmetrie erzeugt werden kann, und die Wechselseitigkeit zwischen Spender/Helfer und Kunden weitgehend aufgehoben ist. Ein Umstand, der die Tafelarbeit nicht ganz zu Unrecht in Richtung des Almosenwesens rückt.

Wirken gaben- und tauschtheoretische Überlegungen zunächst abseitig, wird schnell klar, dass sie weit ins Zentrum der kritischen Auseinandersetzung über die Tafelbewegung führen können, da sich in der Beziehung zwischen den Akteuren eine Fülle an soziologischen Konstellationen ergeben, „weil sich hier die Gesinnung und Lage des Gebenden und die des Nehmenden in all ihren Nuancen auf das mannigfaltigste kombinieren" (Simmel 1958: 370). Möchte man die verschiedenen Dimensionen, die mit diesem Handlungszusammenhang verbunden sind, systematisch und strukturgerecht erfassen, so müsste man den Komplex in mindestens vier strukturelle Merkmale auflösen. 1. Die *Ware*, die in vielerlei Hinsicht ein Träger von Bedeutung und deren Wert von der unterschiedlichen Interpretation der Beteiligten abhängig ist, wäre zu analysieren. Ferner ist 2. der *Interaktionszusammenhang* zu betrachten, die Situation, in der Hilfe gewährt und empfangen wird. Hier gelten formelle Normen, die den Charakter der Hilfseinrichtungen prägen, den Gefühlsausdrücken der Beteiligten Grenzen setzen, um die Funktionsweise nicht zu gefährden und die Interaktionssituation zu strukturieren. Durch diese Normen werden Voraussetzungen zur Interaktionsreziprozität und damit für die Kooperation zwischen Kunden und Helfern geschaffen. Überdies spielen 3. die Deutung, die Lebens- und die Motivlage der *Hilfeleistenden* und der *Hilfsbedürftigen* eine zentrale Rolle. Maßgeblich abhängig sind diese drei Komponenten 4. von variablen *Kontextbedingungen*, der Form der Tafeleinrichtung, von politisch-administrativen Entscheidungen, von gesellschaftlichen Moral- und Normvorstellungen, von wohlfahrtsstaatlichen Maßnahmen oder von gesellschaftlichen Diskursen, etc. Ziel dieses Beitrag ist es, über die bisher geäußerte Kritik an den negativen Implikationen existenzunterstützender Angebote der Nothilfe im Allgemeinen und der Tafelbewegung im Speziellen hinaus streitbare Denkanstöße

---

[1] Die folgenden Gedanken sind während der Arbeit bei der Kieler Tafel entstanden, bei deren Mitarbeitern ich mich für den Blick hinter die Kulissen und aufschlussreiche Gespräche zu bedanken habe. So lassen sich einige der hier geäußerten Gedanke auch nur begrenzt verallgemeinern.

zu geben. Ausgangspunkt der Argumentation sind tausch- und gabentheoretische Konzepte, wobei im letzten Teil auch anerkennungstheoretische Überlegungen eine Rolle spielen werden.

Der folgende Text ist in drei Abschnitte gegliedert und widmet sich aus dem oben genannten analytischen Bezugsrahmen zunächst den Beziehungen zwischen den Akteuren, wobei Grundlage die kontrovers diskutierte Frage ist, ob es sich bei der Tafelbewegung um eine Renaissance des Almosenwesens handelt. Wenn Reziprozität, als ein soziales Prinzip, das auf Vertrauen angewiesen ist und soziale Beziehungen stiftet, bei der Tafelarbeit vor Ort keine herausragende Rolle spielt, was bewegt die Mitarbeiter der Tafeleinrichtungen dazu, sich diesen Verpflichtungen und den damit verbundenen Anstrengungen hinzugeben? Diese Frage wird im zweiten Teil dieses Beitrags erörtert und zu diesem Zweck der Idealtypus *homo audiutor* eingeführt. Im letzten Abschnitt werden unter Berücksichtigung anerkennungstheoretischer Überlegungen die Folgen dieser einseitigen Beziehungen zwischen den Tafeln und deren Kunden kritisch beurteilt. Zahlreiche Aspekte und Paradoxien der Tafelarbeit, die in den jüngsten Veröffentlichungen zum Thema (u. a. Selke 2009) bereits Kritik hervorgerufen haben, sind auch mir im Feld bewusst geworden. So war, um nur ein Beispiel zu nennen, der Selbstverzehr von Waren im Depot unter Ausschluss der Öffentlichkeit noch hinzunehmen, in der Ausgabestelle, im Angesicht der vor der transparenten Wand der Ausgabestelle wartenden Kunden, war es geradezu unerträglich, mit anzusehen, wie einige Helfer sich bei für die Kunden bestimmte Kuchen und Wurstwaren bedienten oder wie Ein-Euro-Arbeitskräften ein privilegierter Zugriff auf gespendetes Spielzeug oder Kosmetika ermöglicht wurde.

Grundsätzlich habe ich die Arbeit anders als erwartet wahrgenommen. Trotz der sozialen Gesinnung, die gewissermaßen von den Helfern getragen als Handlungs- und Erfahrungsgrundlage omnipräsent war, wurde im Depot, wo innerhalb kurzer Zeit mehrere Transporter mit Lebensmitteln ankamen, die es zu sortieren galt, vor allem aber in der Ausgabestelle, wo in wenigen Stunden Lebensmittel an zum Teil mehr als 140 Kunden verteilt wurden – überspitzt formuliert – alles dem Diktat möglichst effektiver Abläufe und zeitsparender Routinen unterworfen. Dies ließ keinen Raum mehr für persönlichen Kontakt und Zuwendung, Zuhören und gefühlsbetonte Beziehungen zwischen Helfern und Kunden, obwohl letztere sicher durch ihre als belastend empfundenen Lebenslage gerade darauf angewiesen und erstere durch ihre Nähe dazu fähig gewesen wären.

2   Reziprozität oder Almosen?

Der Einstieg zur Analyse von Gegenseitigkeit ließe sich über die Frage finden, ob es sich hier um die Renaissance des Almosenwesens[2] handelt. Müller zum Beispiel hält eine begriffliche Differenzierung zwischen Spenden und Almosengeben für unmöglich, da bei der Verwendung vor allem zeittypische Ausprägungen und semantische Zuschreibungen in Form von Auf- und Abwertung eine Rolle spielen, und kommt zu dem Schluss, dass beide Begriffe „Ausdruck der im Grunde selben Sache" sind (Müller 2005: 32). Die Verwendung des Almosenbegriffs für die Tafelarbeit hat eine nicht zu leugnende Plausibilität, obwohl in diesem Fall der Bezug zum Glauben, ein konstitutiver Bestandteil des Bedeutungsgehalts des Begriffs, bei der Kennzeichnung dieser Handlungen unterschlagen wird. Ein Gesichtspunkt ist charakteristisch für das Almosengeben: die Aufhebung der Wechselseitigkeit zwischen Helfern und Kunden, denn „Almosen zu empfangen, verletzt die Norm der Reziprozität, da es eine einseitige Angelegenheit ist" (Bolay 1998: 40).[3] Der Geber hilft oder leistet einen Beitrag, ohne eine Gegenleistung zu erwarten. Es geht beim Almosengeben wie bei der Tafelhilfe nicht um wechselseitige Rückversicherung, die Begegnungen und damit die soziale Beziehungen bleiben flüchtig. Ferner wird die Hilfe einer Person nicht wegen ihrer spezifischen Persönlichkeitsmerkmale zuteil, sondern weil der Bedürftige, der seine Bedürftigkeit nachzuweisen hat, einen besonderen Status repräsentiert. Das Almosengeben ist eine Reaktion aufs Betteln (Schmid 1998: 370). Es ist weniger zweckgebunden als die Spende, wobei ein direktes Verhältnis zwischen Geber und Empfänger nicht zwingend erforderlich ist, da an die Stelle der persönlichen Beziehung auch die Vermittlung durch Dritte treten kann. Bei der Tafelarbeit handelt es sich um diese Form indirekten Spendens/Bettelns (dazu auch Voß 1993), da die Tafeln zwischen Empfänger und Spender eine vermittelnde Position einnehmen, deren Aufgabe es ist, bei potentiellen Spendern ein gemeinwohlorientiertes Ziel bekannt zu machen, um Unterstützung zu generieren. Dabei kommt den Tafeln ihr apolitischer Charakter entgegen, denn der Verzicht auf bestimmte Ziele, Leitideen und verbindliche Werte, auf ein „Mandat", eine „Mission" (Pankoke 1995: 59) kann ein Hinweis auf eine offene reflexive Organisationskultur sein, vor allem aber hilft beim Einwerben von Spenden eine eher vage apolitische Wohlfahrtsidee,[4] die auf konkrete Ziele, Skandalisierung und offenen Protest ver-

---

[2] Gerd Häuser hat jüngst im Südkurier (4.3.2010) behauptet, dies „sei kein Almosenbereich", Gerd Held wiederum ordnet die Arbeit der Tafeln durchaus eben jenem zu (Welt, 20.12.2009).
[3] Eine begriffliche Differenzierung der Handlungen, die gemeinhin als Helfen, Teilen, Almosengeben, Spenden, Stiften bezeichnet werden, steht noch aus (dazu: Müller 2005, Schmied 1998).
[4] Hier ist es kaum gelungen, sie vom Zweck – der Umverteilung von überschüssigen Lebensmitteln– und der Funktion – der Versorgung von Bedürftigen – zu unterscheiden und sie inhaltlich zu be-

zichtet. Es handelt sich bei der „Tafelbewegung" nicht um eine Soziale Bewegung, wie der Bundesverband behauptet.[5] Offen bleibt, welche grundlegenden gesellschaftlichen Veränderungen mit welchen Mitteln angestrebt werden und mit welchen Wertvorstellungen und Überzeugungen die Tafelarbeit verknüpft ist. Die vermittelte Spende macht es möglich, dass die Spende und deren Annahme als voneinander losgelöste Einzelhandlungen erscheinen können. Dies gestattet dem Spender die Wahrung einer Distanz zum Empfänger, er kann helfen, ohne sich dem Kunden direkt zuwenden zu müssen. So kann man in der Tat wie bei den historischen Vorläufern (Spendenkästen, Klingelbeutel) eine „Zivilisierung der Gabe" (Selke 2009c: 2) beobachten, denn die Gabe an den Bedürftigen findet nicht mehr interaktiv statt. Die Gegenseitigkeit zwischen Spender und Empfänger ist aufgehoben, anders formuliert die „Spende-light" (a. a. O.) als ein spezifischer Distanzmodus entbindet den Spender mehr noch als bei der interaktiv geprägten Übergabe des Almosens von der persönlichen Zuwendung und der tätigen Hilfe. Diesen Mangel an Wechselwirkung zwischen Geber und Nehmer problematisiert wiederum Simmel in seiner beeindruckenden Klarheit, denn in diesen Fällen „[…] spielt er [der Empfänger] keine andre Rolle, als der Kasten, in den eine Spende für irgendwelche Seelenmessen gelegt wird, so ist die Wechselwirkung abgeschnitten" (Simmel 1992: 523). Ziel des Almosens ist auf kollektiver Ebene die Stabilisierung des Gemeinwesens, das in vielerlei Hinsicht ein Interesse an der Armenfürsorge hat. Dabei werden individuelle Notlagen erleichtert, aber das Almosen früher und die Tafelhilfe heute sind nicht geeignet, die Differenzierung von arm und reich aufzuheben, vielmehr haben beide erst in dieser Differenz ihren Ursprung. „Ihr [Armenpflege, Almosen] Sinn ist gerade, gewisse extreme Erscheinungen der sozialen Differenziertheit so weit abzumildern, dass jene Struktur weiter auf diese ruhen kann" (Simmel 1992: 518). Der zentrale *beziehungsstiftende* Bezug einer Gabe wird außer Kraft gesetzt. Dem Spender und dem Helfer geht es nicht um die Stabilisierung und Verstärkung einer sozialen Beziehung durch die Verpflichtung zu einer Gegengabe. Die Transaktionen beruhen also nicht auf Gabe und Gegengabe und sollen sich wechselseitig gerade nicht entsprechen. Bei der Tafelarbeit vor Ort spielt Reziprozität keine große Rolle. Die einseitige Hilfe ist nicht geeignet, enge soziale Beziehungen zu stiften, sie zu stabilisieren und Symmetrie zu erzeugen. Die Wechselseitigkeit zwischen den Akteuren in dieser Beziehung ist aufgehoben, da sie nicht auf Erwiderung aus ist. Freiwilligkeit[6] und

---

stimmen (Hauriou 1965). Man formuliert die anzuwendenden Mittel, wenn auch recht vage, um den verschiedenen Einrichtungen und der stark voneinander abweichenden Tafelpraxis gerecht zu werden.
[5] Konstitutive Merkmale sozialer Bewegungen (Roth, Rucht 2008: 9–39) wie der Anspruch auf gesamtgesellschaftliche Veränderung, ein Gegner und vor allem strategievermittelter sichtbarer Protest, zentral für eine soziale Bewegung, bleiben aus.
[6] Vgl. dazu auch den abschließenden Beitrag von Stefan Selke in diesem Band.

Verpflichtung sind ungleich verteilt und die Beziehung zwischen Helfern und Kunden ist offenkundig asymmetrisch, weil die Kunden keine Möglichkeit der Erwiderung haben und die Helfer, bei Störung der durch verschiedene Zeichen stark versachlichten[7] Beziehung, mit deren Abbruch drohen können. Hier wird deutlich, dass die Fähigkeit der Erwiderung einer Gabe etwas über den Grad der Symmetrie in der Beziehung zwischen Kunden und Helfern aussagt (Stegbauer 2002: 146). Allenfalls kann von schwacher oder generalisierter Reziprozität die Rede sein, wenn man die Möglichkeit der Abgeltung durch Dankbarkeit und Anerkennung oder die Reziprozität von Rollen (vgl. dazu Stegbauer 2002: 112 ff.) berücksichtigen möchte. Es wäre in diesem Zusammenhang zu diskutieren, ob es sich bei der Beziehung zwischen Helfern und Kunden um direkt relational, zueinander abhängig definierte Rollen handelt. Beide Rollen, Helfer und Kunde, sind logisch miteinander verknüpft, so dass zu analysieren ist, wie diese konstituiert werden und mit welchen wechselseitigen Erwartungen sie verbunden sind. Während es in der Beziehung zwischen Kunden und Spendern kaum Reziprozität gibt, existiert sie im Verhältnis zwischen Spender und Hilfsorganisation durchaus, etwa wenn der Geldgeber die Gabe von der Erfüllung klar formulierter Aufgaben abhängig macht. Der Gütertransfer beinhaltet aber generell eher keine Verpflichtung zur Gegengabe, „keine Rückkehr, weder Gegengabe noch Schuld", die Hilfsorganisation ist in einer Situation, in der sie „nicht zurückgibt, nicht begleicht, nicht tilgt, nicht abträgt, keinen Vertrag schließt und niemals in ein formales Schuldverhältnis tritt" (Derrida 1993: 24). Diese Eigenschaften ermöglichen die Aufrechterhaltung des positiven Erscheinungsbildes der Gabe. Weitere symbolische Konstruktionsleistungen durch den Spender sind nicht nötig. Nur so lässt sich die Eigentumsübertragung von Lebensmitteln durch die Spender mit verschiedenen positiven Bedeutungen, wie Dankbarkeit gegenüber der Gesellschaft, dem Versuch, soziale und ökologische Belange in Einklang zu bringen, als Rechtfertigung für das ins Unternehmen gesetzte Vertrauen, Verantwortung für Mensch und Natur, etc. versehen.[8] Annulliert wird die Gabe allerdings durch das ihr zu Grunde liegende berechnende Interesse einiger Spender, sei es die Einsparung von Abfallverwertungskosten oder die Gratifikation in Form von Imagegewinn durch die Kooperation mit den Tafeln. Am Beispiel der Einzelhandelsketten wird deutlich, dass diese Art der Spende mindestens zwei Eigenschaften (vgl. Caille 2005: 181) aufweist, die es zu untersuchen gilt. Einerseits das Kalkül, andererseits,

---

[7] Geformt nicht allein durch das obligatorische „Tütengeld", sondern auch durch die Art und Weise, wie die Kunden hier „bedient" werden, wie sie Nummern ziehen, ihre „Karte" vorzeigen und abstempeln lassen müssen, die Vorlage des amtlichen Fürsorgebescheids als Form einer beeideten Anerkennung der Bedürftigkeit.

[8] Nur ein Motiv scheidet bei der „Entsorgung mit sozialem Gewissen" (Lorenz 2009: 73) aus, die demonstrative Darstellung des eigenen Reichtums, dafür scheint der Abfall ungeeignet.

das Desinteresse an einer Stabilisierung der sozialen Beziehung zum Tafelkunden. Die Frage nach dem Kalkül einiger Einzelhändler ist praktisch instruktiv, denn sie verdeutlicht die Tendenz zur Instrumentalisierung der Tafeln. Wenn es einem Discounter nach skandalträchtigen letzten Jahren, die nicht in eine Konzeption von *Corporate Social Responsibility* passen, darum geht, sich mit vergleichsweise geringem Aufwand ein positives Image zu geben, ist dies folgenreich.[9]

Tafeln bringen sich in diesem Zusammenhang nicht durch die aufopfernde Nothilfe, sondern wegen der Vereinnahmung durch Lebensmittelkonzerne in Misskredit. Denkt man daran, dass die Tafeln einerseits für das gute Gewissen und ein entsprechendes Image der Spender zuständig sind, andererseits im besten Falle als das schlechte Gewissen bei der Thematisierung von gesellschaftlichen Problemlagen fungieren sollen, stellt sich ein gewisses Unbehagen ein. So beschleicht einen vor Ort ein beklemmendes Gefühl, wenn gespendete Lebensmittel aus gestifteten Kühltruhen an Menschen weitergegeben werden, die möglicherweise erst durch die Folgen von Rationalisierungsmaßnahmen oder durch niedrigste Löhne, gezahlt durch die Spender, in die Situation der Abhängigkeit von Zusatzversorgung gebracht werden. Diese Konstruktion von Trugbildern der Philanthropie birgt für die Aufgabe der Identifizierung von Akteuren, die Armut produzieren, zusätzliche Schwierigkeiten. Unternehmen, die beispielsweise durch krankheitsfördernde Arbeitsbedingungen, Niedriglöhne, bestimmte Produktionsbedingungen im Ausland primär Armut erzeugen und unter anderem so für die Mangelsituation einiger Kunden verantwortlich sind, sich aber gleichzeitig durch gemeinwohlorientierte Aktionen, wie nachhaltige umweltfreundliche Bauten und die Zusammenarbeit mit mildtätigen Organisationen wie den Tafeln den Anschein geben, genau das Gegenteil zu tun, sind als Verursacher von Armut im Sinne Øyens (2005: 363) schwerer zu identifizieren. Sie sind so nicht gezwungen, die Privilegien aufzugeben, die ihnen durch die Erzeugung von Armut zufallen. Diese instrumentellen Beziehungen zwischen Spender und Tafeleinrichtungen sind reziprok. Hier handelt es sich zumeist um das, was Gouldner (1984: 99) als heteromorphen Tausch bezeichnet. Was in den Fällen des Tausches von verschiedenen Dingen ein gerechtes Äquivalent ist, hängt von der Bewertung der Partner ab und ist damit anfällig dafür, dass zumindest ein Tauschpartner überproportional dazugewinnt und/oder ein Beteiligter relativ verliert. Aufschlussreich ist hier, dass alle Akteure selbst bei einer Täuschung, bei einem einseitigen Tausch, davon profitieren können, weil ihren Handlungen spezifische, begrenzte Nutzenvorstellungen[10] zu Grunde liegen. Interessant an diesem Verhältnis ist ferner, dass beide Tauschpartner ihre Rationa-

---

[9] So wird der wärmende Mantel des St. Martin, um bei dem Kommentar von Gerd Held (Welt, 20.12.2009) zu bleiben, zum ausrangierten kaputten Kleidungsstück, für das er keinerlei Verwendung mehr hat, das er aber noch gewinnbringend an den Mann/die Frau bringen kann.
[10] Zur Perspektive der Nutzer vgl. auch den Beitrag von Katja Maar in diesem Band.

lität unter Beweis stellen und eine moralische Bewertung mit dem Verweis auf den Ertrag rechtfertigen können. Ein Reflex, der auch in der kritischen Debatte um die Tafelbewegung und in der Praxis seinen Ausdruck findet, ist eben dieser Rückzug auf Rationalitätsgesichtspunkte. Der Verweis auf die rationale Konstruktion und die Bewährung bei der Problemlösung[11], hier lediglich verstanden als die optimale Versorgung der Bedürftigen, bietet ausreichend Anlass, vieles unreflektiert zu lassen. So werden Wirkung und Ertrag der Mobilisierung in der Anzahl der Kunden, der ehrenamtlichen Helfer und der umgesetzten Masse an Lebensmitteln[12] gemessen. Kreutz/Kreutz (1997: 109 ff.) haben diese Tauschkonstellation am Beispiel der Geschichte von Hans im Glück treffend analysiert. Aber wer, möchte man fragen, ist beim Tausch Lebensmittelabfall gegen Einsparung von Verwertungskosten und positivem Renommee der „alltags/verstandes" törichte Hans? Gewinnen gar alle, wer streicht welchen Gewinn ein? Täuscht einer der Akteure den anderen dadurch, dass er es, wie der Reiter im Märchen, unterlässt, auf den Wertunterschied der zirkulierenden Gaben aufmerksam zu machen? Wird mit der Täuschung die Reziprozität aufgekündigt, gibt es einen Dritten in dieser Beziehung, der möglicherweise auf die begrenzt rationale Nutzenvorstellung, die in seinen Augen Irrationalität bedeuten muss und die Folgen, die mithin, wie Kreutz/Kreutz (1997: 109) feststellten, die Entstehung und Verfestigung sozialer Ungleichheiten sein kann, aufmerksam macht? Überdies wäre die Annahme Adloffs/Sigmunds (2005: 222) mit ihrem Rekurs auf die Ergebnisse Andersons (1996) zu überprüfen, ob die Spende im Tafelzusammenhang auch ausdrückt, mit welcher *imagined community* sich die Lebensmittelspender relational verbunden fühlen. Den Erfolg bei den Spenden mit der „praktisch-realen" und „gedachten" Einbindung der Spender in assoziative Bezüge erklären zu wollen, ist zumindest gewagt und mit Blick auf die Tafeln wenig plausibel. Hier unterstellte man, dass etwa die Lebensmittelspender ihre Unterstützung zur Verfügung stellen, weil sie den Empfängern „emotional, kulturell und normativ" sehr nahe stehen. Intuitiv würde man allerdings annehmen, dass in Bezug auf Armut eher das Gegenteil der Fall ist, dass die Kunden der Tafeln diejenigen sind, die „weniger integriert und vertraut […], kulturell entfernter, anonymer und weniger respektabel" (a. a. O.: 223) erscheinen und so von Spenden und Unterstützungsleistungen abgeschnitten bleiben.

Zu der Beziehung Spender/Tafeln lässt sich zusammenfassen, dass sich der Erfolg der Tafeln durch die Kompatibilität der Idee von Geber und Empfänger erklären lässt. Auf der einen Seite muss bei Geldgebern, unter anderem wegen der Plausibi-

---

[11] Das Recht, den Erfolg der Tafelarbeit selbst definieren zu dürfen, könnte im Übrigen auch Anlass zur Kritik sein, ließe sich doch die Wirkung der Tafelarbeit vom Kunden besser beurteilen.

[12] Bei der Kieler Tafel etwa werden, und dies klingt recht eindrucksvoll, täglich eine Tonne Lebensmittel umgesetzt und in wechselndem Rhythmus in sechs Ausgabestellen in der Stadt an 2.300 bedürftige Haushalte verteilt.

lität der Idee und des positiven Renommees der Tafeln, kaum Überzeugungsarbeit geleistet werden, auf der anderen Seite trifft man auf das vorher beschriebene Kalkül der Spender. Durch diese Logik ist auch der Spendenfluss eher kalkulierbar als bei einer Beziehung ohne Reziprozität. Der Erfolg der Tafeln erklärt sich also gerade dadurch, dass die interne Idee der Nahrungsmittelumverteilung exakt zu den externen Rationalitäten der Geber passt (dazu Adloff/Sigmund 2005: 230).

3   Homo audiutor oder homo oeconomicus?

Wenn *Reziprozität* bei der Tafelarbeit vor Ort von geringer Bedeutung ist, was bewegt die Mitarbeiter der Tafeleinrichtungen dazu, sich diesen Verpflichtungen und den damit verbundenen Anstrengungen hinzugeben? Zur Motivationslage ehrenamtlicher Helfer wurde in der jüngeren Vergangenheit unter dem Aspekt des Strukturwandels des Ehrenamts viel publiziert. Dieser Wandel wird im Zusammenhang mit der Abnahme der Bindungskraft traditioneller, religiöser und politischer Milieus erklärt. Ferner liegen bereits theoretische Modelle zur Analyse ehrenamtlichen Engagements vor (so u. a. bei Schüll 2004: 110), die sich in einer Untersuchung auch auf die Tafelhelfer anwenden ließen. Allgemein wird auch mit Bezug auf die soziale Nähe der Kunden zu den Helfern angenommen, dass sich hier die Verknüpfung von Selbst- und Fremdhilfe besonders drastisch äußert, eine Eigenschaft, die bei organisierten Selbsthilfegruppen anzutreffen ist, deren Funktionalität sich gerade aus der gemeinsamen Betroffenheit und damit aus der wechselseitigen Hilfeleistung ergibt. In Bezug auf die Tafeleinrichtung, die ich kennen lernte, spielt diese gemeinsame Betroffenheit keine große Rolle, da nur 13 der 180 ehrenamtlichen Helfer selbst Kunden der Einrichtung sind. Sowohl theoretisch als auch empirisch geht es bei den vorliegenden Studien zum Ehrenamt mehr um Zugang und Verbleib im Ehrenamt, die sozialen Beziehungen zwischen den Akteuren bleiben weitgehend unberücksichtigt. Um insbesondere die Wechselwirkung zwischen den Beteiligten, die Norm der Wohltätigkeit und den Mangel an Reziprozität zu verknüpfen, soll der homo audiutor[13] eingeführt werden, der als Heuristik für die konkrete Situation gedanklich konstruiert wurde.

Der Tafelhelfer als homo audiutor?
Der homo audiutor ist zur Hilfe befähigt und bereit zu helfen. Ferner gibt er sich der sozialen Hilfe bedingungslos hin.[14] Er verzichtet auf die Befriedigung seiner eigenen Bedürfnisse, zumindest ist die dem Handlungsvollzug vorangestellte Er-

---

[13] In Anlehnung an den *homo donator* Godbouts (2002).
[14] Zu berücksichtigen ist, dass sich Hilfeleistung in einem weiten Spektrum von kleinen Gefälligkeiten bis zur völligen Selbstaufopferung verorten lässt.

wartungshaltung frei von eigenem Interesse. Das Engagement erscheint ihm als unhinterfragte Selbstverständlichkeit. Er billigt den Bedürftigen einschränkungslos
dieselben Bedürfnisse und damit gleiche Chancen in allen Lebensbereichen zu wie
sich selbst. Das Element der Hilfsbereitschaft grenzt ihn vom selbstsüchtigen Menschen ab, der sich durch die Abgabe von Gütern, die für ihn entbehrlich sind, knappe Güter und Werte beschafft. Der selbstsüchtige Mensch mit einem idealtypisch
zynisch, misanthropischen Menschenbild, ist jener, der von der Schwäche der Anderen profitiert, bei seiner Hilfe hedonistischen Beweggründen (Selke 2009: 280)
folgt, seine Handlung mit einer instrumentellen Erfolgserwartung verknüpft, sein
Engagement gegenüber seinem Umfeld auf der Suche nach Reputationsgewinn sti-
lisiert und mit guten Taten kokettiert. Auf der Suche nach einer moralischen Norm,
die für den *homo audiutor* gültig ist, bietet der amerikanische Soziologe Alvin W.
Gouldner (1984) einen bemerkenswerten Beitrag für die Analyse helfenden Handelns: Er ergänzt die Norm der Reziprozität um die der Wohltätigkeit und bietet
so Einsichten, die bei der gedanklichen Konstruktion dieses Idealtypus hilfreich
sind. Er kommt zu der Feststellung, dass die Reziprozitätsnormen, wie von ihm
in einem früheren Aufsatz hergeleitet (Gouldner 1984: 79–117), über Schwächen
verfügen. Seine Minimalforderungen an die Normen sind: Man soll denen helfen,
die einem helfen, und man soll jene nicht verletzen, die einem geholfen haben.
Im Versuch, die Grenzen der Norm – er ist sich bewusst, dass eine große Gruppe
von Menschen Hilfe erhält, ohne diese angemessen erwidern zu können – aufzuheben, führt er die Wohltätigkeit ein (Gouldner 1984: 118). Aus dieser Norm
ergibt sich die Verpflichtung, einem anderen zu helfen, weil dieser hilfsbedürftig
ist (a. a. O.: 147).[15] Sie ist eine internalisierte, systemstabilisierende Gruppennorm,
die das Gewähren von Hilfe auch dann gutheißt, wenn keinerlei Gegenleistung
erwartet werden kann. Sie sorgt nicht nur dafür, dass denen Hilfestellung zu Teil
wird, die sie benötigen, aber nicht erwidern, sondern auch für eine Beendigung der
für die Stabilität sozialer Beziehungen verhängnisvollen „Interaktionszyklen" aus
Enttäuschung über ausbleibende oder unangemessene Erwiderung und der folgenden Reaktionen (a. a. O.: 135). In dem Moment, wo der Nehmende die Dankbarkeit
verweigert, setzt dieser zwar die rituellen Normen[16] außer Kraft, allerdings festigt
er so die Asymmetrie der Beziehung, denn der Gebende wird, indem er nachgiebig
ist und auf den Dank verzichtet zum „Helden der sozialen Interaktion" (Gouldner
1984: 137). Der *homo audiutor* stellt seine Hilfshandlungen also auch nicht ein,
wenn er keine oder nicht die angemessene Dankbarkeit entgegengebracht bekommt,
er bereut sie nicht, sondern setzt sie mit Geduld fort, denn die Gesinnung, in der
geholfen wird und die große soziale Bedeutung dieser Handlung sind ihm bewusst

---

[15] Als weitere Hauptkomponente des Moralcodes führt er neben der Reziprozität und der Wohltätigkeit
den moralischen Absolutismus ein, der hier aber weitgehend unberücksichtigt bleiben soll.
[16] Die Interaktionssituation beinhaltet zum Beispiel Dankbarkeitsverpflichtungen.

(Rassem 1963: 215). Diese Norm wird als gültig unterstellt, auch wenn keine Nähe zu den Hilfsbedürftigen besteht und der Kontakt stark versachlicht und flüchtig bleibt. Die Stabilität der einseitigen Beziehung ist neben der unbestimmten Verpflichtung zur Abgeltung ein Charakteristikum helfenden solidarischen Handelns und ein Indikator für das, was Sahlins (1999: 154) als generalisierte Reziprozität bezeichnet: „Bleibt die Rückgabe aus, veranlasst dies den Geber nicht, mit dem Geben aufzuhören, die Güter bewegen sich für sehr lange Zeit in Richtung zugunsten des Habenichts".

Denkt man weiter über die Bedingungen der Genese dieser Norm nach, die recht unbestimmt bleibt, stellt sich die Frage, welches Bild der Helfer von dem Hilfsbedürftigen hat. Hier lassen sich, in Anlehnung an Rassem (1963), drei Idealtypen unterscheiden, die mit der Einschätzung der eigenen Gestaltungs- und Steuerungsfähigkeiten im Gesamtsystem einen notwendigen Ausgleich herbeiführen zu können, variieren. Diese Einstellung lässt sich als Hilfe zur Selbsthilfe in einem relativ intakten sozialen System charakterisieren. Sie ergibt sich aus einem optimistischen Zutrauen in die gesellschaftlichen Verhältnisse und sucht die Ursachen der Bedürftigkeit bei den Hilfsbedürftigen. Im zweiten Fall liegt eine negative Bewertung der gesellschaftlichen Zusammenhänge vor. Das Eingeständnis von strukturellen Hindernissen und die Einsicht in die Schwäche des Wohlfahrtsstaates evoziert Hilfe dort, wo es den Bedürftigen aufgrund schwieriger äußerer Umstände, die in der Bewertung der Helfenden unvermeidlich erscheinen, nicht mehr möglich ist. Hier hat nicht der Hilfsbedürftige versagt, und die Möglichkeit, ihn durch Erziehung und Zuspruch auf den rechten Weg zurückbringen zu können, wird gar nicht in Erwägung gezogen, weil das ihn umgebende Gesamtsystem nicht mehr in der Lage zu sein scheint, ihn zu integrieren. Im dritten Fall wird die Hilfsbedürftigkeit nicht aus äußeren Umständen abgeleitet, sondern der Umstand des Mangels allein bewegt den Helfer. Dies ist Handeln unter moralischen Gesichtspunkten und auf die Einsicht in die ausnahmslose Hinfälligkeit und die Bedürftigkeit des Menschen zurückzuführen. Überlegungen zum instrumentellen Nutzen oder der Anerkennung und Zuneigung anderer spielen hier keine Rolle. Nicht zu verwechseln mit der noch recht selbstbezüglichen Deutung: Hilfe gewähren, weil man selbst einmal in die Situation kommen könnte, gewissermaßen Vorsorge für schlechte Zeiten treffen. (bei Luhmann 1975: die Reversibilität der Lage). Vielmehr erreicht Handeln ethische Qualität, „wenn wir uns verpflichtet fühlen, unabhängig von den Begleitumständen des fraglichen Knappheitsproblems in allen Fällen zu handeln, wenn es der Hilfe bedarf" (Balla 2005: 260).

Die Konfrontation der Wirklichkeit mit den fiktiv gesteigerten Elementen dieses Idealtypus bietet in vielerlei Hinsicht Anschlussfähiges, von dem einiges nur kursorisch dargestellt werden soll. Es liegt zunächst mal auf der Hand, dass die Hilfe im Tafelzusammenhang niemals bedingungslos ist. Wäre sie es, gäbe es keine Grenze des Gütertransfers. Diese wäre erst bei völliger Gleichstellung an

Verwirklichungschancen zwischen Helfer und Helfendem erreicht. Befähigt zur Hilfe sind auch nur jene, die etwas zu geben oder zu opfern haben, denkt man nur an wertvolle Zeit oder professionelle Kompetenz. Bei weitem, so offenbarte die Praxis, darf nicht helfen, wer will. Weitere ehrenamtliche Helfer waren nicht um jeden Preis erwünscht, da man zum Zeitpunkt meiner Recherchen bei der Kieler Tafel an die Grenze der personellen Kapazitäten geraten war. Unter den potentiellen Helfern gibt es nicht wenige, die großen Wert auf die Mitarbeit in einer der Ausgabestellen legen, ihr Engagement zum Teil sogar von dieser Mitarbeit abhängig machen, obwohl ihnen klar ist, dass die Arbeit in anderen Arbeitsbereichen, etwa dem Fahrdienst oder dem Depot für die Funktionsweise der Organisation, den gleichen Wert hat. Überlegungen zum persönlichen Nutzen spielen hier eine herausragende Rolle, wenn das Engagement von der Anerkennung und Zuneigung der Hilfsbedürftigen abhängig gemacht wird. Ähnlich wie jene Helfer, die sich engagieren, um sich der Kontrolle der Arbeitsvermittlung zu entziehen, um in keine „Maßnahme" gesteckt zu werden oder sich von ihrem ehrenamtlichen Engagement eine privilegierte Position bei künftigen Bewerbungen erhoffen. Bei der Suche nach Anerkennung anderer liegt vor, was Kohlberg als „good boy morality" bezeichnet. Bei instrumentellen Handeln eher *prämoralisches* Handeln, denn man handelt, um Belohnungen zu bekommen oder erwidert Gefälligkeiten (Kohlberg 1995: 51). Bei beiden Handlungsmotiven steht der individuelle „sicht- und spürbare pay off" (Bode/Brose 1999: 189) und damit Reziprozitätsnormen im Mittelpunkt. Ein Gros der Helfer, so meine These, handelt aber auf einem *prinzipienorientierten* Niveau, obwohl auch Reziprozitätsüberlegungen eine Rolle spielen. Das hieße bei der Interaktion zwischen Reziprozitäts- und Wohltätigkeitsnormen überwiegen letztgenannte. Die richtige Handlung, um einen Gedanken Kohlbergs (a. a. O.: 51) umzukehren, ist in diesem Fall jene, die primär anderen, und (bei Gelegenheit) auch instrumentell der Befriedigung eigener Bedürfnisse dient. Dass im Einzelfall von Sinnstiftung und Selbstverwirklichung die Rede ist, ändert nichts daran, dass viele sich auch hätten anders entscheiden und ihnen zur Verfügung stehende Ressourcen der Steigerung des eigenen Wohlbefindens hätten opfern können.

Vielen Erklärungen liegt das Problem der persönlichen Rationalisierung zu Grunde. Einige Helfer sind nicht in der Lage oder gewillt, das ihrem Handeln zu Grunde liegende ethische Prinzip offen zu legen und ziehen sich bei der eigenen Motivsuche der besseren Plausibilität wegen auf Figuren aus dem Repertoire des „utilitaristischen Individualismus" zurück (Berking 1996: 243). Die Anhaltspunkte für Handlungskriterien, die im Gegensatz zu egoistischen Nutzenkalkülen außerhalb der eigenen Person liegen, sind unter anderem, dass viele Helfer eben mehr machen als das was mehrheitliches Handeln ist[17], ihre Bindungen an

---

[17] Bei Simmel (1992) ist in diesem Zusammenhang von einer *moralischen Induktion* die Rede, die sich sowohl auf den Helfer als auch auf den Hilfsbedürftigen auswirkt. Unter einer Hilfe schlummert

die Tafel recht rationalisierungsresistent zu sein scheinen und sie ihr Handeln nicht auf die zu Grunde liegende Absicht befragen. Fragen danach und nach dem Rückfluss ihres Engagements wirken auf die Helfer eher befremdlich, und dies war eigentlich der überraschendste Befund: offenkundig spielen die Ursachen der Bedürftigkeit keine entscheidende Rolle, kein Verweis auf soziale Ungerechtigkeit, andere gesellschaftliche Entwicklungen, wohlfahrtsstaatliche Schwäche oder das Versagen der Bedürftigen. Dies war auch im Feld zunächst mal wenig plausibel, da man annehmen konnte, der Mangel an Reziprozität wird durch ein Mehr an Verschränkung der Perspektiven kompensiert. Bei den Gesprächen vor Ort gab es allerdings kaum Hinweise darauf, dass die Helfer sich in die Lage dessen versetzen konnten, der als Kunde gerade vor ihnen steht, sie gewissermaßen den Standort vertauschen. Dies war in der Ausgabestelle, in der ich mitarbeitete und im Depot ohne Kontakt zu den Kunden nicht möglich, da dies geteilte Relevanzsysteme, also das Wissen – hier verstanden als umfassendes Wissen, also mehr als Handlungs- und Kontextwissen – um die verschiedenen Lebensweisen der Kunden, erfordert hätte. Der „Horizont des Möglichen" (Luhmann 1975) der Helfer ist bei einem bescheidenen Selbstverständnis, wenn es um übergeordnete strukturelle Probleme geht, das Elend in den Ausgabestellen vor Augen, einzig die optimale Versorgung der Bedürftigen mit Lebensmitteln. Grundüberzeugungen und Werthaltungen wie der Bezug auf universelle Prinzipien allerdings sorgen gewissermaßen für die Funktionsweise der oben beschriebenen Wohltätigkeitsnorm und kompensieren so die fehlende Reziprozität. Nun wäre es naiv anzunehmen, hier handelt es sich ausnahmslos um gutes Handeln, weil es höheren Prinzipien folgt. Die Prinzipien selbst können in Bezug auf den Umgang mit Armut auch Gegenstand von Auseinandersetzungen sein.[18]

4   Die Kunden

Wer sind eigentlich die Bedürftigen, die regelmäßig bei den Tafelvereinen erscheinen, um Nahrungsmittel zu erhalten, und wie wirkt der Mangel an Reziprozität in der Beziehung zu Helfern und Spendern? Die Soziologie hat hier, abhängig von der Untersuchungsperspektive, ein großes Repertoire an Begriffen und Status-

---

gewissermaßen eine Norm, die erst durch die Hilfe offenkundig und für den Helfenden fühlbar wird. Hier offenbart sich eine moralische Empfindung, die besagt, dass die erste Hilfe schon einer Pflicht entsprach und zu einer Wiederholung anweist, solange die Veranlassung zur ersten Hilfestellung noch weiterbesteht.

[18] Etwa beim Streit um Leistungs- und Bedarfsgerechtigkeit oder der Auslegung theologischer Theorien der caritas. Vgl. dazu die Beiträge von Falk Roscher, Rainer Krockauer und Franz Segbers in diesem Band.

kategorien für die Bedürftigen.[19] Gerade bei der Analyse von existenzsichernder Unterstützung soll hier, mit Simmel (1992) dafür plädiert werden, die Situation der Hilfsbedürftigen über das Verhältnis zur Unterstützung zu analysieren[20]. In diesem Sinne sind die Kunden der Tafeln als Arme zu bezeichnen, denn „der Arme als soziologische Kategorie entsteht nicht durch ein bestimmtes Maß von Mangel und Entbehrung, sondern dadurch, dass er Unterstützung erhält oder sie nach sozialen Normen erhalten sollte" (Simmel 1992: 551). Die Unterstützung durch die Tafeln ist insofern außerordentlich, da kein rechtlicher Anspruch auf Hilfe besteht und das reziproke Strukturprinzip *Leistung gegen Leistung* in vielen Fällen nicht gilt. Der Bedürftige nimmt vom Gebenden ohne Gegenleistung, weil er nichts als Gegenleistung zu bieten hat. So zeigt sich in dieser einseitigen Beziehung zu den Hilfeleistenden nicht nur ein Verlust an Autonomie, sondern auch eine einseitige Abhängigkeit, möglicherweise auch Schuldgefühle und die Hilflosigkeit des Bedürftigen, sein Schicksal und die Umgebung allein ändern zu können. „Der Preis für bedingungslose Hilfe ist Hilflosigkeit und bedingungslose Abhängigkeit des Empfängers vom Gebenden" (Gouldner 1984: 131). Paradigmatisch für dieses Verhältnis sind familiäre Beziehungen oder der ganzheitliche Wesenswille von Tönnies, bei dem der Helfende auf der Basis der Trias „Gefallen, Gewohnheit, Gedächtnis" (Bickel 1990: 18) von Traditionen geleitet handelt. Diese Form Sozialen Handelns ist geprägt durch eine Beziehung sozial-emotionaler Nähe (Balla 2005: 259) und auf der Basis der Sitte als Medium sozialer Normierung auf die Stabilisierung sozialer Beziehungen ausgelegt. Im vorliegenden Zusammenhang kann von dieser Art sozial-emotionaler Nähe nicht gesprochen werden. Es mag geradezu zynisch klingen, aber man könnte den Kunden, der auf die Nahrungsmittel der Tafeln angewiesen ist, theoretisch als jemanden charakterisieren, der nicht mehr zureichend handlungsfähig und so von der Gnade der Lebensmittelspender abhängig ist. Er darf nicht den Stolz eines Erwachsenen auf seine eigene Autonomie besitzen (Gouldner 1984: 130), denn dieser wäre in der Lage, die für ihn widrigen Umstände zu beseitigen, nicht mehr auf einseitige Hilfe angewiesen und wöchentlich in eine Situation gebracht, die seine inferiore Lebenslage und seinen defizitären Status nur bestätigt, die der Betroffene aber benötigt, um seine Verwirklichungschancen aufrecht zu erhalten. Das was Kaletta (2008) als positionale Anerkennung oder Honneth (1994) etwas einfacher als soziale Wertschätzung bezeichnen, ist bei den Tafeleinrichtungen strukturell ausgeblendet. Angenommen wird hier wie dort, dass die soziale Wertschätzung oder

---

[19] *Entbehrlichen,* die *Überflüssigen, Deklassierte, Degradierte, Exkludierte, Anfällige,* die Vielfalt an Begriffen könnte, um es mit Dirk Baecker et al. (2008) zu formulieren, ein Hinweis darauf sein, dass die Soziologie bezogen auf das Armutsproblem mit ihrem *Begriffslatein* am Ende ist.

[20] Der französische Soziologe Sergé Paugam (2008) hat dies in bemerkenswerter Weise in seinem Buch umgesetzt.

die positionale Anerkennung nach dem Prinzip der Leistungsgerechtigkeit verteilt wird. Die Anerkennung ist rückgebunden an die berufliche und soziale Position der Person in der Gesellschaft, da diese für die Akteure Rückschlüsse auf individuelle Fähigkeiten zulassen. Das was als Leistung gilt und entsprechend anerkennungswürdig ist, wird durch die Ziele und Werte einer Gesellschaft bestimmt. „Das kulturelle Selbstverständnis einer Gesellschaft gibt die Kriterien vor, an denen sich die soziale Wertschätzung von Personen orientiert, weil deren Fähigkeiten und Leistungen intersubjektiv danach beurteilt werden, in welchem Maß sie an der Umsetzung der kulturell definierten Ziele mitwirken können" (Honneth 1994: 198). Neckel (1997: 187 ff.) spricht von einer meritokratischen Individualisierung der Sozialstruktur. In diesem Zusammenhang muss man annehmen, dass die Tafeln in einer an meritokratischen Prinzipien orientierten Gesellschaft Einrichtungen sind, die kumulierte Anerkennungsdefizite sichtbar werden lassen. Der Bedürftige hat sich in der Interaktion neben den Anderen als jemand zu präsentieren, der in besonderer Weise fürsorgeberechtigt ist (zur [Armuts] Präsentation auch Selke 2009b: 25). Der Kunde, der sich in der Interaktion nicht als gleichberechtigt präsentieren darf, bestätigt damit nicht nur seine inferiore Lebenslage und stigmatisiert sich öffentlich selbst (Neckel 1991: 223), sondern ihm wird möglicherweise klar, dass er über keinerlei Leistungen, Fähigkeiten und Erfolge verfügt, die für die Gesellschaft nützlich und verwertbar sind. Seine einzige zurechenbare Leistung besteht in einer weitgehend anonymen Konstellation darin, sich angemessen zu verhalten, sich früh genug anzustellen, keine Ansprüche zu formulieren und seine Bedürftigkeit nachzuweisen. Im Übrigen liegt auch hier eine Verletzung des Reziprozitätsprinzips vor, denn die wechselseitige Unterstellung und das Angebot an Vertrauen ist dahingehend einseitig, dass die Kunden Vertrauen in die Qualität der Dienstleistung haben, sie selbst ihre Bedürftigkeit formell aber nachweisen müssen, ihnen also das Vertrauen nicht in gleichem Maße entgegengebracht wird. So wird der soziale Abstand nicht reduziert und weder dem Kunden noch den so genannten Ein-Euro-Jobbern, „die mehr für niedere Tätigkeiten vorgesehen sind"[21] wird ein „gefühlsmäßiges Vertrauen" vermittelt, dass sie in der Lage sind, Leistungen zu erbringen, die von anderen als wertvoll eingeschätzt werden; im anerkennungstheoretischen Duktus: die nötige Rückversicherung im Anderen bleibt aus (Honneth 1994: 213). Dies kann abhängig von der Deutung fatale Folgen für das Selbstwertgefühl haben und wird verstärkt durch das Eingeständnis, auf private Wohlfahrt angewiesen zu sein, auf die mithin ja kein rechtlicher Anspruch besteht. Die soziale Entwertung oder kulturelle Degradierung (a. a. O.: 217) verstärkt sich überdies noch dadurch, dass die soziale Wertschätzung und ihr Gegenteil, die Nichtanerkennung nicht auf

---

[21] Aussage einer Helferin in der Ausgabestelle Kiel.

kollektive Bezüge und strukturelle Problemlagen konzentriert sind, sondern sich
ein Trend zur „Individualisierung und Privatisierung" (Heite et al. 2007: 64) von
Armut feststellen lässt. Diese Tendenz, die kürzlich ihren medialen Höhepunkt
in der Kampagne um die „spätrömische Dekadenz" hatte, wird auch getragen
durch wissenschaftliche Entwicklungen und sozialpolitische Umgestaltungen.
Das Vehikel dieser neo-sozialen Politik (Heite et. al. 2007) ist die neue Unterschicht. Der Fokus liegt nicht mehr auf Fragen zur materiellen Lage und den
gesellschaftlichen Verwirklichungschancen, sondern die sozio-kulturelle Praxis
der Bedürftigen steht im Mittelpunkt, die kulturelle Dimension ist das eigentliche
Problem, und so gilt ein verantwortungsloser Lebensstil „fehlgeleiteter Subjekte"
(Lessenich 2009: 32) als Ursache für Armut und Ausgrenzung. Hier handelt es
sich keineswegs nur um ein theoretisches Problem, sondern gerade für Aspekte
der Umverteilung und Anerkennung ist diese Abwertung und Herabsetzung etwa
durch stereotype Darstellung in den Medien höchst folgenreich für die Kunden,
denn sie erweitert die politisch-ökonomische Dimension der Armut um eine
kulturell-evaluative Dimension, die sie als faul, dumm, kriminell, unambitioniert
und ungesund darstellt. Das Umverteilungs-Anerkennungsdilemma (Fraser
2001: 27 ff.) zeigt sich hier in einer gesteigerten Form, da es gewissermaßen natur-
gemäß unmöglich ist, die kulturelle Besonderheit von Armut unter diesen Vorzeichen aufzuwerten. Die Hilfe der Tafeleinrichtungen ist im Sinne Frasers (2001)
eine geradezu idealtypisch affirmative Maßnahme, denn es werden Folgewirkun-
gen gesellschaftlicher Verhältnisse ausgeglichen, ohne den zugrundeliegenden
Rahmen, die Ursachen, anzutasten. Angebracht wären stattdessen transformative
Maßnahmen, die geeignet sind, die Voraussetzungen der bestehenden Verhältnisse
zu ändern, Formen der Missachtung zu beseitigen und Gruppendifferenzen tendenziell abzuschwächen.[22] Der Umgang mit der Abhängigkeit von privater Wohltätigkeit ist höchst unterschiedlich, da er von der Interpretation des Bedürftigen,
seinem Selbstbild, seinem persönlichen Normgefüge oder seiner Erwartungs-
struktur, die mitunter maßgeblich von vorherigen Deprivationserfahrungen durch-
setzt sind, abhängig ist. Wie die Helfer können auch die Bedürftigen die Situation
unterschiedlich deuten. Das Spektrum reicht hier von der Abhängigkeit als Normalfall in einer Gesellschaft, in der jeder irgendwann mal der Hilfe Anderer
bedarf bis zur Abhängigkeit von privater Wohltätigkeit als Kulminationspunkt

---

[22] Die neuerliche Debatte um die Unterschicht kann sogar eine logische Folge affirmativer Strategien
sein. Die Logik, die dieser Annahme zu Grunde liegt, ist folgende: die strukturellen Defizite und
damit die Ursachen bleiben bei den Maßnahmen unangetastet, so dass sie ständig wiederholt werden
müssen, dies führt zu einer Kennzeichnung der am stärksten betroffenen Gruppe, mit den oben genannten Stereotypen, so dass der Eindruck entsteht, diese Gruppe braucht immer mehr Hilfe. In einem
bestimmten Umfeld kann dann die Vorstellung entstehen, sie seien Empfänger einer Sonderbehand-
lung und „unverdienter Großzügigkeit". So werden Ungerechtigkeiten in den Anerkennungszeichen
geschaffen (Fraser 2001: 52).

persönlicher Niederlagen, des eigenen Unvermögens und dem Eingeständnis der gescheiterten Versuche, sich selbst zu helfen. Man könnte auch vermuten, dass Kunden, die nicht in der Lage sind, Leistungen reziprok zurückzuerstatten deshalb weniger bereit sind, Hilfe zu suchen und Hilfe anzunehmen. Nur so ist zu verstehen, dass ein Großteil der bedürftigen Menschen, die dann wohl doch scham-generierende Hilfe der Tafeln nicht in Anspruch nimmt, wohingegen andere mit einer großen Selbstverständlichkeit und Forderungen um Hilfe suchen.[23]

5 Fazit

Die Tafeln sind Organisationen, die Dienstleistungen produzieren, für die es in der Gesellschaft offenkundig in steigendem Maß Bedarf gibt. Aber gilt hier auch, was Dorenburg et al. bereits vor mehr als 20 Jahren für die „Helfer Institutionen" problematisierten, dass sich die Angebote der Tafeln mehr aus den Bedingungen ihrer Produktion bestimmen als aus den Bedürfnissen der Kunden? „Was gar nicht angeboten wird, kann weder angenommen noch zurückgewiesen werden, durch das Angebot wird aber der Bedarf erst hergestellt, nicht zuletzt dadurch, dass vorhandene Techniken der Problemlösung eliminiert werden" (Dorenburg et al. 1987: 200, ähnlich auch Luhmann 1975: 144). Bei der Vermutung, dass durch die Bindung an private Wohltaten Abhängigkeiten erzeugt, die Problemsicht der Kunden durch die Hilfe systematisch entwertet und so Selbsthilfekräfte untergraben werden, der inferiore Status des Kunden wöchentlich in den Ausgabestellen bestätigt wird, kumulierte Anerkennungsdefizite erfahrbar oder Bedürfnisse in Mängel übertragen werden, sind kritische Fragen nach kontraproduktiven Effekten dieser Art von Nothilfe angebracht. Der differenzierte Blick auf diese Aspekte wird allerdings grundsätzlich verstellt, wenn Analysen von Fürsorgeeinrichtungen auf ihre vordergründig philanthropische und humanitäre Dimension reduziert werden. Hier können gaben- und tauschtheoretische Überlegungen und das Reziprozitätskonzept dem Verständnis dieser Beziehungen näher kommen. So wäre die Umgestaltung der Hilfe zu Beziehungen, die weitgehend durch Reziprozitätsnormen gesteuert werden, in diesem Zusammenhang ein erster Schritt. Die Differenz zwischen Helfern und Kunden würde aufgehoben, die Kunden müssten über etwas verfügen, was den Helfern fehlt und diese benötigen und umgekehrt, das heißt in der

---

[23] Die Fälle von Neid, Missgunst und Unverschämtheit sind in positiver Lesart Ausdruck einer gewissen Verzweiflung und fehlender Alternativen und zeigen möglicherweise, dass diese Kunden längst einen Kosten-Nutzen-Optimierungsimperativ ohne andere normative Referenzen verinnerlicht haben. Sie haben aus offensichtlichen Gründen keine Verwendung mehr für bestimmte Ideale und Ideen, fast notwendigerweise ist der Motor ihres Handelns das individuelle Interesse an Erwerb und Besitz (Berking 1993: 213).

Beziehung muss es wechselseitig zu einem Bedarfsausgleich kommen. Der Träger oder die Organisation selbst muss möglicherweise die Instanz sein, die den Reziprozitätsausgleich gewährleistet. In diesem Zusammenhang und trotz der Kritik (u. a. Selke 2009b: 24) scheinen zunächst mal die Tafelläden, deren Ausgabemodus die Bezahlung von Lebensmitteln ist, eher geeignet, den Mangel an Gegenseitigkeit zu kompensieren. In jedem Fall ist ein weiterer Ausbau der Tafeln hin zur serienhaften und unpersönlichen Versorgung von Bedürftigen in einem anonymen Rahmen, in dem gefühlsbetonte Beziehungen nicht entstehen können, weiter zu problematisieren. Jene emotionale Unterstützung, wie sie sich in familiären und/ oder freundschaftlichen Beziehungen verorten lässt, und zu der die meisten der Helfer, die ich kennen lernen konnte, auch ohne spezifische Qualifikation – wenn man von den dringend erforderlichen Fremdsprachenkenntnissen absieht – in der Lage wären, ist allerdings nur in einem kleineren, persönlicheren Rahmen, in einem vertrauensvollen Umfeld und bei Erweiterung der Hilfsangebote möglich. Auf der Makroebene wäre weiter zu untersuchen, ob affirmative Hilfsstrategien wie die der Tafeln in eine Sozialpolitik und damit in wohlfahrtsstaatliche Arrangements passen, welche die sozialstaatliche Fürsorge in eine eigenverantwortlich zu organisierende Selbsthilfe zu überführen versuchen, die Eigenverantwortung erzeugen und die Wohlfahrtsabhängigkeit von Armen reduzieren möchten. In diesem Sinne ist die Tafelarbeit als reine Nothilfe in einem „aktivierenden" (Butterwegge 2006: 8) Sozialstaat, der Hilfe zur Selbsthilfe propagiert anachronistisch oder, wie sozialpolitisch anvisiert, bereits eine besondere Form der Selbstsorge und Verantwortungsübernahme, die Solidaritätspotentiale schafft. Letzte Zweifel bleiben auch vor dem Hintergrund der bereits geäußerten Kritik im Hinblick auf die Fähigkeit der Tafeln inklusive Sozialbeziehungen, sozialen Zusammenhalt, gesellschaftliche Solidarität und nachhaltige positive Wohlfahrtseffekte stiften zu können. Inwiefern etwa Soziales Kapital in einem anonymisierten Interaktionskontext ohne wechselseitiges Vertrauen und reziproke Verpflichtungen gebildet werden kann, wäre noch zu untersuchen.

Literatur

Adloff, Frank und Steffen Mau (2005): Vom Geben und Nehmen. Zur Soziologie der Reziprozität. Frankfurt/New York.
Adloff, Frank/Steffen Sigmund (2005): Die *gift economy* moderner Gesellschaften. Zur Soziologie der Philantropie. In: Adloff, Frank und Steffen Mau (Hg.): Vom Geben und Nehmen. Zur Soziologie der Reziprozität. Frankfurt a. M., 211–236.
Balla, Bálint (2005): Knappheit als Ursprung sozialen Handelns. Hamburg.
Baecker, Dirk/Heinz Honneth/Helmut Wiesenthal (2008): „Die Überflüssigen"; Ein Gespräch zwischen Dirk Baecker, Heinz Bude, Axel Honneth und Helmut Wiesenthal.

In: Bude, Heinz/Andreas Willisch (Hg.), Exklusion. Die Debatte um die Überflüssigen, Frankfurt a. M., 31–49.

Berking, Helmuth (1996): Schenken: zur Anthropologie des Gebens. Frankfurt a. M.

Bickel, Cormelius (1990): Gemeinschaft als kritischer Begriff bei Tönnies. In: Schlüter, Carsten/Lars Clausen (Hg.), Renaissance der Gemeinschaft. Stabile Theorie und neue Theoreme. Berlin, 17–46.

Bode, Inge/Hanns-Georg Brose (1999): Die neuen Grenzen organisierter Reziprozität. Zum gegenwärtigen Wandel der Solidaritätsmuster in Wirtschafts- und Nonprofit-Organisationen. In: Berliner Journal für Soziologie. Nr. 9, Heft 2, 179–196.

Bolay, Eberhard (1998): Scham und Beschämung in helfenden Beziehungen. In: Metzler, Heidrun/Elisabeth Wacker (Hg.), Soziale Dienstleistungen. Zur Qualität helfender Beziehungen. Tübingen, 29–52.

Butterwegge, Christoph (2006): Legitimationsmuster und Massenakzeptanz. Vortrag beim Workshop: Reformen des Sozialstaats wider die Gesellschaft? AK Soziale Bewegungen, 28.09.2006. 23. Kongress der DVPW.

Caillé, Alain (2008): Anthropologie der Gabe. Frankfurt a. M.

Derrida, Jacques (1993): Falschgeld. Zeit Geben I. München.

Dorenburg, Hermann/Reis, Claus/Heinz Steinert (1987): Grenzen der Verrechtlichung sozialer Beziehungen – Sozialpolitik, Sozialarbeit und gesellschaftliche Alternativen. In: Olk, Thomas/Otto, Hans-Uwe (Hg.), Soziale Dienste im Wandel 1. Darmstadt, 199–231.

Fraser, Nancy (2001): Die halbierte Gerechtigkeit. Frankfurt a. M.

Gouldner, Alvin W. (1984): Reziprozität und Autonomie. Ausgewählte Aufsätze. Frankfurt a. M.

Godbout, Jacques T. (2002): Is Homo Donator a Homo Moralis? In: Diogenes, Nr. 195/49, 86–93.

Hauriou, Maurice (1965): Die Theorie der Institutionen und zwei andere Aufsätze. Berlin.

Heite, Catrin/Alex Klein/Sandra Landhäußer/Holger Ziegler (2007): Das Elend der Sozialen Arbeit – Die „neue Unterschicht" und die Schwächung des Sozialen. In: Kessl, Fabian/Reutlinger, Cristian/Holger Ziegler (Hg.), Erziehung zur Armut? Soziale Arbeit und die „neue Unterschicht". Wiesbaden, 55–80.

Honneth, Axel (1994): Kampf um Anerkennung. Zur moralischen Grammatik sozialer Konflikte. Frankfurt a. M.

Kaletta, Barbara (2008): Anerkennung oder Abwertung. Über die Verarbeitung sozialer Desintegration. Wiesbaden.

Kolhberg, Lawrence (1995): Die Psychologie der Moralentwicklung. Frankfurt a. M.

Kreutz, Henrik/Christine Kreutz (1997): „Hans im Glück": die Generierung von Systemen sozialer Ungleichheit durch ungleichen Tausch. Die Entwicklung der zweckrationalen Gesellschaft in Mitteleuropa. In: Kreutz, Henrik (Hg.), Leben und Leben lassen. Die Fundierung der Marktwirtschaft durch symbolischen Tausch und Reziprozität. Opladen, 109–132.

Lessenich, Stephan (2009): Krise des Sozialen? In: Aus Politik und Zeitgeschichte, Nr. 52, 28–34.

Lorenz, Stephan (2009): Die Tafeln zwischen Konsumismus und Überflüssigkeit. Zur Perspektive einer Soziologie des Überflusses. In: Selke, Stefan (Hg.), Tafeln in Deutschland. Aspekte einer sozialen Bewegung zwischen Nahrungsmittelumverteilung und Armutsintervention. Wiesbaden, 65–84.

Luhmann, Niklas (1975): Formen des Helfens im Wandel gesellschaftlicher Bedingungen. In: Soziologische Aufklärung 2. Aufsätze zur Theorie der Gesellschaft. Opladen.

Mauss, Marcel (1968): Die Gabe. Frankfurt a. M.

Müller, Oliver (2005): Vom Almosen zum Spendenmarkt. Sozialethische Aspekte christlicher Spendenkultur. Freiburg im Breisgau.

Neckel, Sighard (1991): Status und Scham. Zur symbolischen Reproduktion sozialer Ungleichheit. Frankfurt a. M.

Øyen, Else (2005): Erzeugung von Armut: Eine andere Herangehensweise an das Verständnis von Armut. In: Genov, Nikolai (Hg.), Die Entwicklung des soziologischen Wissens. Wiesbaden, 353–396.

Pankoke, Eckart (1995): Subsidiäre Solidarität und freies Engagement. Zur ‚anderen' Modernität der Wohlfahrtsverbände. In: Rauschenbach, Thomas/Sachße, Christoph/ Thomas Olk (Hg.), Von der Wertgemeinschaft zum Dienstleistungsunternehmen. Jugend- und Wohlfahrtsverbände im Umbruch. Frankfurt a. M., 54–83.

Paugam, Serge (2008): Die elementaren Formen der Armut. Hamburg.

Rassem, Mohammed (1963): Metamorphosen des Helfens. In: Zeitschrift für Politik, Nr. 10, 209–224.

Roth, Roland/Dieter Rucht (2008): Die sozialen Bewegungen in Deutschland seit 1945. Ein Handbuch. Frankfurt a. M., 9–39

Sahlins, Marshall D. (1999): Zur Soziologie des primitiven Tauschs. In: Berliner Journal für Soziologie. Nr. 2, 149–178.

Schelsky, Helmut (1965): Freiwillige Hilfe in der bürokratischen Gesellschaft. Rede bei einer Kundgebung des Deutschen Roten Kreuzes (1955). In: Schelsky, Helmut (Hg.), Auf der Suche nach Wirklichkeit. Gesammelte Aufsätze. Düsseldorf-Köln, 294–304.

Schmied, Gerhard (1998): Schenken, Probleme der Definition, Festlegung und Grenzphänomene. In: Ethik und Sozialwissenschaften. Nr. 9, Heft 3, 363–372.

Schüll, Peter (2004): Motive Ehrenamtlicher. Eine soziologische Studie zum freiwilligen Engagement in ausgewählten Ehrenamtsbereichen. Berlin.

Selke, Stefan (2009a): Fast ganz unten. Wie man in Deutschland durch die Hilfe von Lebensmitteltafeln satt wird. Münster.

Selke, Stefan (2009b) (Hg.): Tafeln in Deutschland. Aspekte einer sozialen Bewegung zwischen Nahrungsmittelumverteilung und Armutsintervention. Wiesbaden.

Selke, Stefan (2009c): Tagebuch 06. Februar 2009. Unter: http://www.tafelforum.de/fileadmin/user_upload/pdf/Tagebuch_Gesellschafter-selke.pdf [Stand 04.04.10]

Simmel, Georg (1992): Soziologie. Untersuchungen über die Formen der Vergesellschaftung. Gesamtausgabe Band 11. Franfurt a. M.

Stegbauer, Christian (2002): Reziprozität. Einführung in soziale Formen der Gegenseitigkeit. Wiesbaden.

Voß, Andreas (1993): Betteln und Spenden. Eine soziologische Studie über Rituale freiwilliger Armenunterstützung, ihre historischen und aktuellen Formen sowie ihre sozialen Leistungen. Berlin.

Beschränkung und sozialpolitisches Wachstum – Überlegungen zur Transformation von Tafeln

Matthias Bruckdorfer/Silke Köser

Zusammenfassung

Dieser Beitrag lotet aus Sicht der Diakonie das Spannungsfeld zwischen Tafeln als Einrichtungen der Armutslinderung und neuen Möglichkeiten umfassenden sozialanwaltschaftlichen Engagements aus. Dabei werden konkrete Vorschläge für eine Transformation von Tafeln und anderen existenzunterstützenden Angeboten gemacht. Kernforderung ist dabei, dass die Tafelbewegung zu einer doppelten Skandalisierung beitragen sollte. Darunter wird eine gesellschaftskritische Kritik von Armut inmitten von Reichtum einerseits, aber auch die Kritik am Abbaus und der Nichtgewährung von sozialrechtlichen Ansprüchen im Kontext von Tafeln verstanden. Kernthese des Beitrags ist, dass es einen breiten gesellschaftlichen Konsens darüber geben muss, wie die Verantwortlichkeiten zwischen Staat und Zivilgesellschaft verteilt sind und Tafeln in ein Netzwerk von anderen sozialen Akteuren im sozialen Raum eingebunden werden sollten.

1 Tafeln im Spannungsfeld zwischen Armutslinderung und anwaltschaftlichem Handeln

Die wachsende Armut in Deutschland hat im Bereich des freiwilligen Engagements vielfältige Reaktionen hervorgebracht. Lebensmittelausgaben in ihren unterschiedlichsten Organisationsformen, wobei die Tafeln eine bedeutende Mehrheit darstellen, sind nur ein Beispiel. Sozialkaufhäuser, Suppenküchen, Kleiderkammern und Gebrauchtmöbelläden sowie Patenschaftsmodelle für von Armut betroffene Kinder und Erwachsene stellen andere Formen bürgerschaftlichen Engagements gegen Armut dar.

Auch die Diakonie engagiert sich in diesen vielfältigen Initiativen, in dem sie die Trägerschaft übernimmt, freiwillig Engagierte unterstützt oder enge Kooperationsbeziehungen unterhält. Diese Projekte erhalten – nicht zuletzt aufgrund ihrer direkten armutslindernden Wirkung – eine hohe mediale und damit auch gesellschaftliche Aufmerksamkeit sowie finanzielle und ideelle Unterstützung. Dies gilt auch im Bereich von Kirche und Diakonie. So verwundert es nicht, dass prominente evangelische Theologen und Diakoniewissenschaftler, wie etwa Hans-Jürgen Benedict, selbstkritisch nachfragen:

> „Wieso reagiert die Diakonie wie zu Wicherns Zeiten auf die neue Armut vor allem mit Barmherzigkeitsprojekten? Stellt der gescheiterte Versuch, soziale Gerechtigkeit umfassend als Wirtschafts- und Gesellschaftsprinzip herzustellen, noch eine Herausforderung für die Diakonie dar, mit anderen gesellschaftlichen Kräften nach dem weiteren Schicksal dieser (Reich Gottes-) Hoffnung zu fragen oder bleibt nur die Mitarbeit am recht und schlecht gelingenden ‚sozialen Ausgleich'?" (Benedict 2008: 100)

Angesichts einer Vielzahl von diakonischen Aktivitäten im haupt- und ehrenamtlichen Bereich, die sich für sozial gerechte Verhältnisse einsetzen und versuchen, Menschen auf dem Weg aus der Armut durch Bildung und Befähigung zu begleiten, erscheint dieser Vorwurf in seiner Pauschalität ungerechtfertigt. Allerdings verweist er auf ein ernstzunehmendes grundlegendes Problem diakonischer Aktivitäten im Bereich der Daseinsvorsorge angesichts wachsender gesellschaftlicher Armut. Denn die offensichtliche Not vieler Menschen einerseits und die hohe Bereitschaft vieler Menschen andererseits, mit ihren finanziellen Mitteln und/oder zeitlichen Ressourcen von Armut betroffenen Menschen zu helfen, verleitet dazu, Armut lediglich zu lindern. Für die Arbeit an einer ebenso notwendigen Armutsüberwindung ist es ungleich schwerer Unterstützung und gesellschaftliche Aufmerksamkeit zu finden, obwohl nur sie langfristig verhindert, dass eine viel zu große Zahl von Menschen in Armut leben muss. Für diakonisches Handeln insgesamt stellt sich also die Frage, wie angesichts einer wachsenden strukturell bedingten Armut mit Ursachen und Folgen derselben umgegangen werden muss oder anders formuliert: Wie muss das Verhältnis von konkreter Hilfe zur Bewältigung des Alltags und das sozialpolitische anwaltschaftliche Handeln gestaltet werden?

Evangelische Vesperkirchen, Suppenküchen, Lebensmittelausgabestellen oder Initiativen, die sich im Bundesverband Deutsche Tafel e. V. organisiert haben (und sich daher Tafel e. V. nennen dürfen) befinden sich mit ihrem Engagement für von Armut betroffenen Menschen in genau diesem Spannungsfeld. Die hier freiwillig Engagierten wollen zwei sozialen Fehlentwicklungen entgegenwirken: Einerseits der wachsenden Armut, die sich für viele Menschen auch (wieder) in einem Mangel an Lebensmitteln niederschlägt, andererseits der Vernichtung überschüssiger Lebensmittel. Überproduktion, Konsumgewohnheiten oder lebensmittelrechtliche Regelungen, die Aussehen, Gewicht und Größe von Obst und Gemüse genau vorschreiben, führen dazu, dass in Deutschland täglich unzählige Tonnen Lebensmittel vernichtet werden. Dies ist angesichts weltweit knapper werdender Ressourcen wie Energie und Trinkwasser nicht nur ein ökologischer Skandal, sondern stellt auch eine Entwertung der Arbeitskraft dar, die für die

Produktion aufgewandt wurde. Da der Handel diesen Überschuss in seine Kalkulation einbeziehen muss, hat dieses Vorgehen auch ökonomische Konsequenzen.[1]

Für viele freiwillig Engagierte sind Lebensmittelausgabestellen daher der Ort, an dem sie sich sozial und/oder ökologisch sinnvoll engagieren können. Nicht nur in Initiativen, die sich in evangelischer oder katholischer Trägerschaft befinden, ist das Handeln vieler freiwillig Engagierter christlich motiviert: Tafeln und Vesperkirchen sind ein Ort, wo Menschen mit ihrem konkreten Handeln etwas zu „Gerechtigkeit, Frieden und Bewahrung der Schöpfung" beitragen können. Ein Ort, an dem die christliche „Option für die Armen" Gestalt annimmt, an dem das Gebot aus Mt 25, 40 „Was ihr getan habt einem von diesen meinen geringsten Brüdern, das habt ihr mir getan" auch in der Gegenwart lebt und Jesu Worte „Denn ich bin hungrig gewesen, und ihr habt mir zu Essen gegeben" (Mt 25, 42) nichts an Aktualität verloren haben. Hilfe für die Armen in der Welt ist also ein urchristlicher Topos und grundlegendes Element diakonischen Handelns. Helfen ist Ausdruck menschlicher Einfühlungsgabe und tätiger Barmherzigkeit. Mit dem helfenden Handeln wird zunächst anderen Menschen Gutes getan. Im direkten zwischenmenschlichen Kontakt soll das Leiden des anderen überwunden, mindestens aber gelindert werden. Mit einer anwachsenden Summe unterstützender Aktivitäten ist dann durchaus die Hoffnung und die Intention verbunden, mehr soziale Gerechtigkeit zu schaffen und Armut zu beseitigen. In der biblischen Tradition ist beides eng verknüpft: Konkretes Hilfehandeln und der Einsatz für gerechte Strukturen.

Seit der ersten Gründung einer Tafel durch Sabine Werth 1993 in Berlin sind zahlreiche Initiativen gegründet worden, die soziales und ökologisches Interesse verbinden wollen. Viele der seitdem gegründeten Tafeln befinden sich in Trägerschaft der beiden großen Kirchen bzw. von Diakonie und Caritas, bei anderen Initiativen gibt eine enge Verbindung zu Kirche und Diakonie aufgrund personeller oder räumlicher Nähe.[2]

Angesichts des Wachstums der Tafelbewegung und einer wachsenden Armut in der Bevölkerung, erfahren diese Initiativen viel Aufmerksamkeit von unterschiedlichsten Seiten. Tafeln und Lebensmittelausgabestellen werden als eine besonders gelungene Form des bürgerschaftlichen Engagements betrachtet, der es gelungen ist, viele Menschen – auch außerhalb von Kirchen und Sportvereinen – dafür zu gewinnen, sich freiwillig zu engagieren. Viele erkennen in den Initiativen eine längst überfällige Reaktion der Zivilgesellschaft auf die Armutsproblematik. Dabei lässt sich feststellen, dass gerade im Diskurs um die Tafeln und anderen

---

[1] Neuere Entwicklungen, überschüssige Lebensmittel zur Energiegewinnung in Biogasanlagen zu verwenden, sind ebenfalls in ökologischer und sozialer Perspektive fragwürdig.
[2] Angaben zu Zahlen von Initiativen außerhalb des Bundesverbandes „Deutsche Tafel e. V." liegen aufgrund der Schwierigkeiten der Datenerhebung nicht vor.

Lebensmittelausgabestellen, zwischen Ursachen und Folgen gesellschaftlicher Armut nicht immer trennscharf unterschieden wird.

2   Barmherzigkeit auf Abwegen!?

Diese Unklarheit geht zu Lasten der Initiativen, von denen nun manche erwarten, dass sie die eigentliche *Lösung* für das gesellschaftliche Problem Armut sind. Dahinter steht die Idee, dass freiwilliges Engagement als integrativer Teil der Zivilgesellschaft zur Lösung gesellschaftlicher Probleme beitragen kann und soll. Im Fall der Tafeln und anderen Lebensmittelausgabestellen erweist sich diese an und für sich richtige Argumentation jedoch als problematisch, da hier nicht die *Ursachen* sondern nur die *Folgen* von Armut (Defizite in der Grundversorgung mit Lebensmitteln) in den Blick genommen werden. Diese Einsicht schmälert nicht den Wert des freiwilligen Engagements, das in diesen Initiativen erbracht wird, zeigt aber die Grenzen dieser Initiativen im Speziellen und des freiwilligen Engagements im Allgemeinen auf, wenn es um die Lösung sozialstaatlicher Probleme geht und nicht nur um eine Kompensationsleistung.

Im Umkehrschluss – aber in einer ähnlichen Verkennung der Ursachen und Folgen von Armut – wird den Initiativen von anderer Seite vorgeworfen, dass sie gerade nicht die Lösung sondern ein *Teil der Armutsproblematik* wären, da sie durch ihre Armutslinderung dazu beitragen, dass sich sowohl Betroffene als auch politische Akteure an den ‚Zustand Armut' gewöhnen und dadurch die Entstehung einer Protestbewegung verhindert werde. Angesichts dieser vorherrschenden kontroversen Diskussion um Angebote, welche die mit einen Rechtsanspruch versehenen sozialstaatlichen existenzsichernden Hilfen ergänzen, stellen sich viele Initiativen selbst die Frage, welche Ziele ihr Hilfehandeln verfolgen soll. Wollen und können sie überhaupt mehr sein als eine Hilfe zur Linderung von materieller Not für einen eher kleinen Teil der von Armut betroffenen Bevölkerung? Erschöpft sich Tafelarbeit in der Organisation des Transports, der Lagerung und der Verteilung von gespendeten Lebensmitteln? Bleibt noch Raum, Zeit und Energie für einen gesellschafts- und sozialpolitischen Beitrag zur Überwindung von Armut? Vor dem Hintergrund der Tatsache, dass Tafeln und andere Lebensmittelausgabestellen auch eine Reaktion auf (wachsende) Armut darstellen, darf davon ausgegangen werden, dass viele freiwillig Engagierte durch ein hohes Maß an Empathie und ein ausgeprägtes Gerechtigkeitsempfinden für ihre Arbeit motiviert werden. Sie haben ein Interesse daran, über den eigenen ‚Tafelrand' hinauszudenken und sich mit der Fragestellung der Armutsüberwindung bzw. sozialen Gerechtigkeit auseinanderzusetzen.

3 Können Tafeln und andere Lebensmittelausgabestellen mehr sein als eine zivilgesellschaftliche Geste der Solidarität?

Es ist offensichtlich, dass die Kompetenzen und Ressourcen bezüglich der Versorgung der von Armut betroffenen Menschen mit Lebensmitteln entlang der Grundidee der Tafeln äußerst limitiert sind. Es kann nur verteilt werden, was Spender geben[3]. Auch der Zeitpunkt der Verteilung wird vom Zeitpunkt der Spende bestimmt. Hinzu kommt, dass Lebensmittel nur da verteilt werden, wo Menschen sich engagieren. Das muss jedoch nicht zwangsläufig an den Orten geschehen, wo die größte Not herrscht. Weder eine Komplementär- noch eine Vollversorgung der Armutsbevölkerung sind daher auch nur ansatzweise verlässlich organisierbar. Organisierbar aber wäre ein sozialanwaltschaftliches Handeln, das die relative Armut in einem der reichsten Länder der Welt skandalisiert und im Bündnis mit anderen den notwendigen Veränderungsdruck erzeugt. In dieser Hinsicht können Tafeln und andere Lebensmittelausgabestellen ihr Engagement für eine nachhaltige Armutsüberwindung ausbauen. Als Initiativen des freiwilligen Engagements genießen sie eine hohe Wertschätzung und verfügen über eine große Basisnähe, die ihnen den Vorteil verschafft, politisches Gewicht zu haben.

Angesichts der großen Selbstverständlichkeit, mit der Tafeln und andere Initiativen inzwischen in diesem Bereich von manchen Akteuren als Bestandteil eines sozialstaatlichen Arrangements betrachtet werden, erscheint ein solches Engagement gegen die Ursachen der Armut und für soziale Gerechtigkeit notwendig. Denn die aktuelle Diskussion um solche sozialstaatsergänzenden, existenzsichernden Hilfen birgt die Gefahr in sich, dass mühsam erreichte sozialstaatliche Errungenschaften als sekundär im politischen Umgang mit Armut betrachtet werden. Überall dort, wo die Weitergabe von Lebensmittelspenden als Armutsüberwindung verstanden wird, gilt das Wort des Schweizer Pädagogen Johann Heinrich Pestalozzi: „Wohltätigkeit ist das Ersaufen des Rechts im Mistloch der Gnade." Nur die Initiativen selbst in Kooperation mit anderen sozialen Akteuren können verhindern, dass ihre Form der Barmherzigkeit in diesem Sinne missbraucht wird. Um einer negativen Veränderung des Sozialstaats vorzubeugen, gilt es, denselben an seine ureigensten Aufgaben zu erinnern: Die Wahrung des Grundrechtes auf ein soziales und kulturelles Existenzminimum. Denn individuelle materielle Rechtsansprüche auf sozialstaatliche Leistungen waren und sind eine zentrale historische Errungenschaft.

---

[3] Tafelgrundsatz: keine Lebensmittel zukaufen.

4 Überlegungen zur Transformation von Tafeln und anderen Initiativen der Lebensmittelausgabe

Läge es da nicht nahe, die eigene gesellschaftlich gewachsene Bedeutung als soziale Bewegung zu nutzen, um über das Verteilen von Lebensmitteln hinaus den gesellschaftlichen Diskurs zur Armutsüberwindung zu befeuern und einen entscheidenden Beitrag bei der Durchsetzung der Zielvorstellungen von sozialer Gerechtigkeit zu leisten? Beweist nicht der Blick zurück in die Geschichte, dass die entscheidenden sozialstaatlichen Errungenschaften Ergebnis der Aktivitäten breiter und starker sozialer Bewegungen waren? Bräuchten wir in Anbetracht der prekären gesellschafts- und sozialpolitischen Situation und Entwicklungen nicht eine solche starke und breite gesellschaftliche Bewegung, die das Erreichte sichern und das Fehlende einklagen hilft? Könnte, so ist zu fragen, rund um die Tafeln und anderer ähnlicher Initiativen der Kristallisationspunkt einer erfolgreichen sozialen Bewegung entstehen, die Armut in bewährter Weise lindert *und* die strukturellen Entstehungszusammenhänge von Armut benennt und dagegen angeht? Dazu bedarf es sowohl auf lokaler Ebene als auch auf Landes- und Bundesebene

- der Vergewisserung über gemeinsame sozialpolitische Wert- und Zielvorstellungen hinsichtlich einer nachhaltigen Armutsüberwindung.
- eines gemeinsamen Leitbildes hinsichtlich des wertschätzenden Umgangs mit von Armut betroffenen Menschen, die oftmals durch weitere schwierige Lebenssituationen belastet sind und anderweitig vielfach Erfahrungen der Ausgrenzung und Abwertung machen.
- einer Übereinkunft hinsichtlich der Gewichtung von armutslindernden und armutsüberwindenden Aktivitäten der Initiativen.

Eine Folge eines solchen Diskussionsprozesses könnte sein, dass Initiativen ihren Arbeitsschwerpunkt nicht auf ein weiteres quantitatives Wachstum[4] hinsichtlich der Versorgung von *mehr* Nutzerinnen und Nutzer legen, sondern sich qualitativ für ihr ‚sozialpolitisches Wachstum' einsetzen, in dem sie sich sowohl auf kommunaler als auch auf Bundesebene für eine strukturelle Überwindung von Armut engagieren. Hier kommt in erster Linie dem Bundesverband Deutsche Tafel e. V. aber ebenso den beteiligten Wohlfahrtsverbänden und Kirchen eine entscheidende strategische Bedeutung zu.

Eine weitere Konsequenz könnte sein, dass im Zuge dieser Konzentration der begrenzten Kräfte einer auf freiwilligem Engagement basierenden Initiative, Kooperationen mit bestehenden Hilfesystemen z. B. Schuldner- und Suchtberatung,

---

[4] Vgl. zu diesem Aspekt auch den Beitrag von Falk Roscher in diesem Band.

Angeboten der Familienbildung sowie der Kinder- und Jugendhilfe verstärkt gesucht werden. Dieser Aspekt ist angesichts knapper personaler und finanzieller Mittel besonders wichtig, um Doppelstrukturen und unnötige Konkurrenzen zu vermeiden. Ein solcher Transformationsprozess birgt auch Risiken. Erste Erfahrungen von Tafel-Initiativen, die sich in dieser Weise nicht nur karitativ sondern auch sozialpolitisch engagieren, zeigen, dass dieser Einsatz auch ,anstößig' ist und Mut zum Konflikt fordert. Während die Verteilung von Lebensmitteln eine nahezu unbegrenzte gesellschaftliche Wertschätzung quer durch alle Parteien und weltanschaulichen Orientierungen erfährt, birgt die Kritik gesellschaftlicher und wirtschaftlicher Strukturen die Gefahr, dass Konflikte entstehen und Unterstützerinnen und Unterstützer sich zurückziehen. Menschen, die sich haupt- oder ehrenamtlich in Tafeln und anderen Initiativen der Lebensmittelausgabe engagieren, erleben Armut in all ihren Facetten hautnah. Sie kennen den Wohnungslosen, für den ihre Initiative ein wichtiger regelmäßiger Anlaufpunkt ist, genauso wie die alleinerziehende Krankenschwester, die mit den dort erhaltenen Lebensmitteln, nur einen kurzfristigen finanziellen Engpass überbrückt. Sie kennen die Rentnerin, die sich ein Leben ohne diese Unterstützung nicht vorstellen kann, genauso wie den arbeitslosen Familienvater, dem es mit Hilfe der bei ihnen erhaltenen Lebensmittel gelingt, die Kosten für den Schulausflug der Tochter aufzubringen. Sie wissen um Scham und verletzte Würde angesichts eines Lebens in Armut in einem reichen Land, sie wissen aber auch um die Begabungen und Talente. Mit diesem Wissen um die Vielfalt der Lebenslage Armut können sie dazu beitragen, dass von Armut Betroffene nicht pauschal verurteilt werden, als diejenigen, die nichts können und nichts wissen. Sie wissen aber auch um den Wert von Bildung und Befähigung um Armut zu verhindern. Daher ist es wichtig, dass sie sich mit diesen *direkten* Erfahrungen in die Diskussion um Armut einbringen.

5 Tafeln im Kontext sozialer Gerechtigkeit – Eine diakonische Positionierung

Angesichts wachsender Armut, der Diskussion um Tafeln und anderen sozialstaatsergänzenden Hilfen hat sich die Diakonie vor dem Hintergrund ihres christlichen Auftrages positioniert. Unter dem Titel „Es sollte gar kein Armer unter Euch sein. ‚Tafeln' im Kontext sozialer Gerechtigkeit" wurden „Tafel-Thesen" und Handlungsempfehlungen für Tafeln in diakonischer und kirchlicher Trägerschaft sowie andere evangelische Initiativen, die in diesem Bereich tätig sind, formuliert (Diakonisches Werk der EKD 2010). Diese sollen im Folgenden beschrieben und erläutert werden.

Die Europäische Union hat das Jahr 2010 zum Europäischen Jahr zur Bekämpfung von Armut und sozialer Ausgrenzung erklärt. Zentral ist dabei der Begriff der *Armutsbekämpfung*. Das Positionspapier der Diakonie verwendet anstelle von Armutsbekämpfung die beiden Begriffe Armutslinderung und Armutsüberwindung. Mit dieser Unterscheidung lassen sich Funktion und Wirkung von Tafeln und anderen Initiativen der Lebensmittelausgabe vom Grundsatz her bestimmen: „‚Tafeln' sind, unabhängig von ihrer jeweiligen konzeptionellen Ausdifferenzierung, in erster Linie ein Mittel der Armutslinderung (a. a. O.: 5). Sie sind aber „kein wirksames Instrument zur Überwindung gesellschaftlicher Armut" (a. a. O.). Die Diakonie betrachtet die Tafeln nicht als Mittel einer bedarfsgerechten, verlässlichen, nachhaltigen und ursachenüberwindenden Armutsbekämpfung. Aus der Vielzahl der Belege für diese Einschätzung soll lediglich eine grundlegende Überlegung angeführt werden. Die bisher über Tafeln vorliegenden Informationen machen deutlich, dass der größte Teil der Armutsbevölkerung das Angebot der Tafeln nicht in Anspruch nimmt (a. a. O.). Anders gesagt: Würden alle Menschen kommen, die als arm gelten, bliebe für jede einzelne Person fast nichts mehr an Lebensmitteln übrig. Der Nutzen würde gegen Null tendieren. Tafeln als Teil der Zivilgesellschaft sind daher grundsätzlich überfordert, wenn es darum geht, Armut zu überwinden.

Weil aber lediglich ein kleiner Teil der von Armut betroffenen Menschen Tafeln frequentiert, haben zumindest diese einen Nutzen durch den Erhalt der überschüssigen Lebensmittel. Die zusätzlichen Nahrungsmittel verschaffen den Menschen oftmals existentiell bedeutsame materielle Spielräume bei der alltäglichen Lebensbewältigung. Aus Gesprächen – etwa mit Alleinerziehenden – ist bekannt, dass die finanzielle Entlastung durch die erhaltenen Lebensmittel am Ende des Monats den finanziellen Druck mindert bzw. den Kindern in Form von Spielzeug oder gemeinsamen Freizeitaktivitäten zugute kommt. Ohne die Tafeln wären solche Ausgaben viel schwieriger, in der Regel aber gar nicht realisierbar.[5] Dieses armutslindernde Engagement vieler freiwillig Engagierter in Tafeln begrüßt die Diakonie uneingeschränkt. Dafür gebührt den Bürgerinnen und Bürgern Anerkennung und Dank: „Die Diakonie unterstützt die freiwillig Engagierten in ihrer Arbeit und bestärkt sie darin, ihr Engagement fortzusetzen" (a. a. O.), denn es profitieren viele einkommensarme Menschen von diesem solidarischen Handeln der Zivilgesellschaft. Gleichzeitig erkennt die Diakonie aber auch die Risiken, die mit der Tafelarbeit verbunden sind. Diese Risiken hängen paradoxerweise mit der Erfolgsgeschichte der Tafeln zusammen. Während andere Formen sozialstaatsergänzender existenzsichernder Hilfen[6] unter einer bestimmten öffentlichen Wahrnehmungsschwelle geblieben sind, hat sich die Tafelarbeit rasant ausgeweitet und ist zu einem viel beachteten und sozialstrukturell bedeutsamen Phänomen

---

[5] Vgl. zu diesem Aspekt auch die gesamtwirtschaftliche Betrachtung der Tafeln durch Rudolf Martens in diesem Band.
[6] Z. B.: Vesperkirchen, Suppenküchen, ‚Mittagstische, Essensausgabestellen, Diakonieläden, Sozialkaufhäuser, Kleiderkammern, Gebrauchtmöbelläden etc.

geworden. Die relevanten meinungsbildenden und entscheidungstragenden Personen, Gruppen und Organisationen der Gesellschafts- und Sozialpolitik reagieren auf Tafeln und beziehen diese in ihre sozialpolitische Argumentation und in ihr politisches Handeln mit ein:

> „Die Tafeln als Objekt in der sozialpolitischen Auseinandersetzung um Armutsfragen stehen aktuell in der Gefahr, von Politikkonzepten vereinnahmt zu werden, die in ihrer Zielsetzung nicht die Armutsüberwindung und die Stärkung der sozialen Gerechtigkeit haben. Solche Politikkonzepte würdigen einerseits das ‚Tafel'-Engagement überschwänglich, versuchen aber andererseits auch die Verantwortung für die Armutsüberwindung mehr und mehr in den zivilgesellschaftlich-privaten Raum abzuschieben." (a. a. O.: 5)

So berichteten Nutzerinnen und Nutzer, aber auch Sozialarbeiterinnen und Sozialarbeiter in vertraulichen Gesprächen von Fällen, in denen Träger der Grundsicherung (Arge, Sozialamt) mit dem Verweis auf die Versorgungsmöglichkeit bei Tafeln Rechtsansprüche nicht oder nicht vollständig gewährt hätten. Solche Entwicklungen begünstigen einen sukzessiven Rückfall ins Almosenwesen und führen hin zu einer „Charity-Gesellschaft". Tafeln können in diesem Kontext als Ausdruck einer sozialen Spaltung der Gesellschaft betrachtet werden.

Solche gesellschaftlichen Verwerfungen und gesellschaftsspaltenden Entwicklungen können unter keinen Umständen hingenommen werden. Auch und gerade Tafeln stehen hier in einer sozialpolitischen Verantwortung. Die Diakonie unterstützt daher freiwillig Engagierte in Tafeln und anderen Initiativen der Lebensmittelausgabe, die gegenüber der Politik und Verwaltung als „selbstbewusste sozialpolitische Akteure auftreten" (a. a. O.: 6) und verantwortlich mit der ihr zugewachsenen sozialpolitischen Bedeutung umgehen. Sozialpolitisches bzw. sozialanwaltschaftliches Handeln könnte in einer doppelten Skandalisierung bestehen: Zum einen in der Skandalisierung der Armut an sich, zum anderen in der Skandalisierung des Abbaus und der Nichtgewährung von sozialrechtlichen Ansprüchen auch im Kontext von Tafelarbeit. Dieses sozialanwaltschaftliche Engagement findet idealerweise in Kooperation mit Einrichtungen und Diensten der Diakonie bzw. im Netzwerk mit anderen sozialen Dienstleistern statt. Im Umgang der Tafeln mit Verwaltung und Politik kann ihre Botschaft nur lauten:

> „Die ‚Tafeln' dürfen nicht zum Bestandteil einer staatlichen Strategie zur Überwindung von Armut (Armutsbekämpfung) werden. Unabhängig davon, ob und in welchem Umfang ‚Tafeln' existieren, ist es ausschließlich die Aufgabe des Staates, auf der Grundlage der Unantastbarkeit der Menschenwürde in § 1 des Grundgesetzes die Daseinsvorsorge nach sozialstaatlichen Zielsetzungen der sozialen Gerechtigkeit

und sozialen Sicherheit zu gestalten. Notwendige (nicht hinreichende) Bedingung ist
dabei die Abwesenheit von Armut." (Diakonisches Werk der EKD 2010: 5)[7]

Um Armut strukturell und nachhaltig zu überwinden, sind „staatlicherseits weitere
Anstrengungen insbesondere in den Bereichen Bildung, Wohnen, soziale Integration, soziale Infrastruktur und Gesundheit" (a. a. O.) notwendig.

Auf der Basis dieser Klärung, wie die Verantwortlichkeiten und die Verteilung
der Aufgaben zwischen Staat und Zivilgesellschaft liegen, können Tafeln ihre
armutslindernden und sozialpolitischen Aktivitäten am effektivsten und effizien-
testen entfalten in einem Netzwerk mit anderen Akteuren im sozialen Raum.
Diese Kooperationen mit dem sozialen Hilfesystem vor Ort sind unverzichtbar.
Die Erfahrungen zeigen, dass Kirchengemeinden und diakonische Dienste von
einer Zusammenarbeit und gegenseitiger Beratung profitieren, weil beide über
je spezifische Kompetenzen und Möglichkeiten verfügen. Hauptamtliche Sozialarbeiter, Psychologen, Pädagogen und Therapeuten verfügen über ein spezifisches
Fachwissen und orientieren sich an fachlichen Standards. So ist z. B. für eine So-
zialarbeiterin/einen Sozialarbeiter ein Leichtes, die materiellen Rechtsansprüche
mit einer Tafelnutzerin zu klären und sie gegebenenfalls durchzusetzen. Freiwillig Engagierte sind dafür im Gegensatz zum professionellen Hilfesystem besser
in der Lage, Menschen kommunikativ einzubinden in lebensweltliche Kontexte
von Gemeinschaft, Identität und sozialer Integration. Dies kann letztendlich kein
professionelles System leisten. Desweiteren ist für die Diakonie die Begleitung
der Tafelarbeit durch Hauptamtliche ein wichtiger Qualitätsstandard. Das Spezi-
fikum dieser Begleitung ist eine (sozial-)politische „Bildungsarbeit, die freiwillig
Engagierte über die Kritik an Ihrer Arbeit umfassend informiert, über mögliche
nichtbeabsichtigte nachteilige Effekte für die Nutzerinnen und Nutzer aufklärt und
über angemessene sozialanwaltschaftliche Aktivitäten berät" (a. a. O.: 5).

6 Fazit

Nicht die Tafeln an sich sind das Problem der Armutsverfestigung bzw. einer unzureichenden Armutsüberwindung. Das eigentliche Problem ist die interessengeleitete Instrumentalisierung und der Missbrauch der Tafeln im Armutsdiskurs durch
politische und andere Akteure. Dieses Zusammenspiel von Tafelarbeit und ihrer
Instrumentalisierung führt zu den benannten nachteiligen Effekten und erschwert
unter anderem inzwischen auch die Suche nach und die Umsetzung von nachhaltigen Wegen zur Armutsüberwindung. Gegen Instrumentalisierung und Missbrauch

---

[7] Zur Komplexität von sozialer Gerechtigkeit siehe Becker/Hauser (2009: 25 ff.).

ihres wichtigen armutslindernden Engagements können sich die Tafeln durch ein verstärktes sozialpolitisches Engagement zur Wehr setzen. Dadurch werden sie der ihr zugewachsenen sozialpolitischen Verantwortung gerecht. Tafeln, die sich auf die Realisierung ihrer originären Grundidee beschränken und gleichzeitig „sozialpolitisch wachsen", können in Kooperation mit anderen relevanten sozialen Akteuren auch einen wichtigen Beitrag zur *Überwindung* der Armut leisten.

Es wird jedoch „immer Menschen mit niedrigem Einkommen oder in Mangelsituationen geben (auch bei einem bedarfsgerechten Regelsatz oder bei einem bedingungslosen Grundeinkommen/soziokulturellen Existenzminimum), die froh über zusätzliche Mittel in Form von Lebensmitteln sind, und bis zu einem gewissen Grad werden auch in Zukunft überschüssige Lebensmittel produziert werden. Solange es also Menschen gibt, die die Weitergabe dieser überschüssigen Lebensmittel organisieren wollen und dafür auch Nutzerinnen und Nutzer finden, ist die Existenz von Tafeln durchaus sinnvoll und unterstützenswert.

Tafeln befinden sich damit in der Mitte eines Spannungsfeldes, dessen Grenzen bereits in der Bibel mit ‚Es sollte überhaupt kein Armer unter Euch sein' und ‚Denn Arme habt ihr allezeit bei euch' gekennzeichnet sind" (a. a. O.: 6).

Literatur

Becker, Irene/Hauser, Richard (2009): Soziale Gerechtigkeit – ein magisches Viereck. Berlin, 25 ff.

Benedict, Hans-Jürgen (2008): Barmherzigkeit und Diakonie. Von der rettenden Liebe zum gelingenden Leben. Stuttgart.

Diakonisches Werk der EKD (2010): „Es sollte überhaupt kein Armer unter Euch sein." „Tafeln" im Kontext sozialer Gerechtigkeit. Diakonie Texte 3. Stuttgart.

III. Tafeln und die Praxis der Umverteilung

Tafeln aus der Perspektive der sozialpädagogischen NutzerInnenforschung

Katja Maar

Zusammenfassung

Aus der Perspektive der sozialpädagogischen NutzerInnenforschung heraus untersucht der Beitrag den Stellenwert der Tafeln in drei Spannungsfeldern: Erstens geht es um den Zusammenhang zwischen laienhafter und professioneller Sozialer Arbeit bei Tafeln bzw. zwischen Haupt- und Ehrenamt. Zweites wird auf die subjektive Wahrnehmungsperspektive der NutzerInnen von Tafeln fokussiert, die sich in einigen Punkten von der Perspektive der Helfenden unterscheiden. Drittens wird die Übertragung des dienstleitungstheoretischen Zugangs auf Tafeln diskutiert. Um das Passungsverhältnis zwischen Angebot und Nachfrage im Sinne der NutzerInnen zu optimieren, werden umfassendere Partizipationsmöglichkeiten gefordert. Schließlich macht der Beitrag deutlich, dass es noch erhebliche Forschungslücken im Bereich einer empirisch fundierten Erfassung von Erwartungen aus der Perspektive der AdressatInnen von Tafeln gibt.

1   Schnittstellen zwischen Tafelarbeit und Sozialer Arbeit

Die erste deutsche Tafel wurde 1993 in Berlin aus der Motivation heraus gegründet, obdachlosen Menschen zu helfen. Fast zwei Jahrzehnte später gehören „die" Tafeln heute zu einem festen Bestandteil des Versorgungssystems armer Menschen in Deutschland, sie sind „stillschweigend zur Normalausstattung des erodierten Wohlfahrtsstaates" (Selke 2009: 11) geworden und können als eine, wenn nicht sogar die größte soziale Bewegung der letzten Jahrzehnte in Deutschland bezeichnet werden. Dabei kann nicht von einem homogenen Hilfeangebot gesprochen werden, vielmehr zeichnen sich die einzelnen Angebote durch eine enorme Vielfalt beispielsweise hinsichtlich Größe, Rechtsform, MitarbeiterInnenstruktur sowie Organisation der Lebensmittelverteilung aus: „Es gibt keine zwei identischen Tafeln in Deutschland" (von Normann 2009: 94).

Seit einiger Zeit werden die Tafeln im öffentlichen wie im professionellen (respektive wissenschaftlichen) Kontext zunehmend auch kontrovers diskutiert. So wird ihnen einerseits der Verdienst zugeschrieben, von Armut betroffene Menschen mit Lebensmitteln zu versorgen und somit zur Verbesserung der Lebenssituation und Lebensqualität dieses Personenkreises beizutragen. Des Weiteren ist es den Tafeln gelungen, eine breite Öffentlichkeit für das Thema Armut zu sensibilisieren. Andererseits wir den Tafeln vorgeworfen, als „Handlanger" einer verfehlten Sozialpolitik zu agieren und dadurch einen Beitrag zur Legitimation der Reduzierung von Rechtsansprüchen bzw. zum weiteren Abbau noch bestehender Rechtsansprüche ihrer NutzerInnen zu leisten. „Die massive Ausweitung der Almosenvergabe führt leicht dazu, dass die staatlichen Hilfen struktureller Art eingefroren werden, weil es für die Politik keinen Handlungsbedarf mehr gibt" (Gillich 2008: 253). In letzter Konsequenz kann dies dazu führen, dass die Inanspruchnahme von Lebensmitteltafeln als feste und verlässliche Größe sozialpolitisch eingeplant wird, wobei jedoch gleichzeitig die Tafeln keine konstante Versorgung armer Menschen mit Lebensmitteln garantieren kann. Vielmehr kann schon jetzt ein Konkurrenzkampf um die ‚überproduzierten Lebensmittel' beobachtet werden, der sich im Zuge der fortschreitenden Rationalisierungsmaßnahmen bzw. Bemühungen um kostenreduzierende Effizienzsteigerung in der Lebensmittelindustrie und einem gleichzeitig steigendem Bedarf an Lebensmittelspenden durch eine Zunahme der Kundschaft von Lebensmitteltafeln weiter verschärft wird.

Angesichts der stetig wachsenden Armut bzw. der gegenwärtigen gesellschaftlichen Polarisierungsprozesse einerseits und dem immer noch steigendem quantitativen Ausbau der Tafelangebote andererseits wird den Tafeln auch zukünftig eine zentrale Rolle bei der Versorgung von Menschen in Armutslagen zukommen. Vor diesem Hintergrund stellt sich die Frage nach der gegenwärtigen und zukünftigen Positionierung der Tafeln im bundesdeutschen Wohlfahrtsmix, wobei an dieser Stelle insbesondere das Verhältnis von überwiegend ehrenamtlich erbrachten Tätigkeiten bei den Tafeln und professionell erbrachter Sozialer Arbeit interessiert, da es hier vermehrt zu Schnittstellen kommt:

> „Ein Großteil der Arbeit bei den Tafeln wird von ehrenamtlichen Helfern oder 1-Euro-Jobbern geleistet, die keine Ausbildung in professioneller Sozialarbeit besitzen. Zunehmend wird aber das Angebot der Tafeln umfangreicher, komplexer und ähnelt damit mehr der Sozialarbeit, deren Ziel auch darin besteht, Menschen in Not umfassend zu helfen. Zunehmend werden die Tafelhelfer dabei zu sozialen Risikoexperten, die aber selbst hilflos sind, weil sie, anders als ausgebildete Sozialarbeiter nicht über entsprechende Kompetenzen verfügen. Damit werden die Tafelhelfer in eine Rolle gedrängt, die viele von ihnen zu überfordern droht, vor allem dann, wenn die Entscheidung zur Professionalisierung nicht bewusst und freiwillig, sondern unter der Last des Alltagsdrucks getroffen wird." (Selke 2008: 283)

Lebensmitteltafeln zählen nicht zu den primär professionell erbrachten sozialen Dienstleistungen, dennoch werden sie verstärkt mit genuin sozialpädagogischen Fragestellungen wie beispielsweise Beratungsbedarfen konfrontiert. Auch seitens der Tafeln selbst können Bestrebungen zur Ausweitung des Angebotes hin zu eher psychosozial orientierten Hilfestellungen konstatiert werden.[1] Hierbei handelt es sich beispielsweise um Kursangebote zur Verbesserung der Nahrungszubereitungskenntnisse und des Umgangs mit den vorhandenen finanziellen Ressourcen (vgl. von Normann 2009: 102). Hier finden deutliche Überschneidungen mit professionell erbrachten sozialen Dienstleistungen statt. Die Angebote der Lebensmitteltafeln können zudem insbesondere aufgrund ihrer Niedrigschwelligkeit als ,Eingangsschleuse' für weitergehende Angebote der Sozialen Arbeit fungieren. Diese Perspektive ist insbesondere für Menschen, die sich zusätzlich zu der materiellen Notlage in einer psychosozialen Problemlage befinden, relevant.

Die ambivalente Verortung der Lebensmitteltafeln zwischen bürgerschaftlichem Engagement und Sozialer Arbeit geht einher mit der Gefahr einer intransparenten Vermischung beider Hilfeformen und einer möglicherweise daraus resultierenden Deprofessionalisierung professionell erbrachter sozialer Dienstleistungen einerseits sowie einer strukturellen Überforderung bürgerschaftlichen Engagements andererseits. Besondere Brisanz gewinnt diese Entwicklung vor dem Hintergrund der gegenwärtigen Ökonomisierung des sozialen Sektors und der damit verbundenen Umstrukturierungsprozesse in der Soziale Arbeit (vgl. exemplarisch Galiläer 2005; kritisch Grunwald/Otto 2008). Angesichts der Forderungen nach Einsparung öffentlicher Mittel sieht sich die Soziale Arbeit verstärkt damit konfrontiert, ihre Tätigkeiten zu legitimieren bzw. die Effektivität und Effizienz ihrer Angebote zu belegen. So kommt es zu einer Modifizierung sozialpolitischer Maßnahmen und zu veränderten Finanzierungsmodi sozialer Dienstleistungen. Dies zeigt sich insbesondere in der Aufhebung des Selbstkostendeckungsprinzips sowie in der Hervorhebung der Gleichrangigkeit von freien und privat-gewerblichen Hilfeanbietern, was wiederum zu einer verschärften Konkurrenz- bzw. Wettbewerbssituation zwischen den einzelnen sozialen Diensten führt. Es stellt sich daher die Frage, wie sich die Tafeln langfristig in den sich verändernden Strukturen des sozialen Marktes positionieren werden bzw. wie sich die Kooperationen zwischen Tafeln und Sozialer Arbeit weiter gestaltet und wie den von Armut betroffenen Personen ein adäquates Hilfeangebot sowohl im materiellen als auch bei Bedarf im psychosozialen Bereich unterbreitet werden kann.

„Es macht keinen Sinn, dass ,Tafeln' in eigener Regie und in Konkurrenz zum bestehenden Hilfesystem Angebote der Sozialen Arbeit (Beratung, Begleitung etc.) ,neu erfinden' und damit einer De-Professionalisierung der Sozialen Arbeit Vorschub leisten" (Diakonisches Werk der EKD 2010: 6). Vielmehr geht es um eine produktive Kooperation, die es den TafelnutzerInnen einerseits ermöglicht,

---

[1] Vgl. zum Aspekt der Zusammenarbeit von Haupt- und Ehrenamtlichen und zu den Möglichkeiten der Ausweitung des Angebots der Tafeln auch die Beiträge von Rainer Krockauer sowie Matthias Bruckdorfer und Sabine Köser in diesem Band.

losgelöst von professionell erbrachten sozialen Dienstleistungen ausschließlich materielle Hilfen in Form von Lebensmitteln in Anspruch zu nehmen. Andererseits sollte den NutzerInnen aber bei Bedarf auch die Möglichkeit weitergehender Hilfen in Form von Vermittlung in das professionelle Hilfesystem eröffnet werden. Dies kann nur realisiert werden, wenn TafelhelferInnen und Professionelle in einen gleichberechtigten, gemeinsamen Dialog eintreten mit dem Ziel des konstruktiven Austausches und der Klärung von Zuständigkeiten und Kompetenzen.

2   Perspektive der TafelnutzerInnen

Weiter stellt sich in diesem Kontext auch die Frage nach der Perspektive der NutzerInnen auf das Hilfeangebot. Welche Erwartungen stellen sie und worin sehen sie den Gebrauchswert bzw. Nutzen der Angebote begründet? Wünschen Sie sich ausschließlich materielle Hilfen in Form von Lebensmitteln oder artikulieren Sie zudem einen Hilfebedarf im psychosozialen Bereich? Analog zu den in der Sozialen Arbeit geführten Diskursen (vgl. exemplarisch die Beiträge in Oelerich/ Schaarschuch 2005) geht es dabei um die Frage nach dem Nutzen respektive Gebrauchswert der angebotenen Hilfen sowie um Strategien der Aneignung von Hilfeangeboten. Selbstverständlich können die Diskurse aus dem Bereich Sozialer Arbeit nicht unvermittelt auf das bürgerschaftliche Engagement im Allgemeinen und den Bereich der Lebensmitteltafeln im Besonderen übertragen werden. Die je spezifischen Strukturen und Voraussetzungen der Hilfen müssen berücksichtigt werden. So haben die NutzerInnen beispielsweise anders als bei vielen Angeboten der Sozialen Arbeit keinen Rechtsanspruch auf ein konstantes Angebot der Lebensmitteltafeln.

Prinzipiell kann das Verhältnis zwischen den TafelhelferInnen und den NutzerInnen jedoch analog zur Sozialen Arbeit als ungleich bzw. hierarchisch gegliedert bezeichnet werden. Während die einen Bedürftigkeit prüfen und Lebensmittel verteilen, nehmen die anderen diese an, ohne jedoch gleichzeitig eine ,adäquate' Gegenleistung erbringen zu können.[2] Die NutzerInnen müssen sich zudem zunächst dazu bekennen, ihre Problemlage nicht ohne fremde Hilfe bewältigen zu können, was in Abhängigkeit mit der situativen Interpretationsleistung der NutzerInnen zu Beschämungsgefühlen führen kann. „Dieses Gefühl der Beschämung wird nun zu vermeiden versucht, indem dankbare Anhänglichkeit, ja Abhängigkeit als Gegenleistung erbracht werden; kurz: ,Unterwerfungsangebote'" (Bolay 1998: 40). Die ,Unterwerfungsangebote' seitens der NutzerInnen stabilisieren wiederum das ungleiche Machtverhältnis zwischen HilfeerbringerInnen und NutzerInnen. Weiter

---

[2] Vgl. zum Aspekt der Asymmetrie auch den Beitrag von Thomas Gurr in diesem Band.

verstärkt wird der Prozess der Beschämung durch subtile, keineswegs immer bewusst eingesetzte Strategien verweigerter Anerkennung durch die TafelhelferInnen. Diese zeigen sich insbesondere in Erziehungs- bzw. Disziplinierungsmaßnahmen, welche seitens der TafelhelferInnen praktiziert werden (vgl. Selke 2008: 174 ff.). Die Erziehungs- und Disziplinierungsmaßnahmen werden dabei keineswegs bewusst beispielsweise als Machtdemonstration eingesetzt, vielmehr liegen sie oftmals in den strukturellen Gegebenheiten der Angebote begründet, beispielsweise in Form eines geforderten Nachweises der eigenen Bedürftigkeit oder einer möglichst pragmatischen Organisation der Lebensmittelausgabe:

> „Die Tafeln sind ein wenig das, was man in der Soziologie eine totale Institution nennt. Ihre Kunden sind wesentlich abhängiger als ein „normaler" Verbraucher. Sie müssen grundsätzliche Regeln akzeptieren, die den Zugang zu dem mit der Tafel verbundenen Markt erst ermöglichen. Ihre Freiheit als Konsument ist gleich in mehrfacher Hinsicht (Zeitpunk des Besuchs, Auswahl, Menge) stark eingeschränkt. Normabweichendes Verhalten wird öffentlich gemacht und bestraft. Die Kunden zahlen für das, was sie bei einer Tafel erhalten einen Preis, den Preis einer weitreichenden Anpassung." (Selke 2009: 179)

Angesichts der aktuellen Entwicklungen in Form der Zunahme der Tafelkundschaft bei gleichzeitiger Verknappung der Lebensmittelspenden muss zukünftig von weiteren Restriktionen ausgegangen werden (vgl. Rohrmann 2009: 145). Die beschriebenen Prozesse der Beschämung gewinnen besondere Brisanz, wenn man sie vor dem Hintergrund der gesellschaftlichen Ausgrenzungsprozesse sieht, mit denen sich arme Menschen prinzipiell konfrontiert sehen. Materielle Armut geht in einer Gesellschaft, deren Teilhabe sich primär über Konsum definiert, einher mit Stigmatisierungen und verweigerter Anerkennung.

Ausgehend von Honneths Begriff der Anerkennung, kann sich ein praktisches Selbstverhältnis nur vor dem Hintergrund strukturell verankerter Anerkennungsstrukturen herausbilden (vgl. Gumbinger 1996: 120). „Die Reproduktion des gesellschaftlichen Lebens vollzieht sich unter dem Imperativ einer reziproken Anerkennung, weil die Subjekte zu einem praktischen Selbstverständnis nur gelangen können, wenn sie sich aus der Perspektive ihrer Interaktionspartner als deren Adressaten zu begreifen lernen" (Honneth 1992: 148).

3   Dienstleistungstheoretische Perspektive auf Tafeln

Aus dienstleistungstheoretischer Perspektive betrachtet (vgl. Schaarschuch 1999), besitzt eine personenbezogene Dienstleistung für ihre NutzerInnen dann einen Gebrauchswert, wenn diese einen persönlichen Nutzen bzw. Gebrauchswert antizipieren können, der den mit der Dienstleistungserbringung entstehenden Kostenaufwand übersteigt, wobei sich die aufzubringenden Kosten sowohl im psychosozialen als auch im ökonomischen Bereich lokalisieren lassen (vgl. Maar 2006: 8). Dementsprechend geht es darum, das Passungsverhältnis von Angebot und Nachfrage zu optimieren, wobei an dieser Stelle den Prozessen wechselseitiger Anerkennung besondere Beachtung geschenkt werden soll.

Die Optimierung des Passungsverhältnisses von Angebot und Nachfrage erfordert primär eine im BürgerInnenstatus der NutzerInnen begründete strukturelle Berücksichtigung der NutzerInnenperspektive sowohl bei der Planung und Konzeption der Hilfeangebote als auch bei der Hilfeerbringung selbst, also bei der Verteilung der Lebensmittel. Grundlegend dafür sind reale Partizipationsmöglichkeiten der NutzerInnen, die über eine formale Beteiligung beispielsweise in Form eines standardisierten Evaluationsbogens hinausgehen. Analog dazu muss die Sicht der NutzerInnen auf das Angebot mittels empirischer Sozialforschung erhoben und analysiert werden. Nur so kann eine angemessene Berücksichtigung der Interessen, Bedarfe und Vorstellungen der NutzerInnen in die Konzeption von Tafelangeboten einfließen.

Gegenwärtig existieren jedoch kaum Daten zur Perspektive der NutzerInnen von Tafelangeboten im Allgemeinen und zum Gebrauchswert der Tafeln im Besonderen, so dass hier eine Forschungslücke konstatiert werden muss. Zwar liegen erste thematische Beiträge insbesondere in Form von Evaluationen vor[3], doch eine repräsentative Studie zum Gebrauchswert der Tafeln für ihre NutzerInnen und zur Aneignung der Hilfen durch die NutzerInnen steht noch aus.

Die Erforschung der Perspektive der TafelnutzerInnen trägt insbesondere dazu bei, die Erwartungen der NutzerInnen zu konkretisieren. Dadurch kann ein wichtiger Beitrag zur Klärung der Zuständigkeiten bzw. zur Optimierung der Kooperation zwischen den Angeboten der Lebensmitteltafeln und den Angeboten der Sozialen Arbeit geleistet werden. Gleichzeitig dient die Erforschung und Analyse der NutzerInnenperspektive auch dazu, die Angebote der Tafeln zu optimieren und den TafelhelferInnen ein Feedback zu ihrem Engagement zu geben. Schließlich zielt eine systematische Rekonstruktion der NutzerInnenperspektive auch darauf ab, die Angebote auf Basis der Bedarfe der Zielgruppe zu reflektieren und gegebenenfalls zu modifizieren. Dabei geht es auch um die Implementierung struktureller Anerkennungsweisen, insbesondere in Form von emotionaler Zuwendung, kognitiver Achtung und sozialer Wertschätzung (vgl. Honneth 1992). Beschämungsprozesse seitens der NutzerInnen können so dauerhaft verhindert werden.

---

[3] Vgl. dazu den Beitrag über die Studie der Caritas Nordrhein-Westfalen von Ulrich Thien in diesem Band.

Literatur

Bielefelder Arbeitsgruppe 8 (2008) (Hg.): Soziale Arbeit in Gesellschaft. Wiesbaden.

Bolay, Eberhard (1998): Scham und Beschämung in helfenden Beziehungen. In: Metzler, Heidrun/Wacker, Elisabeth (Hg.), 29–51.

Diakonisches Werk der EKD (2010): „Es sollte überhaupt kein Armer unter Euch sein." „Tafeln" im Kontext sozialer Gerechtigkeit. Diakonie Texte 3. Stuttgart.

Galiläer, Lutz (2005): Pädagogische Qualität. Perspektiven der Qualitätsdiskurse über Schule, Soziale Arbeit und Erwachsenenbildung. Weinheim.

Gillich, Stefan (2008): Für oder mit Wohnungslosen? Bürgerschaftliches Engagement im Quartier zwischen Selbsthilfe, Recht und Barmherzigkeit: In: Schröder, Helmut (Hg.), 245–256.

Grunwald, Klaus/Otto, Ulrich (2008): Soziale Arbeit statt Sozialmanagement. In: Bielefelder Arbeitsgruppe 8 (Hg.), 252–259.

Gumbinger, Hans-Walter (1996): Axel Honneths Begriff der Anerkennung. Ein Grundbegriff der Reflexion normativer Probleme der Sozialen Arbeit. In: Widersprüche Heft 61, 117–147.

Honneth, Axel (1992): Kampf um Anerkennung. Zur moralischen Grammatik sozialer Konflikte. Frankfurt a. M.

Maar, Katja (2006): Zum Nutzen und Nichtnutzen der Sozialen Arbeit am exemplarischen Fall der Wohnungslosenhilfe. Frankfurt a. M.

Metzler, Heidrun/Wacker, Elisabeth (1998) (Hg.): Soziale Dienstleistungen. Tübingen.

Oelerich, Gertrud/Schaarschuch, Andreas (2005): Soziale Dienstleistungen aus Nutzersicht. Zum Gebrauchswert Sozialer Arbeit. München.

Rohrmann, Eckhard (2009): Tafeln und der Abbau des Sozialstaates: In: Selke, Stefan (Hg.), 137–156.

Schaarschuch, Andreas (1999): Theoretische Grundelemente Sozialer Arbeit als Dienstleistung. Ein analytischer Zugang zur Neuorientierung Sozialer Arbeit. In: neue praxis Heft 6, 543–560.

Schröder, Helmut (2008) (Hg.): Ist soziale Integration noch möglich? Die Wohnungslosenhilfe in Zeiten gesellschaftlicher Spaltung. Bielefeld.

Selke, Stefan (2009): Tafeln in Deutschland. Aspekte einer sozialen Bewegung zwischen Nahrungsmittelumverteilung und Armutsintervention. Wiesbaden.

Selke, Stefan (2008): Fast ganz unten. Wie man in Deutschland durch die Hilfe von Lebensmitteltafeln satt wird. Münster.

Von Norman, Konstantin (2009): Ernährungsarmut und „Tafelarbeit" in Deutschland. Distributionspolitische Hintergründe und nonprofit-basierte Lösungsstrategien. In: Selke, Stefan (Hg.), 87–106.

Grundversorgung, Barmherzigkeit und Elendsverwaltung im Modus der Tafeln

Ronald Lutz

Zusammenfassung

Die Tafeln werden als ein Phänomen der Elendsverwaltung im gewährleistenden Wohl-fahrtsstaat reflektiert. Dabei wird ihre Notwendigkeit aber auch und vor allem ihr affirma-tiver, Elend mildernder und zugleich verfestigender Charakter diskutiert. Dies wird vor dem Hintergrund der These einer Zwei-Klassen-Sozialarbeit getan und es werden histo-rische Vorläufer betrachtet um das Phänomen kulturell einzuordnen.

1   Zur Einstimmung

Suppenküchen, Tafeln, Kleiderkammern und Almosen werden wieder zu einem wichtigen Muster sozialer Unterstützung, sie fungieren in einer stetig wachsenden Zahl als wichtige Form der Grundversorgung. So genau weiß ich gar nicht mehr, wann ich das erste Mal auf sie aufmerksam wurde, es muss wohl vor mehr als 10 Jahren gewesen sein. Urplötzlich waren sie wieder da, diese Instrumente der Almosenverteilung aus dem späten Mittelalter.

Diese „Erfolgsgeschichte" sieht sich mittlerweile einer hohen Beachtung ausgesetzt. Es ist dabei unbestritten: die Notwendigkeit dieser neu entstehenden Almosendienste liegt auf der Hand. Immer mehr Menschen verfügen nicht mehr über das erforderliche Geld sich ein *würdevolles* Leben zu gestalten. Ich will zwar nicht sagen, dass sie hungern und frieren, aber ihre Bekleidung bedarf der Erneuerung. Die ist nicht finanzierbar, ihre Mahlzeiten sind mitunter karg und nicht sehr appetitanregend. Besonders knapp wird es, wenn Kinder mit am Tisch sitzen. So sind diese Bürgerinnen und Bürger eines reichen Landes auf das Mild-tätige im Denken und Handeln ihrer Mitmenschen angewiesen. Barmherzigkeit kehrt zurück in die Mitte der Gesellschaft und wird zu einem essentiellen Muster der Armutsbekämpfung.

Die erlebte und zugleich bedrängende Knappheit kann sowohl das Ergebnis einer gering bezahlten Tätigkeiten sein.[1] Niedriglöhne auf unterschiedlichen
Niveaus sind ja schon der Normalzustand für mehrere Millionen Menschen.
Finanzielle Unterversorgung kann aber auch daraus resultieren, dass die Hilfen
(Transferleistungen) des Staates, der das Existenzminimum garantieren soll, dies
aber eher willkürlich festgelegt hat, nicht bedarfsdeckend sind, d. h. einfach zu
gering ausfallen. Die Tafeln zeigen so ein Doppeltes: Zum einen nimmt die Bedürftigkeit von immer mehr Menschen zu. Sie sind auf das angewiesen, was diese
barmherzigen Notdienste ihnen anbieten. Zum anderen lässt sich darin ein Paradigmenwechsel im Verständnis einer Bearbeitung von Armut erkennen.

Ich erinnere: durch *Steuern* sorgte der Staat bisher für eine Umverteilung
unterschiedlicher Einkommen und ließ damit jenen Menschen ein wenig mehr an
Gleichheit zukommen, die als Verlierer oder als Benachteiligte galten. Ziel des
Sozialstaates war und ist noch immer der soziale Ausgleich zwischen Wohlstand
und Armut. Diese Umverteilung nimmt er noch immer vor, doch er reduziert jene
Mittel, die bei denen ankommen, die davon profitieren sollen. In der Folge wandelt sich Armutsbekämpfung, fast unbemerkt, zu einer öffentlichen Aufgabe und
ergänzend zu einer *Privatangelegenheit*, die neben staatlichen Mindestleistungen
nun stärker durch das Gemeinwesen und dessen originär solidarische Leistungen
zu bearbeiten ist. Doch das ist nicht Bekämpfung sondern Linderung. Durch den
Ausbau von Tafeln und anderen Notdiensten (Kleiderkammern etc.) wird Armut
und Bedürftigkeit zudem auf eine neue Art öffentlich. An den Schlangen vor den
barmherzigen Diensten sieht man wieder, dass es Not im Lande gibt. Ich frage
mich schon, ob damit nicht auch die Angst vor der Armut wieder als Drohung
aufgebaut wird?

Jedenfalls werden zum einen auf der Ebene des Gemeinwesens die Muster
Barmherzigkeit und Almosen neu aktiviert. Zum anderen etabliert sich in der staatlichen Armutsbekämpfungspolitik ein Aktivierungsparadigma, das individuelle
Ressourcen befördern und verstärkt eigene Aktivitäten der Betroffenen entwickeln
will, Benachteiligung ohne staatliche Hilfen zu regulieren. Insofern sind die Tafeln
ein wohl geordnetes und hoch modernes Produkt, das Armutslinderung zusätzlich in die Zuständigkeit des Gemeinwesens verlagert. Um zu verstehen was mit
der „Erfolgsgeschichte" der Tafeln geschieht muss deren funktionelle Bedeutung
in einer Gesellschaft reflektiert werden, die auf struktureller Ungleichheit gründet.

---

[1] „Working poor" ist ja auch bei uns ein etablierter Begriff.

2   Almosen als Gabe

Eine Geschichte der Armut gibt eine erste Antwort (Geremek 1988). Institutionen des Almosens sind eng an das kulturelle Muster der Gabe geknüpft, die eine besondere Beziehung zwischen Reichtum und Armut herstellt.[2] Durch das Geben „reinigt" sich der Besitzende (Wohlhabende) von seiner „Schuld", er zeigt zumindest, dass in ihm „das Gute" ebenfalls einen Platz hat und er das Elend der Armen sehr wohl sieht. Er kann und will es nicht ändern, aber er kann ein wenig von seinen Besitztümern abgeben, ohne sich selbst zu schaden, und es den „Hungernden" schenken um eine Milderung der Lebensumstände zu erreichen, aber auch nicht aller Armer sondern nur von Jenen, die das Glück hatten an diesen Almosen partizipieren zu können.

So wird der Arme gesellschaftstheoretisch bedeutsam: Er ist das Objekt, an dem die Großzügigkeit der Besitzenden, der Vermögende und der Wohlhabenden einen Ausdruck der „Nächstenliebe" finden kann. Das aber ist zuerst eine Legitimation für die Gebenden: die Armen erhalten ja nur deshalb (Lebens)Mittel, da es die „Reichen" gibt und diese ihre Barmherzigkeit zeigen. Das wertet die Armen aber nicht auf, sie bleiben weiterhin anonym und verachtet – und sie verharren in ihrer Lage. Der Charakter und das Bedeutsame der Gabe, die sich in der Institution der Tafeln zeigt, liegt doch auch in der Demut des Gebens angesichts eines Elends, das sich immer mehr auszubreiten scheint und die Mildtätigkeit des Wohlhabenden aktiviert. Darin will es Armut nicht grundlegend verhindern sondern diese lediglich lindern.

In der Logik liegt es dann auch, dass immer weniger gefragt wird, woher die Armut denn kommt. Sie ist da, einfach nur noch da, sie gehört zum Leben wie der Reichtum auch. Sie wird zwar bedauert aber sie hat sich zugleich normalisiert. Sie ist eine erschreckende Tatsache, aber zugleich ein tendenziell unveränderlicher Bestandteil des Alltags. Sie ist eben alltäglich und wird als Zustand akzeptiert. Ihre Ursprünge, die in der extremen Ungleichverteilung von Gütern liegen könnte, interessieren kaum noch.[3] Mit dem Geben entlasten sich die Wohlhabenden ein wenig: Sie haben doch ein gutes Werk getan. Die Welt ist doch in Ordnung! Oder? Nein, das ist sie nicht. Im Gegenteil, sie gerät aus den Fugen, sie ist erschöpft und doch auch voller Kraft, die allerdings verschwendet wird.

So lässt sich zunächst einmal festhalten: Die Renaissance der Tafeln und Suppenküchen, der Kleiderkammern und der Spenden ist auch eine Neugeburt des Almosens. Diesem aber ging es nie um die Beseitigung von Armut. Ihre Ursachen lagen immer jenseits des Denkens Gebender und damit auch jenseits

---

[2] Vgl. zum Aspekt der Gabe auch den Beitrag von Thomas Gurr in diesem Band.
[3] Zum Aspekt der Unsichtbarkeit von Armut bzw. der Ungleichverteilung vgl. auch den Beitrag von Christoph Butterwegge in diesem Band.

der Spende, die ja nur durch die Existenz des Armen ermöglicht wird. Armut abschaffen würde bedeuten auch das Spenden zu beenden. Das aber ist im System der Armutslinderung, die auf Almosen gründet, nicht vorgesehen. Insofern muss man die Funktion der Renaissance der Armutslinderung reflektieren. Dies soll in zwei Anläufen geschehen.

- Zum einen: Armut wird verfestigt und auch normalisiert. Damit konnte man sich vielleicht noch im Mittelalter abfinden, in einer modernen Gesellschaft kann dies nicht das Maß der Dinge sein. Damit ist aber zu fragen, ob die Normalisierung von Armut nicht zugleich auch eine Erziehung zur Armut meint.
- Zum anderen: Die Einbindung dieser Hilfen in die Diskurse der Sozialen Arbeit zeigt, dass Menschen zwar Unterstützung finden, diese sie aber nicht aus ihren Lagen befreit, sie werden zu Nehmenden, die auf die nächste Mahlzeit warten, und verlieren Fähigkeiten sich selbst zu helfen.

Zunächst aber soll ein Ausflug in die historische Dimension dieses kulturellen Musters Implikationen erhellen, die sich in der Wiedergeburt der Tafeln zeigen. Deutlich wird dabei: Almosen gibt den Mensch zwar das Nötigste aber es nimmt ihnen Würde. Es ist zudem nie flächendeckend und kein Ersatz für wirkliche und befreiende Unterstützung. Im Gegenteil: es verfestigt. Das Bild, das im Almosen wieder kommt, ist ein fast vergessenes aber wieder belebtes Bild von Armut: Armut als Alltag.

3   Armenspeisung als Armutslinderung

Die Armenspeisung ist ein kulturelles Muster aus vergangenen und vergessenen Zeiten, durch das Bettler, Arme und Bedürftigen vor allem mit Nahrung aber mitunter auch mit Kleidung und manchmal auch mit Geld versorgt wurden (Mollat 1987; Sachße/Tennstedt 1998; Jütte 2000). Diese Armenspeisungen, die als eine Urform der Fürsorge gelten können und sich im Mittelalter allmählich ausbreiteten, lebten von Spenden und Stiftungen. Sie ruhten zudem auf der christlichen Nächstenliebe und zählten zu den sieben „Werken der Barmherzigkeit". Mildtätigkeit hatte darin die Bedeutung das eigene Seelenheil der Spender zu fördern um sie von Sünden zu reinigen. Zunächst waren es Angebote von Klöstern und Kirchen, später übernahmen dies auch Zünfte und schließlich entstanden öffentliche Verwaltungen, die Almosenämter, die Spenden sammelten, verwalteten, verteilten und bedürftige Arme unterstützten.[4]

---

[4] Vgl. zu den kulturellen und historischen Mustern bzw. Vorläufern auch die Beiträge von Falk Roscher und Rainer Krockauer in diesem Band.

Der Begriff *Armentafel* bezeichnet ursprünglich den Tisch, den man vor der Kirche oder vor dem Kloster zur Verteilung der Almosen aufstellte (Mollat 1987: 126). Im Frankreich des 14. Jahrhunderts scheint diese Institution nahezu überall verbreitet gewesen zu sein. So genannte *Tafelherren* verwalteten Grundbesitz, finanzielle Mittel und Einkünfte der Tafel, die ihr aus Schenkungen, Testamenten, Renten und Geldspenden zuflossen. Die Gabenverteilungen fanden regelmäßig statt, so an hohen Feiertagen bzw. an festgelegten Tagen. Für „mobile Arme" ergab sich so durchaus ein „Reisekalender". Dieser bezog sich vor allem auf Klöster, bei denen man wusste, wann eine Verteilung stattfand. Die Armen wurden durch diese Armentische ernährt, gekleidet und erhielten auch Unterkunft.

Bruderschaften und Zünfte, die zur gegenseitigen Absicherung der Mitglieder gegründet wurden, gingen mit der Zeit ebenfalls vermehrt zur Unterstützung der Armen und Kranken über, darin zeigte sich auch das Muster, das wir heute bei den Tafeln wieder erkennen: „Viele Bruderschaften überließen die Reste ihrer gemeinsamen Mahlzeiten den Armen und verpflichteten ihre Mitglieder, die Armen in ihrem Testament zu bedenken und von ihren Einkünften einen Gottespfennig in eine Almosenkasse zu bezahlen" (Mollat 1987: 129). Diese Bruderschaften versorgten oftmals neben gelegentlich vorsprechenden Bettlern einen festen Kreis von Bedürftigen. Jeder Bettler erhielt einen Geldbetrag und je nach Jahreszeit und nach seinen Bedürfnissen Verpflegung und Kleidung. Doch gegenüber der Vielzahl anonymer Bettler bildeten die Hunderte, die von der Bruderschaft in ihr Verzeichnis der Unterstützungsbedürftigen aufgenommen wurden, eine privilegierte Gruppe (Mollat 1987: 130). Oftmals wurden sie von der Bruderschaft nach Untersuchung ihrer familiären und beruflichen Verhältnisse ausgesucht.

Diese Almosenvergabe und Armenspeisung über Armentafeln war in einer analytischen Betrachtung eine äußerst *willkürliche* Unterstützung, deren Probleme sich wie folgt zusammenfassen lassen (und die sich bis heute tradiert haben):

- Die Modalitäten für die Vergabe waren generell ziemlich vage.
- Die unterschiedliche Spendenbereitschaft garantierte keine bedürfnisgerechte Unterstützung.
- Die Vergabe richtete sich selten nach der individuellen Notlage, sondern nach der Reihenfolge und der Bedeutung kirchlicher Feiertage.
- Es wurde nur verteilt, so lange der Vorrat reichte.

In der weiteren Geschichte gesellschaftlicher Reaktionen auf Armut lässt sich die Tradierung der Urform dieses Musters, einer Armutslinderung und keiner Beseitigung von Ungleichheit, weiter nachzeichnen. Ein kurzer Blick soll dies bis heute verfolgen.

Suppenküchen, früher auch Suppenanstalten genannt, entstanden als weltliche Gegenstücke zu der Armenspeisung der Klöster und existierten bereits im 18. Jahrhundert in vielen europäischen Großstädten. Die bekannteste „Standardsuppe" dieser Einrichtungen wurde die Rumfordsuppe. Ihre Zubereitung war billig und sie galt zugleich als nahrhaft (Sachße/Tennstedt 1998). Zunächst gab es solche Einrichtungen in den meisten Städten jedoch nur während des Winters. Für das 18. Jahrhundert lassen sich viele Städte ausfindig machen, in denen es diese öffentlichen Küchen gab. Krünitz (o. J.) schreibt über die Berliner Suppenküche: „Jeder Arme, der sich zu dieser Unterstützung eignet, bekommt aus dieser Anstalt auf eine Marke, die er sich vorher holt, in den vier Wintermonaten täglich eine Portion gut gekochter nahrhafter Suppe, des Sonntags mit Fleisch. […]". Diese Suppenküchen wurden von Kirchen und Stiftungen (Spendern) betrieben, die Arbeiterfamilien sowie Arbeitslosen und anderen Armen eine billige oder kostenlose warme Mahlzeit pro Tag ausgaben. Diese konnte, wie wir es bei den Tafeln auch heute sehen, in eigenen Töpfen abgeholt und zu Hause verzehrt werden.

Zusätzlich zu diesen Suppenküchen entstanden in den „Hungerjahren" ab 1813 in vielen deutsche Städte so genannte „Volksküchen". Diese waren zum einen als Strategien gegen den Hunger sozialpolitisch motiviert, sie galten aber auch (insbesondere in den Aktivitäten der Heilsarmee) missionarischen Zielen. In den USA wurden in der Zeit der Großen Depression in den 1930er Jahren zahlreiche Volksküchen eröffnet, ehe die US-Regierung staatliche Hilfsprogramme für verarmte Familien beschloss. In den USA betreibt die private Organisation Feeding America (vormals America's Second Harvest) bis heute das größte Netz von Suppenküchen. Dieses kulturelle Muster der Armutslinderung findet sich zudem bis in die jüngste Vergangenheit als Einrichtung caritativer Organisationen (Kirchen und private Spender), die vor allem Obdachlose mit Nahrung, Kleidung und (insbesondere im Winter) mit Wärmemöglichkeiten und Notunterkünften versorgen (Malyssek/Störch 2008).

Diese Form der Armutslinderung, die weder *systematisch* noch *zielorientiert* noch *nachhaltig* war, erwies sich im städtischen Kontext der beginnenden Industriegesellschaft als nicht mehr funktionstüchtig. Armut wandelte sich zudem als „Soziale Frage" im 19. Jahrhundert zum Risiko und zu einem „gefährlichen Elend", einen Zustand, der den Zusammenhalt und die Stabilität der Ordnung gefährden konnte. So entstanden neue Formen der Armutslinderung, die sich zur Armutsbekämpfung und zur Armutsprävention weiter entwickelten und zu einer an definierten „Bedürfnissen" der Armen orientierten, kontinuierlichen Verteilung von staatlichen Almosen führten (Sachße/Tennstedt 1998). Die Lösung der Sozialen Frage durch Systeme der Sozialen Sicherung am Ende des 19. Jahrhunderts war schließlich die Geburt des modernen Sozialstaates und schuf vor allem in der zweiten Hälfte des 20. Jahrhunderts wohlfahrtsstaatliche Arrangements, in denen der Präventionsgedanke verankert wurde, die Armenspeisungen in ein Nischendasein verdrängten (Pilz 2004).

Seit dem Ende des 20. und mit Beginn des 21. Jahrhunderts erhalten Suppenküchen und ähnliche Einrichtungen in Westeuropa wieder einen deutlich größeren
Zulauf. Es gibt immer mehr von ihnen, da der Bedarf wächst. Dieses Muster hat
sich offenkundig aus jenem Nischendasein, in das es vor allem in Staaten mit
einem breiten wohlfahrtsstaatlichen Arrangement geriet, „gelöst" und erfüllt wieder verstärkt, so auch in Deutschland, Funktionen einer Grundversorgung Armer
und Bedürftiger. Offensichtlich hat es sich in seinem symbolischen Wert über die
Jahrhunderte erhalten, der nun neu aktiviert wird. Kontexte von Barmherzigkeit
und Umverteilung des Überflusses an Bedürftige werden wieder essentiell. Die
heutigen Tafeln machen genau dies: sie verteilen ein zuviel an Lebensmittel, das
vom Wohlstand nicht mehr genutzt wird, an die Elendigen.

Eine kurze historische Rekonstruktion zeigt zunächst, dass mit dem kulturellen Muster der Armenspeisung nicht die Reduktion und Veränderung des Elends
im Vordergrund stand, es ging vielmehr lediglich um die Linderung und zugleich
um die soziale Dimension der Schenkungen an Arme. Die Armen waren und
blieben namenlose Objekte, die hinter diesem Akt der Barmherzigkeit anonym
blieben – und dies gilt auch heute noch.

Die aktuellen Muster der Armenspeisung deuten einen Paradigmenwechsel
im Verständnis von Armut und den Reaktionen hierauf an. Armutsbekämpfung
wandelt sich neben einer öffentlichen Aufgabe, die sie auch weiterhin bleibt, zugleich stärker zu einer zusätzlichen Privatangelegenheit, die neben staatlichen
Mindestleistungen nun stärker durch das Gemeinwesen und dessen originär solidarische Leistungen zu bearbeiten ist. Darin wird sie aber wieder zur Armutslinderung und setzt Armut als gegeben (unveränderbar?) voraus. Der Arme als Subjekt
wird wieder zum Armen als Objekt. Die kulturellen Muster Barmherzigkeit und
Almosen werden als „Aufgabe" der Sozialen Arbeit" neu aktiviert, die neue Formen der Elendsverwaltung findet.

Insofern sind die Tafeln ein wohl geordnetes und hoch modernes Produkt,
das in einer sich ändernden Gesellschaft neue Antworten auf die Zumutung der
Armut findet. Es ist deshalb von gesellschaftstheoretischer und sozialpolitischer
Bedeutung, diese Renaissance innerhalb des sich ändernden wohlfahrtsstaatli-
chen Arrangements zu reflektieren – und zwar in den Zusammenhängen einer
Neuerfindung des Sozialen (Lessenich 2008) im Kontext der Normalisierung von
Armut und den Thesen einer Zwei-Klassen-Sozialarbeit (Lutz 2008).

4   Normalisierung und Verfestigung von Armut – zur gesellschaftlichen Bedeutung der Tafeln

Neue Entwicklungen stellen sich nicht einfach und quasi beliebig ein, sie folgen
einem Muster und erfüllen funktionelle Bedeutungen. Es sind deshalb nicht die

vielen Ehrenamtlichen in ihrem Engagement, ihrem Problembewusstsein und in ihrer Barmherzigkeit, die diesem Muster der Armutslinderung zu neuer gesellschaftlicher Relevanz verholfen haben. Hierzu war vielmehr ein Boden erforderlich, auf dem dies gedeihen konnte um aus dem Nischendasein, wo es über viele Jahre verharrte, in die Mitte der Gesellschaft zu gelangen und öffentliche, politische und auch wissenschaftliche Aufmerksamkeit zu erregen. Um dies zu erreichen, benötigten die aktuellen Armenspeisungen ein gesellschaftliches und politisches Umfeld, das sich nicht nur an den hier diskutierten Kontexten bricht, sondern zugleich für veränderte Reaktionen auf Armut vorteilhaft scheint.

Das in über hundert Jahren entwickelte wohlfahrtsstaatliche Arrangement, das in seiner allgemeinen Form im Grundgesetz der BRD geregelt scheint, ist als institutioneller Ausdruck der Übernahme von Verantwortung der Gesellschaft für das Wohlergehen ihrer Mitglieder zu verstehen. Dieses Arrangement hat zum Ziel, Ungleichheit durch Einkommensverteilungspolitik zu kompensieren und Ungerechtigkeiten auszugleichen. Diese Verantwortungsübernahme durch den Staat ist zudem explizit darauf angelegt, Bürger vor Armut und Not durch die Garantie eines Existenzminimums zu schützen, sie gegen Wechselfälle des Lebens oder Risiken infolge von Invalidität, Krankheit, Arbeitslosigkeit oder Pflegebedürftigkeit zu sichern und soziale Ungleichheit zu verringern (Pilz 2004).

Aber Zielsetzung ändert sich seit einiger Zeit: Der Staat hat sich aufgemacht das Arrangement neu und anders zu bauen, er zieht sich immer stärker auf die Garantie einer nur noch minimalen Grundversorgung zurück und besinnt sich auf die „Ursprünglichkeit" des Sozialstaatsprinzips, die eigentlich nur in der Hilfe für temporäre Notfälle lag und darin auf die Schutzbedürftigkeit des Einzelnen lediglich mit einer gewissen Grundversorgung durch staatliche Organe reagierte (Butterwegge 2005).

In diesem Rückzug, der als ein grundlegender Umbau zu sehen ist, werden Menschen wieder vermehrt in ihrer Armut sich selber überlassen, einer Armut, die sich zudem sozialstrukturell verfestigt und somit Ausgrenzung und Dauerhaftigkeit der Lagen sowie eine „Kultur der Armut" verursacht und begünstigt. Armut wird zu einem „Normalzustand" vieler Menschen, die sich darin einrichten müssen. Darin erleben tradierte Formen der Armutslinderung notwendigerweise ihre Renaissance, Muster, die einer dauerhaften Armut lediglich zur Linderung aber nicht zur Überwindung zur Verfügung stehen. Um die Bedeutsamkeit der Tafeln im Kontext des sich ändernden wohlfahrtsstaatlichen Arrangements zu verstehen ist ein kurzer Blick auf die Realität der Armut nötig.

Am unteren Ende der sozialen Lagerung ist eine Zunahme von Marginalisierung, räumlicher Segregation und dauerhafter Ausgrenzung eines stetig wachsenden Segmentes der Bevölkerung zu erkennen. Heinz Bude hat darauf hingewiesen, dass dies mittlerweile sogar sichtbar sei: „Bestimmte Gruppen verlieren den Anschluss [...]. Wenn man durch bestimmte Stadtgebiete geht, jedes

Mal kommt man in eine soziale Zone mit hoher Arbeitslosigkeit oder massiver Unterbeschäftigung, wo die Straßen dreckig, die Bushaltestelle demoliert, die Häuser mit Graffiti übersät und die Schulen marode sind. Hier treffen ökonomische Marginalisierung, ziviler Verfall und räumliche Abschottung zusammen" (Bude 2008: 10). Es formieren sich schon länger geschlossene Bildungskreisläufe, die zu einer Ungleichverteilung von Bildungschancen analog zur sozialen Schichtung führen. Insofern müssen wir tatsächlich von der Existenz einer breiten sozialen Unterschicht (einer Unterklasse) ausgehen.

Offenkundig erfährt die Gesellschaft eine tief gehende soziale Spaltung, die Bude mit dem Wortpaar „Drinnen und Draußen" beschrieben hat[5], wer eben trotz Prekarität und Statusängsten noch Chancen hat und sich dazugehörig fühlt oder sich bereits als chancenlos in einem imaginären Aus der Gesellschaft verortet. Dies lässt sich mit Aussagen aus einer neueren Studie illustrieren:

„Deutschland scheint auf dem Weg in eine neue Art von Klassengesellschaft zu sein, wobei die Trennungslinie eben nicht nur über Einkommen und Vermögen, sondern auch über kulturelle Dimensionen wie etwa Bildungskapital und Bildungsaspirationen, aber auch Werte und Alltagsästhetik verläuft. Ebenso erweisen sich Ernährung, Gesundheit, Kleidung und Mediennutzung als Abgrenzungsfaktoren." (Huthmacher 2008: 12)

So aber zeigt sich eine Normalisierung von Armut, die Gesellschaft arrangiert sich mit Benachteiligung und deren Folgen. Das Erschrecken angesichts sichtbarer Armut wird geringer. Zugleich wächst eine neue extreme Armut – arme und vernachlässigte Kinder, erschöpfte Familien, Obdachlose, Bettler, chronisch Kranke und Drogenabhängige. Eine erkennbare Gruppe der „Ausgeschlossenen", der „Überflüssigen" (beides Begriffe von Bude) wächst. Es formiert sich eine „Neue Unterklasse". Mit dem Schritt in die extreme Armut wird eine Grenze überschritten, mit deren Überschreiten der oder die Betroffene nun keine begründeten Hoffnungen mehr haben darf, jemals wieder in die Gemeinschaft der nicht extrem Armen zurückzufinden. Sehr wahrscheinlich wird die Mehrzahl der extrem Armen nie dazu kommen, ein umfassend sozial integriertes und umfassend materiell versorgtes Leben zu führen.

Damit einher geht eine neue Verwaltung des Elends und eine Kriminalisierung und Bestrafung der Armut. Die „Überflüssigen" oder auch das „verworfene Leben" (Bauman 2005) werden zur neuen Herausforderung eines sortierenden und ordnenden Staates. Letztlich ist darin aber eine Verfestigung von Parallelgesellschaften zu erwarten, eben nicht nur im Sinne eines Nebeneinanderlebens

---

[5] Vgl. dazu: „Die Frage ist nicht, wer oben und wer unten, sondern wer drinnen und wer draußen ist!" (Bude 2008: 13).

von deutschen und nichtdeutschen, sondern auch im Bild eines reichen und armen Deutschlands. Moderne und Rückständigkeit befinden sich (analog zu Entwicklungsgesellschaften) in unmittelbarer Nachbarschaft. Deutschland ist auf dem Weg in eine „moderne" Gesellschaft mit unterentwickelten Arealen; der Slogan der „Einen Welt" wird auf skurrile Art real.

Vor diesem Hintergrund ist die Wandlung des Arrangements bedeutsam, es findet eine Neuerfindung des Sozialen statt, so die Thesen einer Soziologie des Sozialstaates (Lessenich 2008, Vogel 2009). Der sorgende wird zu einem gewährleistenden Staat. Darin sieht dieser sich nicht mehr in Verantwortung für alle und alles, er schafft nur noch Randbedingungen für das Handeln in frei gewählter Verantwortlichkeit der Einzelnen und der Gemeinschaften.

Darin lag ja auch das „Geheimnis" der Formel vom „Fördern und Fordern": Die Selbständigkeit und Eigenversorgung des Subjektes sollte erhöht werden, dessen Freiheit und Unabhängigkeit von staatlichen Leistungen; Integration wurde zur originären Aufgabe genau dieses Subjektes. In diesen „Bildern" wurde eine ökonomische Rationalität als allgemeine Verhaltensanweisung entworfen, die formulierte Aktivierungsstrategie zielte auf das Bild des eigennützigen „Unternehmers", der generell als ein „Arbeitskraftunternehmer" entworfen wurde und sich nur noch in dramatischen Fällen auf staatliche Hilfe zurück ziehen kann (Voß/Pongratz 1998; Lutz 2008). Aktivierungsstrategien sollen den Gesellschaftsmitgliedern ihr rationales Eigenverständnis als „Selbstversorgersubjekte" entwickeln helfen; darin geht es um eine Neu-Steuerung der Verhaltensweisen von Menschen (Lessenich 2008). Sorgte bisher der Staat für seine Mitglieder durch die Absicherung von Risiken, sollen nun diese Gesellschaftsmitglieder ihre eigene Selbstsorge mobilisieren. Die kapitalistische Rationalität setzt sich als allgemeine Verhaltensanweisung durch. Jeder kämpft für sich und ist so nur noch an seiner eigenen Wohlfahrt interessiert.

Die Bürger sollen „marktfähig" werden; und hierzu wollte und will der Staat sie aktivieren. Dies lässt sich in aller Deutlichkeit im Artikel 1, SGB II; Kapitel 1 „Fördern und Fordern", § 1: Aufgabe und Ziel nachlesen: „Die Grundsicherung für Arbeitsuchende soll die Eigenverantwortung von erwerbsfähigen Hilfebedürftigen und Personen, die mit ihnen in einer Bedarfsgemeinschaft leben, stärken und dazu beitragen, dass sie ihren Lebensunterhalt unabhängig von der Grundsicherung aus eigenen Mitteln und Kräften bestreiten können." Wer diesen Anforderungen zur Aktivierung und zur Selbständigkeit in seinem „unternehmerischen Handeln" allerdings nicht zu folgen vermag, dem bleibt lediglich eine Grundversorgung, die nicht dem Existenzminimum entspricht. Diejenigen, die scheitern, erhalten Unterstützung, die aber mit der Dauer der Arbeitslosigkeit auf ein unterstes Niveau abschmilzt. Doch zugleich ist das Gemeinwesen jenseits des Staates gefordert jenen zu helfen, die dauerhaft arm sind und sich nicht mehr auf ihre eigenen Kräfte besinnen können. Armut wird wieder als Scheitern oder Schicksal betrachtet und die Barmherzigkeit besser Gestellter soll helfen. Der Arme ist so wieder vermehrt auf Suppenküche, Tafeln und Almosen angewiesen, die ihre Renaissance feiern. Almosen werden erneut zu einem Grundbestand des sozialen Lebens, Barmherzigkeit kann sich wieder zu einem Showeffekt der Reichen, Schönen und der Mitfühlenden aufschwingen. Die Armenspeisungen haben einen gesellschaftlichen Grund (Ausgrenzung, Verfestigung und Normalisierung von Armut) sowie ein sozialpolitisches Ziel (Linderung und Erziehung).

In diesen erkennbar „neuen" Arrangements verschwindet die Idee einer solidarischen Gesellschaft hinter der Vorstellung, dass der einzelne Akteur zum Planungsbüro in eigener Sache wird und sich um Absicherung seiner Risiken durch eine entsprechende Vorsorge selbst bemüht. Der Staat zieht sich zurück und überlässt das Feld den Menschen, die er als rational kalkulierende Subjekte begreift. Aus einem sozialen Frieden kann ein „Krieg der Welten" – mithin sogar der Einzelnen – werden, die sich um letzte Ressourcen streiten. In einer solchen Gesellschaft überleben nur die Stärksten, Solidarität wird im Haifischbecken zerfleischt. Den Armen bleibt die Suppenküche, während die Reichen ihre Fischzüge feiern. Dieser Paradigmenwechsel ist Ausdruck einer sich verändernden Gesellschaft, die sich aus zwei Wurzeln zu speisen scheint.

Zum einen schwindet angeblich die öffentliche Legitimität sozialstaatlicher Arrangements, wenn Nutzer dieser Leistungen eine rationale Kalkulation eigener Handlungsschritte und deren Kosten vernachlässigen. Das ist allerdings eine Behauptung, die nur mit einem Wandel im Menschenbild erklärbar ist. Gewichtiger scheint zum anderen das zweite Argument: Es verschlechtern sich tatsächlich die Voraussetzungen für den sozialen Ausgleich zwischen den unterschiedlichen Gruppen der Gesellschaft; die Bevölkerung schrumpft, der Arbeitsmarkt wächst nicht mehr, die Steuereinnahmen gehen zurück, der demographische Wandel in eine „aging society" mit all ihren Folge für die bisherigen sozialen Sicherungssysteme ist nicht mehr zu stoppen, Krisen schütteln den Kapitalismus heftig, eine neue Prosperität ist nicht erkennbar, Verteilungskämpfe werden radikaler. Eine notwendig werdende noch stärkere Umverteilung scheint den politisch Verantwortlichen kaum noch durchsetzbar zu sein. Es ist wohl auch Angst, dass das Kapital seine Drohungen realisiert und sich woanders niederlässt. Heuschrecken? Nein, das Finanzkapital ist eine Selbsthilfebewegung der Pilger, die kaum noch zu stoppen ist. Statt einer forcierten Sozialpolitik nach seitherigem Muster gibt die Politik nun das Ziel einer sozialen Integration, die immer einen sozialen Ausgleich anstrebte, als gesellschaftliche Aufgabe auf und verlagert diese in das Subjekt. Der Staat wird zum Zuschauer eines Schauspiels, dessen Rollen er nicht mehr selber schreibt. Es sollen neue Form der Integration entstehen, indem jeder für sich verantwortlich ist und auf einer zweiten Ebene Gemeinschaften diese Aufgaben übernehmen können. Der Staat ist nur noch die Klammer aber nicht mehr der Kitt.

Dies alles hat Effekte, die es zu betonen gilt: Es wird wenig nach Gründen gefragt, weshalb Menschen keine marktfähigen Verhaltensweisen entwickelt haben bzw. nicht entwickeln können. Da jeder selbst verantwortlich ist, ist er ganz einfach auch schuld daran, wenn ihm genau das, aus welchen Gründen auch immer, nicht gelingt. Schuld und Schicksal (Krankheit) haben als Erklärungskontexte wieder Konjunktur. Und mit ihnen eben die Linderungsstrategien der Armenspeisungen und zugleich aber auch Kontrollmechanismen. Verwahrlosung, Unwissenheit und Faulheit gelten wieder als Plagen, denen man auch mit Mitteln einer neu ent-stehenden Kontrollgesellschaft begegnen will, zu denen ALG II und viele weitere Maßnahmen zu zählen sind: Überwachung, Fordern, Strafe, Sanktion, Zwang, Separation, sowie Prozesse einer kontinuierlichen Verhaltensmodulation, die zu neuen Methoden einer speziellen Fürsorge führen.

Förderung der Willigen und gut Organisierten ist als Aktivierung für die eigene, individuelle Sache die eine und helle Seite dieses Paradigmenwechsels, dieser Neuerfindung des Sozialen. Eine *Erziehung zur Armut* ist darin aber die andere, dunkle Seite (Kessl et al. 2007): Die Nötigung der „neuen Unterklasse" (der Armen als Objekt) sich mit ihrem Elend abzufinden und sich auf die Dauer-haftigkeit einer Lage einzustellen, die offenkundig kein Entrinnen mehr kennt. Die Normalität der Armut verlangt von ihren Objekten, dass sie dies ebenfalls als normal empfinden und sich darin einrichten. Immerhin gibt es ja gut gemeinte Hilfe, die sich mildtätig entwirft aber Erziehungsfunktionen besitzt.

Das Ergebnis ist zu besichtigen: Auf der einen Seite vermehren sich Tafeln und Suppenküchen, die zur Versorgung jener werden, bei denen nichts mehr geht, bei denen sich nichts mehr fordern und fördern lässt. Sie „helfen" dabei aber auch sich in Armut einzurichten. Auf der anderen Seite geht es der Politik und der Sozialen Arbeit vorrangig um das Training Einzelner, um ein möglichst umfas-sendes Management der Kontingenzen, d. h. eine rational-kalkulative Steuerung des eigenen Verhaltens hinsichtlich seiner Folgenhaftigkeit zu erzielen. Es sind dies jene Einzelne, bei denen es noch Hoffnung gibt, dass sie sich so entwickeln, wie es von ihnen erwartet wird.

In diesen Entwicklungen ist plötzlich Raum für die modernen Formen der Armenspeisungen: Sie sind zum einen erforderlich, sie sind zum anderen Ausdruck eines neuen Umgangs mit Armut in Zeiten ihrer Normalisierung. Man kann es nur so formulieren: Zum Glück gibt es noch genügend Menschen, die Mitleid spüren und sich als Ehrenamtliche in Tafeln zur Speisung der Gescheiterten organisieren. Doch was hat das mit Unterstützung, mit Sozialer Arbeit, zu tun? Auch diese entwirft sich neu.

5   Zwei-Klassen-Sozialarbeit – Barmherzigkeit und Elendsverwaltung

In mehreren Publikationen habe ich die gegenwärtige Soziale Arbeit als *gespalten* analysiert, die neben lukrativen Bereichen immer mehr Bereiche der Elendsverwaltung bedient und darin eine Zwei-Klassen-Sozialarbeit entwickelt. Das Phänomen Tafeln und Suppenküchen reiht sich in diese Debatte ein, ist ein wesentlicher Aspekt davon.

Leistungen im System der Sozialen Arbeit werden sich zukünftig stärker daran orientieren, ob sie einen erkennbaren Erfolg garantieren. Dann ist zu fragen: Was ist mit all denen, die nicht mehr aktivierbar scheinen, die nicht zu den „Arbeitsfähigen" gehören, die nicht durch Rente etc. abgesichert sind? Es zeichnet sich eine „Bruchstelle" der modernen Sozialen Arbeit ab, die sich in einer „Zweiten Klasse" der Maßnahmen an der Wiederkehr des Almosens und einer neuen Spendenökonomie für Bedürftige zu orientieren scheint und darin Unterstützungsmaßnahmen aufbietet, die wenig dazu beitragen, die Situation der Betroffenen zu verändern, sie ist lediglich an Linderung orientiert und hinsichtlich einer selbständigen Lebensführung wenig zielführend.

Die hier diskutierten Praktiken der Suppenküchen und der karitativen Notversorgung formen sich zu einer Basisversorgung für Menschen heraus, die in Armut bzw. in extremer Armut leben. Sie erfahren eine immer größere Nachfrage und scheinen unbestritten wichtig zu seien, sie stellen ein neues und essentielles Element im System sozialer Hilfen dar. Doch sie führen eben auch Elemente der historisch rekonstruierten Armenspeisung mit sich. Neben der schon diskutierten Bedeutung des Gebens sind, wie auch bei den historischen Vorläufern dieses Musters, vor allem die Modalitäten für die Vergabe generell ziemlich vage. Die ungeregelte und eher zufällige Spendenbereitschaft garantiert keine bedürfnisgerechte Unterstützung, die Vergabe richtet sich selten nach der individuellen Notlage, es wird zudem nur verteilt, so lange der Vorrat reichte. Darin lebt die Tradition der Armenspeisung fort – und insofern auch ein Blick auf Armut, der sich darin transportiert.

Doch es gibt gar keinen Zweifel: Gäbe es diese Angebote nicht, dann würde sich das Elend schlagartig erhöhen. Das ehrenamtliche Engagement der Akteure verdient die Hochachtung und den Respekt aller, die sich damit beschäftigen. Doch dies ist nicht alles. Skepsis und Zweifel sind angemessen, um das Geschehen in seinen Kontexten angemessen zu analysieren.

Zum einen ist dies keine professionelle Soziale Arbeit, die das Ziel der Integration und der Förderung von eigenständiger Lebensführung hat. Es sind Gaben und Almosen, die lediglich versorgen und kaum zur Selbstorganisation der Menschen beitragen. Sie befähigen nicht, sie lindern allerhöchstens Elend. Zum anderen zeigt sich hierin eine Normalisierung von Armut, die schon gar nicht mehr verändert sondern in ihren Auswirkungen allerhöchstens begrenzt und punktuell gelindert werden soll. Zudem ist die Hilfe durch die Tafeln kein Anspruch, den Menschen haben, sie ist ein Almosen, das sie entgegen nehmen dürfen, wenn sie davon wissen, es in ihrer Nähe eine Tafel gibt und dann auch noch genügend da ist.

Das Fatale daran ist, dass diese Instanzen der Basisversorgung einerseits notwendig sind.[6] Andererseits schreiben sie aber auch das Elend fest, indem sie es nur noch verwalten, besänftigen und lindern. Das aber ist ja auch nicht ihr Ansatz: Sie können nicht an den Ursachen arbeiten, sie aktivieren keinen gesetzlich geregelten Anspruch, sie sind keine Instanz des wohlfahrtstaatlichen Arrangements, sie ergänzen und ersetzen lediglich. Sie wollen und können Menschen nicht durch professionelle Soziale Arbeit bemächtigen, sich selbst zu helfen, sie wollen einfach nur da sein, helfen und Leid (vor allem Hunger) vermindern. Das aber ist essentiell für die Zweite Klasse der Sozialen Arbeit und es zeigt schonungslos den schon erörterten Charakter des Almosens: Die Empfangenden werden davon abhängig bzw. können sich darauf einstellen. Letztlich lässt sich dies mit Sennet (1998: 131) zuspitzen: Almosen („Sozialhilfe" im weiten Sinn) können leicht zum „Synonym für Demütigung" werden; durch sie werden Menschen mitunter zu bloßen Zuschauern ihrer eigenen Bedürfnisse, zu Konsumenten der ihnen gewährten Hilfe.

Elend wird so aber verfestigt, Menschen verweilen weiterhin in ihrer Marginalisierung und haben eigentlich keine Chancen mehr ihren Verhältnissen zu entkommen. Mit dem regelmäßigen Almosen werden diese zu Nehmenden, die auf die nächste Mahlzeit warten. Armut wird verstetigt und die Betroffenen werden noch mehr zur Randgruppe der Armen und Überflüssigen. Damit konnte man sich vielleicht noch in früheren Zeiten abfinden. In einer modernen Gesellschaft kann dies nicht das Maß aller Dinge sein. Und doch scheint es diese Richtung zu nehmen.

Soziale Arbeit spaltet sich: Eine Zwei-Klassen-Sozialarbeit hat zwei Elemente, die sich sozusagen polar gegenüberstehen. Diese stellen sich in zwei Klassen der Unterstützung und der Hilfestellungen dar: Zum einen eine professionelle und individuelle Beratung und Betreuung auf einer sozialwirtschaftlichen Basis, die jene Förderung und Unterstützung bietet, die zur Zielerreichung der Hilfe, zur adäquaten Umsetzung des Hilfeplans, notwendig sind. Zum anderen eine Grundversorgung durch Suppenküchen, Tafeln, Kleiderkammern, Almosen und kommunale Notunterkünfte, die wesentlich ehrenamtlich oder auf einem eher niedrigen professionellen Niveau organisiert und angeboten wird, deren Ziel aber lediglich Versorgung und Linderung somit aber kaum Aktivierung und Integration sind.

Soziale Arbeit kommt dort an, wo sie schon immer stand, nur wird dies jetzt deutlicher: Aktivierung und Training der Fähigen und Erfolgversprechenden auf der einen Seite, Versorgung und Verwaltung des Elends auf der anderen Seite. Das Erste ist für die Träger und Einrichtungen auch weiterhin lukrativ, da es über Leistungsvereinbarungen abgerechnet werden kann, es ist zudem methodisch hoch professionalisiert und wird durch die derzeitigen Reformen verstärkt. Das Zweite

---

[6] Sie verteilen ja nicht nur dringend benötigte materielle Güter, sie geben ja auch menschliche Wärme durch mitfühlende Zuwendung, manche Tafeln werben sogar damit!

lebt von niedrigen Budgets, von Spenden, von Almosen und wesentlich von Niedriglöhnen, die es auch in der Sozialen Arbeit immer mehr gibt, und vom Ehrenamt. Dieses neue Management des Elends bedient erfolgreich das schlechte Gewissen einer eigentlich reichen Gesellschaft, wie es ja für die gesellschaftliche Almosenpraxis seit dem frühen Mittelalter vielfältig analysiert wurde. Barmherzigkeit erlebt eine faszinierende Renaissance. Der Arme wird so auch in unseren Zeiten wieder zur notwendigen Entlastung der Wohlhabenden. Armut erhält funktional jene brisant alte und zugleich neue Bedeutung: über die Gabe an den Armen kann sich eine wohlhabende Gesellschaft entlasten ohne sich zu ändern. Barmherzigkeit reagiert auf einen erkennbaren Bedarf und fördert zugleich den Status derer, die geben. Allerdings fragt Barmherzigkeit kaum, woher ihr Anlass, die Armut eben, kommt. Diese ist da, einfach nur noch da, sie gehört zum Leben wie der Wohlstand auch. Dass sie dabei etwas mit diesem zu tun haben könnte, gar von ihm ausgelöst oder zumindest verstärkt wurden, das interessiert kaum noch jemand, allerhöchstens Akteure aus dem Bereich kritischer Wissenschaft und kritischer Politik. Es schert aber schon gar schon gar nicht jene, die spenden und sich darüber freuen, dass sie ein gutes Werk getan haben.

6 Zur Ausstimmung

Heiner Geißler, ein ehemaliger Sozialminister, hat vor einigen Jahren ein kleines Bändchen vorgelegt: Was würde Jesus heute sagen? Darin lesen wir zur Debatte über Menschenbilder und Nächstenliebe, also Unterstützung:

> „Der Mensch ist ein Sozialwesen. Er kann ohne andere Menschen nicht leben. […]
> In einem modernen Industriestaat zeigt sich Nächstenliebe nicht mehr allein in Lazaretten und warmen Suppen. Für 80 Millionen Menschen sind auch soziale Sicherungssysteme nötig, Absicherung der Lebensrisiken wie Alter, Krankheit, Unfall, Arbeitslosigkeit, Pflegebedürftigkeit und ein soziales Arbeitsrecht mit Kündigungsschutz. Dieses Menschenbild ist ein großes Versprechen, das auch eingelöst werden muss […] Die Forderung der Nächstenliebe ist […] der revolutionäre Kern der evangelischen Botschaft." (Geißler 2004: 28 f.)

Am Ende seines Buches verweist er deshalb auf jene Endzeitrede, die Jesus zwei Tage vor dem Passahfest im Tempel von Jerusalem gehalten hat und dabei den politischen Inhalt seiner Botschaft zusammen fasste. Die eine Hälfte richtet sich dabei an diejenigen, die es gut gemacht, die zweite Hälfte an diejenigen, die es schlecht gemacht haben. Denen, die es gut gemacht haben, sagt Jesus: „Kommt her, ihr seid von Gott gesegnet, denn ich war hungrig, und ihr habt mir zu essen gegeben; ich war durstig, und ihr habt mir zu trinken gegeben; ich war fremd und

obdachlos, und ihr habt mich aufgenommen; ich war nackt, und ihr habt mir Kleidung gegeben; ich war krank, und ihr habt mich besucht; ich war im Gefängnis,
und ihr seid zu mir gekommen." Auf die Frage seiner Mitstreiter, wann sie das
alles getan haben sollen, sagt Jesus schlicht: „Was ihr für einen meiner geringsten Brüder getan habt, das habt ihr mir getan." Daraus lässt sich, aus christlicher
und humanistischer Sicht, die Praxis der Suppenküchen ableiten, doch auch die
Notwendigkeit zum Protest in einer Welt, in der Suppenküchen nur noch eine
Notversorgung darstellen und es eigentlich um die Würde, die Achtung und die
Anerkennung der Anderen als Menschen geht, um eine Würde, die ihnen laut Kant
als Menschen prinzipiell innewohnt.

Die Moderne ist ambivalent und deshalb muss genau dies betont werden:
Sowohl die Tafeln und Suppenküchen als auch der Protest gegen die darin transpor-
tierte Sicht auf das Soziale sind erforderlich in einer Zeit, die vorrangig den Primat
der Ökonomie und das Recht der Profiteure betont. Darin sollten wir uns zugleich
der Dialektik jener einzigartigen Werte des Humanismus und der Menschlichkeit
vergewissern, die in der europäischen Kultur seit 2.000 Jahren gewachsen sind
und noch immer Gültigkeit beanspruchen (Bolz 2009). Aus ihnen kann Persistenz
gegen die Bedrohungen des beschleunigten Wandels wachsen.

Literatur

Bauman, Zygmunt (2005): Verworfenes Leben. Hamburg.
Bolz, Norbert (2008): Das Wissen der Religion. München.
Bude, Heinz (2008): Die Ausgeschlossenen. München.
Butterwegge, Christoph (2005): Krise und Zukunft des Sozialstaates. Wiesbaden.
Geremek, Bronislaw (1998): Geschichte der Armut. Frankfurt a. M.
Huthmacher, Christine (2008): Die wichtigsten Ergebnisse der Studie. In: Merkle, Tanja/
    Wippermann, Carsten (Hg.): Eltern unter Druck. Selbstverständnisse, Befindlichkeiten
    und Bedürfnisse von Eltern in verschiedenen Lebensewelten, Berlin, 1–25.
Jütte, Robert (2000): Arme. Bettler, Beutelschneider. Weimar.
Kessl, Fabian/Reutlinger, Christian/Ziegler, Holger (2007) (Hg.): Erziehung zur Armut.
    Soziale Arbeit und die Unterschicht. Wiesbaden.
Krünitz, Johann Georg (o. J.): Oeconomische Encyclopädie oder Allgemeines System,
    242 Bände, Berlin 1773–1858; Artikel Speiseanstalt, zit n.: http://www.kruenitz1.
    uni-trier.de/xxx/s/ks23951.htm (Zugriff am 13.6.2010)
Lessenich, Stephan (2008): Die Neuerfindung des Sozialen. Der Sozialstaat im flexiblen
    Kapitalismus. Bielefeld.
Lutz, Ronald (2008): Perspektiven der Sozialen Arbeit. In: Aus Politik und Zeitgeschichte,
    12/13, 3–10.
Malyssek, Jürgen/Störch, Klaus (2008): Wohnungslose Menschen. Ausgrenzung und
    Stigmatisierung. Freiburg.

Mollat, Michel (1987): Die Armen im Mittelalter. München.

Sachße, Christoph/Tennstedt, Florian (1998): Geschichte der Armenfürsorge in Deutschland, Band 1 und Band 2. Stuttgart.

Pilz, Frank (2004): Der Sozialstaat, Ausbau – Kontroversen – Umbau. Bonn.

Sennet, Richard (1998): Der flexible Mensch. Die Kultur des neuen Kapitalismus, Berlin

Vogel, Berthold (2009): Wohlstandskonflikte. Soziale Fragen, die aus der Mitte kommen. Hamburg.

Voß, G. Günther/Pongratz, Hans, J. (1998): Der Arbeitskraftunternehmer. Eine neue Grundform der Ware Arbeitskraft? In: Kölner Zeitschrift für Soziologie und Sozialpsychologie, 1, 131–158.

Von Brotkörben und anderen Lebensmittelausgaben[1]

Winfried Reininger

Zusammenfassung

Der Beitrag verdeutlicht, dass in der öffentlichen Wahrnehmung der rechtlich geschützte Markenname „Tafeln" dominant ist, obwohl es auch gleichwertige aber anderslautende Initiativen der Lebensmittelverteilung gibt. Aus erster Hand wird von der Gründung eines „Brotkorbs" berichtet. Deutlich wird dabei die Bedeutung von Rahmenverträgen mit Lebensmittellieferanten im Sinne einer Kritik am Monopolanspruch des Interessenverbandes der Tafeln. Der Beitrag schließt ab mit Überlegungen zur Durchsetzung von Qualitätsstandards, wobei die drei Kriterien Würde des Menschen, individuelle Armutsbekämpfung und Einsatz für soziale Gerechtigkeit im Mittelpunkt stehen.

1 „Tafel" als geschützter Markenname

Der Begriff „Tafel" ist zum Markenprodukt geworden. Der Bundesverband „Deutsche Tafel e. V." (im Folgenden: Bundesverband) hat ihn sich sogar rechtlich schützen lassen. Wer ihn ohne Genehmigung des Bundesverbandes benutzt, bekommt Ärger. So geschehen im Rhein-Main-Gebiet: Die dortige Pfarrgemeinde St. Elisabeth hat 2003 eine Lebensmittelausgabe für Bedürftige organisiert und ihr dem Namen „Lisbeth-Tafel" gegeben. Nachdem der Name öffentlich bekannt war, bekam der Pfarrer der Gemeinde einen Anruf eines Rechtsanwalts, dass er diesen Namen „Tafel" nicht mehr benutzen darf. Die Pfarrgemeinde zog daraus die Konsequenzen und nun heißt die Initiative „Lisbeth-Korb".

Soweit ist die Sache ärgerlich, aber lösbar. Man kann ja andere Namen wählen. Viele Lebensmittelausgaben im Bistum Mainz haben das getan. Von den mir bekannten etwa 20 Lebensmittelausgaben im Bistum Mainz, die in irgendeiner Form in kirchlicher Trägerschaft sind, hat sich etwa die Hälfte dem Bundesverband angeschlossen. Andere tragen andere Namen etwa: „Brotkorb", „Oase" oder „Haltestelle". Bei der Gründung einer Lebensmittelausgabe kann man sich ja entscheiden, ob man sich der Bewegung anschließt oder eigene Wege geht.

---

[1] Dieser Beitrag wurde erstmals als Positionspapier im Online-Portal tafelforum.de veröffentlicht. Herzlichen Dank für die Möglichkeit der Veröffentlichung im Kontext dieses Bandes.

2   Erfahrungen mit der Gründung eines „Brotkorbs" und exklusiven Rahmenverträgen mit Lebensmittellieferanten

Leider ist die Sache nicht ganz so einfach. Bei der Gründung des „Brotkorb AKK" habe ich selbst erlebt, was dies bedeutet. In den Wiesbadener Vororten Amöneburg, Kastel und Kostheim (kurz AKK), einem Sozialraum mit etwa 25.000 Einwohnern, der viele Lebensbezüge nach Mainz aufweist, planten wir 2004 die Gründung einer Tafel in einem kirchlichen Stadtteilzentrum. Es war wie überall: Die Idee schlug sofort ein. Noch bei keinem sozialen Projekt, das ich initiiert habe, kamen so schnell so viele ehrenamtliche Helferinnen und Helfer zusammen. Nur über Mundpropaganda veröffentlicht saßen beim ersten Planungstreffen bereits mehr als 20 Ehrenamtliche zusammen. Um Informationen zu erhalten wie man eine Lebensmittelausgabe organisiert, nahmen wir Kontakt mit der Tafel Wiesbaden auf. Die dortigen Ehrenamtlichen waren auch hilfreich, gaben uns notwendige Tipps. So wurde auch die Idee geboren, die neue Lebensmittelausgabe als Außenstelle der Wiesbadener Tafel zu gründen. Der Vorschlag wurde im Vorstand der Tafel Wiesbaden diskutiert und abschlägig beschieden. Das kann man noch verstehen. Weniger verstanden wurde allerdings die Nachricht, dass auch die Gründung einer Tafel in AKK nicht möglich sei, da der räumliche Abstand zur Ausgabestelle in Wiesbaden zu gering sei. Wer bestimmt eigentlich, dass Standorte von Tafeln einen Mindestabstand von 15 Kilometern haben müssen? Und welchen Sinn macht diese Regelung, die nicht zwischen einem Ballungsraum und einem schwach besiedelten Raum unterscheidet?

Die Ehrenamtlichen zogen die Konsequenzen und gründeten daraufhin den „Brotkorb AKK" in Trägerschaft der örtlichen katholischen Pfarrgemeinde. Die Anfangsjahre waren recht „erfolgreich". Es fanden sich zahlreiche Helfer und Unterstützer. Die Zahl der Kunden wuchs stetig. Im Bereich des Stadtteil gibt es viele Lebensmittelgeschäfte: Hit, Tengelmann, Lidl zogen mit. Backwaren kamen von den örtlichen Bäckereien. Ein Landwirt versorgte die Initiative regelmäßig mit frischem Gemüse.

Doch nach einiger Zeit stellten sich Probleme in der Beschaffung der Lebensmittel ein. Plötzlich sagten die Marktleiter der Supermärkte: „Es tut mir leid, ich darf Ihnen nichts mehr geben. Es gibt eine Anweisung der Zentrale, die Spenden nur noch an die Tafel Wiesbaden auszugeben." Diese Erfahrung ist typisch, sie wurde mir auch von anderen unabhängigen Lebensmittelausgaben geschildert.

Der Hintergrund: Der Bundesverband der Tafeln schließt nach meiner Kenntnis auf Bundesebene mit den großen Lebensmittelkonzernen z. B. Aldi, Metro, Rewe Rahmenverträge über die Belieferung der Tafeln ab. Was als Unterstützung der Tafeln gedacht ist, entzieht den lokalen, nicht im Bundesverband der Tafeln organisierten Lebensmittelausgaben den Nachschub an Lebensmitteln. Diese Exklusivverträge drücken das Engagement von kleinen Initiativen bürgerlichen Engagements an die Wand. Bestehende Initiativen werden ausgetrocknet, neue haben keine Chance, wenn sie sich nicht dem Bundesverband der Tafeln anschließen. Ich vermute, man will damit einen Konkurrenzkampf der Lebensmittelausgaben um die Spenden verhindern. Man kann die Sache aber auch anders sehen: Hier arbeitet ein Verband mit Monopolanspruch.

3   „Wilde" und andere Tafeln

Nun erfahre ich, dass die unabhängigen Initiativen, die sich zum Teil in der Trägerschaft von Kirchengemeinden oder Wohlfahrtsverbänden befinden, vom Bundesverband als „wilde Tafeln" bezeichnet werden. Das klingt nach Wildwuchs und nach Chaos. Der Begriff muss verwundern. Spricht die Firma Aldi über Lidl, Penny und Co von „wilden Discountern"? Oder spricht die Caritas als Initiator der Sozialstationen von den privaten Anbietern von „wilden Pflegediensten"?

Nach meiner Beobachtung sollte man eher über „arme Tafeln" und „reiche Tafeln" sprechen. Bei den Überlegungen zur Neugründung einer Lebensmittelausgabe habe ich erlebt, wie die Beratung der Gründer durch Ehrenamtliche aus anderen Initiativen lief. Es wurde deutlich: „Schließt ihr euch dem Bundesverband der Tafel an, dann ist der Nachschub an Lebensmitteln leichter gesichert, und ihr bekommt recht günstig ein Kühlauto der Firma Mercedes Benz. Ihr müsst euch aber den Regeln der Tafel unterwerfen, was manchmal nervt. Tretet ihr mit einem eigenen Namen auf, seid ihr freier in der Gestaltung eures Angebotes. Es wird aber recht schwer sein an Lebensmittel heranzukommen." Wie *frei* ist vor diesem Hintergrund die Entscheidung?

4   Überlegungen zur Durchsetzung von Qualitätsstandards

Begründet wird das Gebaren eines Monopolisten nach meiner Beobachtung mit der Durchsetzung von Qualitätsstandards in den Initiativen. Das Argument kann wenig überzeugen. Warum sollten andere Initiativen nicht genauso auf Qualität achten können, wie die Initiativen, die sich dem Bundesverband angeschlossen haben? Mir sind sogar Lebensmittelausgaben bekannt, die im Rahmen eines Qualitätsmanagementprozesses des örtlichen Caritasverbandes auditiert und zertifiziert worden sind.[2]

Mich bewegt vielmehr die Frage was „Qualität" für die Lebensmittelausgaben eigentlich bedeutet. Natürlich müssen unbedingt Hygienestandards und anderes

---

[2] Zur Zertifizierung: Ob dies besonders sinnvoll ist, ist eine andere Frage.

in den Initiativen beachtet werden. Aber macht sich daran die Qualität fest? Ich werde zunehmend unruhiger, wenn ich leitende Ehrenamtliche, Sozialarbeiter und Seelsorger in den Besprechungen über Hygienestandards und Lieferscheine so engagiert diskutieren höre, als ob sie Marktleiter eines Lebensmittellladens seien. Nach meiner Auffassung sind hingegen folgende Qualitätskriterien wichtig:

a)   Wahrung der Würde der betroffenen Menschen
Wenn man „Kunde" einer Tafel oder eines Brotkorbs ist, dann wird die eigene Bedürftigkeit öffentlich. Man reiht sich in die Schlange ein, wird Bittsteller. Dass die Bezahlung der Waren die Bedürftigen zu „Kunden" macht, ist eine Illusion. Deswegen sollten wir uns mit folgenden Fragen beschäftigen:

- Wie kann vermieden werden, dass die Menschen vor den Ausgabestellen Schlange stehen und so ihre Not öffentlich wird? Gibt es Räume, in denen sich die Kunden vor Öffnung der Tafel aufhalten können. Gibt es Möglichkeiten der Begegnung, der Beratung und die Chance zur Solidarisierung?
- Viele Ausgaben arbeiten mit Systemen, um dem unkoordinierten Andrang der „Kunden" Herr zu werden. Die Konkurrenzsituation und die Disziplinierung der Bedürftigen ist entwürdigend. Wie kann man hier gegensteuern?
- Wie wird Begegnung zwischen den Helfern und den Kunden möglich? Die ständige Optimierung der Abläufe verdrängt vielerorts diesen Charakter.
- „Geben ist seliger als Nehmen.": Wie können die Kunden an der Aktivität beteiligt werden? Ist es möglich, einige von Abnehmern zu Beteiligten zu machen?
- Führt häufig nicht schon die Lage der Räumlichkeiten der Ausgabestellen zu einem Stigma und zu einer Ausgrenzung? Wie können die Initiativen in bestehende Stadtteilzentren, Bewohnertreffs oder in kirchliche Pfarrzentren integriert werden?

b)   Individuelle Armutsbekämpfung
Die Lebensmittelausgaben sind eine Methode zur besseren Bewältigung der materiellen Not. Sie verändern aber nur selten die Situation der Betroffenen. Was kann getan werden, um die Betroffenen aus der Armut heraus zu führen? Gibt es an den Orten der Initiativen auch die Möglichkeit der Sozialberatung, der Schuldnerberatung, der Information (Zeitungen, Internetzugang etc.) oder der Beschäftigung und Qualifizierung?[3]

---

[3] Vgl. zu diesem Aspekt der „Anwaltschaft" auch den Beitrag von Matthias Bruckdorfer und Silke Köser in diesem Band.

c)   Einsatz für soziale Gerechtigkeit

Lebensmittelausgaben entstehen aus Barmherzigkeit. Es wäre auch aus meiner Sicht zynisch, dieses Engagement zu beenden, weil hier die Ursachen der Armut nicht behoben werden, sondern eher zementiert werden. Aber Barmherzigkeit fordert den Einsatz für Gerechtigkeit. Die Tafelbewegung darf sich auf Dauer nicht mit dem guten Gefühl zufrieden geben, den „Armen" geholfen zu haben. Sonst läuft sie Gefahr, mehr am Aufbau einer Institution, am Erfolg und am Image-gewinn interessiert zu sein als an der Bekämpfung der Not der Bedürftigen. Sie muss sich auch sozialpolitisch dafür einsetzen, dass in Deutschland zumindest das soziokulturelle Existenzminimum gesichert ist.

Nach meiner Einschätzung steht die Tafelbewegung am Scheideweg: Wenn sie die Armut wirksam bekämpfen will, dann muss sie politischer werden und darauf hin arbeiten, dass es in Deutschland keine Tafeln mehr geben muss. Dann verlangt man von ihr allerdings auf ihre eigene Abschaffung hinzuarbeiten. Ich weiß: Das ist sehr viel verlangt!

Tafeln als sozialraumorientiertes Angebot

Manfred Thuns

Zusammenfassung

Der Grundgedanke der Tafel von der Umverteilung des Überflusses bleibt in unserem Verständnis von Sozialarbeit ambivalent und problematisch. Für sich betrachtet birgt die Idee von der Umverteilung des Überflusses an Menschen mit Bedarf eine schlüssige Logik in sich. Zum anderen reduziert sich die Praxis auf eine pragmatische Notversorgung. Wenn allerdings die Tafel über die freie Ausgabe von Lebensmitteln hinaus Armut bekämpfen will, dann muss sie sich in die Sozialraumorientierung der Sozialarbeit in die Praxis der Tafel einbinden lassen. So liegen diesem Beitrag die Erfahrungen der Tafelangebote zu Grunde, wie sie in der Caritas in Berlin und Brandenburg praktiziert werden. Die Darstellung der konzeptionellen Grundlagen dient hier der Einordnung dieser Praxis von Tafel in ein sozialraumorientiertes Konzept.

1 Einleitung

Die Verbreitung der Tafeln und die zunehmende Ausdifferenzierung des Angebotes mit Lebensmittelläden, Sozialkaufhäusern, Kleiderkammern, Suppenküchen und Mittagstischen für Kinder kann nicht als Weiterentwicklung der Sozialarbeit gewertet werden. Die Angebote der Tafel bilden sich zwar entlang der Entwicklung von Langzeitarbeitslosigkeit und Armut aus, haben aber mit Armutsbekämpfung vom Grunde her nichts zu tun (vgl. Selke 2008). Sie kommen als scheinbar innovative Konzepte der Wohlfahrt in Mode. Mit der Etablierung von Tafeln als Regelangebot der Armutsversorgung bildet sich zwar die sozialpolitische Realität ab, wie sie auch in den Sozialatlanten der Kommunen und Länder dokumentiert ist. In der Praxis leisten sie aber eine Soforthilfe für Menschen, die ihren Lebensunterhalt nicht aus eigenem Einkommen bestreiten können. Besondere Aufmerksamkeit erfahren derzeit Angebote für Kinder im Rahmen von Kindersuppenküchen oder vermeintlich anspruchsvolleren Kindermittagstischen.

Daraus resultieren mehrere Probleme. Tafeln konstruieren einen eigenen Markt, und auf diesem Markt wachsen konkurrierende Angebote und monopolhafte Strukturen[1], in denen es um den besten Zugang zu den überschüssigen Lebensmitteln und Waren geht. Sie werden zum Gegenstand von Fundraising und Marketing; mit der Erschließung des Themas für Kinder eignen sie sich dafür auch zunehmend besser. Diese Entwicklung bleibt für die Wohlfahrt nicht folgenlos. Das Angebot der Tafeln koppelt sich von seinem Ursprung der Verteilung des Überflusses noch deutlicher ab und droht, zum reinen Selbstzweck zu werden. Der sozialpolitische Anspruch, die strukturellen Ursachen der Armut zu bekämpfen, wird durch den Ausbau des Angebotes unterlaufen und die Glaubwürdigkeit der teilnehmenden Wohlfahrtsverbände, Anwalt für Menschen in Armut zu sein, leidet. Armut aber ist eine ungerechte Lebenssituation, und das in einem doppelten Sinn: Zum einen weist sie auf eine existenzbedrohende Mangelsituation hin. Zum anderen schränkt sie die selbstbestimmte gesellschaftliche Teilhabe der Menschen drastisch ein. Menschen in dieser Lebenslage werden an den Rand der Gesellschaft gedrängt[2] und bringt sie in die Situation, auf die Hilfe der Wohlfahrt und auf Transferleistungen, also Leistungen der Grundsicherung, zur Sicherung ihres Lebensunterhaltes angewiesen zu sein.

Inzwischen hat sich ein reflexiver Diskurs um die Tafel entwickelt (Selke 2008, 2009), innerhalb dessen auch die Wohlfahrtsverbände Position beziehen und über die akute Versorgung hinaus existenzsichernde Regelleistungen und die strukturelle Bekämpfung der Arbeitslosigkeit fordern (müssen). Das impliziert eine kritische Haltung zur modernen Entwicklung von Tafeln, die auch eine ethische Haltung abverlangt und die zugleich überprüfen muss, ob die Werke der Barmherzigkeit, wie nämlich das Sammeln von Lebensmitteln, um allen Menschen das täglich Brot zu geben und das Sammeln von Kleidung, um die Bedürftigen zu kleiden, die zeitgemäßen und adäquaten Hilfen sind. Jede andere Positionierung birgt ein resignierendes Anerkennen von gesellschaftlicher Ausgrenzung als eine Realität in sich, die es als ein scheinbar unabänderlicher Bestandteil unserer Gesellschaft hinzunehmen gilt. Das Verteilen überschüssiger Lebensmittel und Waren bleibt in unserer wirtschaftlich starken Gesellschaft und angesichts eines steigenden Armutsrisikos ein Ausreichen von Almosen und ist historisch betrachtet als Armenspeisung keine innovative Strategie der Armutsbekämpfung. Zugleich ist die Ausbreitung, die Selbstverständlichkeit und sogar die Preiswürdigkeit von Tafeln Anlass zur Sorge, weil die Empfänger der Wohltat Gefahr laufen, in die Parallelwelt des Geschäftes mit der Armut abgedrängt zu werden.

Dann aber wird der sozialpolitische Impetus der Integration der von Ausgrenzung und Armut bedrohten Menschen umgekehrt in eine Akzeptanz ihrer Lebenssituationen. Tafeln lindern dann nicht nur akute Not, sondern werden zu einem Regelangebot (Selke 2008), das weniger die Integration, sondern einen

---

[1] Vgl. zum Aspekt der Monopolisierung auch den Beitrag von Winfried Reininger in diesem Band.
[2] Vgl. zum Aspekt der Marginalisierung auch den Beitrag von Ronald Lutz in diesem Band.

eigentümlichen Markt im Blick hat, auf dem es um die Umverteilung von Waren geht. Aus der Idee ist inzwischen sogar die *Tafel als Zwischenhändlerin* der Waren hervor gegangen, die von den Groß- und Supermärkten abgegeben werden. Die Tafel reicht die Waren nicht mehr ausschließlich an bedürftige Menschen aus, sondern beliefert allein in Berlin rund 300 Projekte der Jugendhilfe und der Wohnungslosenhilfe, damit diese wiederum für ihre Suppenküchen und Mittagstische die Akquise der Lebensmittel nicht selbst unternehmen müssen.

Dieses Risiko wächst umso mehr, je mehr die Tafel Selbstzweck wird und konzeptionelle Ansprüche hinter Eigeninteressen von Tafelbetreibern zurückgehen, die auf die Verstetigung der Tafeln im Hilfesystem hinauslaufen (vgl. Selke 2010). In diesem Falle brauchen die Tafeln die Armen und den Markt ihrer Versorgung. Das Angebot der Tafel macht aber nur Sinn, wenn es in eine Strategie und in ein fachliches Konzept einbezogen wird. Konkret heißt das, Tafeln sind in den Kontext der Leistungen ihrer Leistungserbringer einzubinden. Insofern geht es um die Rückbesinnung auf die Handlungsmaximen und Methoden der Sozialarbeit. Unter der Handlungsmaxime der Lebenswelt- wie der Sozialraumorientierung ist Sozialarbeit heute ganz wesentlich eine Netzwerkarbeit, die zugleich die individuellen Zugangschancen der Menschen zur gesellschaftlichen Teilhabe ermöglicht und sichert. In dieser Perspektive, die inzwischen auch die soziale Gesetzgebung erreicht hat, wird die gesellschaftliche Relevanz sozialer Probleme der zentrale Bezugspunkt. Im Vordergrund steht der Zugang zu Ressourcen wie Bildung und Arbeit, aber auch zu sozialem Kontakt und Beratung. Die Menschen, die das Angebot der Tafel in Anspruch nehmen, leben in psychosozialen Belastungssituationen. Das erfordert die Vernetzung von Menschen und Hilfen.

2   Konzeptionelle Grundlagen

Wir leben in einer Gesellschaft, die auf Leistung und Arbeit aufbaut. Einkommen aus Erwerbstätigkeit gilt nicht nur als zentrales Moment der Selbstverwirklichung, sondern wird als solches auch erfahren. Noch vor den als ausgrenzend erlebten Beeinträchtigungen, die durch ein sinkendes Einkommen selbst oder in den Bereichen der Wohnqualität, der Gesundheit und Bildung bestehen, gilt für die Betroffenen die Erwerbsarbeit als wichtigster Faktor für gesellschaftliche Zugehörigkeit und Teilhabe (FES 2006). Das entspricht der Wertigkeit von Erwerbsarbeit in unserer Gesellschaft, die in der Debatte um die Armutsbekämpfung ohnehin als der plausibelste Schutz vor sozialer Ausgrenzung, Armut und Verelendung gilt. Ein Leben in wirtschaftlicher Eigenständigkeit gründet in unserer Gesellschaft in der Regel auf Erwerbstätigkeit als Grundlage für die selbstbestimmte und soziokulturelle Entfaltung des Menschen. Deshalb kommt auch der Integration in Arbeit in der Sozialarbeit ein so hoher Stellenwert zu. Das hat auch einen psychologischen Sinn, denn Arbeit und Leistung sind wesentliche Komponenten des Selbstkonzeptes, und der Verlust der Arbeit hat Einfluss auf die Erfahrung Sinn stiftender Tätigkeit und daraus resultierender gesellschaftlicher Anerkennung. Der Wert der Arbeit liegt nicht allein in der nötigen Geld-, Lebensmittel- und Kleidungsbeschaffung, sondern in einer Verknüpfung von materieller Sicherheit durch das Einkommen mit beruflicher Karriere und sozialer Anerkennung. Mit der einschneidenden Erfahrung von Arbeitslosigkeit reißt diese Verknüpfung von Existenzsicherung, Sinn stiftender Tätigkeit und gesellschaftlicher Anerkennung dramatisch ab (Thuns 2003). Dabei ist das Risiko, arbeitslos zu werden, für immer mehr Menschen, die jetzt noch einer regelmäßigen Arbeit nachgehen, gestiegen (vgl. Frick/Grabka 2008). Das Risiko verschärft sich, wenn die Rückkehr in Arbeit nicht gelingt und die Menschen erwerbslos bleiben (FES 2008).

2.1 Lebenslage Armut

Wenn auch Arbeitslosigkeit selbst als Hauptursache für die Verarmung gilt, so ist allerdings das Risiko, von Erwerbsarbeit allein gar nicht mehr leben zu können, deutlich angestiegen. Dabei sind die am Arbeitsmarkt ohnehin benachteiligten Personengruppen überdurchschnittlich hoch betroffen. Seit dem 3. Armuts- und Reichtumsbericht wissen wir, dass es sich in besonderem Maße um langzeitarbeitslose Menschen handelt (BMAS 2008). Langzeitarbeitslosigkeit beeinflusst die Teilhabechancen und das psychosoziale Befinden der davon betroffenen Menschen erheblich.[3] Die finanzielle Lage wird sich in absehbarer Zeit nicht ändern, und das Gefühl, an den sozialen Rand gedrängt zu werden und keine gesellschaftliche Anerkennung mehr zu finden, bestimmt den Lebensalltag. Allein im Land Brandenburg sind 57,5 Prozent der arbeitslosen Menschen davon betroffen, da sie seit mehr als zwei Jahren ohne Arbeit sind. Und diese Gruppe wächst. Das Risiko der Langzeitarbeitslosigkeit betrifft insbesondere Frauen und ältere Arbeitssuchende überdurchschnittlich hoch. Für ältere Menschen bedeutet die Reduktion auf die Sicherung des soziokulturellen Existenzminimums schon jetzt deutlich niedrigere Rentenanwartschaften und macht Altersarmut zu einem grundlegenden Problem. Auch die Quote für Jugendliche unter 25 Jahren ist mit fast 10 Prozent viel zu hoch (MASGF 2008). Von einem erhöhten Armutsrisiko sind aber auch allein erziehende und gering qualifizierte Menschen sowie Menschen mit Migrationshintergrund betroffen (BMAS 2008).

   Gerade in den Metropolen stellt der Migrantenstatus ein erhöhtes Arbeitsmarkt- und damit ein Armutsrisiko dar. Dabei bestimmt maßgeblich der Auf-

---

[3] Vgl. zum Aspekt der Verstetigung bzw. Verzeitlichung von Arbeitslosigkeit auch den Beitrag von Rudolf Martens in diesem Band.

enthaltsstatus die Lebenssituation und damit den Zugang zu Arbeit, adäquatem Wohnraum, Bildung und medizinischer Versorgung. Handlungsbedarf besteht vor allem für die im Ausland erworbenen Berufsabschlüsse, da deren Anerkennung einen zügigen Zugang zum Arbeitsmarkt erwarten lässt. Der Mangel an gesellschaftlicher Wahrnehmung und damit die fehlende Wertschätzung ihrer lebensgeschichtlichen Besonderheiten und ihrer Bemühungen um Integration sind es, die zur Ausgrenzung von Migrantinnen und Migranten beitragen. Immer noch müssen sie sich insbesondere als Flüchtlinge und Asylbewerber aufgrund gesetzlicher Bestimmungen sozialer Marginalisierung aussetzen. Gerade der Zugang zur medizinischen Versorgung bringt Hilfsorganisationen in die Grauzone zwischen ethischer Verpflichtung und rechtlicher Wirklichkeit. Doch auch die Menschen, die aufgrund von Erkrankung, Vorruhestand, Erwerbsunfähigkeit oder Teilnahme an einer arbeitsmarktpolitischen Maßnahme keiner Erwerbstätigkeit nachgehen können, jedoch Transferleistungen beziehen, dürfen hier keinesfalls ausgeblendet werden. Die Struktur der Existenzsicherung ist also nicht nur unter dem Aspekt der Arbeitslosigkeit zu betrachten, sondern auch unter dem Aspekt von Erwerbstätigkeit, die ohne Transferleistung das zum Leben notwendige Einkommen nicht mehr sichert.

Eine erste Anlaufstelle der sozialen Hilfe stellt die Allgemeine Sozialberatung dar. Ihr Handlungsauftrag ist die Überwindung sozialer Probleme mit ortsnahen niedrigschwelligen Beratungsleistungen. Die Hilfe suchenden Menschen finden ohne aufwändiges Anmeldeverfahren zeitnah und in ihrem sozialen Raum Beratungsleistungen vor und können von dort im Bedarfsfall in weiterführende Hilfen vermittelt werden. Allein die Allgemeine Sozialberatung in Berlin-Moabit erreicht jährlich im Durchschnitt 1.100 Familien, Paare und allein stehende Menschen. Davon sind 47 Prozent der Rat suchenden Migranten und Asylbewerber, 53 Prozent der Menschen besitzen zwar die deutsche Staatsbürgerschaft, allerdings wird hier der Migrationshintergrund nicht gesondert erfasst. Die größte Gruppe bilden mit 39 Prozent Familien und Lebensgemeinschaften mit einem oder mehreren Kindern, gefolgt von allein erziehenden Eltern (24 Prozent) und allein stehenden Menschen (23 Prozent). Bei den anderen handelt es sich um Lebensgemeinschaften ohne Kind. Fast alle Rat suchenden Menschen (78 Prozent) sind im erwerbsfähigen Alter zwischen 25 und 50 Jahren. Der größte Beratungsbedarf mit rund 80 Prozent ergibt sich aufgrund ihrer langen Arbeitslosigkeit zu Fragen der Grundsicherung nach dem SGB II und dem SGB XII. Etwa 20 Prozent verfügen über ein eigenes Einkommen, welches sie aus einer Erwerbstätigkeit, aus dem Arbeitslosengeld I (ALG-I) oder Rente beziehen. Hier wird in der Regel zu Transferleistungen oder zu Beihilfen für Familien beraten (Thuns 2010).

Einen breiten Raum nehmen Beratungsleistungen zu Existenz sichernden Maßnahmen bei Zahlungsrückständen bei Vermietern, Energieversorgern, Mobilnetzanbietern und Kreditinstituten und zu hoher Verschuldung ein. Oft sind die

Menschen beunruhigt wegen angedrohter Räumungsverfahren, Vollstreckungs-
titeln und eidesstattlichen Versicherungen. Überschuldung führt nicht nur zu wirtschaftlicher, sondern auch zu psychosozialer Destabilisierung, denn aufgrund
der finanziellen Probleme verschärfen sich auch die familiären Konflikte und
die gesundheitlichen Probleme. Meist wird dann die Beratung zu ehelichen und
familiären Konflikten geführt, die immer dann zur Erziehungs- und Familienberatung hin weiter vermittelt werden, da in der Regel auch die Kinder betroffen sind.
Zudem ist Überschuldung ein Ausdruck von Armut und geht in der Regel einem
sehr niedrigen Einkommen und Arbeitslosigkeit einher, denn diese Haushalte
leben vom Bezug des Arbeitslosengeldes II (ALG-II) auf dem Niveau von Sozialgeld. In der Beratung um die Integration in Arbeit geht es in vielen Fällen um
fehlende Berufs- (57,7 Prozent) und Schulabschlüsse (40,6 Prozent). Hinzu treten
schwere psychische wie physische Erkrankungen, die in Zusammenhang mit der
Arbeitslosigkeit aufgetreten sind sowie Probleme in der Haushaltsführung und im
Marktverhalten. Eine unzureichende Haushaltskompetenz sowie ein ungeregeltes
Konsumverhalten mit der Tendenz zur Kreditfinanzierung, aber auch persönliche
Ereignisse wie Trennung, Scheidung oder Erkrankung können in die Schuldenfalle
führen. Bereits hier wird die umfassende Unterstützung für Menschen in Armut
zu einem Schlüsselbegriff, die gesellschaftliche Teilhabe sichern soll.

Armut lässt sich nicht mit existenzieller Not allein gleich setzen, sondern
beschreibt die besonderen Lebenslagen von Menschen, die aufgrund ihres zu
niedrigen Haushaltseinkommens vom Ausschluss an gesellschaftlichen Teilhabe-
prozessen bedroht sind. Die Folgen von Armut sind häufig schlechtere Wohnver-
hältnisse in belasteten Quartieren, zurückgehende oder eingeschränkte soziale
Kontakte, eine schlechtere Ernährung, mangelhafte Gesundheitsprophylaxe und
die beschriebene Überschuldung. Hinzu tritt eine kritische Veränderung der häuslichen Atmosphäre und Kommunikation. Existenzängste und die fehlende Perspektive und ausbleibende soziale Anerkennung führen zu erheblichen emotionalen
Belastungen. In dieser Situation ziehen sich Familien immer mehr zurück. Neben
der angespannten Kommunikation treten aggressive Verhaltensweisen und miss-
bräuchlicher Suchtmittelkonsum hervor. Zwar besteht eine Korrelation zwischen
missbräuchlichem Suchtmittelkonsum und sozialer Benachteiligung. Zudem ist
der Anteil sozial benachteiligter Menschen unter den Abhängigkeitserkrankungen
überdurchschnittlich hoch (MASGF 2008). Damit ist aber Armut nicht die Ursache
von Suchtmittelmissbrauch, auch dann nicht, wenn das Konsumverhalten mit dem
Grad der sozialen Deprivation ansteigt. Daraus folgt jedoch, dass Suchtmittelmissbrauch und Abhängigkeit das Armutsrisiko verstärken.

Alarmierend ist, dass trotz der Erkenntnisse um die Struktur der Armut gegenüber 1998 heute sogar 14 Prozent der Haushalte unter die Armutsgrenze fallen.
Vor zehn Jahren waren es noch 10 Prozent. Mit 19 Prozent ihrer Bürger unter
der Armutsgrenze bleiben die neuen Bundesländer in der Wertung des Armuts-

risikos vor den alten Bundesländern, die mit ebenfalls bedenklichen 13 Prozent ihrer Bürger unter der Armutsschwelle liegen. Ein wesentlicher Grund ist das Sinken des mittleren Jahreseinkommens, das besonders in den neuen Bundesländern rückgängig ist und selbst arbeitnehmende Menschen von Transferleistungen abhängig macht. Das Problem besteht jedoch nicht allein darin, dass nicht die finanzielle Unterstützung zur Lösung verhilft, sondern die Erwerbschancen selbst müssen verbessert werden (Frick/Grabka 2008). Die Armen sind also nicht nur mehr geworden, sondern auch ärmer. An dieser Schwelle stehen wir, wenn wir als Kristallisationspunkt unserer gesellschaftlichen Teilhabe die Erwerbsarbeit sehen. Allerdings laufen die Bemühungen zur Stärkung der Erwerbstätigkeit auch im Sinne einer sozialen Marktwirtschaft immer auf die Leistungsfähigkeit der Wirtschaft hinaus, während soziale Systeme traditionell geschwächt werden (vgl. Münchau 2006). Dort aber, wo der Sozialstaat seinen Pflichten gegenüber sozial benachteiligten Menschen nicht mehr nachkommt, etablieren sich Angebote wie die Tafel (Selke 2008).

2.2 Psychosoziale Auswirkungen der Armut für Familien

Allgemein verbinden sich mit der Vorstellung von Armut Bilder von wohnungslosen Menschen. Inzwischen werden aber selbst die Aufrufe differenzierter, die um Spenden für arme Menschen in der Mitte unserer Gesellschaft bitten. Zugrunde liegt die Tatsache, dass auch die Zugehörigkeit zur sogenannten Mittelschicht nicht mehr vor dem Risiko der Armut schützt (Selke 2009). Zu den Kunden der Tafel gehören immer mehr Menschen, die trotz des fest geglaubten Arbeitsplatzes aufgrund struktureller Veränderungen in die Arbeitslosigkeit geraten sind. Auch die Gruppe der älteren Menschen wächst, die eine Erwerbsbiografie mit Brüchen schreiben oder nach langer Arbeitslosigkeit beenden und im Alter finanziell nicht mehr ausreichend abgesichert sein werden. Hier entwickelt sich eine neue Altersarmut, der insbesondere durch armutsfeste Renten entgegen zu wirken ist. Einen besonderen Handlungsbedarf stellt der hohe Anteil von Familien und damit von Kindern und Jugendlichen an den von Armut betroffenen Menschen dar. Vor allem allein erziehende Mütter und ihre Kinder haben ein besonders hohes Risiko, von sozialen Leistungen leben zu müssen. Ein Viertel (25,3 Prozent) der Bedarfsgemeinschaften in Brandenburg waren allein erziehende Mütter mit minderjährigen Kindern. (MASGF 2008). Sie sind auch deshalb in diesem Ausmaß vom Armutsrisiko betroffen, weil die Mütter häufig nur eine Teilzeitbeschäftigung annehmen können, um Kindeserziehung und Beruf in Einklang zu bringen und bleiben somit häufig auf Transferleistungen angewiesen.

In der Allgemeinen Sozialberatung Berlin-Moabit stellen die Familien, die Lebensgemeinschaften mit Kindern und allein erziehende Eltern fast zwei Drittel

(63 Prozent) der Rat suchenden Menschen dar (Thuns 2010). Dabei ist zu beobachten, dass die Zahl der Kinder und Jugendlichen auch bei der Inanspruchnahme
von Leistungen der Tafel immer mehr gestiegen ist. Dieser Trend dokumentiert
sich in der wachsenden Zahl von Kindermittagstischen und dem größer werdenden Bedarf an Kinderkleidung, Schulmaterial und Spielzeug in den Tafelläden und Kleiderkammern. Unter materiell ungünstigen Bedingungen jedoch
sind problematische Sozialisationsverläufe in der Kindheit und Jugend durchaus
wahrscheinlich, denn diese Kinder erleben sehr drastisch soziale Ausgrenzung
und materielle Not als Folgen der Armut. Die Kinder leiden unter der Arbeitslosigkeit der Eltern auch deshalb, weil die Aussichtslosigkeit, Arbeit zu finden
und das Abrutschen an den sozialen Rand das Familienklima emotional belastet,
denn mit dem Verlust der Arbeit und dessen Wert für den Menschen droht nun
der Verlust der Würde. Die Kinder leben in einer affektiven Symbiose mit ihren
Eltern, insofern betrifft das Problem der Eltern immer auch sie. Resignation und
Frustrationen übertragen sich auf die Kinder und das Erleben häuslichen Sucht-
mittelmissbrauchs oder Gewaltanwendung infolge der sich verschlechternden Fa-
miliensituation können sich bei den Kindern in psychosomatischen Erkrankungen
wie in Verhaltensauffälligkeiten äußern.

Grundlegende Probleme wie angepasstes Sozialverhalten, Schule und Gesundheit lassen sich für Kinder nur bewältigen, wenn die Bedingungen ihrer
Sozialisation sichergestellt sind (Thuns 2003). Die ökonomische Desintegration
der Eltern allein erklärt die Entwicklung devianten Verhaltens nicht, denn die
Qualität der familiären Bindung hat primär Einfluss darauf, wie Kinder materielle
Problemlagen verarbeiten. Die Kompetenz der Familie, problematische Lebenssituationen zu bewältigen, ist von den materiellen Verhältnissen ebenso bestimmt
wie von den psychischen und bildungsbezogenen Ressourcen. Einkommens- und
Wohnverhältnissen sind ebenso wichtig wie die familiären Beziehungen und die
Bildungssituation der Eltern. Zwar hat die Teilhabe am Konsum für Kinder in
arbeitslosen Familien eine überdurchschnittliche Wichtigkeit (Jugendwerk der
Deutschen Shell 1997). Doch der Einstieg in eine delinquente Karriere kommt in
der Regel erst dann zustande, wenn die familiären Ressourcen nicht ausreichen, die
Sozialisation der Kinder zu sichern und diese beginnen, den Respekt vor Normen
zu verlieren. Diese Entwicklung beeinträchtigt auch die Kinder in ihrer Sozialisation, was insbesondere als Verhaltensauffälligkeit und Beeinträchtigung in der
Lern- und Leistungsfähigkeit auffällt.

2.3 Schule, Ausbildung und Arbeit

Die Integration in Arbeit bedeutet Zukunftssicherung und gesellschaftliche Teilhabe. Arbeitsfähigkeit und Berufsarbeit beziehen sich auf Leistung, die psycholo-

gisch betrachtet ein wesentlicher Aspekt des Selbstkonzeptes ist. Die Orientierung auf Leistung ist also früh angelegt. Bereits seit dem frühen Kindesalter, installiert durch den Bildungsanspruch der Kindertagesstätten, erfahren sich Kinder als Produzenten ihrer Erzeugnisse. Die Valenz selbst erzeugter Produkte geht in Zielkontrollen und abgefragte Lernerfolge über. Schon aus dieser Sicht bleibt Leistung transformiert in den Begriff der Arbeitsfähigkeit eine gesellschaftliche Normvorstellung. In diesem Kontext spielt die Erwerbstätigkeit, also das Einkommen aus Erwerbsarbeit, eine zentrale Rolle für das Selbstbild der Menschen. Das vorherrschende Primat des Realitätsprinzips unserer Gesellschaft bleibt die ökonomische Leistung. Im Vordergrund dieses Leistungsprinzips stehen die Anforderungen an die Arbeitsfähigkeit und Produktivität des Menschen.

Dieses Prinzip materialisiert sich in den Institutionen der Sozialarbeit. Zum Inbegriff von Eigenständigkeit, Unabhängigkeit und soziokultureller Entfaltung beherrscht die Integration durch Arbeit die Konzepte. Sie replizieren darin deren hohen Rang, auf den bereits die Bildungsinstitute wie Kindertagesstätte, Kindergarten und Schule vorbereiten, ohne eine Entkoppelung von Erwerbstätigkeit und Existenzsicherung überhaupt in Erwägung zu ziehen. Sozialarbeit und deren Projekte sind somit in eine sozialpolitische In-die-Pflichtnahme eingebunden, in der sie weitestgehend auf eine Zuständigkeit für soziale Notlagen reduziert werden, in der es nur um die sozialen und psychischen Belastungen zu gehen scheint, obwohl die defizitäre Aussicht auf Arbeit der eigentliche Anlass zur Hilfe ist (Thuns 2003).

Dabei hat Arbeit und Beruf in der Lebensplanung junger Menschen im Übergang von der Schule in den Beruf nach wie vor einen hohen Stellenwert. Am Ende ihrer Schulzeit haben junge Menschen eine hohe Arbeits- und Berufsorientierung, denn auch für sie gilt berufliche Arbeit als Voraussetzung für den gesellschaftlichen Status und Teilhabe am materiellen Wohlstand. Dass Bildung zur gesellschaftlichen Teilhabe gehört, darin ist sich die verbandliche Wohlfahrt einig. Jugendliches Problemverhalten dagegen ist eine Folge des Scheiterns des Überganges in den Beruf. Der Sozialarbeit wird hier die Funktion zu gewiesen, die daraus resultierenden Probleme in ihren Projekten aufzufangen. Darin kann sich Sozialarbeit nicht erschöpfen, sondern sie muss sich auch präventiv darum sorgen, Bildung zu sichern. Das gilt insbesondere für die Gruppe der sozial benachteiligten jungen Menschen, denen Schule zum Problem wird und in deren Folge ihnen schulische Bildungsnachweise als Mittel des Einstieges in Ausbildung und damit der sozialen Integration fehlen. Insbesondere für sozial benachteiligte junge Menschen, die nicht über die familiären Ressourcen für eine erfolgreiche Bewältigungsstrategie in den Berufseinstieg verfügen, sind sozialpädagogische Projekte Not wendend.

Wer nämlich aus der gesellschaftlichen Bildungsnorm Schule heraus fällt, bringt seine Zukunftssicherung und gesellschaftlichen Teilhabechancen in Gefahr. Aus der Sicht der Schule haben wir hier Schülerinnen und Schüler mit einer sozialisationsbedingten Entkoppelung von jenen Werten im Fokus, in der die zentrale Stellung von Schule und darauf folgend Beruf für die gesellschaftliche Teilhabe und Integration nicht mehr zustande kommt. Schulverweigerung, Schulphobie und Respektlosigkeit sind häufig Phänomene einer Dramaturgie sozialer Wirklichkeit an Schulen, die oft in der Familie angelegt sind. Wenn die primär sozialisierende Familie klare und verlässliche Regelwerke zwischen den individuellen Bedürfnissen und gesellschaftlichen Anforderungen vermittelt, dann sind die notwendigen strukturellen Bedingungen für die Selbstbestätigung des Kindes geschaffen. Umgekehrt bleibt das Einbeziehen der Familie in die präventiven Maßnahmen eine wichtige Strategie. Familienberatung und Jugendhilfe finden hier ihre Aufgabe, die Entwicklung junger Menschen zu einer eigenverantwortlichen und gemeinschaftsfähigen Persönlichkeit zu fördern und die Eltern in ihrem Erziehungsauftrag zu unterstützen.

Der erste Bezugspunkt für die Auslese der vollwertig an den gesellschaftlichen Prozessen Teilhabenden nach der Familie bleibt aber die Schule. Mit dem Bildungsanspruch der Kindergärten und Kindertagesstätten wird ohne Frage auch der Integration benachteiligter Kinder Rechnung getragen. Doch noch gilt in unserem Selbstverständnis die Schule als wichtigste Instanz der Qualifizierung. Sie erfüllt auch als sozialer Erfahrungsraum im Leben der jungen Menschen eine wichtige Funktion. Deshalb verstehen sich „gute Schulen" als ein dynamisches System (Aurin 1991), das sich eben nicht auf Klassenzimmer, Unterrichtseinheiten und Pausenzeiten beschränkt. Eine Schule, die sich der Lebenswirklichkeit und den Entwicklungsanforderungen ihrer Schülerinnen und Schüler verpflichtet, begreift sich über das Primat der Stoffvermittlung nach Lehrplan hinaus als eine Schule des Lebens. Der Begriff der Bildung gewinnt hier ebenso an Bedeutung wie das Arrangement des Lernumfeldes. Zuerst muss der Sinn von schulischer Bildung in ihren Aspekten von Selbstverwirklichung, Verantwortung und gesellschaftlicher Anerkennung erkennbar sein. Die Integration insbesondere der problem- und risikobelasteter Kinder und Jugendlicher stellt eine nicht unerhebliche Anforderung dar, neigen sie doch eher dazu, alternative Orte zu denen ihres Versagens, Misserfolges und ihrer Enttäuschungen aufzusuchen (vgl. Betz/Breuninger 1987). So wissen wir heute, dass schulische Probleme erhebliche Risikomarker für die berufliche Integration darstellen.

Schulische Probleme sind in den Handlungskonzepten der Sozialarbeit längst als Risikofaktoren für ein problematisches Lösungsverhalten von Sozialisationskonflikten eingegangen. Problematisches Verhalten von Schülerinnen und Schülern bekommt darin noch einen Sinn, da sie subjektiv eine sinnvolle Handlung im familiären Kontext darstellen. Aus der Sicht der Schule werden Schülerinnen und Schüler beschrieben, für die eine Akzeptanz verloren zu gehen droht und ihre Rolle als Schüler als ein wichtiges Element der Identitätsbildung verblasst (Thuns 2007). Sozialpädagogisch motivierte Projekte in Schulen entstehen also nicht vor dem Hintergrund reformpädagogischer Absichten als gute Schule (Aurin 1991) und pädagogischer Ort (Deinet 1996), sondern aus faktischer schulischer Not. Wir begegnen zuerst Schülerinnen und Schülern mit Schulängsten, dissozialem Verhalten, sozialen Defiziten und psychischen Auffälligkeiten. Es handelt sich um Kinder und Jugendliche, die in Folge ihrer problematischen Sozialisationserfahrungen nicht nur vorübergehend Schwierigkeiten mit der Anpassung an gesellschaftliche Anforderungen haben.

Sozialpädagogische Hilfen müssen hier natürlich zuerst an den Eltern und den Schulen ansetzen. Die Sensibilisierung für die Integration risikobelasteter Schülerinnen und Schüler darf aber nicht einfach in die Feststellung eines sonderpädagogischen Förderbedarfes münden (Thuns 2007). Vielmehr muss der sozialpädagogische Zugang zu den Lebenswelten der Kinder und Jugendlichen in den Vordergrund gerückt werden, wie es die Kinder-, Jugend- und Familienhilfe bereits praktiziert. Mit dem Bezug auf die Lebensweltorientierung (Thiersch 1995) betrachten wir den Bildungsauftrag der Schule nicht reduziert auf schulische Bildung, sondern sehen ihn methodisch mit Sozialisationshilfen verknüpft. Die Integration von Sozialarbeit an der Schule bedeutet die Operationalisierung von Bildung und Erziehung als sozialer Lernprozess des Einzelnen zur Gemeinschaft.

Es stellt sich natürlich für alle Beratungsformen der Sozialarbeit die Frage, ob das Einbeziehen von qualifizierenden und berufsbezogenen Themen angesichts des Problemhorizontes eine tragfähige Perspektive verspricht. Zwar hat auch die gesellschaftliche Organisation sozialer Maßnahmen die Eingliederung in Arbeit zum Ziel. Doch selbst für diejenigen, die sich auf Qualifizierungsmaßnahmen einlassen, gibt es keine Sicherheit auf dem Arbeitsmarkt. Der Wert der Arbeit von Arbeit und Beruf für die eigene soziale Rolle ist im Bewusstsein Jugendlicher angekommen (Jugendwerk der Deutschen Shell 1997) aber Angst vor Arbeitslosigkeit hat vor Jahren die Jugend erreicht und ist zu einem wesentlichen Aspekt ihrer Sozialisation geworden.

3   Sozialraumorientierung

Die konzeptionellen Überlegungen machen deutlich, dass die Orte der Sozialisation und der Hilfen miteinander zu verknüpfen sind. Das Fachkonzept, das einer solchen Netzwerkarbeit zugrunde liegt, ist das der Sozialraumorientierung. Der Diskurs um die Sozialraumorientierung ist in den allgemeinen Modernisierungsprozess der Gesellschaft eingebunden und bleibt nicht ohne Auswirkung auf die Praxis der Sozialarbeit. Dieser Prozess lässt sich auch als eine zunehmende Demokratisierung ihrer Organisationsformen auffassen, der die Beratung zur Interaktion werden lässt und zu Partizipation und Selbstbestimmung führt. In diesem Kontext geht es um die individuellen und autonomen Ansprüche Hilfe suchender Menschen auch bei

ungleich verteilten gesellschaftlichen und kulturellen Möglichkeiten. Wie auch an
der kritischen Reflektion um die Tafeln abzulesen ist, begreift sich der Diskurs
als eine Gegensteuerung gegen Ausgrenzung, Stigmatisierung und Entmündigung
sozial benachteiligter Menschen, die zu einer veränderten professionellen Haltung,
zu Methodenvielfalt und zu sozialen Netzwerken führen muss. Hilfen, die zur
Verfestigung von Problemlagen führen, lassen sich nicht in diesen Kontext ein-
ordnen. Im Ergebnis kann man sich nur die Realisierung positiver Eigenschaften
der Gesellschaft wünschen, die eine wachsende Empathie und Solidarität des
Miteinanders führt. Auch wenn Paradoxien die Tafel begleiten, so liegt ihr doch
dieses Ansinnen zugrunde.

3.1 Individualisierung der Hilfen

Mit der Sozialraumorientierung ist eine Programmatik verbunden, die Lebenswelten von Menschen entlang ihren Sozialisationsbedingungen und Lebenslagen
konzeptionell aufzunehmen. Wohnort- und lebensweltnahe Beratungsangebote
werden in diesem Zuge zu einer aktiven Hilfe dort, wo die Probleme auch entstehen.
Für die Sozialarbeit bedeutet dieser Ansatz die Hinwendung zum Lebensalltag, den
Lebenserfahrungen, Bedürfnissen, aber auch den *Erwartungen* und *Perspektiven*
der Menschen.[4] Unter dem Sozialraum wird hier nicht eine exklusive administra-
tive Einheit von „Bezirk" oder „Gemeinde" verstanden, sondern umfassender die
materiell, sozial und psychisch bedeutsame Umwelt eines Menschen. Den sozialen
Bedingungen, unter denen die Menschen leben, kommt darin eine hohe Relevanz
für deren gesellschaftliche Teilhabe und psychosoziale Gesundheit zu. Auch die
Probleme einzelner Menschen lassen sich nicht losgelöst von seiner unmittelbaren
Lebenswelt betrachten, und darauf hin haben sich auch die Unterstützungsleistungen zu orientieren. Dieser Ansatz mündet in die Erkenntnis ein, dass Sozialarbeit
nur in ihrer Orientierung auf die Lebenswelt Hilfe bedürfender Menschen und
damit nur im wirklichen Leben gelingen kann (Thiersch 1995).
    In ihrem Grundverständnis stehen sich mit der Bezugnahme auf die Lebens-
welt leistungs*erbringende* Helfer und leistungs*berechtigte* Bürgerinnen und Bürgern in einem interaktionistischen Verhältnis gegenüber, indem sie nicht nur an der
Bewältigung ihrer Probleme zu beteiligen sind, sondern auch über die Annahme
und die Art der Hilfe entscheiden können. Die Konsequenz ist die Differenzierung und Individualisierung sozialer Hilfen. Um wirkungsorientiert zu helfen,
muss sich die Sozialarbeit selbstreflektiv an den Problemen, Lebenslagen und
Entwicklungschancen der Menschen orientieren. Mit der Sozialraumorientierung

---

[4] Vgl. zu diesem Aspekt auch den Beitrag von Katja Maar in diesem Band.

werden sozialpädagogische Handlungs- und Organisationskonzepte auf den individuellen Hilfebedarf hin abgestimmt. Entscheidend ist der individuelle Hilfeplan,
und er trägt einer Primärtugend der Sozialarbeit Rechnung, wonach Sozialarbeit
zunächst Beziehungsarbeit ist. In der Interaktion zwischen Hilfesuchendem und
Helfer entstehen die Entscheidungen über die Maßnahmen im Hilfeplan, was auch
die Handlungsautonomie der Rat suchenden Menschen sichert. In diesem Prozess
entstehen sehr differenzierte Beratungs- und Betreuungsarrangements, wie wir sie
heute als spezialisierte Beratungsdienste, soziale Gruppenarbeit, betreute Wohn-
formen oder Krisendienste etwa aus der Familienarbeit, der Jugendhilfe und der
Wohnungslosenhilfe kennen.

   Zugleich ist die Erbringung der Leistung in der Lebenswelt der Menschen
eine Rückbesinnung auf die originären Aufgaben sozialpädagogischen Handelns.
Es handelt sich dabei um das Bemühen, zu einer möglichst exakten Definition der
sozialen Situation und der Persönlichkeit eines Menschen zu gelangen, der sich
in einer Notlage befindet. Der Inbegriff dieses Ansatzes ist es, gemeinsam mit
den betroffenen Menschen Veränderungen im Umfeld zu erreichen. Statt um ein
geschlossenes Hilfesystem geht es um die individuellen und sozialen Ressourcen
innerhalb des Alltagsbezuges der Menschen. Außer um den Einzelnen oder die
Familie selbst geht es auch um Themen wie Nachbarschaft, Freunde, Schule, Arbeit
und Freizeit. In ihren Inhalten geht es bei der Organisation der sozialen Hilfen
darum, unter der Partizipation der Betroffenen deren Ressourcen und die des
Sozialraums zu aktivieren und die Vernetzung der Hilfen in präventiver Weise
wirksam werden zu lassen. Vor allem in präventiven Strategien sind Erfolg ver-
sprechende Lösungen zu finden (Thuns 2003).

   Auch für das konkrete Problem der Armut müssen individuell passende Lö-
sungen entwickelt werden. Tafeln stellen dabei durchaus eine ebenso konkrete Hilfe
dar. Doch die Armut bleibt nach diesem Verständnis kein für sich abgrenzbares
Phänomen, das nicht mit den anderen Lebenszusammenhängen der Betroffenen in
Beziehung steht. Die Intensität der Betroffenheit ist auch nicht allein abhängig vom
Einkommen. Das Maß der Zufriedenheit hängt ebenso damit zusammen, wie sich
Menschen in ihrer Lebenswelt wohl fühlen, wie sie in Beziehungen eingebunden
sind und welche emotionalen Bindungen etwa zur Familie, zu Freunden und Nach-
barn oder in Schule und Beruf sie darin aufrechterhalten. Die präventiven Strategien
der Sozialarbeit sind eingebunden in die Gemeinwesenarbeit und soziale Netzwerke.

3.2 Soziale Netzwerke

Im Zuge der Sozialraumorientierung wird gesellschaftliche Relevanz sozialer
Probleme der zentrale Bezugspunkt. In der sozialen Dimension folgt daraus die
Erkenntnis, dass Menschen grundsätzlich auf ein förderndes Umfeld angewiesen

sind. Dabei liegt es nahe, in den lebensweltlichen Bezügen der Menschen Netzwerke zu aktivieren oder aufzubauen. Quantifiziert man einmal die fördernden Unterstützungsleistungen, so finden sich vielfach soziale Ressourcen, die aber nicht ohne weiteres zusammenfinden. Werden sie aber als sozialraumorientierte Sozialarbeit zusammengebracht, so hat das positive Auswirkungen auf die Lebenslagen sozial benachteiligter Menschen. Netzwerkarbeit ist dabei das Bemühen um ein systematisches Unterstützungsmanagement, dass die sozialen Bezüge der Menschen in den Mittelpunkt stellt.

Dieses Netzwerk ist das Beziehungsgeflecht von Menschen, Diensten und Institutionen, das unterschiedliche Funktionen haben kann. Es hält weiterführende Beratungsleistungen vor, es kann Unterstützung in Krisenzeiten gewähren oder soziale Kontakte herstellen. Die Förderung von Netzwerken ist eine sozialpädagogische Intervention, um die Unterstützungsleistungen den Menschen zugänglich zu machen, die das selbst nicht leisten können. Die Nutzung sozialer Netzwerke soll die umfassende Versorgung der Menschen in problematischen Lebenslagen unter Einbezug der dazu gehörigen Fachkräfte und Dienste ermöglichen. Vernetzung bedeutet hier nicht die Ausweitung der Hilfen, sondern deren Intensivierung. Der tatsächliche Gebrauchswert der Sozialraumorientierung liegt also in der Vernetzung von Menschen und Hilfen. Dabei ist zu berücksichtigen, dass diese Netzwerke nicht den professionellen Diensten der Sozialarbeit gehören, sondern dass sie die persönlichen Ressourcen der Menschen repräsentieren.

4   Die Tafel in der sozialraumorientierten Sozialarbeit

Die Tafel als eigenständiges Angebot der Armutsversorgung hat zwar in der gesellschaftlichen Wahrnehmung eine beachtliche Bedeutung erlangt. In eine sozialraumorientierte Sozialarbeit fügt sie sich auf diese Weise aber nicht ein und stellt auch nicht das richtige Konzept dar. Die Weiterentwicklung der Tafel und die Differenzierung des Spektrums dessen, was unter Tafel aufzufassen ist, muss in eine Richtung geführt werden, in der die Leistungsangebote in die Lebenswelt der Menschen integriert und mit weiterführenden Hilfen vernetzt ist. Von Verteilung des Überflüssigen an die Menschen am Rande entwickelt sich die Tafel zum integrierten Bestandteil des Hilfenetzwerkes. Mit den CARIsatt-Läden und der Jugendsozialarbeit in Berlin-Lichtenberg werden zwei Beispiele vorgestellt.

4.1 CARIsatt-Läden

Anders als im ursprünglichen Prinzip der Tafel vorgesehen hat sich die Caritas in Berlin und Brandenburg entschieden, dieses Prinzip in Form von Lebensmittelläden zu realisieren. Besonders bei den von Armut betroffenen Menschen und Familien nimmt das Budget für Lebensmittel eine hohe Bedeutung an. Dieses Ziel wird durch den Verkauf der Waren zu niedrigen Preisen erreicht. Der wesentliche Unterschied zum ursprünglichen Prinzip der Tafel ist die Art, wie die Waren abgegeben werden. CARIsatt-Läden haben sich konzeptionell dazu entschieden, die Waren nicht kostenlos abzugeben. Die Einkaufssituation soll weitgehend normalisiert werden und die CARIsatt-Kunden sich deshalb in einem Kaufhaus mit einem ausreichenden Warensortiment befinden. Die Reduzierung auf ein Teilsortiment und der Vorrang der Beratungsleistungen soll der Entstehung paralleler Einkaufswelten entgegenwirken. Zur normalisierten Einkaufssituation gehört auch, dass die Waren einen Preis haben, selbst wenn es sich um einen geringfügigen Preis handelt. Der Verkauf dient aber keiner Refinanzierung, sondern dazu, den Wert des Einkaufen-Könnens zu unterstreichen. Er gehört somit zum würdevollen Umgang mit den Kunden.

Wie bei jeder Tafel beziehen die CARIsatt-Läden die Waren aus Überschüssen von Groß- und Supermärkten, aus Liquidationsposten, schadhaften Serien, Havarien und aus Spenden. Die Beschaffung der Waren ist zeitintensiv und ohne ehrenamtliches Engagement nicht zu leisten. Wer nicht unter dem Begriff „Tafel" firmiert, arbeitet außerdem im Schatten dieser „Marke". Viele der abgebenden Märkte reagieren auf den Begriff der „Tafel" und bringt die Warenbeschaffung für die CARIsatt-Läden in eine konkurrierende Lage oder sogar in die Situation, sich selbst zum Kunden der „Tafel" zu machen, indem man sie als Zwischenhändlerin für die Belieferung der Läden nutzt.[5] Hinzu kommt, dass sich manche abgebenden Märkte am Konzept des Verkaufs stören und so das Prinzip des Ausreichens von Almosen bedienen. Um überhaupt ein ausreichendes Warensortiment vorhalten zu können, sind häufig Zukäufe erforderlich. Mehr als ein Viertel der umgesetzten Waren müssen allein deshalb zugekauft werden, um das strategische Warenangebot zu garantieren.[6] Mit der Sicherstellung dieses Warensortiments aber wird der CARIsatt-Laden auch ein Ort der Verlässlichkeit und des Vertrauens.

Auf dieser Basis sind die CARIsatt-Läden immer in weiterführende Beratungsdienste und Begegnungsstätten eingebunden. Die konzeptionelle Strategie ist, sich als ein ergänzendes und nicht als eigenständiges oder unabhängiges Angebot aufzustellen. Viele Menschen, die Kunden im CARIsatt-Laden werden, kommen über die Allgemeine Sozialberatung, aus der Erziehungsberatung, der Suchtkrankenhilfe, der Resozialisierung nach Straffälligkeit, der Wohnungslosenhilfe und mit Fragen zur Migrationsberatung. Als Basisdienst der Sozialarbeit bietet sich

---

[5] Vgl. zu den Unterschieden von „Tafeln" und „wilden Tafeln" sowie zum Aspekt des Zwischenhandels den Beitrag von Winfried Reininger in diesem Band.
[6] Dazu gehören Grundnahrungsmittel wie Brot, Milch Mehl, Eier und Zucker, aber auch Waren des täglichen Bedarfs wie Waschmittel, Zahnpasta und Seife.

immer die Allgemeine Sozialberatung an. Die Offenheit für alle Menschen, die Hilfe suchen, macht die Qualität der Allgemeinen Sozialberatung aus. Aus der Sicht der Rat suchenden Menschen bedeutet das Netzwerk zuerst, dass sie die Hilfen gut erreichen können. Darüber hinaus finden sie im Beratungsdienst individuelle Unterstützung und im Netzwerk „CARIsatt" zudem Begegnung und gegenseitige Solidarität. Aus diesem Grund sind den CARIsatt-Läden Begegnungsstätten wie die Tee- und Wärmestuben angeschlossen, die für eine Tagesstruktur sorgen. Die Struktur des Angebotes soll sich aber nicht dahin bewegen, den Menschen die Verantwortung abzunehmen, sondern in Projekte wie dem Familientreff und den haushaltsnahen Dienstleistungen werden die Ressourcen der Menschen aktiviert, ihre Haushaltsorganisation oder Budgetangelegenheiten selbst zu regeln.

Ohne ehrenamtliche Unterstützung ist dieses Netzwerk nicht zu betreuen. Viele derjenigen, die sich hier ehrenamtlich engagieren, kommen aus dem Kreis der Hilfe suchenden Menschen selbst. Damit sich hier aber keine Integration ausschließlich in die Gruppe der von Arbeitslosigkeit und Armut betroffenen Menschen entwickelt, ist frühzeitig auf die Integration in sozialversicherungspflichtige Arbeit geachtet worden. Eine wesentliche Schnittstelle des Beratungsarrangements um die CARIsatt-Läden besteht daher zu der einrichtungsinternen Vermittlung in Arbeit. Hier werden langzeitarbeitslose Menschen zunächst in einem Qualifizierungsprogramm auf eine Reintegration in den Arbeitsalltag vorbereitet. Die Vermittlung erfolgt dann in Arbeitsgelegenheiten mit Mehraufwandsentschädigung (MAE), in geförderte sozialversicherungspflichtige Beschäftigungsverhältnisse und auch in Arbeitsverhältnisse auf dem ersten Arbeitsmarkt.[7] Die Einsatzstellen für diese Arbeit befinden sich nur zu einem sehr kleinen Teil im Netzwerk. Die weitaus meisten Arbeit suchenden Menschen werden in kommunale Beschäftigungsverhältnisse und in die lokale Wirtschaft vermittelt. Allerdings zeigen sich auch hier die Gruppe der älteren langzeitarbeitslosen und der gering qualifizierten Menschen sowie die der allein erziehenden Mütter als besondere Problemgruppe.

4.2 Jugendsozialarbeit in Berlin-Lichtenberg

Das Jugendzentrum der Caritas in Berlin-Lichtenberg ist eine offene Einrichtung für Kinder und Jugendliche ab dem Schulalter. Es ist mit den unterschiedlichen Gruppen für Mädchen und Jungen und den entsprechenden Angeboten altersgerecht strukturiert. Das allgemeine Ziel der Jugendsozialarbeit ist es, die Kinder und Jugendlichen in ihren Entwicklungsprozessen zu unterstützen. Die Mädchen

---

[7] Im Jahr 2009 konnten nach der internen Statistik 15 Prozent der Teilnehmer in Arbeitverhältnisse auf dem ersten Arbeitsmarkt vermittelt werden. Weitere 44 Prozent der Teilnehmer wurden in weiterführende Maßnahmen vermittelt.

und Jungen werden im Rahmen kreativer Freizeitgestaltung, sozialem Training und Beratung betreut, die Angebote und Methoden tragen dazu bei, die sozialen Kompetenzen und praktischen Fähigkeiten der Lebensbewältigung zu fördern. Dazu gehören sowohl das Training des Sozialverhaltens ebenso wie die Motivation zu einem regelmäßigen Schulbesuch, die Einübung einer sinnvollen Freizeitgestaltung sowie die Entwicklung eines adäquaten Konsumverhaltens. Einen besonderen Schwerpunkt legt das Jugendzentrum auf die Medienkompetenz.[8] Ein weiteres wesentliches konzeptionelles Ziel ist die Förderung der Bildung durch außerschulische Angebote wie Hausaufgabenbetreuung und Nachhilfeunterricht.

Handlungsgrundlagen bilden gender mainstreaming zur Förderung der Chancengleichheit und des gegenseitigen Respekts von Mädchen und Jungen sowie die interkulturelle Öffnung. Diese Handlungsgrundsätze sind nicht nur konzeptioneller Bestandteil der Arbeit des Jugendzentrums, sondern ergeben sich auch aus den Anforderungen des Sozialraums. Das Jugendzentrum liegt in einem Stadtteil, der überwiegend mit Plattenbauten bebaut ist, indem etwa 10.000 Menschen leben. Ein Fünftel der Bewohner (21,4 Prozent) sind ältere Menschen, daneben gibt es mit einem Anteil von etwa 14 Prozent aber auch viele Kinder und Jugendliche unter 18 Jahren. Auch hinsichtlich der Empfänger von Grundsicherung weist Lichtenberg die mit Abstand höchste Anzahl aus. Mit einem Anteil von 49,9 Prozent liegt der Bezirk deutlich über dem Durchschnitt in Berlin, der bei 38 Prozent liegt (SenGUV 2010). Lichtenberg ist zudem ein Bezirk, in dem besonders viele Aussiedlerfamilien wohnen.

Die soziale Integration der Aussiedler und der anderen zugewanderten Menschen ist wesentlich durch die Sprachförderung bestimmt. Deswegen ist hier auch ein Migrationsdienst angesiedelt, der nicht nur im Rahmen der nachholenden Integration bereits länger hier lebende Neuzuwanderer berät. Der Jugendmigrationsdienst nutzt die Möglichkeiten des Jugendzentrums, um die Kinder und Jugendlichen in die neuen Bezüge von Freundeskreis, Schule und Ausbildung zu integrieren. Viele der Jugendlichen tun sich schwer mit der Integration, denn es waren ihre Eltern, deren eigene Integration auch nach Jahren kaum gelungen ist, die aber nach Deutschland kommen wollten, während die Kinder lieber in ihrer vertrauten Lebenswelt und bei ihren Freunden geblieben wären. Nun leben sie meist unter Bedingungen der Armut in kleinen Wohnungen, die keine persönlichen Rückzugsmöglichkeiten erlauben. Sie sprechen kaum Deutsch, haben wenig Freunde und sind in der neuen Umgebung noch nicht orientiert. Ihre neue Lebenswelt ist geprägt von Migration und deren Auswirkungen. Die Kinder und

---

[8] Unter pädagogischer Betreuung erlernen die Kinder und Jugendlichen einen verantwortungsvollen und altersgerechten Umgang mit PC und Internet. Positive Erfahrungen machen sie dabei in der Nutzung der Medien für den Schulunterricht sowie im hauseigenen Internetradio. Zur Unterstützung der Kinder wird auch ein Medienkompetenztraining für die Eltern angeboten.

Jugendlichen befinden sich in einem Konflikt, dass sie den Anforderungen der Aufnahmegesellschaft entsprechen müssen und zugleich die tradierten Rollen ihrer Herkunftskultur internalisieren müssen.

Entsprechend bilden viele dieser Kinder und Jugendlichen Verhaltensauffälligkeiten aus. Schulprobleme, Gewaltbereitschaft und Delinquenz sind Symptome ihrer Lebenssituation und zeigen an, dass ihre Sozialisation problematisch verläuft. Aufgrund der Bildungsferne, Integrationsschwierigkeiten, Arbeitslosigkeit und tradierten Rollen in ihren Familien leben sie unter psychosozialen Bedingungen, die sich in Distanzlosigkeit, Aggression und Devianz entladen. Deviantes Verhalten ist ein häufiges Symptom, dass Kinder und Jugendliche als Reaktion auf ihre soziale Benachteiligung ausbilden. Die Jugendhilfe kennt ein breites Spektrum jugendtypischen Verhaltens zwischen Anpassung an die Gesellschaft und desintegrierender Dissozialität (Thuns 2006).

Die Auflösung traditioneller Handlungssicherheiten zugunsten einer Optionsvielfalt bedeutet entwicklungspsychologisch auch deshalb eine spannungsreiche Phase in der jugendlichen Identitätsfindung, weil sie ambivalent ist. Die Lebensbedingungen verändern sich drastisch und führen zu Handlungsfreiheiten, die die jungen Menschen nicht immer sicher zu nutzen wissen. Die Individualisierung verläuft nicht mehr entlang den sozialen Lagen wie sozialer Status, nationale Herkunft oder Alter. Das Risiko für den Menschen besteht darin, dass ein jeder seine gesellschaftliche Teilhabe selbst sichern muss und Gefahr läuft, von der Teilhabe ausgegrenzt zu werden. Dies betrifft, um in der entwicklungspsychologischen Perspektive zu bleiben, junge Menschen in besonderem Maße, da sie ohnehin permanent Anpassungsanforderungen ausgesetzt sind. Das bezieht sich nicht nur auf die klassischen Entwicklungsaufgaben, sondern in einer Gesellschaft, die auf Leistung setzt, sind sie auch einem Leistungsdruck ausgesetzt, der in hohem Maße immerwährende Leistungsfähigkeit und Dynamik voraussetzt (Hurrelmann 1994). Im Zuge der Individualisierung der Lebenswelten muss also der einzelne Mensch zum Gestalter seiner Biografie werden. Die klassischen Übergänge von der Kindheit in die Welt der Erwachsenen oder die von der Schule in den Beruf sind nicht mehr gegeben und Zugänge zum Erwachsenensein sind nicht durch Initiationsriten und Rollenvorschriften gesichert. Deshalb wird gesellschaftliche Teilhabe für diejenigen brüchig, denen es nicht gelingt, in diesen Phasen eine eigene funktionale Initiation zu entwickeln. Jugendliches Problemverhalten ist ein Indikator dafür.

In dieses Konzept sind auch ein Kindermittagstisch und das Projekt „Kochen im Kiez" integriert. Als eine Variante der Tafel sind beide Projekte aufgrund der Ernährungsdefizite der Kinder und Jugendlichen entstanden. Der Kindermittagstisch und das Kochprojekt begannen zunächst mit der Beobachtung, dass die Kinder und Jugendlichen häufig hungrig aus der Schule in das Jugendzentrum kamen und ihren Appetit mit Süßigkeiten stillten. Daraus entstand zuerst der Kindermittagstisch, der ein vollwertiges und ausgewogenes Mittagessen anbot. Doch die hier steigende Nachfrage nach dem Mittagessen war kein Grund zur Freude. Sehr schnell wurde deutlich, dass nicht der Hunger der Kinder das eigentliche Problem darstellt. Vielmehr rücken ungesunde Ernährungswiesen in den Familien in den Fokus. Die ungesunden Essgewohnheiten und die eingeschränkte Auswahl, Menge und Qualität der Nahrungsmittel korrelieren mit gesundheitlichen Störungen und Übergewicht der Kinder. Oftmals ist der Rhythmus der Mahlzeiten unregelmäßig und die Hauptmahlzeit wird in die Abendstunden verlegt, während das Frühstück dafür ausfällt. Fettreiche Speisen mit geringem ernährungsphysiologischem Wert tragen zusätzlich zu den armutsbedingten Ernährungsproblemen bei.

Inzwischen ist der Kindermittagstisch zu einem Kochprojekt weiterentwickelt und anschließend als offenes Angebot ausgebaut worden. Er richtet sich an alle interessierten Kinder und Jugendlichen im Stadtteil, und Ziel des Kochprojektes ist es, über die Themen Ernährung und Esskultur Veränderungen in der Lebenswelt der Kinder zu erzeugen. Durch die *partizipative* Ausrichtung des Projektes nehmen die Kinder und Jugendlichen Kochen und Essen als Gemeinschaftserlebnis wahr. Da auch Eltern in dieses Projekt einbezogen werden erweitert sich auch deren Wissen über Ernährungszusammenhänge. Zugleich wird die familiäre Esskultur reaktiviert und gestärkt. Anders als in klassischen Tafelangeboten kommen die Kinder und Jugendlichen nicht, um sich satt zu essen, sondern sich in die richtige Ernährungsweise einzuüben.

Es ist deutlich, dass weder der Kindermittagstisch noch das Kochprojekt als Angebot losgelöst von den anderen Leistungen des Jugendzentrums verstanden werden. Beide sind konzeptioneller Bestandteil der Jugendsozialarbeit vor Ort. Im Rahmen der Schulsozialarbeit und der Jugendberufshilfe wurde hier ein umfangreiches Netzwerk aufgebaut. Intern hat sich dabei eine enge Zusammenarbeit mit dem Jugendmigrationsdienst und den Projekten zur Schulverweigerung sowie zur Online-Beratung „Lebensentwürfe im Übergang von Schule und Beruf" entwickelt. Die Vernetzung erfolgt aber nicht nur als interne Hilfe aus einer Hand, sondern schließt die anderen Sozialisationsinstanzen mit ein. Angebote der Schulsozialarbeit werden beispielsweise in den Grundschulen des Stadtteiles umgesetzt. Die Projekte „Jugend mit Perspektive" und „Jugend in Ausbildung" kooperieren mit den Schulen der Kinder und Jugendlichen. Beide Projekte unterstützen die jungen Menschen im Übergang von der Schule in die Ausbildung und haben zum Ziel, Schulabschlüsse zu unterstützen sowie die Ausbildungsfähigkeit und damit die Beschäftigungschancen der Jugendlichen zu verbessern. Dabei wird in den vernetzten Projekten die Infrastruktur des Jugendzentrums genutzt.

Literatur

Aurin, Kurt (1991): Gute Schulen – worauf beruht ihre Wirksamkeit? Heilbrunn.

Betz, Dieter/Breuninger, Helga (1987): Teufelskreis Lernstörungen. München.

BMAS – Bundesministerium für Arbeit und Soziales (2008): Lebenslagen in Deutschland. 3. Armut- und Reichtumsbericht der Bundesregierung. Berlin.

Deinet, Ulrich (1996): Von der „Verwahranstalt" zum „pädagogischen Ort". In: Unsere Jugend Nr. 2, 74–83.

FES – Friedrich-Ebert-Stiftung (2006): Die Gesellschaft im Reformprozess. Berlin.

FES – Friedrich-Ebert-Stiftung (2008): Erwerbslosigkeit, Aktivierung und soziale Ausgrenzung. Berlin.

Frick, Joachim/Grabka, Markus M. (2008): Niedrige Arbeitslosigkeit sorgt für weniger Armutsrisiko und Ungleichheit. In: Deutsches Institut für Wirtschaftsforschung, Wochenbericht Nr. 38.

Jugendwerk der Deutschen Shell (1997): Jugend '97. Zukunftsperspektiven, gesellschaftliches Engagement, politische Orientierungen. Opladen.

Hurrelmann, Klaus (1994): Familienstress, Schulstress, Freizeitstress. Weinheim.

MASGF – Ministerium für Arbeit, Soziales, Gesundheit und Familie (2008): Lebenslagen in Brandenburg. Chancen gegen Armut. Potsdam.

Münchau, Wolfgang (2006): Das Ende der Sozialen Marktwirtschaft. München.

Selke, Stefan (2008): Fast ganz unten. Wie man in Deutschland durch die Hilfe von Lebensmitteltafeln satt wird. Münster.

Selke, Stefan (2009): Tafeln in Deutschland. Aspekte einer sozialen Bewegung zwischen Nahrungsmittelumverteilung und Armutsintervention. Wiesbaden.

Selke, Stefan (2010): Die Existenzsicherung wird privatisiert. In: neue Caritas 6, 17–19.

SenGUV – Senatsverwaltung für Gesundheit, Umwelt und Verbraucherschutz (2010): Grundsicherung bei dauerhaft voller Erwerbsminderung. Berlin.

Thiersch, Hans (1995): Lebensweltorientierte Soziale Arbeit. Weinheim.

Thuns, Manfred (2003): Lebensweltorientierung in der Jugendhilfe. Hamburg.

Thuns, Manfred (2006): Riskante Kinder: Sozialisation und Devianz. In: Jansen, Irma/Oliver Peters/Schreiber, Werner (Hg.): Devianzpädagogische Analysen, Norderstedt, 247–269.

Thuns, Manfred (2007): Schulsozialpädagogik. Auf das Profil kommt es an. In: Soziale Arbeit Nr. 8, 289–295.

Thuns, Manfred (2010): Die Bürgerplattform Wedding-Moabit und das Engagement der Freien Wohlfahrt. In: Baldas, Eugen (Hg.): Community Organizing – Menschen gestalten ihren Sozialraum. *Unveröffentlicht.*

Tafeln und Stadtteilpolitik in Köln – eine Fallstudie

Clemens Zahn/Josef Schäfers

Zusammenfassung

„Was tun wir hier eigentlich?" Dies ist eine der regelmäßig wiederkehrenden Fragen des Stadtgespräches kirchlicher Lebensmittelausgaben, das der Caritasverband für die Stadt Köln e. V. und das Stadtdekanat Köln seit 2009 organisieren. Adressaten und Teilnehmer sind die haupt- und ehrenamtlichen Mitarbeiter in Pfarrgemeinden und kirchlichen Verbänden, die sich in den existenzunterstützenden Angeboten engagieren. Der folgende Beitrag beschreibt, ausgehend von der Armuts- und Tafelrealität Kölns, aber auch der Diskussionsprozesse innerhalb der deutschen Caritas, den langwierigen und schwierigen Prozess, der zu diesem Stadtgespräch geführt hat sowie dessen Praxis, Ziele, Möglichkeiten, aber auch Widersprüche und Grenzen. Diese Möglichkeiten, Grenzen und Widersprüche sind diejenigen seiner Akteure und Protagonisten. Im Ganzen ist es so etwas wie eine kurze Erzählung über die ebenso ernsthaften wie notwendigerweise unzureichenden Versuche, der Armut in einer krisengeplagten Kommune sozial und pastoral zu begegnen.

1 Ausgangslage: Armut und Tafelentwicklung in Köln

In der Stadt Köln gibt es derzeit etwa 25 Lebensmittelausgaben, die Lebensmittel an bedürftige, arme Menschen ausgeben. Die Mehrzahl dieser Lebensmittelausgaben befinden sich in kirchlicher Trägerschaft und werden von den katholischen Kirchengemeinden oder Sozialverbänden betrieben, einige davon in enger ökumenischer Kooperation oder Trägerschaft. Ihre Entstehung hängt mit der Armutsentwicklung in Köln zusammen, einer Stadt, in der mittlerweile 27 Prozent aller Kinder bis 14 Jahren auf Transferleistungen angewiesen und 14 Prozent aller Bürgerinnen und Bürger unter 65 Jahren als arm gelten (Stadt Köln 2008: 58 und 63). Diese Lebensmittelausgaben, sowie mehr als 160 andere soziale Einrichtungen, werden vom „Tafel e. V. Köln" beliefert, der keine eigenen Ausgabestellen unterhält, sondern sich als Akquisiteur, Organisator, Verteiler und Zulieferer – kurz: als Logistiker und Dienstleister – für seine Kunden betätigt. Zu diesen zählen, neben den Lebensmittelausgaben, Schulen, Kindergärten, Jugendeinrichtungen und andere soziale Einrichtungen im ganzen Stadtgebiet, die von ihm Ware für Frühstücke und Mittagstische erhalten. Zunehmend betätigt er sich auch in der

Akquise neuer Ausgabestellen im Stadtgebiet. Zu diesem Zweck sucht er das Gespräch u. a. mit Vertretern von Kirchengemeinden und kirchennahen Organisationen, um Lücken im „Tafelnetz" der Stadt zu schließen. Von „Tafeln" dürfen
wir eigentlich nicht sprechen, denn der „Bundesverband Deutsche Tafel e. V." hat
diesen Begriff schützen lassen.[1] In Köln haben wir es also mit der „karnevalesken"
Situation zu tun, dass der lokale „Tafel e. V." Akteure im Stadtgebiet dazu animiert,
möglichst flächendeckend neue „Tafeln" zu eröffnen, es diesen aber gleichzeitig
streng verbietet, sie so zu nennen.

Neben dem „Tafel e. V.". gibt es in Köln einen zweiten wichtigen Akteur in
Sachen Lebensmittelverteilung: den Verein „Helfen durch geben – der Sack e. V.",
der fast 1.000 Familien und 14 Kindertagesstätten in Köln mit Lebensmitteln
beliefert. Gegründet von einem ehemaligen Unternehmer, Ernst Mommertz, verschreibt sich dieser Verein – im Gegensatz zum Tafel e. V. – mittlerweile auch
dem Prinzip „Hilfe zur Selbsthilfe" und bietet den Familien soziale Beratung,
Gesundheitsberatung, Unterstützung bei der Arbeitsplatzsuche und Vermittlung
zu den Beratungsdiensten der kirchlichen Wohlfahrtsverbände an. Für seine Lebensmittelspenden setzt der Sack e. V. derzeit etwa 21.000 Euro pro Monat ein.[2]

2   „Was passiert hier eigentlich?" Die plötzliche Wahrnehmung einer anderen Tafelwirklichkeit

Es muss so um das Jahr 2003 gewesen sein, als wir ein anderes Bild von der
Wirklichkeit bekamen. Ein Kollege thematisierte den zahlenmäßigen Anstieg der
Lebensmitteltafeln und deren wachsende Unterstützung durch engagierte Bürger,
Politik und Wirtschaft. In seiner Analyse wies er auf bis dato öffentlich wenig be-
achtete und diskutierte Aspekte der Tafelentwicklung hin: die kalkulierte Überpro-
duktion von Lebensmitteln, eine durch die Unterstützung des „Bundesverbandes
Deutsche Tafel e. V." für die Industrie moralisch wie finanziell äußerst lukrative
Entsorgungspraxis, die Dominanz des Bundesverbandes als Monopolist einer sys-
temkonformen, unpolitischen Armutslinderung und die Unterstützung des Vereins
durch Unternehmen aus Wirtschaft und Industrie, wie z. B. dem Beratungsunter-
nehmen McKinsey, die man auch als „Armutsverursacher" bezeichnen könnte.
Von dieser Seite hatten wir diese Entwicklung noch gar nicht betrachtet, viele
Argumente waren uns neu, aber gleichwohl sehr einleuchtend. Das Thema „Was
passiert hier eigentlich?" – *eigentlich* im Sinne von *wirklich* – begann auf dem
Hintergrund dieser kritischen Fragestellungen Gestalt anzunehmen. Nun aufmerksam geworden, registrierten wir erstaunt, dass wir nicht die einzigen Menschen

---

[1] Vgl. dazu auch den Beitrag von Winfried Reininger in diesem Band.
[2] Vgl. http://www.sack-ev.de/Ueber-uns.63.0.html

waren, die aus Mangel an tieferem Interesse in den Tafeln nichts anderes als eine schöne Wohltätigkeit und ein absolut einleuchtendes, widerspruchfreies Prinzip gesehen hatten. Viele Menschen, mit denen wir uns unterhielten, auch solche, die sich politisch links außen ansiedelten, bekannten sich dazu, die Tafeln zu unterstützen, denn das wäre direkte, richtige und wichtige Hilfe.

Gleichzeitig erhielten wir im Caritasverband für die Stadt Köln e. V. und im Stadtdekanat Rückmeldungen aus einzelnen Kirchengemeinden, dass die Pfarrbüros zunehmend von Menschen mit Problemen und schwierigen Lebenslagen aufgesucht würden. Dieser Entwicklung versuchte der Caritasverband zunächst mit einer Fortbildungsreihe für Pfarrsekretärinnen, „Not an der Pfarrhaustür", zu begegnen, die über Ursachen und Erscheinungsbilder von sozialen Notlagen informierte, sie im Umgang mit Betroffenen schulte und Unterstützungsmöglichkeiten der kirchlichen Wohlfahrtsverbände aufzeigte. Daraus wurde ein Beratungsmodell entwickelt, das die Kooperation und Aufgabenteilung zwischen dem Pfarrbüro einer Kirchengemeinde und der Fachberatung des Caritasverbandes modellhaft entwarf. Der Zulauf bzw. die Nachfrage nach konkreten materiellen Hilfen blieb jedoch ungebrochen und ebbte nicht ab. Das Thema Lebensmittelausgaben rückte durch Eröffnung weiterer Ausgabestellen in den Kirchengemeinden weiter in den Vordergrund.

3   „Zwischen Almosen und Anwaltschaft"– ein erstes Hintergrundgespräch

In dieser Situation und im Angesicht der zu erwartenden und teilweise schon realisierten neuen Arbeitsmarkt- und Sozialgesetze, lud der Caritasverband für die Stadt Köln e. V. im September 2004 seine Mitglieder, Pfarrgemeinden und Fachverbände, zu einem Fachgespräch über die Armutsentwicklung, die wachsende Zahl von u. a. Lebensmittelausgaben und den sehr unterschiedlichen Umgang der kirchlichen Akteure mit der Armut und den Armen ein. Dieses Gespräch, unter dem selbsterklärenden Titel „Zwischen Almosen und Anwaltschaft", fand in der katholischen Kirchengemeinde St. Aposteln statt, die eine Lebensmittelausgabe unterhält, welche im Laufe der weiteren Entwicklung noch eine wichtige Rolle spielen sollte. Das Gespräch, der Selbstvergewisserung und Standortbestimmung der kirchlichen Akteure dienend, zeigte vor allem, dass sie in diesem Stadium der Entwicklung noch nicht in der Lage waren, eine gemeinsame Strategie zur Armuts- und Tafelentwicklung zu entwerfen bzw. zu verfolgen. Einigkeit herrschte in der Analyse: Die Armut wuchs und tragende Kräfte der Gesellschaft begannen, parallel zum Umbau des Sozialstaates, ein System privatwirtschaftlicher Mildtätigkeit zu etablieren, das vor allem dem Ziel dient, Lebensmittel vor dem Verfall

zu retten, aber nicht Armut zu beseitigen oder gar anwaltschaftlich für Arme zu
wirken. Damit waren aber die gemeinsamen Einschätzungen erst einmal zu Ende.
    Denn der Titel des Gespräches implizierte und markierte auch bereits die
unterschiedlichen Positionen der kirchlichen Akteure – oder sollte man besser
von Rollenaufteilung sprechen? – in der Armutsbekämpfung. Hier die kirchlichen
Sozialverbände, mit ihrem professionellen Anspruch und ethischen Selbstverständnis, Menschen in Armut nicht nur zu versorgen, sondern zu *aktivieren*, *politisch* für sie zu streiten und *langfristig* aus der Abhängigkeit von staatlicher und
privater Alimentation zu führen. Dort die Kirchengemeinden, die sich tagtäglich
mit drängenden, *konkreten* Anfragen nach materiellen Unterstützungsleistungen konfrontiert sahen und darin eine Herausforderung für ihre caritative Glaubwürdigkeit erkannten.
    Dem Fachgespräch ging eine detaillierte Umfrage des Caritasverbandes für
die Stadt Köln e. V. unter seinen Mitgliedsorganisationen voraus, wie hoch der finanzielle Einsatz im Bereich der existenzunterstützenden Angebote (also: Lebensmittelausgaben, Kleiderkammern, Möbellagern) und finanziellen Direkthilfen an
Bedürftige ist, aus welchen Gründen die Menschen um Hilfe bitten und welche
Lebenslagen hinter den Anfragen sichtbar werden. Aus dieser Umfrage ergab sich,
dass die Pfarrgemeinden in dieser Zeit insgesamt etwa 250.000 Euro pro Jahr an
direkten Hilfen für bedürftige Menschen aufwendeten, von der 1-Euro-Spende bis
zur Kostenübernahme von Stromrechnungen und Reparaturen, von Aufwendungen
für Lebensmittelausgaben und Kleiderkammern. Das Fachgespräch produzierte ein
Protokoll, aber keine gemeinsame Position und keine weiterführende Perspektive.
Deshalb einigte man sich auf den kleinstmöglichen Nenner, d. h. sich in gewissen
zeitlichen Abständen zu einem Informationsaustausch zu treffen und die Situation
zu beobachten. Es war ein Auftakt, der die kirchlichen Akteure ratlos hinterließ,
ihnen bestenfalls den Mut gab, ihre Ratlosigkeit einzugestehen. Rückblickend kann
man sagen, dass dies ein gutes Ergebnis war. Das Gespräch zeigte keinen Aktionismus, sondern führte allen vor Augen, wie komplex und schwierig das Thema
ist und mit wie vielen Widersprüchen jeder einzelne am Tisch zu kämpfen hatte.

4   „Vorübergehend geschlossen" – eine Lebensmittelausgabe besinnt sich

Der Kölner Neumarkt gehört nicht zu den Armutszonen der rheinischen Metropole,
sondern befindet sich inmitten der teuersten Geschäftslagen der Stadt. Hier, am
Denkmal ihres berühmten Oberbürgermeisters und Sohnes (Konrad Adenauer)
und im Schatten der altehrwürdigen romanischen Basilika St. Aposteln, spielte sich
jahrelang an einem Nachmittag in der Woche eine für diesen Ort ungewöhnliche
Szene ab: Eine lange Schlange von bis zu 600 Menschen, mit sichtlich geringem
Kaufkraftpotential ausgestattet, versammelte sich unter einem Fenster, um darauf

zu warten, dass es sich öffnete und Lunchpakete herausgereicht würden. Diese Szenerie sorgte vor allem bei den umliegenden Geschäftsleuten und deren Kunden zunehmend für Aufsehen und Irritationen. Sie setzte aber mehr und mehr die Kirchengemeinde St. Aposteln unter Druck, die diese Hilfe an bedürftige Bürger, egal woher sie kamen, ausgab und dafür jährlich einen hohen, fünfstelligen Betrag aus eigenen Mitteln einsetzte. Als die Schallmauer von 1.000 Lunchpaketen in Sichtweite kam, zog die Gemeinde, überfordert vom Andrang und frustriert vom hochtourigen Verteilen der Pakete, einen vorläufigen Schlussstrich und verkündete in einem mehrsprachigen Anschreiben an die Nutzer ihrer Lebensmittelausgabe deren temporäre Einstellung. Pfarrer Christoph Biskupek und seine Mitarbeiter waren an ihre Grenzen gekommen. Sie waren dort gelandet, wo sie eigentlich nie hinwollten: beim anonymem Weggeben statt persönlicher Hilfe, bei hastigen Kürzestkontakten statt wirklicher Gespräche, bei einer geographisch grenzenlosen Ausgabe, statt einer lokalen, wohnortbezogenen Hilfe. Sie erlebten vor allem, dass eine solche Form der Hilfe sich niemals reduziert, sondern unaufhaltsam multipliziert und keinerlei Veränderung bewirkt. In ihrem Anschreiben erklärte die Pfarrgemeinde, dass ihre Hilfe künftig ausschließlich den Menschen der Kölner Innenstadt und den Wohnungslosen gelten solle und sie bot gleichzeitig denen, die von außerhalb zu St. Aposteln um der Lebensmittel willen kamen an, bei Kontakten und Unterstützungsanfragen zu den Kirchengemeinden ihrer Heimatorte behilflich zu sein. Diese bewusste Auszeit vom bewusstlosen Ausgeben und der anschließende Paradigmenwechsel in Gestalt einer neuen Konzeption riefen ein breites und erstaunliches Echo in der Öffentlichkeit und der Tagespresse hervor und markierten den Beginn einer neuen Phase in der Auseinandersetzung mit dem Thema Armutshilfen. St. Aposteln wurde, ungeachtet punktuell geäußerter Kritik, zu einem Rollenmodell, weil die Gemeinde ihre Zweifel und ihr Dilemma öffentlich machte, die Ernsthaftigkeit ihres Anliegens glaubwürdig vermittelte und die Öffentlichkeit offensiv über ihre künftigen Absichten informierte. Sie nahm eine professionelle Beratung durch den Caritasverband in Anspruch und entwickelte für ihre Lebensmittelausgabe ein neues Konzept, mit dem sie sich wirklich identifizieren konnte und zu dessen Grundpfeilern Ortsbezogenheit, angemessene Räumlichkeiten, eine enge Verknüpfung von gemeindlichen Hilfen mit professioneller Fachberatung und das persönliche, auch seelsorglich verstandene Gespräch als dem zentralen Ausgangspunkt für jede weitere Hilfe zählen. Diese Identifikation versetzte sie in die Lage, ihr Konzept und ihre Handlungsweise, auch gegen kritische Einwände, selbstbewusst, transparent und mit hohem Aufmerksamkeits- wie Glaubwürdigkeitsgewinn nach außen zu kommunizieren. Sie schaffte es damit auch, das Tafel-Thema und die dahinterliegenden theologischen, politischen und sozialen Anfragen an solche Armutshilfen differenziert in die Kölner Öffentlichkeit zu bringen und der Diskussion, gerade innerhalb des Stadtdekanates, eine neue Dynamik zu verleihen. Und sie schlug in Person ihres Pfarrers auch neue

Töne an: in Pressekonferenzen nahm Pfarrer Biskupek dezidiert politisch Stellung zur wachsenden Armut und nannte sie einen gesellschaftlichen Skandal, der nach einer politischen Antwort verlange.

5 In der Bredouille – die verbandliche Caritas zwischen Hartz IV und Tafel e. V.

Das Beispiel von St. Aposteln verdeutlichte, dass es eine wachsende öffentliche Bereitschaft gab, das Thema Armut und die Form materieller Armutshilfe, die sich auf das Engste mit dem Phänomen „Tafel" verbindet, differenzierter und kritischer als bisher wahrzunehmen und sie mit den Folgen einer Sozialpolitik in Verbindung zu bringen, die man unter die Stichworte „Hartz IV" und „aktivierender Sozial-staat" subsumieren kann. Plötzlich traten der Öffentlichkeit die Schatten- und Nachtseiten dieser Entwicklung überdeutlich entgegen, wurden Aspekte diskutiert, die lange ausgeblendet waren. Die Tafelkritik, die mit dem Buch „Fast ganz un-ten" und seinem Autor Stefan Selke (2008) erstmals wirkungsmächtig einsetzte, öffentlich-medial verankert und so im Bewusstsein der Öffentlichkeit etabliert werden konnte, gewann einen gewissen, stetig zunehmenden diskursiven Einfluss, der auch die großen Wohlfahrtsverbände ermutigte, ihre bislang nur vorsichtig und eher intern geübte Kritik am Tafelphänomen öffentlich stärker zu akzentuieren und bewusst in den Zusammenhang der herrschenden Sozialpolitik zu stellen. Dieses späte Erwachen war sicher auch eine Folge einer zunächst positiven Einschätzung der Hartz-IV-Gesetzgebung durch den Deutschen Caritasverband e. V., der sich bereits im Sommer 2004 als potentieller Anbieter von 1-Euro-Jobs positionierte, aber in der Folge konstatieren musste: „Inhaltlich wurden beim Sozialmonito-ring erhebliche Mängel in der Konstruktion der neuen oder geänderten Gesetze (SGB II und XII), aber auch bei deren Umsetzung entdeckt" (Becker 2006: 188). Die durch diese Mängel verursachten Warteschlangen vor Tafeln und Lebens-mittelausgaben mögen in gewissem Sinn auch kommunikative Orte sein, aber Orte, wo sich eine „Existenzsicherung im Sinne des soziokulturellen Existenz-minimums" (Sellner 2006: 258) manifestiert, so eine Grundforderung der Caritas an die Sozialpolitik, sind sie ganz gewiss nicht. Spätestens mit der Nobilitierung des Bundesverbandes Deutsche Tafel e. V. durch die bundesdeutsche Politik (die in der Schirmherrschaft der damaligen Familienministerin Ursula von der Leyen ihren sinnfälligen Ausdruck fand) und ihrem flächendeckenden Wachstum (vor allem seit 2003), drohte die endgültige Entpolitisierung der Armutsdiskussion und die Armutsbekämpfung zu einer Frage reinen Bürger- und Tafelengagements zu werden. Für den Deutschen Caritasverband e. V. ergab sich zudem ein zwei-tes, gravierendes verbandspolitisches Dilemma, das aus der Mitgliedschaft vie-ler Caritas-Tafeln im Bundesverband resultiert. Diese sind durch eine Tafel mit einem Teil ihrer Einrichtungen Mitglied in einem anderen, dem Paritätischen Wohlfahrtsverband, über den der Bundesverband seine Interessen vertritt. Dies ist ein im Grunde genommen unhaltbarer, aus verbandspolitischer Sicht schwer verträglicher Zustand, der aber gleichwohl für eine nicht unbedeutende Zahl von „Doppel"-Mitgliedern unter dem Dach des Deutschen Caritasverbandes bis heute kein Problem zu sein scheint.

6 Die Eckpunkte oder die Überwindung der Sprachlosigkeit

Mit dieser Entwicklung konfrontiert, suchte der Deutsche Caritasverband e. V ab Ende 2007 zunächst das Gespräch mit dem Bundesverband Deutsche Tafel e. V., um Gemeinsamkeiten und Unterschiede in den Positionen zur Armutsbekämpfung auszuloten und herauszuarbeiten. Die Ergebnisse und Erkenntnisse aus den sozial- und verbandspolitschen Entwicklungen und den Gesprächen mit dem Tafel e. V. mündeten dann ein Jahr später ein in die „Eckpunkte des Deutschen Caritasverbandes zur Beteiligung an existenzunterstützenden Dienstleistungen in Form von Lebensmittelläden" (Deutscher Caritasverband 2008). Sie postulieren eine besondere Verantwortung für die Einhaltung eindeutiger „unverzichtbarer Qualitätsmerkmale" einer sozialpolitisch engagierten, beratungsorientierten und an der Verwirklichung von Teilhabe und Befähigung ausgerichteten Tafelarbeit und thematisieren offen die bestehenden Auffassungsunterschiede innerhalb der verbandlichen Caritas:

> „Die Beteiligung der Caritas an Lebensmittelläden wird im Verband unterschiedlich bewertet. Kritisch wird angemerkt, dass die Ausgabe von Lebensmitteln und Waren allein nicht geeignet ist, die individuellen oder auch strukturellen Ursachen von Armut zu bekämpfen. Deshalb bedeutet eine Beteiligung oder Trägerschaft gleichzeitig die Übernahme der Verantwortung dafür, für Bedingungen einzutreten, die den Befähigungsgedanken in den Mittelpunkt stellen und den Anspruch des Sozialgesetzbuches auf selbstbestimmte Teilhabe unterstützen." (Deutscher Caritasverband 2008: 1)

Das Eckpunktepapier stieß auf massive Kritik einiger Mitgliedsverbände des Bundesverbandes Deutsche Tafel e. V., die von ihrem Bundesverband eine klare Distanzierung zu diesen und weiteren Forderungen der Caritas, wie Fortbildung für Ehrenamtliche und besondere ethische Maßstäbe für Unterstützer und Kooperationspartner von Caritas-Tafeln verlangten.

7   Positionsgewinne: Die Regionalisierung der kirchlichen Armutsdiskussion

Zeitgleich fanden auch in einigen Bistümern intensive caritasinterne Debatten und Beratungen um die Maßstäbe und Standards von Armutshilfen statt und erreichten so die Ebenen der kirchlichen Tafelpraxis. Bereits im November 2007 veröffentlichte der DiCV Mainz ein fundiertes Positionspapier (Caritas Mainz 2007), dem im Sommer 2008 die fünf Diözesan-Caritasverbände Nordrhein-Westfalens mit einer eigenen Stellungnahme „Zwischen Sozialstaat und Barmherzigkeit" folgten (Caritas NRW 2008) Darin forderten auch sie u. a. den langfristigen Verzicht existenzunterstützender Angebote, eine klare anwaltschaftliche Haltung, Fortbildung und Supervision für die Ehrenamtlichen sowie eine kritische Auseinandersetzung über Verteilungsgerechtigkeit und Armutsursachen. Die Diskussionen und Positionierungen in den Diözesan-Caritasverbänden waren – und sind – ein wichtiger Beitrag zur Bewusstseinsbildung der Ortsverbände, denn sie lieferten das notwendige gedankliche Gerüst für die lokale Auseinandersetzung und Strategienentwicklung. Gleichzeitig entwickelte sich über die Positionspapiere ein überregionales, diskursives Netz zu Fragen kirchlich-caritativer Armutsbekämpfung und zur Auseinandersetzung mit dem Bundesverband Deutsche Tafel e. V.

Das zweite Fachgespräch 2008 – die Entwicklung einer Strategie auf lokaler Ebene
Die Veröffentlichung der verbandlichen Positionspapiere, die Ereignisse um die Lebensmittelausgabe in St. Aposteln und die zunehmende öffentliche Sensibilisierung für das Funktionieren der Tafelwelt durch die Publikation „Fast ganz unten" (Selke 2008), waren einige der Anlässe für den Caritasverband für die Stadt Köln e. V., im September 2008, nach vier Jahren, zu einem 2. Fachgespräch über die Ursachen gesellschaftlicher Armut und die Handlungsoptionen der hiesigen kirchlichen Akteure einzuladen. Rückmeldungen, Problemanzeigen und Beratungsanfragen aus den kirchlichen Lebensmittelausgaben Kölns verstärkten die Notwendigkeit und den Druck für den Caritasverband, dieses Gespräch wieder aufzunehmen und fortzusetzen. Diese Rückmeldungen signalisierten u. a. folgende Entwicklungen in Köln:

- Der steigende Zulauf, die wachsende Heterogenität der Herkünfte von Nutzerinnen und Nutzern und die zunehmende Komplexität von Problemlagen begannen Kirchengemeinden und Ehrenamtliche zu überfordern.
- Diese Überforderung wurde verstärkt durch unzureichenden Räumlichkeiten, Organisationsschwierigkeiten und Probleme in der internen wie externen Kommunikation.

- Der wachsende Stress legte in den Teams deutliche Unterschiede in der Haltung zu den Menschen und ihren Lebenslagen offen, die in die Ausgabestellen kamen.
- Die politischen Ursachen von Armut waren nicht länger zu übersehen und stellten das Leitbild einer unpolitischen, rein christlich fundierten Barmherzigkeit in Frage. Das Gefühl wuchs, als Lebensmittelausgabe für politische Fehlentwicklungen missbraucht zu werden und geradestehen zu müssen.
- Aus Kirchengemeinden wurde Kritik an der verbandlichen Caritas geübt, die die ureigenste christliche Aufgabe einer barmherzigen, lindernden Nothilfe dem Tafel e. V. überlasse und diesen dafür auch noch kritisiert.

Damit war dringender Handlungsbedarf gegeben und es war klar, dass dieses Gespräch sehr viel ergebnisorientierter geführt werden musste als im Jahr 2004.[3] Das gestiegene Problembewusstsein und die zielgerichtetere Herangehensweise kamen auch in der Zusammensetzung des Teilnehmerkreises zum Ausdruck, der um die katholische Hochschule NRW und das Stadtdekanat Köln erweitert wurde.[4] Die Anwesenheit und Mitwirkung des Stadtdekanates verdeutlichte das eminente pastorale Interesse der Kirchengemeinden Kölns am Thema Armut und Armutshilfen. Es war jedem klar: die gemeindlichen Hilfsangebote und die gemeindliche Caritas sind nicht länger eine Spielwiese für eine Handvoll positiv verrückter, sozial engagierter Christen, sondern sind in den Mittelpunkt gemeindlichen Denkens, Planens und Handelns zu rücken. Angesichts der Veränderungen in den Kirchengemeinden durch Fusionen und Zusammenlegungen, durch Finanz- und Personalknappheit stellen sich den Christen vor Ort Zukunftsfragen hinsichtlich der Präsenz und Wirksamkeit im Raum. Menschen, die Not leiden, sind aber als Arme vor Ort, im Stadtteil und im Quartier zu sehen. Hier ist jede Kirchengemeinde aufgerufen, diakonisch zu handeln. In Köln geschieht dies seit 2007 mit dem Konzept der Sozialraumpastoral. Hier finden sich unter der Führung der verantwortlichen Ortspfarrer alle katholischen Kräfte (Caritaseinrichtungen, Kirchengemeinden, Initiativen und Verbände) an runden Tischen zusammen und

---

[3] Pfarrer Franz Decker (Direktor des Caritasverbandes für die Stadt Köln e. V.) formulierte deshalb im Einladungsschreiben zwei klare Zielvorgaben: Die Formulierung einer Positionsbestimmung und die Entwicklung konkreter Handlungsoptionen.

[4] In seinem Eingangsreferat lieferte Prof. Werner Schönig Hintergründe und Einschätzungen zu Funktionen und Wirkungen privater Hilfen im Kontext staatlicher Sozialpolitik und stellte die Bedeutung der Anwaltsfunktion und der Nachhaltigkeit der Wohlfahrtsverbände und speziell der Caritas bei der Armutsbekämpfung heraus. Er legte den Gesprächsteilnehmern nahe, deutlich zu kommunizieren, wie viele kirchlichen Eigenmittel in diese Arbeit fließen und wie wichtig die langfristige Perspektive und Sozialraumorientierung der kirchlichen Einrichtungen für den Erfolg in der Bekämpfung extremer Armut sei, verfügten diese doch über das notwendige Vertrauensverhältnis zwischen Helfer und Betroffenen, als Grundvoraussetzung jeder Armutsbekämpfung und -überwindung.

stellen sich die Frage, ob die Pfarrei etwas für den Sozialraum im Geiste Gottes getan hat. Die Lebensmittelausgaben kommen in den Blick der Kirche vor Ort und laufen nicht unbemerkt und ohne Anerkennung nebenher.

Die Teilnehmer des Fachgespräches kamen zu der Einsicht, dass es einer viel stärkeren gemeinsamen öffentlichen Thematisierung von Armutsursachen und Armutshilfen bedarf und einer Verdeutlichung dessen, was die caritativen Verbände zur Unterstützung kirchlicher Lebensmittelausgaben, Kleiderkammern und anderen existenzunterstützenden Angeboten beitragen können. Den Kirchengemeinden wurde im Gegenzug deutlich, dass es notwendig ist, bestimmte Standards für die eigenen Angebote einzuführen und zu sichern, um dem eigenen Anspruch gerecht zu werden. Deshalb stand am Ende des Fachgespräches der Auftrag, eine konkrete Handlungsempfehlung für existenzunterstützende Angebote in kirchlicher Trägerschaft zu entwickeln.

8   Eine Kölner Handlungsempfehlung für kirchliche Lebensmittelausgaben

Eine Arbeitsgruppe bestehend aus Mitarbeitern von Caritasverband, Sozialdienst Katholischer Männer, Stadtdekanat, Pfarrgemeinden und Diözesan-Caritasverband, stellte sich dieser Aufgabe und formulierte auf der Grundlage des Positionspapiers der Diözesan-Caritasverbände in NRW Empfehlungen für die lokalen kirchlichen Akteure in Köln. Die „Handlungsempfehlung für existenzunterstützende Angebote im katholischen Stadtdekanat Köln", im März 2009 von Stadtdechant Prälat Bastgen und Caritasdirektor Pfr. Decker unterzeichnet, zielt auf einen gemeinsamen, grundlegenden Standard *aller* kirchlichen Angebote ab und will „einen Beitrag zur Vergewisserung aller Akteure" leisten (Caritas Köln 2009: 3). Sie wurde ergänzt um eine theologische Provokation, „Die Triebfeder christlicher Nächstenliebe"[5], dazu gedacht, die Bahnen der innerkirchlichen Tafeldiskussion,

---

[5] Sie bezieht sich auf die Weltgerichtsrede im Matthäusevangelium (Mt 25, 31–40): *„Ja, hier steht es geschrieben, was wir tun sollen,* wenn wir auf Armut und Unrecht reagieren wollen: Hungrigen Essen geben, Durstigen Getränke reichen, Nackten Kleidung anlegen, Kranken Besuche abstatten und Gefangenen unser Kommen schenken. Im Sinne des Evangelisten Matthäus schlage ich vor, die Lebensmittelausgaben unserer Caritasprojekte in Pfarreien und Verbänden in unsere Wohnhäuser umzuorganisieren. Dieses konkrete, einfache Tun der Christen geschehe in den Wohnungen und Häusern der Pfarrer, pastoralen Mitarbeiterinnen und Mitarbeiter, in den Standortkomplexen der kirchlichen Institutionen, den Wohnstätten der Gemeindemitglieder und Freiwilligen. Seien wir bereit, den Anderen, die Fremden, das Irritierende, den Armen in unser Leben zu lassen. ... Als in dieser Arbeit engagierte Christen (= Jesusanhänger) sollte ich mit anderen gemeinsam lernen, wie ich mein Haus zu einem Zentrum diakonischen Handelns machen kann, indem ich als Anlaufstelle für Hilfe Suchende fungiere. Hier ist eine polyphone, pluriforme Caritas in den Strassen und Quar-

die sich manchmal im Dualismus von verbandspolitischen Strategien und mühevoller konkreter gemeindlicher Praxis festzufahren und aufzureiben scheint, aufzubrechen durch den Blick auf biblische ‚Urmotive' der Diakonie und Caritas. Sie gibt den Akteuren Gelegenheit, die taktischen Visiere hochzuklappen und offen miteinander ins Gespräch zu kommen, um auch den grundlegenden Dilemmata, denen auch diese Handlungsempfehlung nicht ausweichen kann, gedanklich neu oder anders zu begegnen: der Tatsache, dass es diese Angebote in all ihrer Ambivalenz gibt, die nicht aufzulösen ist, es sei denn man schafft sie ab; dass sie einer liberal-konservativen Idee bürgerlichen Gesellschaftsengagements entsprechen, der viele Bürgerinnen und Bürger mit ihrem ehrenamtlichen Engagement, aber auch die Kirchengemeinden in ihrer bürgerlichen Prägung, sehr gerne und sehr bereitwillig folgen und dass man, ungeachtet von Vermutungen über die Motivlagen Einzelner, diesen Einsatz erst einmal grundsätzlich respektieren muss.

Das Engagement des einzelnen Christen, dem unbedingter Respekt entgegenzubringen ist, muss eingebettet sein in einen klaren Handlungsrahmen, der verantwortbar ist. Die Handlungsempfehlung formuliert hierfür die folgenden, wesentlichen Kernpunkte:

- Klarheit in der hauptamtlichen Verantwortung;
- Klarheit im Hilfsangebot und in den Ausgabekriterien;
- Klarheit in Bezug und Zugang: Wohnortbezogen, für Menschen mit geringem Einkommen, wohnungslose Menschen und Menschen ohne Aufenthaltsstatus;
- Klarheit in der zeitlichen Begrenzung der materiellen Hilfe;
- Klarheit in der Orientierung auf Begegnung und Beziehung;
- Klarheit im Miteinander von Mitarbeitern und Nutzern;
- Klarheit in der selbstverständlichen Zusammenarbeit mit professioneller Beratung;
- Klarheit im Datenschutz;
- Befähigungsangebote und Förderung lebenspraktischer Fähigkeiten für die Nutzer;
- Unterstützung und Fortbildung der Ehrenamtlichen durch die gemeindliche Seelsorge vor Ort und dem Caritasverband für die Stadt Köln e. V.;
- Die angemessene Gestaltung der Räumlichkeiten zu Begegnungsorten.

Die Handlungsempfehlung half, eine gemeinsame Haltung zu entwickeln, eine gemeinsame Plattform für die Armutsdiskussion zu finden und das kirchliche Angebot von anderen zu unterscheiden und zu profilieren: Indem sich die katholische Kirche selbst dazu auffordert und verpflichtet, die *politischen* Ursachen von

---

tieren denkbar." Die Provokation kann unter www.katholische-kirche-koeln.de unter „Katholisches Stadtdekanat"/„Themen du Projekte"/„Lebensmittelausgaben" als PDF heruntergeladen werden.

Armut wahrzunehmen und sich mit ihnen auch *politisch* und nicht nur *theologisch* auseinanderzusetzen. Indem man alle Akteure auf gemeinsame Mindeststandards ihrer Einrichtungen und Angebote verpflichtet und durch die Forderung, in diesen Einrichtungen und Angeboten „keine Nischen der Mildtätigkeit, isoliert vom restlichen Geschehen in einer Gemeinde, sondern gemeindlich-kirchliche Mittelpunkte, an dem viele Hilfen zusammenlaufen und zusammengedacht werden" (Caritas Köln 2009: 3) zu sehen und sie dazu zu gestalten.

9   Die Wirkung der Handlungsempfehlung

Selbstkritisch muss hier angemerkt werden, dass es bei aller wachsenden Klarheit, was denn nun zu tun ist, an der Klarheit und Eindeutigkeit fehlte, diese Handlungsempfehlung mit einem stimmigen Konzept und einer entsprechenden Handlungsstärke in die Öffentlichkeit zu kommunizieren, was ihr zunächst einiges von ihrer Wirkung nahm. Die Handlungsempfehlung wurde in der Verbandszeitschrift „Caritas Konkret" vorgestellt, und ging allen kirchlichen Lebensmittelausgaben zu.[6] Die Idee, sie der weiteren, interessierten Kölner Öffentlichkeit auf einer Pressekonferenz vorzustellen, wurde verworfen. Es war ein wenig so, als hätte man ein bisschen Angst, nicht vor der eigenen politischen Courage, sondern vor der praktischen Inanspruchnahme, dem Ressourceneinsatz, den dieses Papier der verbandlichen Caritas bescheren könnte. Es wurde ein klarer *Handlungswille* gezeigt, dem dann doch ein weniger konsequenter *Gestaltungswille* folgte. Auch die im Papier formulierte Selbstverpflichtung der Verbände, ein Fortbildungsprogramm für die ehrenamtlichen Mitarbeiter in den existenzunterstützenden Angeboten aufzulegen, kam zunächst nicht über den Status einer Absichtserklärung hinaus. Dies führte dazu, dass einige Kirchengemeinden selbst aktiv wurden und die Begleitung und Fortbildung ihrer Lebensmittelausgabe in Eigenregie organisierten, mit Referenten und Fachleuten, die der Caritasverband vermittelte. In einem Fall konnte die Beratung über die Beteiligung an einem Forschungsprojekt einer Hochschule sichergestellt werden.
  Eine Wirkung zeigte die Handlungsempfehlung überraschenderweise in der Stadtpolitik. Die Partei *Bündnis 90/Die Grünen* ließ sich ein Exemplar zukommen und wurde u. a. dadurch angeregt, einen Fokus auf das Thema Armut und private Armutshilfen zu legen. Sie richtete am 16.04.2009 im Ausschuss Soziales und Senioren des Rates der Stadt eine Anfrage an die Verwaltung zur Entwicklung von „Suppenküchen" in Köln. In ihrer Antwort kam die Stadt Köln u. a. zu

---

[6] Auf eine flächendeckende Verteilung innerhalb der kirchlichen Öffentlichkeit wurde jedoch verzichtet. Wer sie haben wollte, musste sie bei Stadtdekanat oder Caritasverband bestellen.

der folgenden, durch keinerlei statistisches Material belegten und begründeten Einschätzung:

> „Zu den hilfebedürftigen Menschen der Zielgruppen wie auch in den Stadtteilen wird über diese Angebote ein Zugang erreicht, der zu einer sozialen Einbindung und somit zu einer Verbesserung der allgemeinen Lebenssituation beiträgt […] Das Essensangebot wird im Wesentlichen als „Türöffner" für weitere spezifische Hilfen angewandt, die das Ziel verfolgen, die besondere Hilfebedürftigkeit zu überwinden. In vielen Fällen gelingt es ihnen auch, den Einstieg in den Ausstieg aus der allgemeinen Hilfebedürftigkeit einzuleiten." (Stadt Köln 2009: 3 f.).

Diese und andere Einschätzungen der Sozialverwaltung blieben nicht unwidersprochen, die Politiker auch aus anderen Parteien vermuten komplexere Problemlagen hinter dem Boom der Hilfsangebote und Lücken im kommunalen System der Vorsorge. Nachdem sich die Sozialdezernentin der Stadt, Marlis Bredehorst, außerstande sah, die Einschätzungen der Sozialverwaltung in absehbarer Zeit durch dezernatsübergreifend eruiertes Zahlenmaterial zu belegen, wurde das Thema zur Weiterbehandlung an die Stadtarbeitsgemeinschaft Wohnungslosenpolitik verwiesen, ein Beratungsgremium im politischen Vorfeld, das Einschätzungen und konkrete Handlungsempfehlungen an Rat und Verwaltung aussprechen kann. Zusätzliche Gewissheiten über Nutzung und Bedarfe solcher Angebote sollen die städtischen Sozialraumkoordinatoren beibringen, die die sozialräumliche Vernetzung aller Hilfsangebote und Institutionen und Entwicklung der besonders benachteiligten Stadtteile Kölns zur Aufgabe haben.

Die Kernfrage für uns, als vor allem innerkirchlich tätige Mitarbeiter von Caritasverband und Stadtdekanat, lautete aber weiterhin: wie kommen wir mittels der Handlungsempfehlung und des theologischen Anstoßes mit den Kirchengemeinden und den ehrenamtlich Engagierten direkt ins Gespräch, über ihre Praxis, ihre Erfahrungen und ihre Meinungen und Ansichten? Die Idee, mit der Handlungsempfehlung und dem theologischen Anstoß auf „Lesereise" in die Kirchengemeinden zu gehen, wurde diskutiert, aber wieder verworfen. Es zeigt sich jedoch, dass über die Texte Nachfragen und Anregungen aus den Kirchengemeinden eingingen, dass sie in den Teams der Lebensmittelausgaben eine diskursive Wirkung zu entfalten begannen und auch bei den Kirchengemeinden ein Echo auslösten, die über die Einführung existenzunterstützender Angebote nachdachten. Dieses einsetzende Echo, aber auch die Bestrebungen des „Kölner Tafel e. V.", mit seinen Kunden einen stadtweiten Austausch zu organisieren, führten zu dem Gedanken, der organisatorischen Aufrüstung und dem zunehmenden Aktivismus der privaten Armutshilfen die Idee einer diskursiven Unterbrechung und dialogischen Besinnung entgegenzusetzen.

**10   Vom Fachgespräch zum Stadtgespräch: die Organisation
      eines Tafeldiskurses**

Das Stadtgespräch kirchlicher Lebensmittelausgaben setzt bei folgenden Fragen
an: Was passiert, wenn ich Lebensmittel austeile? Was mache ich da? Wer steht
mir gegenüber. Was heißt Geben? Was heißt Nehmen? Deutlicher gesagt: Was
bedeutet Geben und Nehmen? Uns Autoren wurde in der Beschäftigung mit dem
Thema „Lebensmittelausgaben/Existenzunterstützende Angebote" irgendwann
bewusst, dass diese Handlungen menschliche Urgesten, existenzielle Vollzüge
und psychologisch aufgeladene Prozesse sind.[7] Kein Spiel, sondern überlebens-
wichtiger Ernst. Und Verbänden wie Kirchengemeinden, Verantwortlichen in der
Seelsorge wie der Sozialarbeit (immer) wieder die Frage gestellt werden muss:
Was machen Sie da? Was lassen Sie da tun? Wer kümmert sich um diejenigen,
die in den Initiativen für und mit den Armen arbeiten? Wird über das, was dort
aufläuft, geschieht, über all das, was hinter und in der Not steckt, gesprochen?
Was passiert mit den Verteilenden und was mit den Empfangenden? Wer spricht
mit den Aktiven und hört *Ihnen* zu?

Im Juni 2009 versammelten sich erstmals Vertreterinnen und Vertreter aus
kirchlichen Lebensmittelausgaben im Kloster der Benediktinerinnen in Köln-
Raderthal, um sich auszutauschen, sich zuzuhören, sich unterbrechen und Anstöße
geben zu lassen, zur Besinnung zu kommen. Jedes der bisherigen drei Stadtgespräche fand an einem Ort statt, der für Lebensmittelausgaben genutzt wird.[8]
Die alternierende durch Kölns Lebensmittelausgabenlandschaft wandernde Veranstaltung spricht immer mehr ‚einfache' Mitarbeiterinnen und Mitarbeiter der
Initiativen und nicht nur die ‚Leader' an, da zumindest jene vor Ort sich zeigen
und ihre Arbeit besprechen wollen. Im Stadtgespräch wird Öffentlichkeit hergestellt und alle sprechen offen über die Ursachen, Folgen und Wirkungen der
Armut. Sie wird buchstäblich greifbar, konkret bearbeitet und reflektiert. Seit
dem dritten Stadtgespräch ist ein (Hartz IV-)Empfänger in der Runde, der in einer Lebensmittelausgabe aktiv mitarbeitet. „Wenn ich einen Job hätte, würde ich
immer noch Ehrenamtlicher in der Lebensmittelausgabe sein, weil ich ohne diese
Menschen nicht mehr leben kann!" Positiv verstanden sagt dieser Mann, dass er
mit den Menschen und aus den Beziehungen, die er in der Aktion pflegen kann,
lebt – und nicht nur von den handfesten Lebensmitteln, die man ausgibt. „Will-

---

[7] Vgl. dazu auch den Beitrag von Thomas Gurr in diesem Band.
[8] Die Versammlungen finden am Sonntagnachmittag statt, da an diesem Tag keine Ausgabe arbeitet,
aber vor allem weil der Sonntag der (vom Herrn geschenkte) Tag der Besinnung und Unterbrechung ist.
Die Vernetzung und der Erfahrungsaustausch sind methodisch so angelegt, dass er die rein kognitiven
Diskurse unterbricht, übersteigt und symbolische wie innere Reflexionen anregt. Den Abschluss eines
Stadtgespräches bildet der spirituelle Ausklang in der Haus-/Ortskirche.

kommen im Club!" ruft ihm Pfarrer Franz Meurer zu, denn genau darum gehe es hier in der Arbeit der Kirchengemeinden vor Ort: wir geben Dir eine Heimat, eine Zugehörigkeit, ein Ansehen.

Im Stadtgespräch wird deutlich, dass Mitarbeiterinnen und Mitarbeiter in kirchlichen Lebensmittelausgaben in der Begegnung mit den Armen der Stadt, des Viertels als Christ etwas über ihre eigene Religiosität lernen („bin Seelsorger", „leihe ein Ohr", „Menschenwürde", „grüße Christus in jedem"). Allen ist klar und dort wird es laut ausgesprochen, dass Hartz-IV falsch ist und niemandem hilft. „Ich sehe Not und lindere das!" Alle leben und arbeiten aus diesem Impuls – definieren nach diesem Wort ihr Selbstverständnis. In den Stadtgesprächen wie den Lebensmittelausgabegruppen und mehr und mehr in den Ausgabepraxen selbst entstehen tragende Netze – auf Deutsch: Kirche! Seit dem letzten Stadtgespräch ist klar, dass „wir" eine Stimme brauchen. Die Mitarbeiterinnen und Mitarbeiter fühlen sich jedoch damit überfordert und wünschen sich einen Stadtweiten Leiterkreis (beschickt aus den Ortsgruppen) sowie einen Menschen an der Spitze, der mit „Verantwortung und Schlagkraft" der Politik (= dem Rat der Stadt Köln) gegenüber treten kann und „uns und denen, für und mit denen wir arbeiten, eine Stimme gibt!" Die Vision ist eine große, in der Öffentlichkeit sichtbare Versammlung auf dem Roncalliplatz am Kölner Dom, die eine Begegnung der Lebensmittelausgaben, Ihrer Geber und Nehmer, mit den Kölner Bürgerinnen und Bürgern ermöglicht und der Politik gegenüber sichtbar wird.

11   Wenn Lebensmittelausgaben sich verändern... aber nicht nur sie

Wenn wir auf die vergangenen sechs Jahre intensiver Diskussion und Bearbeitung des Themas blicken, dann müssen wir feststellen, dass sich nicht nur die Lebensmittelausgaben und die sie tragenden Kirchengemeinden verändert haben, sondern auch die verbandliche Caritas. Die gesellschaftliche Armut hat viele Menschen, nicht nur in den Kirchengemeinden, veranlasst, dagegen einzuschreiten und etwas zu tun, wie unvollkommen und unbedacht es vielleicht im Einzelnen auch gewesen sein mag. Das Unvollkommene, ja manchmal sogar Kontraproduktive dieser Hilfen, setzte den Dialog zwischen der barmherzigen Praxis und den anwaltschaftlichen Vertretern in Gang, der beide in Beziehung brachte und verändert hat. Die verschiedenen kirchlich-pastoralen und kirchlich-verbandlichen Ebenen sind über das Thema miteinander verwoben und müssen für ihre Erfahrungen und Anregungen gegenseitig durchlässig sein und bleiben, soll dieser Veränderungsprozess weitergehen. Und sie müssen darin zu einer sinnvollen, ressourcenorientierten Arbeits- und Aufgabenteilung kommen: wer hat wofür Mittel und Personal, welches Thema muss wo und auf welcher Ebene angegangen, wer muss miteinbezogen werden?

Dieser Prozess, der in den letzten beiden Jahren verstärkt in Gang gekommen ist, lässt sich für Köln so beschreiben:

Der Diözesan-Caritasverband für das Erzbistum Köln, der mit seinem Positionspapier dem Stadtcaritasverband *und* dem Stadtdekanat eine Vorgehensweise, Richtung und Idee angezeigt hat, wird in die Prozesse auf städtischer Ebene einbezogen. Er ist an der Entwicklung der Handlungsempfehlung beteiligt, ist Gast des Stadtgespräches der Lebensmittelausgaben und erfährt so die direkte Praxis vor Ort. Im Gegenzug nimmt er auf seinen Fachveranstaltungen und Podien direkten Bezug auf die Kölner Praxis (auch der bistumsweit singulären, engen themenbezogenen Kooperation von Caritas und Pastoral), die Mitarbeiterinnen und Mitarbeiter der Lebensmittelausgaben werden via Stadtcaritasverband und Stadtdekanat zur Mitarbeit eingeladen, ihre Erfahrungswelt wird Teil der diözesan-verbandlichen Position und ist Bestandteil der Diskussion in den beruflichen Fachgruppen. Der von einem Aktiven im Stadtgespräch geäußerte Wunsch, eine Internetplattform für Lebensmittelausgaben einzurichten, wird vom Diözesan-Caritasverband realisiert werden, der Ideengeber wird als Mitglied der Arbeitsgruppe an der Verwirklichung seines Vorschlages direkt mitwirken. Die Idee, Fortbildungsangebote für ehrenamtliche Engagierte in existenzunterstützenden Angeboten bereitzustellen, wird, auf Stadtebene formuliert, nun vom Diözesan-Caritasverband übernommen und mit seinen Ressourcen bistumsweit umgesetzt. Die Erfahrungen und Wirklichkeiten der Lebensmittelausgaben, aber auch in anderen existenzunterstützenden Angeboten, bestärkt die diözesanen Caritasverbände, ihre Forderungen nach einer anderen Sozialpolitik deutlicher zu artikulieren und diese Defizite durch eine großangelegte Studie zu belegen.[9] Der Caritasverband für die Stadt Köln e. V. stellt für diese Studie seine detaillierte Übersicht über die existenzunterstützenden Angebote in kirchlicher Trägerschaft zur Verfügung.

Eine Arbeitsgruppe des Diözesan-Caritasverbandes widmet sich, unter Bezugnahme der Kölner Erfahrungen, der Frage, ob und wie sich die Ausgestaltung existenzunterstützender Angebote weiter verbessern lässt.

Durch die Mitgliedschaft und fachliche Mitwirkung des Diözesan-Caritasverbandes Köln in den Gremien und Arbeitsgemeinschaften des Deutschen Caritasverbandes, werden die Kölner Erfahrungen in die bundesweite Diskussion eingespeist. Dadurch erhalten wir, d. h. die Lebensmittelausgaben vor Ort, aus dieser Diskussion weiterführende Impulse.

Und die Tafeln? Eine persönliche Bewertung zum Abschluss: Am Anfang unseres Beitrages erwähnten wir die (etwas „karnevaleske") Situation in Köln. Im vergangenen Jahr, als wir am ersten Advent zum 2. Stadtgespräch einluden, erhielten wir einen Anruf von der Vorsitzenden des „Kölner Tafel e. V.", die über

---

[9] Vgl. dazu den Beitrag von Ulrich Thien in diesem Band.

eine kirchliche Lebensmittelausgabe an die Einladung gelangt war. Die Einladung enthielt den Tagesordnungspunkt „Bericht vom stadtweiten Tafeltreffen". Wir wurden deutlich angemahnt und zurechtgewiesen, weil wir den Begriff „Tafel" genutzt hatten. In Köln, so die Vorsitzende weiter, gäbe es nur den „Tafel e. V." und keine einzige „Tafel". Sie kritisierte weiter: „Und überhaupt, was passiert denn da, wieso spricht man nicht mit, sondern über uns?". Liebe Frau Vorsitzende, wir sprechen nicht mit den Fahrern. Wir sprechen mit den Armen und denen, die sie direkt ansehen.

Literatur

Becker, Thomas: Sozialpolitische Entwicklungen 2005, in: Caritas-Jahrbuch 2006, 187–194, Freiburg/Breisgau

Caritas Köln (2009): Handlungsempfehlungen für existenzunterstützende Angebote im katholischen Stadtdekanat Köln des Caritasverbandes für die Stadt Köln e. V. Köln.

Caritas Mainz (2007): „Von der Fürsorge zur Armutsbekämpfung" – Eckpunkte der Caritasverbände in der Diözese Mainz. Mainz.

Caritas NRW (2008): „Zwischen Sozialstaat und Barmherzigkeit" – Positionspapier zu niedrigschwelligen, existenzunterstützenden Angeboten der Diözesan-Caritasverbände Aachen, Essen, Köln, Münster und Paderborn. Düsseldorf.

Deutscher Caritasverband (2008): Eckpunkte des Deutschen Caritasverbandes zur Beteiligung an existenzunterstützenden Dienstleistungen in Form von Lebensmittelläden. Freiburg/Breisgau.

Ebner, Martin: „Gehet hin zu allen Völkern …!" – oder: Was heißt „missionarisch Kirche sein" nach dem Matthäusevangelium? Auszüge aus dem Vortrag von Prof. Dr. Martin Ebner, Münster, in den Ev. Akademie Recklinghausen am 20. Oktober 2005, PDF-Dokument, unveröffentlicht: http://www.evakre.de/archiv/EbnerProzent20ManuskriptProzent20gekuerzt.pdf

Selke, Stefan (2008): Fast ganz unten. Wie man in Deutschland durch die Hilfe von Lebensmitteltafeln satt wird. Münster.

Sellner, Andreas (2006): Hartz IV – Nur Ein-Euro-Jobs sind zuwenig, in: Caritas-Jahrbuch 2006, 254–256

Stadt Köln (2008): Statistisches Jahrbuch 2008–2009, 87. Jg., Köln. Download unter http://www.stadt-koeln.de/1/zahlen-statistik/jahrbuch/

Stadt Köln (2009): Dezernat V/50/502, Vorlage 3351/2009, 3-4, Unterlage zur Sitzung im öffentlichen Teil, Ausschuss Soziales und Senioren vom 20.08.2009

Studie der Caritasverbände in Nordrhein-Westfalen: Evaluation existenzunterstützender Angebote

Ulrich Thien

Zusammenfassung

Bezug nehmend auf den vorherigen Beitrag von Clemens Zahn und Josef Schäfers stellt der Autor die Umrisse der dort schon erwähnten, aktuellen nordrheinwestfalen-weiten Studie vor, die eine detaillierte Übersicht über die existenzunterstützenden Angebote in kirchlicher Trägerschaft erbringen soll.

1 Zwischen Sozialstaat und Barmherzigkeit – Positionen, Konzept und Evaluation existenzunterstützende Angebote der Caritas in NRW

Gemeindliche und caritative Träger bieten schon seit längerem Suppenküchen, Kleidershops, Möbelhäuser, Tafelläden, Warenkörbe, Lebensmittelgutscheinausgaben und Sozialkaufhäuser an. Angesichts von wachsender Armut kommen immer öfter neue existenzunterstützende Angebote hinzu. Derzeit gibt es in Nordrhein-Westfalen allein in Trägerschaft von Caritas- und Fachverbänden sowie Kirchengemeinden etwa 541 Angebote, davon ca. 40 Tafeln, 100 Warenkörbe/ Lebensmittelausgaben, 198 Kleidershops, 37 Möbelshops, 60 Suppenküchen, 30 Sozialkaufhäuser, 76 Lebensmittelgutscheinausgabestellen. Diese stellen sich von ihrer Zielsetzung, ihrer individuellen Philosophie bezogen auf Helfen, auf Armutsbekämpfung und Klientensicht sehr heterogen dar:

- Manche geben die Lebensmittel an Einrichtungen und Dienste, manche an Bedürftige aus.
- Einige haben die Lebensmittelausgabe an eine Begegnungsstätte gekoppelt, andere bieten Kochkurse und Beratung an, wieder andere geben ein warmes Essen gegen eine kleine Gebühr ab.
- Einige verlangen den ALG II- oder SGB XII-Bescheid zur Ausgabe, andere nicht.
- Einige geben Tüten heraus, bei anderen können die Betroffenen selbst auswählen usw.

In der Öffentlichkeit werden existenzunterstützende Angebote „zwischen Barmherzigkeit und Sozialstaat"[1] kontrovers diskutiert. Gespräche mit Ehrenamtlichen existenzunterstützender Angebote verdeutlichen, dass die eigene Arbeit nicht unkritisch gesehen wird. Mittlerweile rückt die Frage nach dem Sinn solcher Ausgabestellen angesichts wachsender Nutzerzahlen immer häufiger in den Mittelpunkt. Von einigen wird diese Situation trotz aller „Barmherzigkeit" gesellschaftspolitisch als unhaltbar gesehen und als Aufforderung verstanden, hier grundsätzliche sozialstaatliche Lösungen einzufordern. Da die Politik das bürgerschaftliche Engagement in diesem Bereich oft mit Lob überschüttet und als sinnvolle, notwendige Ergänzungen zu den staatlichen Leistungen ansieht, gestalten sich Diskussionen zu dieser Thematik sehr schwierig:

- Kritische Stimmen zu Tafeln oder Lebensmittelausgaben werden auch schnell als Abwertung ehrenamtlicher Arbeit und unchristlich eingeschätzt.
- Fragen nach der Einhaltung von sozialethischen Dimensionen wie Menschenwürde, Gerechtigkeit, Nachhaltigkeit, Freiheit u. ä. werden eher nicht diskutiert oder nicht zugelassen.
- Die Eckpunkte unseres Sozialstaates, ein Recht auf ein soziokulturelles Existenzminimum zu haben, werden nicht mehr wahrgenommen und als nicht mehr bezahlbar gewertet.
- Bürgerschaftliches Engagement im Rahmen einer Armenfürsorge scheint immer mehr gewollt zu sein.

2 Grundaussagen der zugrundeliegenden Eckpunktepapiere

Die Diözesancaritasverbände haben dem gegenüber bereits 2008 in ihren Eckpunkten zu niedrigschwelligen, existenzunterstützenden Angeboten als Ziele bzw. Aufgaben festgehalten:

- Keine Beschränkung auf „Almosenabgabe".
- Eine Umsetzung des christlichen politischen Anspruchs.
- Eine klare anwaltschaftliche Haltung.
- Eine Wertschätzung und Unterstützung der helfenden Initiativen, der ehrenamtlichen Mitarbeiterinnen.
- Menschenfreundlichkeit und Wertschätzung im Umgang mit den Menschen, die die existenzunterstützenden Angebote in Anspruch nehmen.

---

[1] Im Jahr 2008 haben die fünf Diözesancaritasverbände Aachen, Essen, Köln, Münster und Paderborn für NRW eine Fachtagung zu existenzunterstützenden Angeboten durchgeführt und ein Positionspapier vorgestellt (Caritas NRW 2008).

- Soziale Not offensiv aufdecken und benennen.
- Die Caritas verpflichtet sich, darauf hinzuwirken, dass kein Verweis der Sozialbehörden auf Essensausgaben und ähnliche Hilfsangebote bei gleichzeitiger Verweigerung von Sozialleistungsansprüchen erfolgt.
- Sie beteiligt sich im Sinne der katholischen Soziallehre am Aufbau und an der Weiterentwicklung einer solidarischen Gesellschaft.
- Sie stellt Zeit und Raum zur Reflexion der inhaltlichen Ausgestaltung der Angebote zur Verfügung und unterstützt diese.
- Sie stellt sowohl die Beratung und Unterstützung als auch die Vernetzung der Initiativen und Angebote sicher.
- Sie richtet ihre politische Einflussnahme vorrangig auf die Verhinderung von Armut und Ausgrenzung aus.[2]

In diesem Kontext hat sich auch der Vorstand des Deutschen Caritasverbandes (2008) mit seinem Eckpunktepapier zur Beteiligung an Lebensmittelläden positioniert: sie sind als Teil der verbandlichen Strategie zur Armutsbekämpfung zu verstehen, sie sollten mit befähigenden Elementen verknüpft sein und auf die Würde der Nutzerinnen und Nutzer sollte bei der Ausgestaltung des Angebotes besonders geachtet werden.

Aktuell hat das Urteil des Bundesverfassungsgerichts dieses Thema neu in der Mittelpunkt der gesellschaftlichen Debatte gerückt, indem die Richter unmissverständlich die Würde des Menschen mit dem Sozialstaat verknüpft und damit der Politik auf die Aufgabenliste geschrieben haben, eine realitätsgerechte Existenzsicherung für Erwachsene und für Kinder zum 01.01.2011 zu gewährleisten.

Vor diesem komplexen Hintergrund und angesichts einer äußerst unklaren Datenlage über die Dimension existenzunterstützender Angebote von gemeindlichen und verbandlichen katholischen Trägern in den fünf Diözesen NRWs (Aachen, Essen, Köln, Münster, Paderborn) haben die Diözesancaritasverbände die Forschungsgruppe-„Tafel-Monitor"[3] mit einer Evaluation ihrer existenzunterstützenden Angebote beauftragt. Die Evaluation will durch Experten-, Helfer- und Nutzerbefragungen nachvollziehen...

- wie existenzunterstützende Angebote wirtschaftspolitisch und sozialpolitisch wirken;
- wen sie als Nutzer und wen sie als Mitarbeiter erreichen und aus welchen Gründen;

---

[2] Vgl. Caritas NRW (2008: 6 f.).
[3] Leitung Prof. Dr. Selke (Hochschule Furtwangen University) und Prof. Dr. Maar, (Hochschule Esslingen).

- welche Konflikte in der Alltagsarbeit auftauchen und wie diese bearbeitet werden;
- welches Spektrum von Angeboten sie abdecken;
- wie sie mit anderen Angeboten und Beratungsdiensten zusammenarbeiten;
- was diese Art der Armenfürsorge kostet bzw. an Kosten einspart.

Daraus sollen dann Ideen und Vorschläge entwickelt werden…

- wie gemeindliche und caritative Träger sich zukünftig aufstellen können, um konkrete Schritte von der Almosenfürsorge zur Armutsbekämpfung einzuschlagen;
- um den gesellschaftlichen Nutzen und die Funktion existenzunterstützender Angebote zu überprüfen und Alternativen zu entwickeln;
- um die Notwendigkeit von Tafeln und anderen existenzunterstützenden Angeboten wieder entbehrlicher zu machen;
- um das im Grundgesetz verankerte Recht auf ein soziokulturelles Existenzminimum umzusetzen.

Die Ergebnisse dieser Studie werden bei einer Fachtagung für gemeindliche und caritative Träger, für ehrenamtliche und hauptamtliche Mitarbeiter von existenzunterstützenden Angeboten im Herbst 2010 präsentiert und diskutiert. Weiterhin beabsichtigen die Diözesancaritasverbände in Nordrhein-Westfalen, sich in diesem Feld eindeutig zu positionieren und Handlungsempfehlungen für MitarbeiterInnen existenzunterstützender Angebote vorzulegen.

Literatur

Caritas NRW (2008): Zwischen Sozialstaat und Barmherzigkeit, Positionspapier der Caritas NRW zu niedrigschwelligen, existenzunterstützenden Angeboten, Hg. Diözesancaritasverbände Aachen, Essen, Köln, Münster und Paderborn. Düsseldorf. Download unter: www.caritas-nrw.de/downloads/positionen_stellungnahmen/Positionsp_Soz_Staat_Barmherzigkeit_1008.pdf)
Vorstand des Deutschen Caritasverbandes (2008) (Hg.): Eckpunkte des Deutschen Caritasverbandes zur Beteiligung an existenzunterstützenden Dienstleistungen in Form von Lebensmittelläden, Freiburg 01.12.2008. Download unter: www.caritas.de/2340.asp?detail=true&id=1181)

IV. Ausblick: Tafeln als Signatur der Gegenwartsgesellschaft

Die Arbeitslosigkeit und die Tafeln gleichzeitig abschaffen!
Eine realistisch-unrealistische Utopie[1]

Peter Grottian

Zusammenfassung

Der Soziologe Stefan Selke hat in mehreren Texten immer wieder zu Recht auf den Zusammenhang vom erodierenden Sozialstaat und der rauschenden Blüte der Tafeln hingewiesen. Er hat die Abschaffung der Tafeln und höhere Sozialleistungen zur Diskussion gestellt – aber eine ernsthafte Debatte darüber hat weder bei den politisch Verantwortlichen noch bei den Wohlfahrtsverbänden, Kirchen und Erwerbslosen-Initiativen, geschweige denn in der Öffentlichkeit stattgefunden, obwohl der Tafel-Diskurs und die Armutsdiskussion über Sozialleistungen verzwirnt sein sollten.

1 Sozialstaats- und Tafeldebatte trennen wollen

Die sehr bewusste Trennung von Sozialstaats- und Tafeldiskussion kommt der herrschenden Politik sehr entgegen. Nach dem Bundesverfassungsgerichtsurteil zu Hartz-IV vom Februar 2010 hat eine Diskussion über den wirklichen Bedarf von Menschen in Arbeitslosigkeit i. S. von materiellen Ressourcen und demokratischer Teilhabe nicht stattgefunden. Nach anfänglicher steriler Aufgeregtheit über Hartz-IV-Erhöhungen oder -Senkungen stimmte Ministerin von der Leyen (CDU) den Grundtenor für die zukünftige Debatte an: Deckel auf die bisherigen Regelsätze, möglichst keine Änderungen und kleine Verbesserungen für Kinder im Sachmittelbereich. Die Bundesregierung muss demnach mit ausdrücklicher Billigung des höchsten Gerichts im Prinzip fast nichts ändern, sie muss die bestehende Praxis nur besser begründen und statistisch absichern. Selbst den doch reichlich lebensunerfahrenen Richterinnen und Richtern ist nicht aufgefallen, dass ein Mensch kaum menschengerecht von 3,94 Euro für Essen und Trinken pro Tag leben kann und die Fahrt mit der Deutschen Bahn zum Besuch eines nahestehenden

---

[1] Der Beitrag wurde erstmals auf den kritischen Nachdenkseiten im Netz (http://www.nachdenkseiten. de/?p=5710) veröffentlicht.

Menschen zur Innenausstattung der menschlichen Würde gehören sollte. Kurz: An der Hartz-IV-Front ist Ruhigstellung mit symbolischen Verbesserungen die mit Herz und Härte weitgehend unbestrittene vertretene Linie der Bundesministerin.

2   Alternativpotential ohne Protest

Es gibt nach wie vor keine wirklich relevanten Träger gesellschaftlicher Alternativkonzeptionen. Die wichtigsten und größten Wohlfahrtsorganisationen (Caritas, Diakonisches Werk, AWO) sind selbst in Hartz-IV soweit nutznießend verstrickt, dass ihr Forderungen nach besseren Hartz-IV-Leistungen nur sehr gedämpft die Öffentlichkeit erreichen. Einzig der Deutsche Paritätische Wohlfahrtsverband (DPWV) mit den engagierten Vertretern Schneider/Martens[2] wagt sich aus der Deckung, legt sich mit der BILD-Zeitung und der herrschenden Politik an und präsentiert Vorschläge, die zumindest das Minimum von Menschenwürde einfordern. Die Erwerbslosen-Initiativen, von denen über 100 vor allem im Osten der Republik organisiert sind, haben zwar nach wie vor ein funktionierendes Netzwerk, aber ihre Proteste und Forderungen werden kaum in der Öffentlichkeit aufgenommen. Das Provokationspotential von ehedem ist verebbt. Das „Netzwerk für ein bedingungsloses Grundeinkommen" schiebt immer wieder grundsätzliche Debatten an, die viele Menschen erreichen, aber die Wirkungen bleiben äußerst beschränkt, da das Fernziel eines bedingungslosen Grundeinkommens keine probaten Zwischenschritte kennt. Die Organisation *attac*, eigentlich eine Scharnierorganisation mit integrativen Wirkungen, hat sich der Sozialfrage in eher kleinen Arbeitsgemeinschaften (AG ArbeitFairTeilen, AG Genug für alle) angenommen. *attac* als Organisation ist weit davon entfernt, die Sozialstaatsdebatte als Schwerpunkt ihrer Arbeit zu definieren. Die Kirchen schließlich haben als ehemalige „Verteidiger der Armen" erheblich an Reputation und Schlagfertigkeit verloren. Die fast peinliche „Absegnung" der Hartz-Gesetze durch Kardinal Karl Lehmann (Katholische Bischofskonferenz) und Bischof Wolfgang Huber (EKD) sowie die gewinnträchtige Nutzung der Ein-Euro-Jobber hat die Kirchen zu lahmen Enten in der Vertretung der Erwerbslosen und Armen gemacht. Die Gewerkschaften haben die Armutsdiskussion bisher primär mit ihrer Mindestlohndebatte zu verbinden versucht. Nimmt man noch hinzu, wie wenig die einflussreicheren Medien eine wirkliche Reform von Hartz-IV diskutieren, wird in der Konsequenz deutlich, dass die Macht- und Problematisierungspotentiale zur Zeit als sehr schwach und marginalisiert angesehen werden müssen: Wer den Zusammenhang von Sozialstaats- und Tafeldiskussion herstellen will, gehört nicht auf die Tagesordnung.

---

[2] Vgl. auch den Beitrag von Rudolf Martens in diesem Band.

3 Tafeln schließen oder beblümen?

Gerade deshalb ist gut erklärbar, warum so viele Politiker, Gewerkschafter, Kirchenleute und prominente Bürger sich höchst einäugig engagiert auch die Tafeldiskussion einlassen und diese unterstützen. Tafeln sind der konkrete Ausdruck unmittelbarer engagierter, zumeist ehrenamtlicher Hilfe, die nur unterstützt werden kann – ohne zu hinterfragen, warum die Blüte der Tafeln die Kehrseite des schwachen Sozialstaats ist. An sich müssten die Verantwortlichen der Tafelbewegung alles tun, ihren Gründungsboom zu hinterfragen – bis hin zu der Frage, wie die Tafeln von der Politik prinzipiell missbraucht werden. Die Politik verordnet eine Magerkur und eine bürokratische Zurichtung von Menschen, die von den Tafeln blumenreich geschmückt wird. Das ist faktisch eine uneingestandene strukturelle Komplizenschaft, die die Akteure von Tafeln und Politik brüsk, aber möglicherweise leicht schlechten Gewissens zurückweisen müssten. Die Akteure der Tafelbewegung sind seit einiger Zeit selbstkritischer geworden, aber auf die Idee, ihre Tafeln bewusst für einige Tage zu schließen, um der Politik Beine zu machen, wirklich für die Grundversorgung von Menschen einzustehen, darauf sind sie bisher nur hinter vorgehaltener Hand gekommen. Soll demnach eine kritische Debatte entstehen, müssten die Tafeln aus ihrer wohlfeilen Belobigung ein Stück weit ausbrechen, um ihre Vereinnahmung zuungunsten der Menschen aufzubrechen.

Doch täuschen wir uns nicht: Das Interesse an sich selbst hat große Teile der Manager und Managerinnen der Tafeln längst erfasst, was sie über ihre eigene Überflüssigkeit schwer nachdenken lässt. Noch ist die Zeit nicht reif, dass die Tafelakteure selbst den Aufstand proben. Je mehr Sozialleistungen gekürzt werden und die Sanktionsmechanismen nach dem Motto „Druck macht beweglich" verschärfend eingesetzt werden, wird – wie in den USA – die Tafelbewegung zulegen[3].

Auf mittlere Sicht hat nur eine Forderung nach Abschaffung der Arbeitslosigkeit und der Tafeln eine strategische Chance. Über die Abschaffung der Tafeln lässt sich schlecht reden, wenn die Armut größer wird und die Erwerbslosigkeit nicht sinkt. Deshalb liegt der Schlüssel für die Tafeln in einer Revitalisierung der Debatte, inwiefern die Arbeitslosigkeit weitgehend abgeschafft und dieses mit der Einführung einer menschengerechten Grundsicherung kombiniert werden kann.

Ganz schlecht stehen die Chancen für eine solche Debatte, von Durchsetzung wollen wir vorerst nicht reden, in absehbarer Zeit nicht. Eine Grundsicherung von 500 Euro-Eckregelsatz wäre, nebst Abschaffung der schikanösen Zurichtungen, eine bezahlbare Sozialleistung (ca. 22 Milliarden Euro jährlich). Hinzu käme ein Projekt „Hartz-IV plus 500 Euro", das eine Million Menschen die Möglichkeit einräumt, sich nach festgelegten Bedarfsfeldern selbst einen Arbeitsplatz zu suchen,

---

[3] Vgl. dazu den kulturvergleichenden Beitrag von Britta Grell in diesem Band.

der gesellschaftlich bezahlt wird. Ein solches Projekt geht von der Grundannahme aus, dass es gesellschaftlich sinnvolle Arbeit zu Hauf gibt und Menschen die Möglichkeit erhalten müssten, mit dem, was sie wollen und können und wozu sie gebraucht werden, anders umgehen zu können. Es wäre ein „Arbeitsmarkt von unten", der die Gesellschaft sechs Milliarden Euro im Jahr kosten würde. Führt man zusätzlich gesetzliche Mindestlöhne nach luxemburgischen, französischem oder englischem Muster von neun bis zehn Euro pro Stunde ein, wäre das Problem der Hartz-IV-Aufstocker und der wirklich armen Erwerbstätigen zumindest teilweise gelöst. Und schließlich könnte eine radikale Arbeitszeitverkürzung als 30-Stundenwoche und neue kurze Vollzeitvariante mit geschlechterdemokratischen Verbindungen (Teilzeit für Paare mit Kindern) eine massive Senkung der Arbeitslosigkeit bringen. Diese Forderungen würden zwar die Arbeitslosigkeit nicht vollends abschaffen, für gut 1,5 Millionen Erwerbslose kann kein Programm mehr helfen, weil sie aus unterschiedlichsten Gründen überhaupt nicht oder nur für wenige Stunden arbeiten können – aber sie wären zumindest so versorgt, dass sie nicht mehr an elementarsten Angeboten der Supermärkte vorbeigehen müssten.

Wer so realistisch-unrealistisch-utopisch redet, muss fast zwangsläufig davon ausgehen, dass es wieder Fenster der Möglichkeiten geben könnte, in der diese pragmatischen und bezahlbaren Forderungen auf fruchtbaren Boden fallen.

4   Die stille Legitimationskrise offensiv nutzen

Es spricht einiges dafür, dass die herrschende Politik 2010/2011 in erhebliche Schwierigkeiten geraten wird. Erstmals wird die Finanzmarktkrise in doppelter Weise durchschlagen: Die Finanzmarktindustrie wird für die Krise nicht zur Kasse gebeten, sondern allenfalls in einen lächerlichen Fonds für künftige Krisen einzahlen. Gleichzeitig werden massive Einsparungen auf die Bürger zukommen – sie selbst werden die Folgen der Krise direkt und indirekt schultern müssen. Dass für die Bedürftigsten nichts da ist, wird sich im Herbst 2010 an den Neuregelungen für Hartz-IV erweisen, die nur Kindern einige symbolische Verbesserungen einbringen. Die kommunalen Haushalte werden zudem die Bürger belasten (Gebühren) und Leistungen einstellen. Alles das ist für die Bürgerinnen und Bürger nicht verstehbar und einsehbar, der folgsame deutsche Michel wird nach Ausdrucksmöglichkeiten seines Zorns suchen. Und die genau müssen wir ihm anbieten und gemeinsam gestalten: Besetzungen von Deutsche Bank-Filialen, um die Zahlungen für die Krise öffentlichkeitswirksam einzuklagen, Besetzung von Arbeitsagenturen, um eine 500 Euro-Regelsatz-Forderung zu bekräftigen, die Schließung von Tafeln, um eine wirkliche Grundsicherung zu erreichen; ein Streik für Mindestlöhne gemeinsam mit Gewerkschaften entwickeln u. v. m.

Die stille Legitimationskrise muss ein zorniges Gesicht bekommen. Aktivitäten des zivilen Ungehorsams sind der Schlüssel für die Entzündung von gesellschaftlichen Konflikten. Die Abschaffung der Arbeitslosigkeit oder zumindest eine deutliche Absenkung verbunden mit weniger Tafeln, ist ein mehrheitsfähiges Ziel, das nur deshalb utopisch ist, weil wir selbst uns zu schwach fühlen, obwohl die Politik mitnichten ein erfolgreiches Krisenmanagement betreibt.

Tafeln als Prototyp einer „Freiwilligen-Gesellschaft"!?

Stefan Selke

Zusammenfassung

Dieser abschließende Beitrag fragt, wie sich die Gesellschaft in Zukunft unter dem Einfluss der Tafeln verändern könnte. Die zentrale Beschreibungskategorie ist dabei die „Freiwilligkeit" der Bürgerinnen und Bürger im Kontext von Ehrenamt und Kommunitarismus. Zunächst werden Gründe für die Faszination der Freiwilligenarbeit vorgestellt und auf den Gegenstandsbereich der Tafeln übertragen. Dies mündet in einer Skizze der Freiwilligen-Gesellschaft anhand von drei unterschiedlichen Szenarien. Dabei wird dem heterotopischen (parallelweltlichen) Szenario die größte Wahrscheinlichkeit eingeräumt.

1 Neue Begriffe für neue Phänomene

Beim Versuch der Evaluation des gesellschaftlichen Stellenwerts der Tafeln wird – so auch in vielen Beiträgen dieses Bandes – schnell deutlich, dass die grundsätzliche Ambivalenz der Tafeln von der Notwendigkeit herrührt, sie in unterschiedliche Kontexte zu verorten: Sozialstaatsdiskussion und Sozialpolitik, Soziale Arbeit und Soziale Dienste, Sozialethik und Interaktionsformen der Hilfepraxis, interessengeleitete institutionelle Perspektiven und subjektive Nutzerperspektiven u. v. m.. Tafeln sind ohne Zweifel ein Teil der Gesellschaft – auch wenn sie durch die vielfältigen medialen Inszenierungen in der öffentlichen Wahrnehmung und Einschätzung meist überbewertet werden.

Hält man sich jedoch nicht mit kleinräumigen, lokalen oder situativen Betrachtungen auf, dann wird schnell klar, dass es bei Deskription und Interpretation des Phänomens Tafel eigentlich um mehr geht. Tafeln sind nicht einfach nur gesellschaftliche Orte, zu denen es verschiedene Meinungen gibt und mit denen in der Praxis unterschiedliche Erfahrungen gemacht werden. Sie sind im Kern vielmehr Ausdruck der schleichenden Veränderung unseres kulturellen Selbstverständnisses. Aus gesellschaftsdiagnostischer Perspektive stellt sich daher die Frage, wie sich eine Gesellschaft beschreiben lässt, die Phänomene wie „Tafeln & Co."[1] hervorbringt.

Im Folgenden wird ein Ausblick auf diese mögliche Gesellschaftsform gewagt. Ihr wurde im Sinne einer Heuristik der Name „Freiwilligen-Gesellschaft" gegeben. Ähnlich wie mit anderen gesellschaftsdiagnostischen Begriffen (vgl. Pongs 2007) sind mit einer derartigen Formel Vor- und Nachteile verbunden. Krisenzeiten sind Zeiten des beschleunigten Strukturwandels, des Wandels gesellschaftlicher Teilsysteme und damit auch notwendigerweise des Wandels von Begriffssystemen. Das Aufkommen neuer sozialer Probleme wird stets von der Veränderung sozialer Semantiken begleitet. Begriffe sind dabei nicht viel mehr als Chiffren, die sich in der Praxis bewähren müssen. Zahlreiche „Begriffsgeburten" (Rust 2002: 50) der wissenschaftlichen Interpretationsprominenz sind weder empirisch abgesichert, noch im klassischen Wissenschaftsverständnis falsifizierbar. Neue Begriffe entstehen vielmehr als vorläufige Formeln für die herrschende Begriffs- und Ratlosigkeit. Folgende Wirkung von Begriffen soll hier daher im Vordergrund stehen: Es geht um die diskursive Erzeugung neuer Impulse des gesellschaftlichen und/ oder disziplinären Selbstverständnisses im Sinne einer differenzunempfindlichen Inklusion aller beteiligten Akteure.

2   Zur Faszination der Freiwilligenarbeit

Der Begriff „Freiwilligen-Gesellschaft" soll entlang der Zukunftsstudie „Deutschland 2030" entwickelt und überprüft werden.[2] Darin wird u. a. nach der Ausgestaltung der „Sozialwelt 2030" gefragt. Obwohl der Autor ein kaum unterdrücktes Loblied auf die Freiwilligkeit anstimmt, werden – zwischen den Zeilen – auch kritische Aspekte sichtbar.

Wenn Zahlen alles bedeuten würden, dann wäre im nationalen Maßstab alles klar: In Deutschland werden pro Monat ca. 240 Millionen Stunden ehrenamtliche Arbeit geleistet. 15 Prozent der männlichen und 20 Prozent der weiblichen Bevölkerung engagieren sich ehrenamtlich. Die ökonomische Wertschöpfung, die sich aus der Summe dieser freiwilligen Dienste ergibt, ist mehrere Milliarden Euro pro Jahr wert. Im internationalen Maßstab muss dieses Engagement allerdings relativiert werden. Im Vergleich zu anderen europäischen Nationen ist das freiwillige Engagement in Deutschland noch „unterentwickelt". Interessant – gerade

---

[1] So auch der Titel des „1. Interdisziplinären Tafelsymposions" zum gesellschaftlichen Stellenwert von Tafeln und anderer existenzunterstützender Angebote im Oktober 2010 an der Hochschule Furtwangen University. Die Vorträge lassen sich als Video unter www.tafelforum.de abrufen.
[2] Die Studie stammt vom Zukunftsforscher Horst W. Opaschowski (2008). Soweit nicht anders vermerkt stammen alle empirischen Daten der vorliegenden Beitrags aus dieser Quelle.

auch im Hinblick auf die Entwicklung und den gesellschaftlichen Stellenwert der Tafeln – ist der damit verbundene Erklärungsansatz: Die freiwillig Engagierten in Deutschland haben zu häufig den Eindruck nur *benutzt* und nicht *anerkannt* zu werden (Opaschowski 2008: 537). Hier erhält die These der Instrumentalisierung der Tafelhelfer (Molling 2009, Selke 2008) ein empirisches Fundament.

2.1 Verlierer und Gewinner im Markt der Hilfsbereitschaft

Vom gesellschaftlich vorhandenen Potenzial an Freiwilligkeit profitieren nicht alle gleichermaßen. Auf dem Spielfeld der Freiwilligkeit gibt es Gewinner und Verlierer: Während noch 21 Prozent der Deutschen einem Sportverein angehören und sich dort freiwillig engagieren, sind nur noch drei Prozent beim Roten Kreuz, der Diakonie oder ähnlichen Institutionen tätig. Zudem gibt es eine Kluft zwischen „formellen Mitgliedschaften" und dem Gefühl „subjektiver Zugehörigkeit", d. h. nicht jede oder jeder engagiert sich auch *aktiv*. Die Neigung zu Freiwilligenarbeit ist soziodemografisch ungleich verteilt: Je erwerbferner eine Person ist, desto geringer ist im Mittel das ehrenamtliche Engagement (Blanke/Schridde 2001: 235). Dies macht deutlich, dass es sich bei Tafeln mit hoher Wahrscheinlichkeit um ein Gegenüber zweier strukturell unterschiedlicher Bevölkerungsgruppen handelt.

In einem Punkt aber sind Tafeln jedoch eine Ausnahme: Während üblicherweise Rentner und Vorruheständler eher wenig bürgerschaftlich engagiert sind, sind sie unter den „Tafelmenschen" (Werth 2004: 160) überrepräsentiert. Gerade in dieser Gruppe zeigt sich, wie zentral die stellvertretende Sinnorientierung durch Tafeln ist: „Jeder Mensch braucht eine Aufgabe", so Opaschowski (2008: 549). Dies gilt besonders für Personen im höheren Lebensalter, einer Phase, in der das „Gebraucht-werden fast die Bedeutung eines neuen Lebensinhalts" (a. a. O.: 554) erhält. Durch freiwilliges Engagement in einem sozialen Bereich verschaffen sich viele Menschen „ein zweites Standbein" und finden „ein neues Gleichgewicht" (a. a. O.: 549).

Institutionen, die einen eher hierarchischen und formellen Charakter aufweisen, sind also von *Mitgliederschwund* und *Passivität* betroffen. Anders sieht es bei Bürgerinitiativen und Bürgerbewegungen aus – hierzu lassen sich die Tafeln und ihre Ableger rechnen. Zwar organisieren sich insgesamt nur zwei Prozent der Bevölkerung (ab 14 Jahre) in derartigen Initiativen. Doch nach eigenen Angaben sind dabei fast 70 Prozent der Befragten *aktiv*. Der Anteil von engagierten Mitgliedern in Bürgerinitiativen, die ein Ehrenamt übernehmen, ist z. B. viermal so hoch wie in Parteien. Es stellt sich also die Frage, worin das nachlassende Aktivierungspotenzial der einen (Parteien, Gewerkschaften, Wohlfahrtsverbände) und die Faszination der anderen (bürgerschaftlich organisierten) Institutionen liegt. Während auf breiter Ebene Vereine und Organisationen Mitglieder verlieren und nachlassendes freiwilliges Engagement beklagen, gründen sich Tafeln vielfach

als Vereine und werden nach einem Gründungsaufruf mit einer Vielzahl potenzieller Helfer konfrontiert. Tafeln gehören also – gegenläufig zum allgemeinen
Trend – eindeutig zu den Gewinnern im Markt der Hilfsbereitschaft, sie stellen
eine Ausnahme vom Trend dar.

2.2 Strukturwandel der Freiwilligenarbeit

Zu fragen ist daher nach den Gründen für das hohe Aktivitätspotenzial freiwilligen
Engagements bei Tafeln. Zur Beantwortung dieser Frage muss weiter ausgeholt
werden. Wer verstehen möchte, warum ‚Tafeln & Co.' so erfolgreich sind, kann
prinzipiell zwei Perspektiven einzunehmen: die der Nachfragerseite und jene der
Anbieterseite. Im Folgenden beschränkt sich die Argumentation ausschließlich auf
die Frage, was an der meist freiwillig geleisteten Arbeit bei Tafeln so faszinierend
ist – und welche Folgen dies hat. Es geht also um die Motive der freiwillig Helfenden. Und hierbei steht der Strukturwandel der Freiwilligenarbeit im Mittelpunkt.[3]
   Tafeln sind ein Beispiel dafür, wie sich in den letzten Jahrzehnten Strukturen
und Motivlagen für Freiwilligenarbeit verschoben haben. Dabei passen Tafeln
perfekt in das neu entstandene Muster der Freiwilligkeit und erfüllen vielfältige
Erwartungen. Es sind gleich mehrere Gründe, die in ihrer Überlagerung ein Er-
klärungsmuster für die Attraktivität bürgerschaftlicher Initiativen und damit auch
der Tafeln ergeben.

a)   Dominanz projekthafter Organisationsformen
Bei Tafeln handelt sich um Organisationsformen, die offener[4] sind, weniger hierarchisch, weniger formal (auch wenn es bereits gegenläufige Trends gibt). Sie sind
individuell, lokal, informell und spontan. Das Leitbild gleicht eher einem Netzwerk
von „Gleichgesinnten" oder einem „Freundeskreis" anstatt einer Organisation. Sie
sind ein deutlicher Ausdruck der Tatsache, dass feste und dauerhafte Organisa-
tionsbindungen immer weniger gefragt sind und sich persönliches Engagement
verstärkt in fragmentierten Zusammenhängen und *projekthafter* Form manifes-

---

[3] Die Perspektive der Nutzer, die Frage also, wie es sich anfühlt „Kunde" einer Tafel zu sein, wird an
dieser Stelle bewusst ausgeklammert. Ihre Beantwortung erfolgte an anderen Stellen dieses Bandes
und ist weiteren Publikationen vorbehalten.
[4] Die Notwendigkeit der Offenheit lässt sich auch am Erfolg von Institutionen oder Bewegungen, die
gesellschaftsrelevante Werte thematisieren (Greenpeace, attac etc.) illustrieren. Sie besitzen eine hohe
Anziehungskraft. Gründe hierfür ist die Möglichkeit des Erlebens einer „Anwender-Demokratie"
(Naschhold 1996: 299, zit. n. Opaschoswki 2008: 539) bzw. des Gefühls, Mitverantwortung für eine
gute Sache zu übernehmen (Klages 1996: 246, zit. n. Opaschoswki 2008: 539).

tiert.[5] Zentral ist hierbei das Gefühl oder die Überzeugung etwas für eine gute Sache bewirken zu können. Diese legitimatorische Grundlage ist bei den Tafeln vorhanden. Hierin liegt die große Chance für Institutionen, die den Trend der Zeit erkannt haben oder ihm zumindest gerecht werden: „Es ergeben sich Zukunftschancen für die sich *ausbreitenden Freiwilligen-Agenturen*, die Mitarbeiter für spontane und kurzfristige Engagements vermitteln, ohne sie gleich dauerhaft zu verpflichten. Das ist die zeitgemäße Antwort auf eine individualisierte Gesellschaft: Die Kultur des Helfens wird nicht mehr ,von Amts wegen' verordnet, sondern entsteht eher spontan als Treff für Gleichgesinnte mit Szene- und Ereignischarakter" (Opaschowski 2008: 539; Hervorhebung, d. V.).[6]

b)   Mangelnde Akzeptanz institutioneller Bindungen
Bei freiwillig Engagierten ist in langfristiger Perspektive eine deutliche *Veränderung der Akzeptanz klassischer institutioneller Bindungen* zu erkennen: Kirchlich-religiös oder sozial orientierte Organisationen verlieren Mitglieder. Gerade Großorganisationen des Non-Profit-Bereichs – im Kontext der Tafeln sind das Caritas, Diakonie u. a., die allesamt als Träger von Tafeln auftreten – verzeichnen einen Rückgang der Bereitschaft, ehrenamtliche Aufgaben zu übernehmen. Der Grund dafür liegt in einer tiefsitzenden Aversion gegen Strukturen und Hierarchien. Diese Abneigung gegen institutionelle Regeln, Festlegungen und Standards führt dazu, dass es immer mehr informelle und spontane Freiwilligenprojekte gibt, bei denen sich die Engagierten nicht wirklich festlegen müssen und ohne (gefühlten) Druck mitarbeiten können.[7] Immer wichtiger wird also freiwilliges Engagement mit eingebauter EXIT-Funktion[8], d. h., der Möglichkeit, sich nicht dauerhaft festzulegen, sich punktuell und selektiv zu engagieren und dieses Engagement jederzeit wieder beenden zu können.[9]

---

[5] Dies gilt v. a. für die junge Generation, für die *Spontaneität* zunehmend zur Grundlage des eigenen Engagements wird. Der Zusammenhang lässt sich auch am Beispiel des Booms der sog. „BarCamps" illustrieren. Diese *user generated conferences* sind spontane Zusammenschlüsse von inzwischen oft mehreren hundert jungen Menschen zwischen 20 und 35, die sich ein Wochenende lang zu einem Thema treffen. Alle Veranstaltungen werden non-hierarchisch geplant und durchgeführt. Mit der Teilnahme an der Veranstaltung entstehen keine weiteren Verpflichtungen und man geht meist völlig zwanglos auseinander – bis zum nächsten BarCamp.

[6] Es soll hier nicht darüber spekuliert werden, ob Tafeln einen „Szene- und Ereignischarakter" besitzen. Einer „Kultur des Spektakels" (Debord 1996) entsprechen sie allemal.

[7] Dies ist sicher auch ein Ausdruck der seit Jahren prognostizierten „Multioptionalität" der Gesellschaft (Gross 2002).

[8] Die klassische „Sozialkarriere", die darin besteht, seit Generationen in Vereinen oder freiwilligen Organisationen tätig zu sein, gerät langsam aber sicher in Vergessenheit (Zimmer/Priller 2004).

[9] Eine häufige Klage betrifft daher die hohe Fluktuation unter ehrenamtlichen Helfern bei Tafeln.

c)   Dialektik zwischen Ich-Bezogenheit und Gemeinsinn

Vergleicht man repräsentative Befragungen von 1999 und 2008, so fällt auf, dass *selbstwertdienliche* Motivlagen verstärkt Zustimmung erhalten (Opaschowski 2008: 553).[10] Die Motive der Helfer haben sich insgesamt weg von *altruistischen* Motiven hin zu *ich-bezogenen* Motiven verschoben. Dies hat einen durchaus funktionalen Aspekt: Die Ich-Bezogenheit garantiert den Freiwilligencharakter der geleisteten Hilfe. Europaweit gibt nur knapp jeder Fünfte freiwillig Engagierte an, aus „moralischen", „religiösen" oder „politischen" Gründen zu helfen. Fast dreimal so viele geben jedoch zu, aus *Spaß* zu helfen (Gaskin et al. 1996: 98 zit. n. Opaschowski 2008: 550). Daraus lässt sich auf den *funktionalen* Charakter der Ich-Bezogenheit schließen: „Sinn und Spaß sind die *Hauptantriebskräfte* für freiwilliges soziales Engagement und nicht etwa Bürgerpflicht oder moralisches Bewusstsein" (a. a. O., Hervorhebung, d. V.). Es wird also deutlich, dass bei den freiwilligen Helfern der Tafeln ein anderes Anreizsystem wirksam wird. Wenn Beck (1997: 13 ff.) feststellt, das die Sozial- und Wohlfahrtsarbeit mit Spaß nicht viel zu tun hat, dann sind Tafeln sicher eine Ausnahme. Die Arbeit bei Tafeln macht Spaß und Sinn zugleich.

Daraus lässt sich auf eine unauflösbare Dialektik zwischen Ich-Bezogenheit und Gemeinsinn schließen, einer Dialektik, mit der sich viele schwer tun,[11] weil hier Deskription oftmals mit Anklage verwechselt wird. Viele freiwillige Helfer tun sich schwer damit, zuzugeben, dass ihr Hauptlohn in sozialer Anerkennung besteht und sich daher freiwilliges soziales Engagement gerade auch für sie selbst „lohnt" bzw. lohnen muss. Die Folge ist eine (auch auf individueller Ebene auszuhaltende) Gratwanderung zwischen Helfen aus einer wertebasierten Perspektive und der eigenen Aktivität als „hilfsbereiter Egoist" oder „berechnender Helfer" (a. a. O.: 539). Man kann darin auch gleich eine neue Generation der Ehrenamtlichen erkennen: „In der Tat: Es gibt immer weniger selbstlose stille Helfer" (a. a. O.). Dies bedeutet indes nicht, dass Helfen gleich mit „Gutmenschentum" gleichzusetzen ist – dies steht nicht im Fokus dieser Darstellung. Es bedeutet aber, dass das Feld der Freiwilligkeit im empirischen Sinn anders strukturiert ist, als es die Selbstkonzepte der Helfenden oftmals zulassen: Der neue Helfertypus ist frei und spontan, die neue Kultur des Helfens zwanglos und ohne Pathos.

Damit wird deutlich, dass es auch in der Tafellandschaft um mehr als nur um Hilfe für andere geht. Es verwundert kaum, dass dieses inzwischen auf rund zweitausend Ausgabestellen angewachsene Netzwerk ohne traditionelle Bindungs-

---

[10] In absteigender Folge: „Es tut gut, gebraucht zu werden" (Zustimmung 49%, Zuwachs 8 Prozent), „Freunde gewinnen" (43%, +2 Prozent), „Macht wirklich Spaß" (18%, +2%).
[11] Dies erkennt man auch auf begrifflicher Ebene. Dort ist gleichzeitig von „kommunitärer Individualität", „kooperativen Individualismus", „solidarischen Individualismus", „verantwortlichen Individualismus" oder dem „Ich+Wir-Paradigma" (zit. n. Opaschowski 2008: 551) die Rede.

pflicht zunehmend Freiräume für individuelle Selbstverwirklichung in unterschiedlichsten Formen und auf unterschiedlichsten Ebenen bietet. Auch bei der Typologie der Tafelhelfer sind Ich-bezogene Motive präsent (Selke 2008: 89 ff.) – und legitim.

3   Das Paradigma der Freiwilligen-Gesellschaft

Wem also hilft oder schadet diese Freiwilligenarbeit? Welche gesellschaftliche Funktion ist damit verbunden? Die Freiwilligen-Gesellschaft basiert auf der Grundidee, dass Bürgerinnen und Bürger soziale Verpflichtungen gegenüber der Gemeinschaft einlösen, ohne dass dabei Eigeninteressen zu kurz kommen. Sich selbst entfalten und den Gemeinsinn erhalten – so ließe sich dieser kommunitaristische Ansatz, wie ihn z. B. Etzioni (1998) ausführlich beschrieben hat, zusammenfassen. In dieser Gesellschaftsform werden soziale Pflichten freiwillig übernommen. Im Sektor der Freiwilligen[12] wird umfassend „Gesellschaftsarbeit" geleistet, die nicht nach (primär) monetären Gesichtspunkten vergütet wird.

Schon Jeremy Rifkin (2007, erstmals 1996) hat in seinem (immer noch aktuellen) Buch *Das Ende der Arbeit und ihre Zukunft* die Idee der Freiwilligen-Agenturen als Alternative zum erodierenden Erwerbsektor geradezu beschworen. Ausgehend von der Grundthese, das postindustrielle Informations- und Wissensgesellschaften durch fortschreitende Digitalisierung, Automatisierung und Rationalisierung („Dritte industrielle Revolution") in einen krisenhaften und anomischen Zustand geraten, sieht Rifkin eine radikal veränderte Erwerbs- und Sozialstruktur als neue gesellschaftliche Normalität an. Er prognostiziert sowohl neue Ausgrenzungs- und Marginalisierungserscheinungen, die zur dominanten Achse der Vergesellschaftung werden, bei der sich die Sozialstruktur weiter polarisiert. Sein Lösungsvorschlag hat zwei Komponenten: Zum einen rät Rifkin zu einer Revision der gesellschaftlich vorrätigen Vorstellungen über Erwerbsarbeit. Menschen sollten nicht mehr nur am Marktwert ihrer Arbeitskraft gemessen werden, d. h. es geht um eine gesamtgesellschaftliche Neudefinition unseres Menschenbildes.[13] Zum anderen sieht Rifkin eine Expansionsmöglichkeit im sog. Dritten Sektor wo das Engagement der sonst „Überflüssigen" (Bude 1998) zu neuem zivilgesellschaftlichem Gleichgewicht führen soll. Im Rückzug auf das Lokale und in den Sozialraum sieht er eine Therapiemöglichkeit für gesellschaftliche Strukturprobleme. Damit wäre das freiwillige Engagement gesellschaftlich verortet: Beschäftigungstherapie für diejenigen, die bereits ausgeschlossen wurden und Sinnersatz für jene, die noch dazugehören.

---

[12] Analog: „Dritter Sektor" oder „Non-Profit-Sektor".
[13] Ähnlich auch Opaschowski (2008: 548): „Wenn in Zukunft die überwiegenden Mehrheit der Bevölkerung noch nicht, nicht mehr oder nie mehr im Erwerbsprozess steht, kann auch Erwerbsarbeit nicht mehr alleiniger Lebenssinn oder Lebensinhalt sein."

Dieser Ansatz lässt sich weiter überhöhen, so, als ob die Zukunft der Gesellschaft alleine vom Einsatz der freiwilligen Helfer abhinge. Kronenberg (2010) schlägt gleich einen „Patriotismus 2.0" vor, der den Bürgersinn zur Absicherung des Gemeinwohls in den Mittelpunkt rückt. Opaschowski (2008: 552) schwebt eher eine Gesellschaft der Freiwilligen („Volontäre") vor. Diese engagieren sich phasenweise, d. h. in unterschiedlichen Lebensaltern im sozialen Bereich. Dieses freiwillige soziale Engagement möchte er in Schulzeugnissen oder anderen Zertifikaten eingeschrieben sehen, damit die soziale Anerkennung auch immateriell[14] gewährleistet ist. Hier aber zeigt der Kommunitarismus sein eigentliches Gesicht: Es geht tatsächlich mehr um die Garantie des sozialen Zusammenhalts, um die soziale Kohäsion in Zeiten fragmentierter Gesellschaften als um die *nachhaltige* Hilfe für Menschen in Not, die eigentlichen Adressaten der Hilfe. Mehr noch: Dieser Ansatz muss davon ausgehen, das eigentliche Problem niemals zu lösen, sonst würde seine funktionale Grundlage – Garant für soziale Integrationsprozesse zu sein – entfallen. Diese Form von Gemeinsinn ist also schon von Anfang an selbstreferentiell und hilft gerade auch denen, die helfen. In dieser Gesellschaft wird sich die Freiwilligenarbeit – so die Prognose Opaschowskis (2008: 556) „zu einer neuen Säule des Sozialstaats entwickeln – zu einem Treffpunkt der Hilfsbereitschaft".[15]

In dieser Freiwilligen-Gesellschaft gibt es prinzipiell unendlich viele Betätigungsfelder, denn irgendetwas fehlt immer. Damit werden die Konturen einer neuen Gesellschaftsform sichtbar: Die „Hilfeleistungsgesellschaft", in der es um „positive Gefühle des Helfen-Könnens" und „Geholfen-Werdens" geht, steht uns bevor (a. a. O.: 547). Diese Gesellschaft ist gleichzeitig eine „Freiwilligen-Gesellschaft", in der (Selbst-)Hilfe zu einer eigenen Lebensform und zur Grundlage der Sinnorientierung wird und bei der sich der Staat zentraler Aufgaben entledigt, die Freiwilligen stellvertretend erledigen. Der Prototyp dieser Gesellschaft ist gegenwärtig an der Grenzfläche von Tafelarbeit und Sozialer Arbeit zu beobachten.

4   Tafeln als Prototyp einer Freiwilligen-Gesellschaft

Wenn man Menschen fragt, ob ihnen mehr finanzielle Belastungen oder die Übernahme ehrenamtlicher Aufgaben lieber sind, dann sprechen sich 81 Prozent der Befragten einer Studie für Freiwilligenarbeit aus (Gensike et al. 2009). Gerade Ju-

---

[14] Wie weitführend die Integration von ehrenamtlichem Engagement in der Freiwilligen-Gesellschaft ist, zeigen auch Überlegungen, die Freiwilligen indirekt materiell anzuerkennen, z. B. über Steuerentlastungen.
[15] Diesen Ansatz vertrat auch der Arbeits- und Sozialminister von NRW, Laumann, anlässlich einer Podiumsdiskussion beim Sender WDR 5 am 10. Juni 2010, als er behauptete, dass die engagierten Bürger das „Gesicht des Sozialstaates" seien (ähnlich vgl. Laumann 2010).

gendliche vertreten die Auffassung, dass Menschen sich gegenseitig helfen sollten und nicht alle Angelegenheiten dem Staat überlassen werden müssen (Opaschowski 2008: 535). Diese Aussagen haben allerdings einen Haken: Sie messen lediglich die Höhe der sozialen Erwünschtheit, nicht aber das eigene Handlungspotenzial. Während man sich sicher sein kann, dass z. B. höhere Steuern alle treffen (also auch einen selbst), besteht bei der Kompensation von Defiziten durch Freiwilligenarbeit immer die Möglichkeit, dass *andere* diese leisten.[16]

Wie sich in einer Freiwilligen-Gesellschaft Solidaritätsformen tatsächlich, d. h. empirisch messbar verteilen, darüber gibt eine erste gemeinsame Studie der fünf Diözesan-Caritasverbände in Nordrhein-Westfalen Auskunft.[17] Dabei wurde unter anderem gefragt, wie sich anonyme (d. h. staatliche geleistete) und persönliche (d. h. durch Freiwillige geleistete) Hilfe verteilen sollte. Heraus kam das Modell einer *Zwei Drittel/Ein-Drittel-Solidarität*. Zwei Drittel Staat, ein Drittel Zivilgesellschaft – auf diesen Wert konnten sich im Mittel alle Befragten einigen. Dieser Quotient skizziert die Konturen der Freiwilligen-Gesellschaft. Nun ist zu fragen, welchen Stellenwert die Tafeln in dem Drittel der Hilfeangebote haben, die von Bürgerinnen und Bürgern geleistet werden (sollen).

4.1 Tafeln als heterotope Orte und ‚Stätten regulierter sozialer Temperatur'

Tafeln sind Teil der Gesellschaft und formen diese mit. Dabei können sie jedoch völlig unterschiedliche Impulse setzen, unterschiedliche Wege gehen und damit das Bild der Gesellschaft in Zukunft unterschiedlich prägen. In der Zukunftsforschung werden – ohne hier näher auf Methoden und deren Unterschiede einzugehen – gerne Szenariotechniken eingesetzt, um die Kontingenz zukünftiger Entwicklungen zu unterstreichen und gleichzeitig den Möglichkeitsraum von Entwicklungen einzugrenzen.

Drei Szenarien werden daher im Folgenden skizziert: Erstens ein *utopisches* Szenario mit dem Fokus auf sozialrevolutionären Entwicklungen. Zweitens ein *dystopisches* Szenario mit dem Fokus auf bedrohlich-destruktiven Entwicklungen. Sowie drittens ein *heterotopisches* Szenario mit Fokus auf parallelweltlichen Entwicklungen. Letzteres ist m. E. am wahrscheinlichsten.

In einem *utopischen* Szenario ändert sich die Gesellschaft radikal: Die (Lebens-)Verhältnisse verbessern sich für alle. Um dorthin zu gelangen, nutzt die

---

[16] Auch bekannt als „Trittbrettfahrerproblem" in der Diskussion über Gemeingüter.
[17] Die Studie „Existenzunterstützende Angebote in Trägerschaft von gemeindlichen und verbandlichen katholischen Anbietern" wurde im Auftrag der Diözesan-Caritasverbände Aachen, Essen, Köln, Münster und Paderborn von der Forschungsgruppe „Tafel-Monitor" (Prof. Dr. Stefan Selke und Prof. Dr. Katja Maar) durchgeführt.

Tafelbewegung ihr sozialrevolutionäres Potenzial und politisiert sich in doppelter Hinsicht: Einerseits organisieren die Tafeln selbst Protestkundgebungen und richten Forderungen an die kommunalen, regionalen und nationalen Gremien und Politiker. Andererseits schließen sich die Nutzer der Tafeln zu einer gesellschaftlich relevanten Großgruppe – vielleicht einer Partei – zusammen und artikulieren ihren Protest an den gesellschaftlichen Verhältnissen so lange und so laut, bis er unüberhörbar und berücksichtigt wird. Dazu werden auch temporäre Schließungen von Tafeln und ähnliche Aktionen in Kauf genommen. Die Tafeln werden langsam überflüssig, weil sich in Folge der Proteste ein neuer gesellschaftlicher Konsens über Vermögensverteilungen, Mindestlöhne und Grundeinkommen (oder ähnliche Konzepte) einstellt. Die Ursachen sozialer Ungleichheit und der Missstand sozialer Ungerechtigkeit können beseitigt werden. Jeder Bürger kann sich selbstbestimmt versorgen. Dieses Szenario ist leider wenig wahrscheinlich.

In einem *dystopischen* Szenario nehmen die Proteste und Aufstände der Tafeln und ihrer Nutzer eine andere Wendung. Sie haben keinerlei konstruktiven Einfluss auf die Gestaltung der Sozialpolitik, sondern fördern starke Reaktanzen bei jenen hervor, die noch auf der Gewinnerseite stehen. Der Eskalation der Tafelbewegung und der Äußerung der (legitimen) Forderungen wird durch eine starke Kontrolle der öffentlichen Meinung und der Kritik am Tafelsystem begegnet. Die Orte der Tafeln werden überwacht, der Datenschutz außer Kraft gesetzt – eine zentrale Datei der Unterprivilegierten entsteht, die dazu dient, Zu- und Abgänge zu registrieren. Letztlich sind die von Tafeln abhängigen Personen zu schwach und zu ängstlich, um sich gegen diese Interventionen und Überwachung zu wehren. Tafeln erhalten einen quasi-staatlichen Auftrag, werden quasi-demokratisch legitimiert und etablieren sich daher weiter als unhinterfragter Teil der Gesellschaft. Auch dieses Szenario ist – zumindest in seiner vollkommenen Ausprägung – wenig wahrscheinlich.

Eher wahrscheinlich ist das *heterotopische* Szenario, dass im Kern die Ruhigstellung der Betroffenen in sozialen Reservaten in den Mittelpunkt stellt. Ausgehend von einer fortschreitenden Normalisierung von Armut sowie steigendem (öffentlichen) Handlungsdruck bei gleichzeitiger (institutioneller und politischer) Verhaltensstarre tritt die Gesellschaft in einen Zustand der (zynischen) Gewöhnung ein, bei dem sich Tafeln als Freiwilligen-Agenturen und parallelweltliche Orte etablieren. Folgt man einer klassischen Darstellung von Foucault (1967), dann lassen sich Tafeln als „Andere Räume" der Gesellschaft, eben als heterotope Orte, auffassen, in denen die gesellschaftlichen Verhältnisse „auf den Kopf gestellt" werden. Heterotope Orte zeichnen sich durch zwei Eigenschaften aus: Erstens gelten an diesen Orten andere Regeln. Und zweitens etablieren diese Orte Parallelwelten.

Tafeln sind Orte, an denen der Zugang geregelt ist und die Besucher einer – wie auch immer gearteten – Kontrolle und Fremdbestimmung unterliegen. Bei Tafeln gibt es Zugangsrituale, die geleistete Hilfe ist – wie auch in diesem

Band vielfach beschrieben – an vielfältige Bedingungen geknüpft. An anderer Stelle (Selke 2008: 179) wurde schon der Vergleich mit „totalen Institutionen" geführt. Neuere empirische Forschungen, die die Perspektive der Nutzer von Tafeln in den Vordergrund rücken, bestätigen diese theoretischen Überlegungen. In den Worten Foucaults: „Die Heterotopien setzen immer ein System von Öffnungen und Schließungen voraus, dass sie gleichzeitig isoliert und undurchdringlich macht. […] Entweder man wird zum Eintritt gezwungen […] oder man muss sich Riten und Reinigungen unterziehen. Man kann nur mit einer gewissen Erlaubnis und mit der Vollziehung gewisser Gesten eintreten" (Foucault 1967: 44).

Die Funktion der parallelen Welten ist die Sicherung des Fortbestands derjenigen Welt, die der gesellschaftlich vorrätigen, dominanten Wahrnehmung entspricht. Durch die Etablierung von „Abweichungsheterotopien" oder „Krisenheterotopien" (Foucault 1967: 40 f.) wird die Gesellschaft funktional strukturiert und letztlich kontrolliert. Die Disziplinierung des Elends bei Tafeln ist in diesem Szenario also funktionaler Bestandteil des Fortbestands der Gesellschaft. Der Anteil der Menschen, die Tafeln nutzen, wächst, wobei das Wachstum gewollt ist, weil Tafeln sich als Scheinwelten etabliert haben, in denen sich große Anteile der Bevölkerung mit geringen Aufwand und unter Ausnutzung der Freiwilligenarbeit ruhig stellen lassen.

Um diese heterotopische Wirkung zu erzielen, müssen, so Foucault (1967: 45) weiter, Orte entweder Illusionen erzeugen („Illusionsheterotopien") oder der Kompensation („Kompensationsheterotopien") dienen. Das Kino – ein klassischer heterotoper Ort – ist für beides ein Beispiel. Auch Tafeln sind in ihrer Wirkung irgendwo zwischen Illusion (soziale Aufwärtsmobilität, Normalität etc.) und Kompensation (Hilfe zur Bedarfsdeckung, Treffen von Gleichgesinnten etc.) zu verorten. Der Vergleich mit dem Kino fördert weitere Parallelen zu Tage: In ihrer „Dialektik der Aufklärung" zeigen die Kulturkritiker Horkheimer und Adorno (2008: 147) für das Kino als Symbol der Bewusstseinsindustrie auf, dass es der gesellschaftliche Orte ist, an dem diejenigen, für die es sonst keine Verwendung gibt, zumindest mit *ästhetischem Konsum* ruhig gestellt werden können: „Die Beschäftigungslosen […] finden Kühle im Sommer, Wärme im Winter an den Stätten der regulierten Temperatur." Geht man von der „Raumtemperatur" zum „sozialen Klima" über, dann wird die Analogie zwischen Kino und Tafeln offenkundig: Tafeln sichern den *alimentären Konsum* (vgl. Sabine Pfeiffer in diesem Band), ohne dabei aber eine nachhaltige und selbstbefähigte Teilhabe am sozialen und kulturellen Leben zu ermöglichen. Vor diesem Hintergrund besteht langfristig die Gefahr, dass Tafeln zu stummen Rückzugräumen mutieren, in denen Armut scheinbar gut aufgehoben ist. Tafeln dienen dabei als Möglichkeit, den Übergang zwischen Inklusion und Exklusion möglichst fließend zu gestalten.

Um Tafeln zu derartigen heterotopen Orten zu machen, müssen aber *alle* Konsumarten befriedigt werden. Im heterotopischem Szenario wird also davon ausgegangen, dass sich das Legitimationsmuster der Tafeln und das damit verbundene Handlungsspektrum weiter ausdifferenziert. Die heterotope Innenarchitektur des Ortes Tafel nimmt darauf Rücksicht, dass prinzipiell alles fehlt. Tafeln bieten folgerichtig auch (fast) alles an. Dabei werden zwar neue Arbeitsplätze geschaffen, aber nur für diejenigen, die zur eigenen „Kundschaft" gehören. Mit der Zeit wird es immer normaler, dass bedürftige Menschen bedürftige Menschen versorgen. Da sich im neuen Markt so gut wie alles beschaffen lässt, ist ein Schließungsprozess unausweichlich – eine Parallelgesellschaft (mit einer Binnendifferenzierung der Unterprivilegierten) entsteht. Ähnliche Parallelgesellschaften wurden vielfach beschrieben (z. B. Schiffauer 2010, Kroth 2010, Bukow 2007). Sie fokussieren allerdings als Differenzkriterium ethnische Konflikte. Das heterotopische Szenario geht davon aus, dass das Differenzkriterium der Zukunft die soziale Konfliktlinie sein wird (vgl. Vellay 2010) und soziale Vielwertigkeit im verstärkten Maße zu einer Vergesellschaftungsachse wird.

Folgt man Foucault (1967: 39) weiter, dann haben heterotope Orte eine gesellschaftliche Funktion. Es sind „wirkliche Orte, wirksame Orte, die in die Einrichtung der Gesellschaft hineingezeichnet sind, sozusagen Gegenplatzierungen oder Widerlager […] in denen die wirklichen Plätze innerhalb der Kultur gleichzeitig repräsentiert, bestritten und gewendet sind, gewissermaßen Orte außerhalb aller Orte, wiewohl sie tatsächlich geortet werden können". Die Sichtbarkeit der Tafeln (Ortung) ist unbestritten. Repräsentiert wird bei Tafeln der kulturelle Ort des Konsums. Der Streit beginnt da, wo es um die Frage geht, ob und inwieweit bei Tafeln die herrschende Kultur dupliziert oder negiert wird. Symptomatisch lässt sich dies am Kundenbegriff (vgl. Lorenz 2009: 75 ff.) festmachen. Sind Tafelnutzer tatsächlich Kunden im rechtlichen und normativen Sinn, dann wären Tafeln Orte der Gesellschaft. Sind Tafelnutzer aber „Unkunden" (Selke 2009: 283), also Personen, die mehr Pflichten als Rechte haben, dann erweisen sich Tafeln tatsächlich als Heterotypien der eigenen Gesellschaft. Übrigens hat Foucault sogar das Kaufhaus als heterotopischen Ort bezeichnet – wie viel wahrscheinlicher ist es dann, dass ein Ort, an dem „Kaufmannsladen gespielt wird" (Selke 2008: 218) zu den parallelweltlichen Orten zu rechnen ist.

4.2 Helfen als neue Lebensform in der doppelten Leistungsgesellschaft

Nach diesen Exkursen zurück zur Gegenwart. In der Freiwilligen-Gesellschaft werden freiwilligen Hilfe und (freiwillige?) Selbsthilfe – so die These von Opaschowski (2008) – zu einer neuen Lebensform. Es kommt zu einer Biografisierung des Engagements in der Freiwilligen-Gesellschaft: Das freiwillige Engagement wird als spontanes, volatiles, projekthaftes, unverbindliches und informelles Helfen fernab institutioneller Bindungen angesehen. Bei dieser Form des Helfens „geht es in erster

Linie um biographische Anliegen, um die eigene Persönlichkeitsentwicklung und die Selbstentfaltung" (a. a. O.: 560).

Die Helfer wähnen sich dabei auf der „richtigen" Seite, denn sie tun „norm-befolgend Gutes" (von Normann 2003). Bei einer Tafel als Helfer oder als Nutzer (s)einen Platz zu finden, bedeutet zugleich, sich die „normregulierenden Verhaltensanforderungen" (Habermas 1988: 132 ff.) zu eigen zu machen. Die Freiwilligkeit entpuppt sich bei näherem Hinsehen als (verordneter) Konformismus als Folge verinnerlichter Verhaltenserwartungen. Die Sinnstiftung durch freiwilliges Helfen kann sogar zu einem neuen gesellschaftlichen Paradigma und Berufsfeld (Ebertz 2010) aufsteigen. Freiwilliges Engagement wird von immer mehr Menschen als „Lern- und Entwicklungsraum" (Hübner 2010) wahr- und angenommen.

Wenn das Engagement der Freiwilligen in der Freiwilligen-Gesellschaft jedoch auf der Grundlage derartiger Topoi instrumentalisiert wird, dann entsteht daraus keine Win-Win-Situation – wie immer wieder gern behauptet wird – sondern die Verwirklichung einer Min-Max-Methode, die mit ein wenig Lob und Rhetorik die Freiwilligen zu immer verlässlicheren Höchstleistungen antreibt und damit den sozialstaatlichen Instanzen enorme Beträge spart: „Die Zukunft gehört einer doppelten Leistungsgesellschaft – der Dienstleistungsgesellschaft, die Geld kostet, und der Hilfeleistungsgesellschaft, die Geld spart." (Opaschowski 2008: 549). Der Zukunftsforscher sieht das Zeitalter eines neuen berechnenden Egoismus am Horizont, „bei dem die neuen Helfer das Warum, Wofür und Wielange ihres Tuns selbst bestimmen. Die vielen freiwilligen Helfer werden eine neue Kultur des Gebens und Nehmens entstehen lassen" (a. a. O.: 555). Die Helfer und Unterstützer der Tafeln haben die öffentliche Rhetorik um Selbstmanagement und Selbstverantwortlichkeit des Individuums verinnerlicht und verdeutlichen (wieder einmal) die schon von Beck (1986) postulierten Individualisierungstendenzen. Vor diesem Hintergrund sind Tafeln ein Sinnbild für die gegenwärtige und ggf. auch für die kommende Gesellschaft (vgl. Baecker 2007).

4.3 Nachteile der Freiwilligen-Gesellschaft

Es gibt – jenseits von ideologischen Meinungsverschiedenheiten – jedoch auch ganz pragmatische Gründe, vor einer Freiwilligen-Gesellschaft zu warnen, die aus menschlichen Nöten etwas zwischen Geschäft und Gesinnung macht.

Im Mittelpunkt der Kritik steht hierbei genau das, was oben unter der veränderten Motivlage beschrieben wurde: die Spontaneität als Grundlage des eigenen Engagements und damit die Volatilität des Helfens. Denn die bei Tafeln von Freiwilligen geleistete Hilfe ist – trotz aller Professionalisierungsmaßnahmen – eben nicht in verlässliche Strukturen eingebunden. Spontane Hilfe hat ein Problem: „Schnell wird nach Sofort-Lösungen gegriffen – für Ursachenforschung bleibt kaum Zeit. Problematisierung und Tiefgang werden als Zeitverschwendung empfunden" (a. a. O.: 544). Diese Klage kann ohne Abstriche für das durchschnittliche Reflexionsniveau der Tafelbewegung übernommen werden. Durch den selbst zu verantwortenden hohen Erwartungs- und Handlungsdruck fällt es den Freiwilligen oftmals schwer, Distanz zum eigenen Tun einzunehmen. Zudem tritt eine Verwechslung zwischen Aktivismus und Ursachenbekämpfung auf.

Die Tafeln sind wenig stabile Initiativen, auch wenn sie z. Zt. schon über mehr als 15 Jahre bestehen. Die Instabilität ist dabei strukturell zu verstehen, d. h. statt einer Verbindlichkeit der staatlich garantierten Existenzsicherung tritt eine mit dem freiwilligem Engagement verbundene sinkende Verbindlichkeit in den Vordergrund, die in einigen Beiträgen dieses Bandes auch kritisch mit „Willkür" bezeichnet wurde. Ähnlich auch Opaschowski (2008: 555): Die Individualisierung des Sozialen „hat durchaus Züge von Beliebigkeit."

5   Umwege erhöhen die Ortskenntnisse

Dieser abschließende Beitrag nahm noch einmal die grundlegenden Sichtweisen auf Tafeln in den Blick und zeigte, dass es dabei um mehr als nur um Lebensmittelausgaben geht. Die Tafeln in Deutschland sind der gesellschaftliche Ort, an dem Armut scheinbar gut aufgehoben ist. Sie sind damit ein Spiegel des sozialen Klimas. Sie sind Chiffre für das Soziale, den Zeitgeist und den sozialen Wandel. Man kann alle diese Eigenschaften des Phänomens Tafel zusammenfassen und sagen: Tafeln sind eine *Signatur* der Gegenwartgesellschaft. Frei nach Foucault ließe sich sagen, dass die „neue Ordnung der Dinge" ein Ausblick auf eine zukünftige Seinsform und Gesellschaftsstruktur ist.

Aus den ersten spontanen Einzelprojekten hat sich ein gesellschaftliches System stabilisiert, dass sich zunehmend ausdifferenziert: Inzwischen gibt es Tafeln, Kindertafeln, Tiertafeln[18], Halal-Tafeln, koschere Tafeln, Medikamententafeln[19] usf. Bald wird es Tafeltypen geben, die wir uns heute kaum vorstellen können (oder wollen). Genau diese Ausdifferenzierung kann als Indikator für die Institutionalisierung einer Bewegung verstanden werden, die sich etabliert und damit immer weniger hinterfragt wird.

---

[18] Vgl. z. B. „Futter fürs gute Hundeleben. In Münster und Steinfurt stehen zwei Tiertafeln vor der Gründung". In: Münsterschen Zeitung, 04. März 2009.

[19] Vgl. z. B. den Bericht von Nina Giaramita „Arbeit der Tafeln wird immer umfangreicher. Pannendienst der Gesellschaft" (17. März 2010), die von der Dülmener Tafel berichtet, die nun auch Medikamente zum halben Preis ausgibt. Download unter: http://www.wdr.de/themen/politik/deutschland02/armut/100317.jhtml

Dabei gäbe es jede Menge zu hinterfragen: Tafeln „bezeugen" drei zentrale Grenzverschiebungen, die gegenwärtig unsere Gesellschaft prägen. 1. Die schleichende Änderung unserer Vorstellungen von sozialer Gerechtigkeit. Die Tatsache, von „Würde der Armut" zu sprechen, ist hierfür ein Beleg. 2. Die schleichende Änderung unseres Menschenbildes. Neue Berechnungsformeln für „Leistungsnähe" und „Leistungsferne" zirkulieren. Dies zeigen auch Begriffe wie „Sozialklau" oder „Sozialschmarotzer". Aber auch die in Tafelkreisen gerne geführte Diskussion um die Menschenwürde der eigenen „Kunden" zeugt davon, dass Ertragbares und zu Ertragendes gerade neu verhandelt werden. 3. Die schleichende Umwertung solidarischer Praktiken. Tafeln sind der Prototyp einer „Freiwilligen-Gesellschaft", die perfekt in die Anforderungen einer Zwei-Drittel/Ein-Drittel Solidarität passen. Die Rekonstruktion dieser Grenzverschiebungen wurde an vielen Stellen dieses Buches geleistet, das Beiträge mit meist kritischem (Unter-)Ton zu Tafeln enthält. Die Grundthese hierbei: Die Rekonstruktion des Stellenwerts der Tafeln ist zugleich eine Rekonstruktion unseres zeitgenössischen kulturellen Selbstverständnisses. Tafeln sind nicht nur in sozialpolitischer Hinsicht exemplarisch, sondern auch in kultureller.

Die im Sommer 2010 beschlossenen Kürzungen im sozialen Bereich werden zum Testfall für die weitere Entwicklung der Tafeln werden. Es wird sich zeigen, ob die Tafeln im vorauseilenden Gehorsam weitere Gründungen vornehmen und damit die Lücken schließen, die sich durch die Kürzungen auftun. Diese Handlungsoption ist gleichbedeutend mit der Fortsetzung des bisherigen ‚Ad-hocismus'. Es wäre aber auch eine Chance, um umzusteuern: Aus der bürgerlichen Bewegung könnte eine (echte) soziale und politische Bewegung entstehen, die sich Ziele setzt und Bedingungen zur Erreichung dieser Ziele stellt.

Mir drängt sich zum Abschluss das Bild eines Rettungsbootes auf: Den Schiffbrüchigen werden ein paar Rettungsringe hingeworfen, ansonsten wird verlangt, dass sie auf das Schicksal vertrauen. Es geht jedoch vielmehr darum, dass Tafeln mehr sind als nur ‚Rettungsringe im Sturm des sozialen Wandels' und stattdessen wieder alle Menschen ‚Platz an Bord' haben.

Literatur

Baecker, Dirk (2007): Studien zur nächsten Gesellschaft. Frankfurt a. M.

Beck, Ulrich (1986): Risikogesellschaft. Auf dem Weg in eine andere Moderne. Frankfurt a. M.

Beck, Ulrich (1997) (Hg.): Kinder der Freiheit. Frankfurt a. M.

Blanke, Bernhard/Schridde, Henning (2001): Bürgerengagement und aktivierender Sozialstaat. In: Heinze, Rolf/Thomas Olk (Hg.), Bürgerengagement in Deutschland. Bestandsaufnahmen und Perspektiven. Opladen.

Bude, Horst (1998): Die Überflüssigen als transversale Kategorie. In: Berger, Peter A./ Michael Vester (Hg.), Alter Ungleichheiten – neue Spaltungen. Opladen, 363–382.

Bukow, Wolf-Dietrich (2007): Was heißt hier Parallelgesellschaft? Zum Umgang mit Differenzen. Wiesbaden.

Debord, Guy (1996): Die Gesellschaft des Spektakels. Wien.

Ebertz, Michael (2010) (Hg.): Sinnstiftung als Beruf. Wiesbaden.

Etzioni, Amitai (1998): Die Entdeckung des Gemeinwesens. Das Programm des Kommunitarismus. Frankfurt a. M.

Foucault, Michel (1967): Andere Räume. In: Barck, Karlheinz (Hg.) (1993), Aisthesis: Wahrnehmung heute oder Perspektiven einer anderen Ästhetik. Leipzig.

Gensike, Thomas/Sabine Geiss/Sibylle Picot (2009): Freiwilliges Engagement in Deutschland 1999–2004. Ergebnisse der repräsentativen Trenderhebung zu Ehrenamt, Freiwilligenarbeit und bürgerschaftlichem Engagement. Wiesbaden.

Gross, Peter (2002): Die Multioptionsgesellschaft. Frankfurt a. M.

Habermas, Jürgen (1988): Theorie des kommunikativen Handelns. Band 1: Handlungsrationalität und gesellschaftliche Rationalisierung. Frankfurt a. M.

Horkheimer, Max/Theodor W. Adorno (2008): Dialektik der Aufklärung. Philosophische Fragmente. Frankfurt a. M.

Hübner, Astrid (2010): Freiwilliges Engagement als Lern- und Entwicklungsraum. Wiesbaden.

Kronenberg, Volker (2010): Patriotismus 2.0. Gemeinwohl und Bürgersinn in der Bundesrepublik Deutschland. München.

Kroth, Isabella (2010): Halbmondwahrheiten: Zoom auf die Männer der Parallelgesellschaft. München.

Laumann, Karl-Josef (2010) (Hg.): Würde – Teilhabe – Gerechtigkeit. Eine christlich-soziale Agenda für das 21. Jahrhundert. München.

Lorenz, Stephan (2009): Die Tafeln zwischen Konsumismus und ‚Überflüssigkeit‘. Zur Perspektive einer Soziologie des Überflusses. In: Selke, Stefan (Hg.), Tafeln in Deutschland. Aspekte einer sozialen Bewegung zwischen Nahrungsmittelumverteilung und Armutsintervention. Wiesbaden, 65–84.

Molling, Luise (2009): Die Tafeln und der bürgergesellschaftliche Diskurs aus gouvernementalistischer Perspektive. In: Selke, Stefan (Hg.), Tafeln in Deutschland. Aspekte einer sozialen Bewegung zwischen Nahrungsmittelumverteilung und Armutsintervention. Wiesbaden, 157–174.

Opaschowski, Horst W. (2008): Gebraucht werden. Die Sozialwelt 2030. In: ders., Deutschland 2030. Wie wir in Zukunft leben. Gütersloh.

Pongs, Armin (2007): In welcher Gesellschaft leben wir eigentlich? München.

Rifkin, Jeremy (2007): Das Ende der Arbeit und ihre Zukunft. Neue Konzepte für das 21. Jahrhundert. Frankfurt a. M.

Rust, Holger (2008): Zukunftsillusionen. Kritik der Trendforschung. Wiesbaden.

Schiffauer, Werner (2010): Parallelgesellschaften. Wie viel Wertekonsens braucht unsere Gesellschaft? Für eine kluge Politik der Differenz. Wiesbaden.

Selke, Stefan (2008): Fast ganz unten. Wie man in Deutschland durch die Hilfe von Lebensmitteltafeln satt wird. Münster.

Selke, Stefan (2009): Das Leiden der Anderen. Die Rolle der Tafeln zwischen Armutskonstruktion und Armutsbekämpfung. In: ders. (Hg.), Tafeln in Deutschland. Aspekte einer sozialen Bewegung zwischen Nahrungsmittelumverteilung und Armutsintervention. Wiesbaden, 273–296.

Vellay, Irina (2010): Die Parallelgesellschaft der Armut. Niedrigschwellige, existenzunterstützende Angebote in Dortmund. Unveröffentlichter Forschungsbericht.

von Normann, Konstantin (2003): Evolution der Deutschen Tafeln. Eine Studie über die Entwicklung karitativer Nonprofit-Organisationen zur Verminderung von Ernährungsarmut in Deutschland. Bad Neuenahr.

Werth, Sabine (2004): Eine real existierende Utopie – Die Geschichte der Berliner Tafel e. V. In: Beuth, Kirsten/Annette Dorgerloh/Ulrike Müller (Hg.), Ins Machbare entgrenzen. Utopien und alternative Lebensentwürfe von Frauen. Herbolzheim, 153–161.

Zimmer, Annette/Priller, Eckhard (2004): Gemeinnützige Organisationen im gesellschaftlichen Wandel. Ergebnisse der Dritte-Sektor-Forschung. Wiesbaden.

Hinweise zu den Autorinnen und Autoren

Matthias Bruckdorfer ist Erziehungswissenschaftler, Sozialarbeiter und Referent für Allgemeine Sozialarbeit, Schuldnerberatung, Sozialplanung und Evaluation bei der Diakonie Bundesverband. Berlin.

Christoph Butterwegge, M. A., Dipl.-Sozialwissenschaftler und Prof. Dr. rer. pol. habil., geb. 1951, ist seit 1998 Professor für Politikwissenschaft an der Universität zu Köln und Mitglied der dortigen Forschungsstelle für interkulturelle Studien (FiSt). Arbeitsschwerpunkte: Globalisierung und (Kritik am) Neoliberalismus; Sozialstaatsentwicklung und (Kinder-)Armut; Rechtsextremismus, Rassismus und (Jugend-)Gewalt; Migration und Integration; demografischer Wandel.

Britta Grell ist Politikwissenschaftlerin und war lange Zeit am John F. Kennedy-Institut für Nordamerikastudien an der Freien Universität beschäftigt. Zurzeit arbeitet sie am Wissenschaftszentrum Berlin für Sozialforschung in der Abteilung „Ungleichheit und soziale Integration".

Peter Grottian (67), Hochschullehrer für Politikwissenschaft an der Freien Universität Berlin, versteht sich als Sozialwissenschaftler und Bewegungsunternehmer in verschiedenen sozialen Bewegungen (Menschenrechts- und Bürgerrechtsorganisationen, Erwerbsloseninitiativen, Bildungsstreik, Kampagne gegen Zwangsumzüge, attac). Diverse Veröffentlichungen über Staatstätigkeiten, Sozialstaat, Soziale Bewegungen, Projekte des zivilen Ungehorsams wie bspw. „Schwarz fahren" für ein Sozialticket, „Banküberfälle" etc.

Thomas Gurr, geb. 1978, Dipl.-Verwaltungswirt (FH), M. A., Studium der Soziologie, Politikwissenschaften und europäischen Ethnologie an der Christian-Albrechts-Universität Kiel, seit Januar 2010 Stipendium nach der Landesverordnung Schleswig-Holstein zur Förderung wissenschaftlicher Nachwuchskräfte und Promotion am Institut für Sozialwissenschaften der Universität Kiel. Arbeitsschwerpunkte: Soziale Ungleichheit, Armut und Ausgrenzung, qualitative Methodik.

Christine Hohmann-Dennhardt, Dr., Richterin des Bundesverfassungsgerichts. Arbeitsschwerpunkte: Familien-, Arbeits- und Sozialrecht.

Silke Köser, Dr., Gymnasiallehrerin für Deutsch und evangelische Religion, Referentin für Theologie im Stab des sozialpolitischen Vorstands, Diakonie Bundesverband, Berlin.

Rainer Krockauer, Prof. Dr. theol., geb. 1958, seit 1995 Professor für Angewandte Theologie (insbes. Anthropologie, Ethik und Soziallehre) in den Studiengängen des Fachbereichs Sozialwesen der Katholischen Hochschule NRW (Abteilung Aachen); Leiter des Masterstudiengangs „Kooperationsmanagement".

Ronald Lutz, Prof. Dr. phil., geb. 1951 in Laubach (Oberhessen); seit 1993 Professor für das Lehrgebiet „Menschen in besonderen Lebenslagen" an der Fakultät Sozialwesen der FH Erfurt (University of Applied Sciences). Schwerpunktthemen und Forschungsbereiche: Soziale Problemlagen, Soziale Ungleichheit, Stadtentwicklung und Raum, Social Development and International Relations.

Katja Maar, Prof. Dr. phil., geb. 1975, 2005 Promotion an der Bergischen Universität Wuppertal, seit 2009 Professur an der Hochschule Esslingen für Soziale Arbeit mit dem Schwerpunkt existenzielle Notlagen, Forschungsschwerpunkte: Sozialpädagogische NutzerInnenforschung, Wohnungslosigkeit, soziale Ungleichheit.

Rudolf Martens, Dr., geb. 1951, Leiter der Paritätischen Forschungsstelle im Paritätischen Gesamtverband. Der Paritätische Gesamtverband ist einer der sechs Spitzenverbände der Freien Wohlfahrtspflege. Arbeitsschwerpunkte: Politisches Monitoring mit den Themen Armut, Regelsatz, Wirtschaftspolitik, Regionalinzidenzen im sozialen Bereich.

Sabine Pfeiffer, PD Dr. habil., geb. 1966, Arbeits- und Industriesoziologin am Institut für Sozialwissenschaftliche Forschung e. V. (ISF München) und Privatdozentin an der FernUniversität Hagen. Arbeitsschwerpunkte: Technik, Informatisierung, Subjekt, Arbeitsvermögen, Arbeitslosigkeit.

Winfried Reininger, Dipl.-Theologe, Dipl.-Sozialarbeiter (FH), ist Referent für Gemeindecaritas beim Caritasverband für die Diözese Mainz.

Falk Roscher, Prof. Dr. jur., nach Tätigkeit als Richter und Jugendstaatsanwalt Berufung an die Hochschule für Sozialwesen Esslingen, Schwerpunkte in Forschung und Lehre Verwaltungs- und Verfassungsrecht sowie Arbeits- und Sozialrecht; Rektor der Hochschule von 1993 bis 2006, entpflichtet seit 2009.

Josef Schäfers, Dipl. Theol., M. A. Publizistik, Pastoralreferent, ist als Regionalreferent für Gemeindepastoral im Stadtdekanat Köln tätig.

Franz Segbers, Dr., geb. 1949, apl. Prof. für Sozialethik am Fachbereich Evangelische Theologie an der Philipps-Universität Marburg, Publikationen zu Themen der Sozial- und Wirtschaftsethik.

Stefan Selke, Prof. Dr. phil., lehrt und forscht als Soziologe zu verschiedenen Themenfeldern des medialen, technischen und gesellschaftlichen Wandels an der Hochschule Furtwangen University sowie am Karlsruher Institut für Technologie (KIT). Er ist als Autor und Publizist zu medien- und gesellschaftskritischen Themen tätig. Seit 2008 betreibt er das Onlineportal www.tafelforum.de.

Ulrich Thien, Dr., geb. 1950, Dr. phil., Dipl. Sozialarbeiter, Dipl. Theologe, Supervisor, Leiter des Referates Soziale Arbeit und Fachreferent für Armut, Arbeit, Wohnungslosenhilfe im Caritasverband für die Diözese Münster, Mitautor verschiedener Armutsuntersuchungen der Caritas, verschiedene Veröffentlichungen zu den Themen sozialer Arbeit, Sozialpastoral, Lehrbeauftragter.

Manfred Thuns, Dr., ist Psychologe und Sozialwissenschaftler. Er arbeitete zunächst in der Therapie mit drogenabhängigen jungen Erwachsener und in der Kinder-, Jugend- und Familienhilfe. Heute ist er Bereichsleiter für die Sozialen Dienste im Caritasverband für das Erzbistum Berlin e. V.

Clemens Zahn, Dipl. Sozialarbeiter, arbeitet als Fachberater Gemeindecaritas im Stab Caritaspastoral und Ehrenamt des Caritasverbandes für die Stadt Köln e. V.

If you have any concerns about our products,
you can contact us on
ProductSafety@springernature.com

In case Publisher is established outside the EU,
the EU authorized representative is:
Springer Nature Customer Service Center GmbH
Europaplatz 3, 69115 Heidelberg, Germany

Printed by Libri Plureos GmbH
in Hamburg, Germany